Oracle Designer R 6i
und Developer 6i

EDITION Oracle

Oracle 8i und Java - Oracle JDeveloper 2.0 als Entwicklungswerkzeug
Steven Ponndorf / Wolf-Gert Matthäus

Oracle 8 für den DBA - Verwalten, optimieren, vernetzen
Uwe Herrmann / Dierk Lenz / Günter Unbescheid

Oracle8 effizient einsetzen - Verteilung und Betrieb leistungsfähiger Oracle8-Anwendungen
Andreas Christiansen / Michael Höding / Gunter Saake / Claus Rautenstrauch

Oracle-Programmierung - Datenbankprogrammierung und -administration
Heinz-Gerd Raymans

Oracle Designer R 6i und Developer 6i - Professionelle Modulentwicklung
Werner Hasselberg

Oracle Developer 6i - Softwareprojekte für das Internet-Computing
Steven Ponndorf / Wolf-Gert Matthäus

Oracle 8i für den DBA-Effizient konfigurieren und optimieren
Uwe Herrmann / Dierk Lenz / Günter Unbescheid
(Erscheinungstermin: September 2001)

Werner Hasselberg

Oracle Designer R 6i und Developer 6i

Professionelle Modulentwicklung

ADDISON-WESLEY

An imprint of Pearson Education

München • Boston • San Francisco • Harlow, England
Don Mills, Ontario • Sydney • Mexico City
Madrid • Amsterdam

Die Deutsche Bibliothek – CIP-Einheitsaufnahme

**Ein Titeldatensatz für diese Publikation ist bei
Der Deutschen Bibliothek erhältlich.**

Die Informationen in diesem Produkt werden ohne Rücksicht auf einen eventuellen Patentschutz veröffentlicht.
Warennamen werden ohne Gewährleistung der freien Verwendbarkeit benutzt.
Bei der Zusammenstellung von Texten und Abbildungen wurde mit größter Sorgfalt vorgegangen.
Trotzdem können Fehler nicht vollständig ausgeschlossen werden.
Verlag, Herausgeber und Autoren können für fehlerhafte Angaben und deren Folgen weder eine juristische Verantwortung noch irgendeine Haftung übernehmen.
Für Verbesserungsvorschläge und Hinweise auf Fehler sind Verlag und Herausgeber dankbar.

Alle Rechte vorbehalten, auch die der fotomechanischen Wiedergabe und der Speicherung in elektronischen Medien.
Die gewerbliche Nutzung der in diesem Produkt gezeigten Modelle und Arbeiten ist nicht zulässig.

Fast alle Hardware- und Softwarebezeichnungen, die in diesem Buch erwähnt werden, sind gleichzeitig auch eingetragene Warenzeichen oder sollten als solche betrachtet werden.

Umwelthinweis:
Dieses Produkt wurde auf chlorfrei gebleichtem Papier gedruckt.
Die Einschrumpffolie – zum Schutz vor Verschmutzung – ist aus umweltverträglichem und recyclingfähigem PE-Material.

10 9 8 7 6 5 4 3 2 1

04   03   02   01

ISBN 3-8273-1728-2

© 2001 by Addison-Wesley Verlag,
ein Imprint der Pearson Education Deutschland GmbH,
Martin-Kollar-Straße 10–12, D-81829 München/Germany
Alle Rechte vorbehalten

Einbandgestaltung:	Hommer Design, Haar bei München
Lektorat:	Martin Asbach, masbach@pearson.de
Herstellung:	Elisabeth Egger, eegger@pearson.de
Korrektorat:	Christine Depta, Freising
Satz:	mediaService, Siegen
Druck und Verarbeitung:	Media-Print, Paderborn

Printed in Germany

Inhaltsverzeichnis

1	**Einleitung** **11**	
1.1	Thematischer Überblick 11	
1.2	Zielgruppe 11	
1.3	Problemstellung und Zielsetzung gestalten 12	
1.4	Hinweise zum Lesen dieses Buches 13	
1.5	Referenz 15	
2	**Projekteinführung** **17**	
2.1	Das Konzept 17	
2.2	Notwendige Funktionalitäten 17	
2.3	Das Endprodukt 18	
2.4	Das Projekt 21	
	2.4.1 Der Antrag 22	
	2.4.2 Die Bestellung 23	
3	**Prozesse definieren** **25**	
3.1	Das Prozessmodell 25	
	3.1.1 Der Zweck des Prozessmodellers 25	
	3.1.2 Detailebenen modellieren 29	
3.2	Das Prozessmodell des Projekts 29	
4	**Dataflow- und Funktionshierarchie** **33**	
4.1	Datenverwendungen bestimmen 33	
	4.1.1 Datenverwendungen im Dataflow-Diagrammer festlegen 35	
	4.1.2 Datenverwendungen im Funktions-Diagrammer festlegen 35	
4.2	Elemente des Dataflow-Diagrammers 35	
4.3	Unser Projektbeispiel 36	
	4.3.1 Der Antrag 37	
	4.3.2 Die Bestellung 41	
	4.3.3 Der Funktionsdiagrammer 43	
5	**Datenmodell entwickeln** **45**	
5.1	Einführung in die Grundlagen 45	
	5.1.1 Entitäten, Attribute und Instanzen 45	
	5.1.2 Unique Identifier und Primary Key 45	
	5.1.3 Master/Detail Sprachkonventionen 46	
5.2	Constraints 47	
	5.2.1 Primary Key Constraints 47	
	5.2.2 Foreign Key Constraints 48	
	5.2.3 Die Verarbeitung von Constraints 50	
	5.2.4 Unique Key Constraints und Indizes 50	

5.3	Domänen		54
5.4	1:1-Beziehungen (Relationen) implementieren		55
	5.4.1	„Echte" 1:1-Beziehung	55
	5.4.2	1:N-Beziehung als 1:1 realisieren	57
5.5	M:N-Relation definieren		58
5.6	Wichtige Datenbanktabellen		59
	5.6.1	Die Tabelle User_Indexes	59
	5.6.2	Die Tabelle User_Sequences	60
	5.6.3	Die Tabelle cg_Code_Controls	60
	5.6.4	Die Tabelle cg_ref_Codes	61
	5.6.5	Weitere Tabellen	62
5.7	Der Oracle Sequenz Generator		62
	5.7.1	Sequenzen Typen	62
	5.7.2	Implizite Definition	63
5.8	PK-Spalten mit Werten füllen		63
5.9	Mandatory, optional Foreign Keys values		63
5.10	Der Database Design Transformer		64
	5.10.1	Entitäten transformieren	65
	5.10.2	Sequenzen	68
	5.10.3	Generische Arcs implementieren	69
	5.10.4	Database Design Transformer Other Settings	78
	5.10.5	Transformation kombinierter UID-Attribute	80
5.11	Relationen validieren		81
	5.11.1	Aussagen definieren	81
	5.11.2	Optionalitäten festlegen	83
	5.11.3	Exklusive Entitäten implementieren	88
	5.11.4	Ein-Tabellen-Lösung	88
	5.11.5	Implementierung in separaten Tabellen	89
	5.11.6	Implementierung des Supertypen in separaten Tabellen	89
	5.11.7	Implementierung als exklusive Beziehung	89
	5.11.8	Wann setzen Sie welche Modellierungsform ein?	92
	5.11.9	Rekursive Subtypen transformieren	93
5.12	Tabellen und Entitäten über „share" in fremden Applikationen verwenden		120
	5.12.1	Das „share"-Prinzip	120
	5.12.2	Tabellen-Inhalte aus Fremd-Applikationen zur Verfügung stellen	122
	5.12.3	Synonyme	123
	5.12.4	Synonyme definieren	123

Inhaltsverzeichnis

- 5.13 Datenmodell des Projekts entwickeln 124
  - 5.13.1 Antrag 124
  - 5.13.2 Eindeutigkeit gewährleisten 125
  - 5.13.3 Der Antrag und der Antragsgegenstand 126
  - 5.13.4 Unique Key Definition für die Entitäten „Antrag" und „Gegenstand" 128
  - 5.13.5 Die Entität „Gerät" 129
  - 5.13.6 Die Entität „Antkos" 130
  - 5.13.7 Die Entität „Antragsfrm2" 131
  - 5.13.8 Die „Firma" 132
  - 5.13.9 Entitäten aus anderen Applikationen übernehmen 137
  - 5.13.10 Die Bestellung 139
  - 5.13.11 Server Model Navigator des Design Editors 152

6 Entitäten transformieren und generieren 155
- 6.1 Der bisherige Entwicklungsprozess 155
- 6.2 Ableitungen des Database Design Transformers 156
  - 6.2.1 Die Transformation des Antrags 157
  - 6.2.2 Die Transformation der Bestellung 162
- 6.3 Das Generieren der SM-Tabellen 167
  - 6.3.1 Generator Grundlagen 167
  - 6.3.2 Mandatory und Optional Foreign Keys 169
  - 6.3.3 Besonderheiten bei Relationen mit „Shared-Tables" 169
  - 6.3.4 Generische Umsetzung der Hardware Tabellen 170
- 6.4 Lookup View für kombinierte Lookups 170
- 6.5 Eine Lookup View zur Implementierung generischer Arcs verwenden 176
  - 6.5.1 Die optimale Lösung im Projekt 177
  - 6.5.2 Equ-Joins innerhalb von Views verwenden 182
  - 6.5.3 Tabellen einer View mittels UNION SELECT aber unterschiedlicher Spaltenanzahl 186
- 6.6 Generierte Tabellen bearbeiten 188
- 6.7 Generierte Tabellen überprüfen 189
- 6.8 Domänen dynamisch und statisch definieren 189
- 6.9 Zusammenfassung Entitäten-Tabelle 191
- 6.10 Tabellen durch andere Tabellen implementieren 191
- 6.11 Generator Optionen 192

7 Einführung in die Modulentwicklung 193
7.1 Definition von Modulen 193
7.1.1 Applikation Design Transformer (ADT) 193
7.1.2 Manuelle Definition von Modulen 194
7.2 Allgemeine Modul Features 196
7.2.1 Key Based Links allgemein 196
7.2.2 Das Modul Layout 197
7.2.3 Action Items 198
7.2.4 Canvases 201
7.2.5 Knoten Foreign Keys im Register Module des Design Editors ...207
7.2.6 Radiogroups darstellen 207
7.2.7 Lookup Tables definieren 207
7.2.8 Check Boxes verwenden 217
7.2.9 Oracle Präferenzen 218
7.2.10 Standard Default Toolbar ersetzen 233
7.2.11 Windows maximieren 234
7.2.12 Scrollbar positionieren und ausblenden 235
7.2.13 Das Template und die Standard Object Library 235
7.2.14 Lookup Tables und Items auf NULL spezifizieren 240
7.2.15 Anzahl der Detail Tabellen Spalten modifizieren 242
7.2.16 Einbeziehung einer Item-Group in einen Detail Bereich und Overflow-Area 242
7.3 Profi Modul Features 248
7.3.1 Lookup Tables als reine Informationsquelle verwenden 248
7.3.2 Systemvariable Last_Query 251
7.3.3 Key Trigger 255
7.3.4 Prozedur Exit Form 256
7.3.5 Warnfenster (Alerts) 258
7.3.6 Master-Detail Logik explizit erzeugen 262
7.3.7 Datenmanipulationen in expliziten Joins ermöglichen 268
7.3.8 Daten des Master zu einem aktuellen Detailsatz anzeigen 273
7.3.9 Abschließende Ergänzungen 274
7.3.10 Die Steuerung des Detail-FK Items 274
7.3.11 Domänen in Popliste und Wert-Eintrag in die Tabelle 275
7.3.12 Modale Dialogfenster erstellen 276
7.3.13 Restriktive LoV erzeugen 284
7.3.14 Block-Navigierung in Modulen bestimmen 290

8 Die Projektmodule 293
8.1 Inv_Ant 293
- 8.1.1 Tabellenverwendung Anträge 294
- 8.1.2 Verwendung Anträge2 295
- 8.1.3 Verwendung Antragsfrm2 295
- 8.1.4 Verwendung Anträge3 296
- 8.1.5 Verwendungen synchronisieren 296
- 8.1.6 Lookup-Table-Verwendungen in Anträge 297
- 8.1.7 Detail-Tabellenverwendungen 300
- 8.1.8 Lookup-Table-Verwendungen in Detailkomponenten 300
- 8.1.9 Die Display View des Moduls 301
- 8.1.10 Triggerlogik 305
- 8.1.11 INV_ANT Modul generieren 320

8.2 inv_best 321
- 8.2.1 Tabellenverwendung Bestellung 321
- 8.2.2 Tabellenverwendung Festschr 321
- 8.2.3 Lookup-Table-Verwendungen in Bestellung 322
- 8.2.4 Detail-Tabellenverwendungen 323
- 8.2.5 Lookup-Table-Verwendungen in Detailkomponenten 325
- 8.2.6 Die Display View des Moduls 329
- 8.2.7 Trigger-Logik 331

Stichwortverzeichnis 345

1 Einleitung

1.1 Thematischer Überblick

Die modernen Anforderungen an Datenbanken erfordern ein umfassendes Wissen und den professionellen Einsatz entsprechender Entwicklungswerkzeuge. Oracle bietet hierfür zwei sehr mächtige Werkzeuge an, den Designer und Developer. Als Oracle Datenbankentwickler möchte ich meine jahrelangen Erfahrungen mit diesen Tools hiermit einem weiten Leserkreis zur Verfügung stellen. Mein Buch unterscheidet sich von allen mir bekannten Oracle Büchern, da ich den Einsatz des Designer's und Developer's bei der Realisierung eines Projektes aus der allgemeinen Verwaltung in Form eines Workshops beschreibe. Die Leser erwerben dabei umfangreiches Know-how zur Modulentwicklung, das für die Entwicklung weiterer Oracle Datenbanken und Front-Ends beliebig einsetzbar ist.

Das gesamte Buch ist ausschließlich an diesem einen Projekt orientiert. Alle Oracle Designer-Tools wie z.B. die Analysemodelle, die Datenmodelle, die Module und die jeweiligen Programme beziehen sich ausnahmslos darauf. Während andere Bücher den Designer und das Handling der verschiedenen Werkzeuge vergegenwärtigen und die Entwicklungstools anhand einfacher Beispiele erläutern, setze ich diese Kenntnisse und die Bedienung voraus und konzentriere mich vorwiegend auf das Konzept und die Implementierung.

Komplexe Anforderungen in der Praxis erfordern ein logisches und konkretes Vorgehen. Deshalb werde ich die Werkzeuge bedarfsorientiert einsetzen. Das bedeutet, je nachdem welche Anforderungen vorliegen, nutze ich alle verfügbaren Ressourcen und erarbeite eine adäquate Lösung des Problems.

1.2 Zielgruppe

Gerade wegen des aktuellen Mangels an Fachkräften müssen sich viele Quereinsteiger oftmals mit Problemen beschäftigen, die für sie neu und abstrakt sind. Die vorhandenen Fachkräfte in den Betrieben sind jedoch durch das zu erbringende hohe Arbeitspensum infolge fehlender Arbeitskräfte nur in geringen Maße in der Lage, Neueinsteiger und werdende Profis ausreichend zu unterstützen. Dieses Buch ist deshalb die ideale Ergänzung für den Neueinsteiger in die komplexe Welt der Datenbankentwicklung, der durch entsprechende Oracle-Kurse die Handhabung von Oracle-Werkzeugen bereits kennt und sich eventuell auch noch in das Buch „Oracle Designer R2.1" eingearbeitet hat. Dabei befasse ich mich zu gegebener Zeit neben den verschiedenen Tools des Designers und Form Builders auch mit den für Datenbanken äußerst wichtigen Sprachen SQL und PLSQL. Allerdings gebe ich auch darin keine Einführung mehr, sondern setze auch hier den Fokus ausschließlich auf das Erarbeiten von Lösungen aufgrund diverser Projektanforderungen. Das Buch ist damit nicht für Leser bestimmt, die keine Vorkenntnisse über die Sprachen besitzen.

Nach meinen Erfahrungen entstehen in der folgenden Phase, nachdem die entsprechenden Oracle Kurse oder ähnliches (Ich verstehe darunter Einführungskurse in den Designer, Forms Builder, in SQL und PL SQL) erlernt worden ist, die größten Probleme der Datenbankentwicklung, deren Lösung oft sehr lern- und zeitintensiv, und ohne größere Hilfe von Fachpersonal kaum zu bewältigen ist. Das vorliegende Buch sorgt in hohem Maße dafür, sich dieses Wissen selbständig, schnell und fundiert anzueignen. Es überwindet die Kluft zwischen theoretischer Grundausbildung und praktischer Anwendung, indem es dem Leser ermöglicht, Praxis-Anwendungen verständlich nachzuvollziehen und diese neuen Erfahrungen innerhalb eigener Projekte umzusetzen.

1.3 Problemstellung und Zielsetzung gestalten

Bei dem Projekt handelt es sich um einen Teilbereich aus einer Antrags- und Bestellverwaltung, wie sie in unterschiedlichen Ausführungen in vielen Betrieben zu finden ist. Da sich in den Betrieben diverse Bestellverwaltungen im Einsatz befinden, werde ich zu Beginn den Ablauf eines Bestellvorgangs, unseres Unternehmens, beschreiben. Die daraus resultierende doch komplexere Applikation besitzt demnach als Basis nicht allzu einfache betriebliche Anforderungen. Letztendlich ist dieses Vorgehen aber vorteilhaft für Sie, denn schließlich soll hier die Leistungsfähigkeit von Oracle voll ausgeschöpft werden. Das hat auch didaktische Vorteile, denn während man sich bei vielen kleinen Beispielen immer wieder neu orientieren muss, und die Zusammenhänge häufig verloren gehen, ist hier ein einziges Beispiel die Grundlage für das gesamte Buch. Es ist sicherlich umfangreicher, aber durch seinen logischen Zusammenhang letztendlich leichter verständlich als zahlreiche kleine Beispiele.

Am Ende dieses Buches haben Sie mehrere Forms-Anwendungen durch den gemeinsamen Einsatz des Designers und Form Builders erstellt. Die Antrags- und die Bestellmaske repräsentieren den Kern der Bestellverwaltung. Dadurch, dass ein großer Teil des Buches auf diese beiden Oberflächen konzentriert ist, entstehen komplexe Module. Die daraus gewonnenen Erkenntnisse werden Sie in Ihren eigenen Projekten sehr häufig benötigen, denn Sie werden mit den hier dargelegten Problemen (und Lösungen) immer wieder konfrontiert werden.

Damit Sie mit dem Inhalt meines Projektes schnell vertraut werden, möchte ich Ihnen die Bestellverwaltung in ihren Grundzügen kurz vorstellen. Dabei handelt es sich um die Inventarisierung und Budgetierung der gesamten Ausstattung an Hard- und Software eines Unternehmens. Der Vorgang wird durch das Ausstellen eines Antragformulars eingeleitet, das bereits die Summe der voraussichtlichen Kosten des Produktes enthält. Die Daten des Antrages werden in die Datenbank aufgenommen. Die Summe der voraussichtlichen Kosten wird entsprechend den dafür vorgesehenen Kostenstellen verteilt. Jeder Antrag muss mindestens einer Kostenstelle zugeordnet sein, die das angeforderte Produkt benötigt. Aufgrund dieses Antrags entsteht dann die Bestellung. Dabei kann jeder Antrag in mehrere Bestellungen münden und jede Bestellung kann aus verschiedenen Anträgen resultieren. Mit dem Eingang einer Rechnung werden die Ist-Daten wie Preise und Skonto des angeforderten Produkts aus diesem Beleg in die Bestellverwaltung übernommen.

Ausgangspunkt ist somit der Bedarf an Hard- und Software, wie z.B. ein neuer Drucker. Zuerst ist ein schriftlicher Antrag zu stellen, der an den entsprechenden Sachbearbeiter weitergeleitet wird. Dieser erfasst die Daten in der Antragsverwaltung und ermöglicht damit dem Besteller, die konkreten Bestelldaten in einer separaten Bestellmaske zu bestimmen. Durch die Gegenüberstellung der voraussichtlichen Kosten des Antrags und der Ist-Kosten der Bestellung kann das Budget exakt verteilt und das noch verbleibende Budget ermittelt werden. Eine detaillierte Beschreibung dieses Ablaufs finden Sie in Kapitel 2. Jetzt ist ein kurzer Projektumriss als Vorabinformation für Sie erst einmal ausreichend.

1.4 Hinweise zum Lesen dieses Buches

Obwohl der Titel des Buches die Entwicklung mit dem Designer 6i ankündigt, ist das gesamte Buch nicht zwingend an diese Version gebunden. Wie ich bereits dargelegt habe, setze ich den Schwerpunkt auf die Projektentwicklung und die damit verbundene Problematik. Zahlreiche Methoden der Implementierung basieren mehr auf logischen und konzeptionellen Hintergründen. Der Designer liefert ein sehr gutes Gerüst für Entwickler, jedoch bedarf es ein hohes Maß an „Entwicklergeist" um diverse Anforderungen formgerecht umzusetzen. Das Buch nennt sich „Entwicklung mit dem Designer 6i", da damit dem letzten Stand der Dinge Genüge getan wird, tatsächlich aber werden hier jedoch Probleme angesprochen die größtenteils unabhängig von einer bestimmten Designer Version auftreten. Es setzt den Schwerpunkt Anforderungsgerechte Lösungen anzubieten, die nicht zwingend als die einzig denkbare Lösung Bestand haben müssen. Auch wenn die neueste Designer Version eventuell ein anderes Feature für eine Aufgabe bereitstellt, lernen Sie, wie man die Werkzeuge des Designers optimal und trickreich zum Einsatz bringen kann.

Das Projekt ist sehr umfangreich und wurde noch mit der Designer Version 2.1.2 begonnen. Aber keine Angst. Die Version spielt nicht die entscheidende Rolle. Die Version 6 hatte keine wesentlichen Änderungen zu verzeichnen. Die neuen Features der Version 6i können wir größtenteils vernachlässigen, da wir uns auf die fundamentale Implementierung einer Datenbank Anwendung konzentrieren. Sie verstehen das Konzept am besten anhand eines Beispiels. Benutzen wir dazu das Microsoft Produkt Word. Sicherlich sind in jeder neuen Version weitere Features enthalten, wenn Sie sich jedoch gerade mit dem Schreiben eines einfachen Briefes beschäftigt haben und jetzt ein Buch über das Erstellen von Format Vorlagen, Inhaltsverzeichnissen, Absatzformaten, Grammatik und Rechtschreibprüfung sowie dem grafischen Tool lesen, finden sich in den letzten Versionen keine großen Unterschiede. Ähnlich verhält es sich hier. Sie kennen die Werkzeuge des Designers und haben einige kleine Beispiele erstellt. Jetzt lernen Sie komplexere Anwendungen kennen und wie dafür der Designer optimal verwendet werden kann. Sie werden dabei feststellen, dass viele Probleme im Detail nur durch durchdachte Programmierlogik lösbar sind, die das Werkzeug nicht direkt bewerkstelligen kann. Es bietet Ihnen stattdessen eine schier endlose Vielfalt an Kombinationsmöglichkeiten seiner enthaltenen Elemente an und ermöglicht so komplexe Anwendungen und Datenbanken.

Jedes Kapitel beginnt je nach Größe mit einer theoretischen Einführung, die notwendig ist, um anschließend am Projekt weiterarbeiten zu können. Dann folgt der praktische Einsatz der gewonnenen Erkenntnisse anhand einer entsprechenden Aufgabenstellung im Projekt.

Die ersten Kapitel stellen das Prozess- und Funktionsmodell vor. Im 5. Kapitel präsentiere ich das Datenmodell, welches im 6. Kapitel in Designertabellen implementiert wird. Zwischen diesen großen Projektschritten zeige ich Ihnen zahlreiche Features im Umgang mit dem Designer und Developer. Im 7. Kapitel erfahren Sie vieles über Module und deren Implementierung. Schließlich werden wir uns im 8. Kapitel den Hauptanwendungen des Projekts widmen. Ich beziehe mich aber auch schon in früheren Kapiteln immer wieder auf die einzelnen Module des 8. Kapitels. Sie sollten vielleicht deshalb, bevor Sie mit dem Studium des Buches beginnen, einen kurzen Blick darauf werfen, damit Sie sehen, was den Kern des Buchs darstellt.

Sämtliche Diagramme, Module und Modelle befinden sich auf der CD-ROM (Datei: Diagramm, Module, Modelle) und selbstverständlich auch in der beiliegenden Applikation. Lesen Sie bitte dazu die Datei: „Applikations System restaurieren" auf der CD-ROM.

Weitere Hinweise zu den Tif-Dateien finden Sie im Word Dokument: „Tif-Dateien". Ich empfehle Ihnen, falls Sie den Generierungs-Prozess von Tabellen bereits kennen, die Applikation jetzt zu restaurieren. Die Datei „Applikations System restaurieren" enthält alle dazu notwendigen Informationen. Damit haben Sie stets die fertige Anwendung als Vorlage für das Studium Ihres Buches parat und verschaffen sich so einen besseren *Überblick über Ihre Entwicklung*.

Bei einem sehr umfangreichen Thema erscheint es wenig sinnvoll, bereits zu Beginn theoretische Hintergründe lückenlos abzuarbeiten, um dann die Umsetzung am Projekt vorzunehmen. Stattdessen wird das notwendige Wissen häufig erst im Zusammenhang mit der jeweiligen Problemstellung vermittelt. Allerdings möchte ich Ihnen die „leichte Kost", die ich immer in der theoretischen Einführung eines Kapitels darlege, nicht vorenthalten.

Der große Vorteil dieses Konzepts besteht darin, nicht mit intensiver Theorie ohne praktischen Bezug konfrontiert zu werden. Dadurch erreichen Sie einen weit größeren Lernerfolg, da ein unmittelbarer Zusammenhang zwischen Theorie und Praxis besteht.

Notwendige Routinen und Trigger sind zeilenweise nummeriert und ausführlich erläutert. Sinngemäß sich wiederholende Programmteile werden bei ihrem ersten Auftreten detailliert betrachtet. In späteren Kapiteln verweise ich der Einfachheit halber auf den schon behandelten Abschnitt.

Zu jeder Entität enthält dieses Buch eine Abbildung, die alle Details dazu beschreibt. Alle Attribute der Entitäten, wie die Produktkennzahl, die Titel usw., die nicht selbsterklärend sind, erläutere ich separat. Das Datenmodell wird durch zahlreiche Abbildungen übersichtlich und verständlich dargestellt.

Ich habe versucht, die allgemeine Theorie unabhängig vom Projekt darzustellen, ohne den Bezug dazu zu verlieren. Damit möchte ich gleichzeitig ein allgemeines Nachschlagewerk anbieten, in dem Sie die entsprechenden Informationen fundiert, aussagekräftig und schnell zu Ihrer Verfügung haben. Ich hoffe, dass mir dies mit meinem Konzept soweit gelungen ist.

Die gesamte Entwicklung wurde mit dem Designer auf Windows NT vollzogen. Sie können Sie nicht ohne Schwierigkeiten auf andere Systeme übertragen, da ich u.a. verschiedene Windows Objekte wie z.B. den Standard Öffnen Dialog verwende, der uns beim Scannen und Einfügen der Antragsdokumente in die Oracle Datenbank (.tif Datei) sehr hilfreich sein wird.

Wir müssen entsprechende Umgebungsvariablen setzen, damit die Applikation einwandfrei laufen kann. Mehr darüber im weiteren Verlauf des Buches.

1.5 Referenz

Wie so viele Bücher, wäre auch dieses ohne die intensive Mitarbeit und Unterstützung einiger Kollegen nicht möglich gewesen. So gilt mein Dank in besonderem Maße meinem Projektleiter Herrn Robert Miller und Herrn Andreas Graf, die mir ihre Erfahrungen und ihr Wissen mit viel Geduld und unermüdlichem Eifer zuteil werden ließen, sodass dieses Buch ein Maximum an Know-how an Sie vermitteln kann.

2 Projekteinführung

2.1 Das Konzept

Vor dem Beginn der eigentlichen Datenbankentwicklung muss eine vernünftige professionelle Arbeitsumgebung zur Verfügung gestellt werden. Anschließend erfolgt die Analyse der Unternehmensanforderungen, um den Projektumfang und den notwendigen Arbeitsaufwand festzulegen. Dazu werden mit Hilfe des Designers entsprechende Prozesse und Funktionen visuell abgebildet, und dadurch eine bessere Projektübersicht ermöglicht. Nachdem das erforderliche Datenmodell entwickelt ist, erfolgt die erste Transformation des Modells in ein Tabellenschema (Server Model Diagramm). Im Anschluss an die erforderliche Überprüfung der Umsetzung wird das neue Schema physikalisch auf die Datenbank übertragen. Das vorliegende Buch beschreibt den gesamten Entwicklungsprozess anschaulich und im Detail. Nach dem Abschluss werden die notwendigen Front-Ends erzeugt. Die Anwendung benötigt vier Forms-Oberflächen. Zwei davon enthalten komplexe Strukturen und grafische Benutzertools, deren Entwicklung den größten Teil des Buches in Anspruch nimmt. Zum Abschluss werden die fertigen Produkte den Anwendern zur Verfügung gestellt.

2.2 Notwendige Funktionalitäten

Um einen ersten Eindruck über die Funktionalität der jeweiligen Module zu erhalten, möchte ich einige relevante Features, die ich zu gegebener Zeit noch ausführlicher behandeln werde, kurz vorstellen. U.a. werden folgende Funktionalitäten notwendig sein:

- Prozess, Funktions- und Datenmodelle erstellen,
- Arcs, Subtypen verwenden und transformieren,
- Master/Detail-Relationen explizit programmieren,
- LookupTables-Selektionen eindeutig halten (notwendig bei mehreren gejointen Tabellen),
- verschiedene Canvases einsetzen,
- Präferenzen zur Gestaltung von Canvases ersetzen,
- Windows-Bibliotheken verwenden, um beispielsweise Standard-Dialoge innerhalb von Forms-Oberflächen zur Verfügung zu stellen,
- Grafische Elemente per Scan in die Datenbank übernehmen,

- View als Lookup-Table verwenden (Dies kann unter Umständen dann erforderlich sein, wenn eine andere Spaltendarstellung als die durch die Relation innerhalb einer LOV gegebene notwendig ist.),
- Standard Objekt Library und Template verwenden,
- Ereignissteuerungen über zahlreiche Trigger,
- generische Arcs implementieren,
- Systemvariablen und Prozeduren verwenden,
- Oberfläche mittels Key-Trigger optimieren,
- komplexe Routinen für umfangreiche Berechnungen definieren und verwenden.

Die gesamte Anwendung wird aus ca. 40 Prozessen und Entitäten aller Art bestehen. Ca. 60 Trigger und 20 Routinen stellen die diversen Funktionalitäten wie z.B. Berechnungen, Synchronisation zwischen Forms-Blöcken, Scan- und Prüfprozeduren bereit.

2.3 Das Endprodukt

Am Ende dieses Buches steht Ihnen die Inventarisierung, wie sie in einem größeren Unternehmen tatsächlich eingesetzt ist, zur Verfügung. Sie haben mehrere Forms Module erstellt, ein Modul für die Verwaltung der Anträge, ein weiteres für die Bestellungen. Damit Sie mit dem Umfang der Module schon zu Beginn des Buches vertraut werden, zeigen die nachfolgenden Abbildungen die Moduldiagramme sowie alle notwendigen Tabellen. Die Abbildung 2.1 zeigt das komplette Antragsmodul und die Abbildung 2.2 das Bestellmodul. Die Module müssen, damit sie allen Anforderungen gerecht werden, mit zahlreichen Triggern ausgestattet werden. Ich möchte Ihnen an der Stelle bereits viel Erfolg und auch viel Spaß an den neuen Erkenntnissen wünschen.

Das Endprodukt

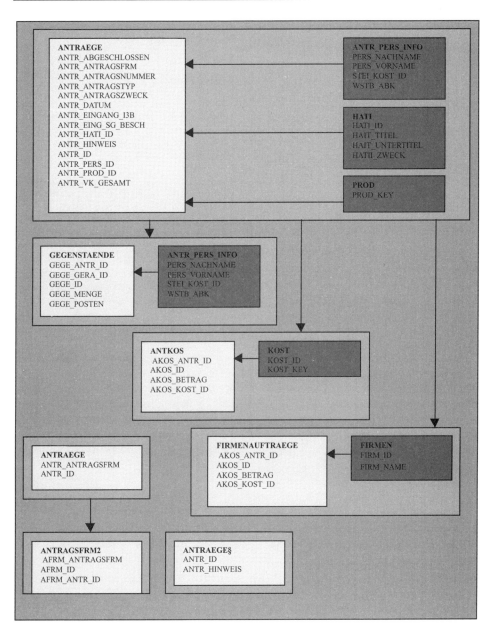

Abbildung 2.1: Das Antragsmodul

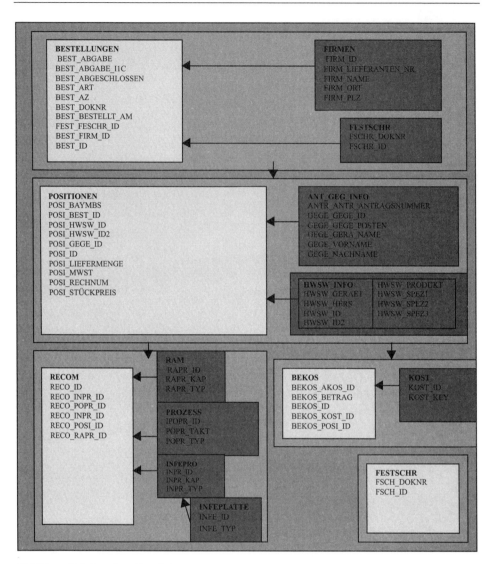

Abbildung 2.2: Das Bestellmodul

Notwendige Tabellen:

Antragswesen	Bestellwesen
Anträge	Festschr (Feststellschreiben)
Gegenstände	Bestellungen
Antkos (Antragskosten, Sollkosten)	Positionen
Kostenstellen	Beskos (Bestellkosten, Istkosten)
Prod (Produktkennzahl)	Recom (Rechnerkomponente)
Firmen	Drucker
Firmenaufträge	DrProd (Drucker Produkt)
HeHais (Hersteller, Händler- Intersektionstabelle)	Software
Antragsfrm2	SoProd (Software Produkt)
Geräte (Hard-/ Software Geräte)	Bildschirm
Hati (Haushaltstitel)	Rechner
Sper ( )	Reprod
Wfub ( )	Ram
Wstb ( )	Invepro
Stei ( )	Prozessor
Pers ( )	

Tabelle 2.1: Projekttabellen

2.4 Das Projekt

Innerhalb des Betriebes existieren bisher diverse DB-Insellösungen, die unweigerlich zu Redundanzen bei Beständen führen, überflüssige Eingaben und erhebliche Vergeudung von Speicherplatz verursachen. Obwohl Letzteres in der modernen Informatik kein größeres Problem mehr darstellt in Bezug auf Kosten und Performance, sollte im Zuge zunehmender Datenmengen immer möglichst wenig Speicherplatz belegt sein. Das ganze Projekt umfasste die Aufgabe, alle Insellösungen in Oracle zu integrieren. Dies gelingt jedoch nur bei einer völligen Neukonzeption der Datenbank und der entsprechenden Anwender-Umgebung. Deshalb wird innerhalb dieses Buches der komplette Entwicklungszyklus einer Datenbank-Anwendung einschließlich der Front-Ends beschrieben. Leider ist es im Rahmen eines einzigen Buches nicht möglich, das gesamte Projekt zu erläutern. Dies ist allerdings auch nicht notwendig, da sich diese Aufgabe in verschiedene Teilprojekte gliedert, die jedes für sich diesen Zyklus durchläuft. Ich habe mich dabei für das Teilprojekt „Antrag und Bestellverwaltung (ABV)", wie nachfolgend dargelegt, entschieden, das sich sehr gut darstellen läßt und bei dem der Leser nicht über ein individuelles Expertenwissen, in organisatorischer Hinsicht, verfügen muss. Damit Sie dieses Projekt durchführen können, muss zuerst die Organisation und der Ablauf der ABV erläutert werden.

2.4.1 Der Antrag

Jedem Bestellvorgang liegt als Erstes eine Bedarfsmeldung zugrunde. Diese Bedarfsmeldung muss schriftlich in Form eines Antrags formuliert werden. Je nachdem, um welchen Bedarfsfall es sich handelt, ist ein bestimmter Typ im Antrag festzulegen. Es existieren fünf verschiedene: „EDV", „Inventarisierung", „Verbrauch", „Werkvertrag" und „Kurse". Jeder einzelnen Kategorie wird ein bestimmter Nummernbereich zugewiesen, aus dem die jeweilige Antragsnummer geschöpft wird. Das Antragsdokument wird, sobald es vorliegt, datenbanktechnisch erfasst, um den Bedarf konkreter benennen zu können. Da die jeweiligen Antragsteller oftmals nicht das nötige Wissen besitzen, um ihn konkret einzutragen, werden sich lediglich allgemeine Umschreibungen im Antrag wiederfinden. Beispiel: Dem Sachbearbeiter Herrn Kumbein liegt ein Antrag über einen neuen Drucker und einen Scanner vor. Er kennt weder den konkreten Druckertyp, noch weiß er, welche Scanner auf dem Markt existieren. Herr Kumbein wird somit nur den Text: „Drucker und Scanner" in das Formular eintragen. Erst mit der datentechnischen Erfassung dieses Antrags erfolgt eine genauere Spezifizierung. Es entstehen einzelne Antragsgegenstände. Ein PC kann in Festplatte, Motherboard usw. zerlegt werden. Diese Komponenten müssen separat erfasst werden. Im Antrag genügt es jedoch, den PC selbst zu nennen. Da sich diese Komponenten bei diversen Anträgen wiederholen können, ist es sinnvoll, diese in separaten Tabellen bereitzustellen und die gewünschte daraus zu selektieren. Dies erspart viel Tipparbeit. Folgende Komponenten sind vorstellbar: „Bildschirm", „Controller", „Komplett-PC", „Plotter", „Scanner", „Drucker" usw. die Liste kann beliebig fortgesetzt werden. Diese Daten legen jedoch nur die allgemeine Bezeichnung wie z.B. Bildschirm oder Festplatte fest, nicht aber die konkrete Typisierung wie z.b. Adi-Monitor 17 Zoll, denn dies ist die Aufgabe des Bestellers. Außerdem werden anhand der Antragsdaten Reports erstellt, aus denen die jeweiligen Bedarfsanforderungen klar ersichtlich sein sollen, und dazu eignen sich aus Übersichtsgründen allgemeine Beschreibungen wie z. B. Bildschirm besser, als eine technische Angabe.

Jedem Antrag müssen Soll-Kosten zugeordnet werden. Diese Information ist aus dem Antragsformular ersichtlich und wird in die Datenbank übernommen. Weiterhin muss jedem Antrag mindestens eine Kostenstelle zugeordnet werden. Es ist auch möglich, dass mehr als eine Kostenstelle pro Antrag notwendig ist. In jedem Fall sind die Soll-Kosten auf die Kostenstelle(n) zu verteilen. Dazu wird dem Anwender die Möglichkeit offeriert, nachdem er die Kostenstellen des Antrags festgelegt hat, die Soll-Kosten selbstständig von der Anwendung auf die Kostenstellen verteilen zu lassen. Er kann jedoch, falls gewünscht, die Verteilung manuell durchführen. Für Sie als Anwender bedeutet dies, dass mehrere Trigger notwendig sind welche sich der Verteilung annehmen. Dem Anwender soll auch die Möglichkeit dargeboten werden, verbleibende Soll-Kosten einer bestimmten Kostenstelle zuzuweisen, nachdem er einen bestimmten Teil bereits manuell verteilt hat. Dazu ist ein Dialog notwendig, indem der Anwender den noch verbliebenen Restbetrag ersehen, manuell einen Betrag festlegen oder den Rest in einem Stück verteilen kann.

Das Antragsformular wird am Ende per Scan in die Datenbank übernommen. Dabei hat der Anwender die Möglichkeit, entweder auf ein konkretes Formular, das als Grafik-Datei direkt vorliegt, oder über einen Dialog aus einer vorhandenen Menge die erforderliche Datei zu selektieren. Außerdem ist es notwendig, zu jedem Gegenstand eine Kostenstelle anzugeben. Kostenstellen legen fest, wo der Bedarf vorliegt und ordnen die anfallenden Kosten zu. Falls zu einem Antrag weitere Informationen notwendig sind, steht eine Bemerkungsspalte zur Verfügung, die durch Button-Klick zur Anzeige gebracht wird. Leider ist es nicht möglich, komplett auf solche Felder zu verzichten. Diese stellen datenbank-technisch immer ein Problem hinsichtlich ihrer Integrität dar, verstoßen sie doch häufig gegen den Grundsatz der Individualität von Informationen innerhalb relationaler Datenbanksysteme. Um dem Besteller bereits einen Hinweis zu geben, können verschiedene Firmen angegeben werden, die dem Besteller mitteilen, wo das betreffende Produkt zu erhalten ist.

2.4.2 Die Bestellung

Die im Antrag erfassten Daten werden dem Besteller in einer eigenen Bestellmaske zur Verfügung gestellt. Jede Bestellung kann sich aus mehreren Anträgen mit ihren jeweiligen Gegenständen zusammensetzen. Der Besteller wählt zuerst den entsprechenden Gegenstand und den dazugehörigen Antrag aus einer Vorschlagsliste. Aus diesen Angaben wird ihm anschließend eine Liste mit konkreten Typen aus dem Handel offeriert, die sich aus dem selektierten Gegenstand ergeben; z.B. aus dem Gegenstand Drucker werden alle Druckertypen, die sich bereits in der Datenbank befinden, aufgelistet. Mit der Wahl eines konkreten Typen wird die Bestellposition festgelegt. Die diversen Typen werden in separaten Tabellen gespeichert. Jeder Typ erhält eine eigene Tabelle, z. B. „Bildschirm",„Drucker", „Scanner" usw. Daraus wählt der Besteller den relevanten Drucker aus, der damit in die aktuelle Bestellung eingetragen wird. Aus den Preisen und Liefermengen der jeweiligen Bestellposition werden verschiedene Berechnungen, wie die Ermittlung der MwSt- und der Summe der Brutto-/Netto-Beträge, durchgeführt. Am Ende erfolgt ein Vergleich der Ist-Kosten jeder Bestellposition mit den Soll-Kosten jedes Antragsgegenstandes die aus dem Antrag bereits bekannt sind. Als Ergebnis erhalten Sie den verbleibenden Restbetrag an Soll-Kosten, sprich Soll-Kosten des Antrags abzüglich der Ist-Kosten der dafür entstandenen Positionen. Außerdem werden die Ist-Kosten jeder Position, gemäß der prozentualen Verteilung der Soll-Kosten auf die Kostenstellen im Antrag, auch in die Bestellung übernommen, indem die Kostenstellen, die im Antrag festgelegt wurden, auf die Bestellung übertragen und die Ist-Kosten einer Position nach demselben Schlüssel wie im Antrag auf die Kostenstellen verteilt werden.

Jeder Bestellung liegt eventuell ein Feststellschreiben zugrunde. Ein Feststellschreiben ist eine erste Sammlung aller Bestelldaten, eventuell auch über mehrere Bestellungen hinweg, einschließlich der dazugehörigen Bestelldokumente. Das heißt, die Bestelldaten sind in dem Feststellschreiben enthalten, zusätzlich existieren aber auch die notwendigen Bestelldokumente. Ist ein solches Dokument nicht vorhanden, wird an deren Stelle das Bestelldokument in die Bestellung übernommen. Jedes Bestelldokument kann nur zu einer Bestellung gehören. Jedes Feststellschreiben kann aber mehrere Bestellungen mit einbeziehen. Zu beachten ist dabei, dass es auch Bestellungen ohne Feststellschreiben gibt. Dieser Umstand erfordert eine besondere datentechnische Beachtung. Sobald alle Gegenstände eines Antrags in Bestellungen eingegangen sind, wird dieser Antrag als „abgeschlossen" eingestuft und diese Information innerhalb der Bestellung zur Anzeige gebracht. Der Antrag kann selbstverständlich auch manuell als „abgeschlossen" eingestuft werden. Sind alle bestellten Positionen mit ihrer geforderten Menge eingetroffen, erscheint anstelle des Soll-/Ist-Kosten-Vergleichsbetrags der Hinweis „Erledigt". Um dennoch eine mögliche Über- bzw. Unterdeckung anzeigen zu können, können mit Hilfe einer Check-Box zwei Optionen angegeben werden, die entweder diesen Hinweis oder den Vergleichsbetrag ausgibt, je nach Anliegen. Die fertige Bestellung kann analog zum Antrag auch durch eine weiter Check-Box auf „abgeschlossen" gesetzt werden. Die Abbildung 2.3 zeigt anschaulich den Zusammenhang zwischen dem Antrag und der Bestellung.

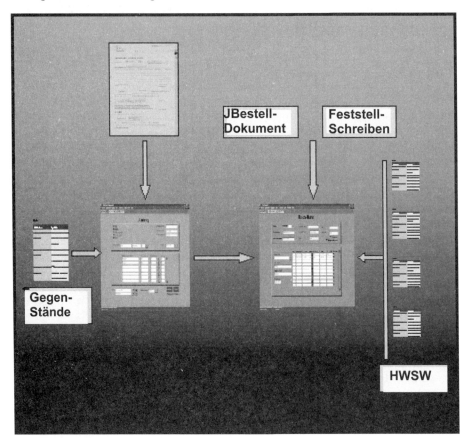

Abbildung 2.3: Logik der Antragsverwaltung

3 Prozesse definieren

Damit die Analysten eines Projekts verstehen, wie ein Unternehmen im Einzelnen arbeitet, verwenden sie Prozessmodelle zur Ordnung der Arbeitsabläufe. Der Prozessmodeller von Oracle ist ein Werkzeug des Designers, das Ihnen hilft, Prozesse optisch darzustellen und übersichtlich zu strukturieren.

3.1 Das Prozessmodell

Obwohl es sich hier um ein Buch für Fortgeschrittene handelt, möchte ich Ihnen dennoch die einzelnen Elemente eines Prozessmodells darlegen und erläutern. Viele Bücher beschreiben den logischen Zusammenhang zwischen Prozessmodeller, DataFlowDiagrammer und Funktionshierarchiediagrammer meiner Meinung nach nur unzureichend und beschäftigen sich überwiegend mit dem Werkzeug-Handling. Aus diesem Grund befasse ich mich ausführlich mit den Elementen des Modellers, deren Aussagekraft, Verbindung und Zusammenhang zum Unternehmen.

3.1.1 Der Zweck des Prozessmodellers

Als Prozessmodellierung wird die Analyse, Beschreibung und Modifikation eines Arbeitsganges beschrieben, weshalb der Zweck des Prozessmodellers darin besteht, die Aufbau- und vor allem die Ablauforganisation eines Unternehmens grafisch darzustellen. Damit Sie in der der Lage sind, die Organisationsformen eines Unternehmens mit dem Modeller abzubilden, müssen Sie Informationen darüber sammeln, welche Elemente in einer Organisation existieren, welche der Prozessmodeller dafür vorsieht und wie sie dort verwendet werden. Dazu muss vor allem der Begriff Organisation etwas näher untersucht werden. Organisation definiert sich aus der Aufbau- und Ablauforganisation. Aufbauorganisation ist die dauerhaft wirksame Gestaltung des statischen Beziehungszusammenhang eines Unternehmens. Es werden Aufgabenbeziehungen und Stellenbeziehungen hergestellt.

Innerhalb der Aufgabenbeziehungen werden Teilaufgaben zusammengefasst und Aktionseinheiten, d.h. Stellen zugewiesen. Stellen sind die kleinsten organisatorischen Einheiten. In einer Stelle werden Teilaufgaben für einen gedachten oder konkreten Aufgabenträger (z.B. Arbeitnehmer oder Maschine) zusammengefasst. Der Modeller bildet eine Stelle als Organisationseinheit ab und bezeichnet Abläufe (Geschäftsfunktionen) als Prozesse. In der Ablauforganisation steht dagegen die Aufgabenerfüllung im Mittelpunkt. Es wird eine Prozessstruktur definiert, bei der es gilt, räumliche und zeitliche Folgebeziehungen einzurichten. Hierfür stellt der Modeller Prozessschritte zur Verfügung für die Darstellung der Geschäftsfunktionen der Stellen sprich der Prozesse eines Unternehmens.

Als Prozess wird im Allgemeinen eine Reihe von Aktivitäten bezeichnet, die durch Daten- oder Materialflüsse miteinander verbunden sind. Sie werden durchgeführt, um ein vordefiniertes Ergebnis zu erhalten. Einfach ausgedrückt: Ein Prozess ist ein Arbeitsgang, der die Modeller durch Prozessschritte, welche die Aktivitäten beschreiben, darstellt.

Der Prozessmodeller bietet Ihnen die Möglichkeit, Prozesse des Unternehmens zusammenzufassen und die Reihenfolge der Bearbeitung anschaulich zu dokumentieren. Da Prozesse nicht immer linear ablaufen, sondern in Abhängigkeit von verschiedenen Gegebenheiten im Unternehmen in unterschiedliche Teilprozesse münden können, besitzen Sie die Möglichkeit, sogenannte Entscheidungspunkte (decision points) zu definieren, die für jede denkbare Option voneinander unabhängige Arbeitsgänge anbietet. Sie können außerdem, wie bereits erwähnt, die Aufbauorganisation des Unternehmens im Prozessmodeller teilweise abbilden, indem Sie für die Stellen des Unternehmens Organisationseinheiten definieren. Organisationseinheiten können nicht den gesamten Aufbau des Unternehmens darstellen. Da für uns Datenbankentwickler jedoch die Ablauforganisation, sprich die Prozesse des Unternehmens, im Vordergrund stehen, sind die Möglichkeiten, die der Modeller offeriert, völlig ausreichend.

Arbeitsgänge werden verschiedentlich in Gang gesetzt. Sie werden ausgeführt, sobald ein bestimmter Zeitpunkt erreicht ist, ein festgelegter Schwellenwert überschritten wird, oder ein beliebig anderer Vorfall eintritt, der außerhalb des eigenen Einflusses liegt. Solche Anstöße für einen Arbeitsgang werden im Modeller als Ereignis bezeichnet. Wir unterscheiden dabei zwischen Ereignissen, die einen Prozess auslösen und Ergebnissen, die aus einem Prozess resultieren. Ein für einen Arbeitsgang relevantes Ereignis findet statt, wenn ein Vorfall eintritt, der zwar außerhalb des eigenen Einflusses liegt, diesen Arbeitsgang jedoch zur Folge hat, bzw. notwendig werden läßt. Betrachten wir die Elemente des Prozessmodellers der Reihe nach.

Organisationseinheiten

Sie definieren die verantwortliche Stelle für einen Arbeitsgang. Folgende Informationen sind über sie erhältlich:

- wo die Einheit angesiedelt ist,
- wie viele Mitarbeiter dort arbeiten,
- welche Anforderungen an diese Mitarbeiter gestellt werden,
- wer der Verantwortliche für diese Stelle ist,
- welcher Kostensatz bei der Benutzung der Kostenstelle verrechnet wird.

Prozessschritte

Sie repräsentieren die eigentlichen Arbeitsgänge, also die Art der Durchführung und die Logik. Prozessschritte werden im weiteren Verlauf auch als Geschäftsfunktionen (business functions) oder einfach als Funktionen bezeichnet. Auf unterster Ebene existieren nur Elementar-Funktionen, d.h. sie können nur vollständig durchgeführt oder abgebrochen werden. Ergebnisse solcher Prozessschritte sind immer Material oder Daten, die an andere Prozessschritte weitergereicht werden. Elementare Prozessschritte kommunizieren nie direkt miteinander. Die Prozessanalyse ist vollständig, wenn sich auf der untersten Ebene nur noch Elementar-Funktionen befinden.

Prozessschritte unterscheiden sich in:

- Dateneingabe (Data Entry)
- Berichte (Reports)
- Entscheidungen (decision points)
- Verarbeitungsvorgänge

Prozessschritte sollten immer dann in ein Diagramm eingefügt werden, wenn

- Material oder Daten erzeugt oder vernichtet werden,
- Entscheidungen über den weiteren Arbeitsablauf zu treffen sind,
- eine Person oder Maschine eine Tätigkeit durchführt.

Prozessflüsse

Sie verbinden die einzelnen Arbeitsschritte in einem Diagramm und legen so die Reihenfolge fest, in der ein Vorgang bearbeitet wird. Für jeden Arbeitsschritt sind beliebig viele Flüsse möglich, die von ihm fort- und hinführen. Sie können festlegen, ob alle Flüsse bearbeitet werden müssen bevor ein Prozess fortgesetzt werden kann oder nicht.

Ereignisse

Sie setzen einen Arbeitsablauf in Gang. Ereignisse sind Umstände und Zustände, die sich ereignen oder eintreten und außerhalb des eigenen Einflusses liegen. Sie treten dann ein, sobald ein bestimmter Zeitpunkt erreicht ist, ein festgelegter Schwellenwert überschritten wird, oder ein beliebig anderer Vorfall eintritt, der außerhalb des eigenen Einflusses liegt.

Ergebnisse

Ein Prozess kann ein Ergebnis haben, muss aber nicht. Nur Prozessschritte können ein Ergebnis liefern, d.h. Speicher, Entscheidungspunkte usw. liefern keine Ergebnisse.

Speicher

Ein Speicher ist eine abstrakte Repräsentation der benötigten Daten. Die Konzeption allein sagt noch nichts über die tatsächliche Implementierung aus. Trotzdem können sie mit Inhalten in Form von Entitäten versehen werden. Dazu ist ein eigenes Werkzeug notwendig, der Dataflow-Diagrammer. Speicher werden während eines Prozesses benötigt um Material oder Daten festzuhalten. Speicher sind immer dann zu verwenden wenn:

- Ergebnisse festgehalten werden müssen (z.B. Daten, die sich aus Berechnungen ergeben),
- halbfertige oder fertige Produkte entstehen (Material aller Art),
- Daten für Prozesse gelesen oder geschrieben werden müssen (Daten werden aus einem Speicher gelesen und in einem Speicher geschrieben).

Speicher werden im Prozessmodell nur abstrakt bezeichnet. Abstrakt bedeutet theoretisch und ohne direkten Bezug. Ein Datenspeicher ist hier nur eine bestimmte Art eines allgemeinen Speichers und kann erst im Dataflow-Diagrammer mit Inhalten (Entitäten) versehen werden. Diese Inhalte werden aber nicht implementiert sondern dienen lediglich der Dokumentation. In einem Speicher wird die Zusammensetzung des zu verarbeitenden Materials (Materialspeicher (Store)) oder die Struktur der Daten (Datenspeicher (Datastore)) festgehalten.

Beispiele zu den Elementen eines Prozessmodells:

Element:	Beispiele:
Organisationseinheiten	-Vertrieb
	-Vewaltung
	-Absatz
Prozessschritte	-Antrag erstellen
	-Anmeldung verwerfen
	-Personendaten aktualisieren
Datenflüsse	-Personendaten
	-Antragsdaten
Entscheidungspunkte	-neuer Titel?
	-neuer Lieferant?
	-neue Kopie?
Ereignisse	-jeden Monat
	-neues Video geliefert
	-neuer Kunde
	-Bedarf von ...
Speicher	-Kostenstellen
	-Firmen
	-Geräte

Tabelle 3.1: Beispielelemente des Prozessmodellers

3.1.2 Detailebenen modellieren

Besteht ein Prozessschritt aus einer Reihe weiterer Prozessschritte, haben Sie die Möglichkeit ein neues Diagramm zu erstellen, für das ein Prozess als Basisprozess dient. Beide Diagramme sind miteinander verbunden. Dieser Vorgang wird als Zerlegen oder nächst tiefere Ebene bezeichnet. Analog dazu können Sie ebenso einen Basisprozess im Kontext zu seinen untergeordneten Prozessen anzeigen lassen. Das bezeichnet man dann als „nächst höhere Ebene bearbeiten".

Realisierung der nächst tieferen Ebene: Markieren Sie den entsprechenden Prozess, gehen Sie in das Menü FILE / OPEN DOWN im Menü des Prozessmodellers und es wird ein neues Diagramm erstellt, das den Prozess als Basisprozess enthält. Darin können Sie wie bisher neue Prozesse einfügen und damit eine gewisse Hierarchie entwickeln.

Realisierung der nächst höheren Ebene: Voraussetzung dafür ist, dass Sie sich bereits in einer tieferen Ebene befinden. Durch die Anweisung FILE/OPEN UP kehren Sie zum zugrundeliegenden Basisprozess der nächst höheren Ebene zurück. Der Vorteil dieser Methode liegt vor allem darin, dass Sie zum einen Ihre Diagramme übersichtlicher gestalten können, und zum anderen beim Aufruf des Funktonshierarchie-Diagrammers die Hierarchie der Ebenen, die Sie jetzt festlegen, in einer kompletten Übersicht dargestellt erhalten.

3.2 Das Prozessmodell des Projekts

Bei der Definition des Prozessmodells sind lediglich die betrieblichen Abläufe zu beachten. Über die Implementierung brauchen Sie sich an dieser Stelle keinerlei Gedanken zu machen. Dafür ist später der Entwickler zuständig. Dieses Prinzip wird auch bei der Erstellung der Dataflow- und Funktionsdiagramme beibehalten. D.h. dem Entwickler werden in der Regel diese Diagramme zur Analyse vorgelegt. Seine Aufgabe ist es dann, die notwendigen Informationen dafür innerhalb eines ER-Modells zu definieren und die Entitäten-Verwendung für die jeweiligen Funktionen festzulegen. Dazu kann er sowohl Blattfunktionen als auch übergeordnete Funktionen mit Entitäten bzw. Attributen belegen, je nachdem wie die fertige Anwendung zu arbeiten hat. Im Anschluss daran generiert er die Module aus den festgelegten Entitäten Verwendungen mit Hilfe des DDT.

Hinweis

Es ist durchaus üblich, auf den Einsatz des DDT zu verzichten und stattdessen die Module manuell zu erstellen. Ich habe mich für diesen Weg entschieden, da das Festlegen aller Entitäten und Attribute sowie das Erstellen der Diagramme doch eine gewisse Zeit in Anspruch nimmt. Der DDT liefert jedoch als Ergebnis lediglich die festgelegten Tabellenverwendungen innerhalb eines einfachen Moduls. Erst bei umfangreicheren Projekten kommen diese Tools voll zum Tragen, weshalb ich Sie Ihnen auch nicht vorenthalten möchte.

Für unser Modell benötigen wir sechs Organisationseinheiten:

- *Kunden*: Personen, die Anträge stellen dürfen;
- *Haushälter*: besitzt die Autorität, Anträge genehmigen zu dürfen;

- *Hausverwaltung*: erfasst die Daten und bearbeitet den Antrag;
- *Verwaltungsstelle*: nimmt Bestellung bei vorliegenden sogenannten Werkverträge vor;
- *Beschaffung*: nimmt die Bestellung bei allen übrigen Antragsarten vor;
- *Verbrauchsmaterial*: führt die Bestellung für Bürobedarf und BGA durch.

Als Übung können Sie versuchen, die Prozessmodelle aus den Abbildungen 3.1 und 3.2 zu erstellen. Da ich davon ausgehe, dass Sie mit der Bedienung des Prozessmodellers (Prozessschritte, Organisationseinheiten usw. definieren) bereits vertraut sind, halte ich es für nicht notwendig, näher darauf einzugehen. Die Modelle der Abbildung 3.1 und Abbildung 3.2 stellen die Grundlage für unser Projekt dar. Je nachdem, ob Sie Entitäten Verwendungen definieren und eine Transformation durch den DDT vornehmen möchten, oder die manuelle Definition der Module bevorzugen, ist das Prozessmodell dementsprechend erforderlich. Zum Vervollständigen Ihres Know How's, ist es sicherlich von Vorteil, einmal die Arbeitsweise des DDT und der Diagrammer kennen zu lernen. Die fertigen Diagramme befinden sich selbstverständlich auch auf der CD-ROM.

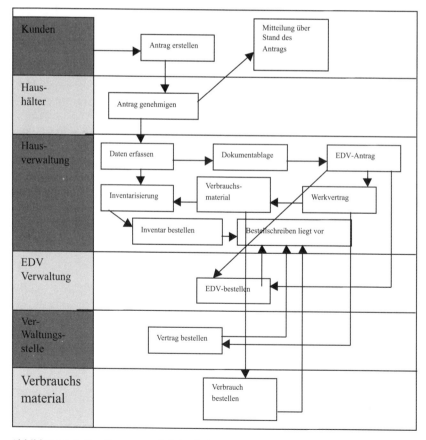

Abbildung 3.1: Das Prozessmodell des Antrags

Das Prozessmodell des Projekts

Für den Prozessschritt „Bestellschreiben liegt vor" ist eine nächst tiefere Ebene notwendig. Bestellschreiben werden ausschließlich von der Hausverwaltung bearbeitet.

Sobald das Bestellschreiben vorliegt, werden die Daten in der Datenbank erfasst.

Das Objekt „Anträge" ist als Speicher (Data Sotor) modelliert und das Objekt „Daten erfassen" als Data-Entry-Prozess. Bei allen übrigen Objekten handelt es sich um Prozessschritte (Process-Steps).

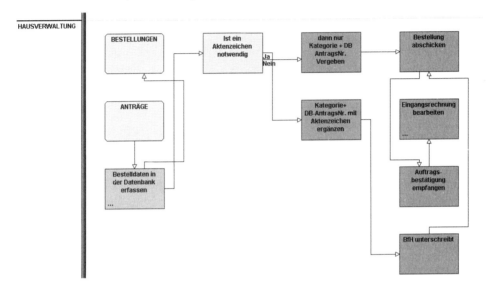

Abbildung 3.2: Das Prozessmodell der Bestellung

Dei Objekte „Bestellungen" und „Anträge" sind wieder als Speicher modelliert.

4 Dataflow- und Funktionshierarchie

Nachdem die Prozesse definiert sind und deren Ablauf klar abgegrenzt ist, ist es nun an der Zeit, den Fluss der Daten durch unser System darzustellen. Im Prozessmodell analysierten wir fast ausschließlich Funktionen und im ER-Diagramm den dazu notwendigen Informationsbedarf. Der Dataflow-Diagrammer betrachtet nun beide Aspekte. Mit Hilfe des Prozess-Modellers wurde grob festgelegt, wie der Ablauf funktionieren soll. Hier werden jetzt die Feinheiten spezifiziert, damit eine einwandfreie Implementierung durchgeführt werden kann.

Sie können Hierarchieebenen, die sie im Prozess-Modeller durch höhere bzw. tiefere Ebenen (Open up, Open down) definierten, hier weiter ausbauen, indem Sie einen Prozessschritt auswählen und in den Dataflow-Diagrammers integrieren (durch EDIT/INCLUDE) um im Anschluss daran eine untergeordnete Funktionen diesem Prozessschritt hinzuzufügen. Damit definieren Sie eine weitere Hierarchiestufe.

Wie ich bereits dargelegt habe, ist es bei größeren Anwendungen durchaus üblich, das Modellieren der Prozess- Dataflow und Funktions-Diagramme von Spezialisten vornehmen zu lassen, die mit der Organisation des Unternehmens bestens vertraut sind. Sie beschäftigen sich allerdings ausschließlich mit der Abbildung der Organisation, sprich den Prozessen und Datenflüssen, und nicht mit der Implementierung, sprich dem Erstellen des ER-Modells und den Daten-Verwendungen für die jeweiligen Prozesse (ENTITY-USAGES). Dies ist die Aufgabe des Entwicklers. Er erhält die Diagramme und entscheidet welches Datenmodell er gemäß diesen Vorgaben definieren muss. Anschließend legt der die Datenverwendungen fest.

4.1 Datenverwendungen bestimmen

Das Bestimmen der Datenverwendungen ist nicht ganz einfach. Der Entwickler muss sich Gedanken darüber machen, welche Funktionen automatisierbar sind, d.h. generiert werden können und welche Tabellenverwendungen die Module letztendlich enthalten. Je nachdem wie detailliert das Dataflow-Diagramm ist, kann der Entwickler die für ihn notwendigen Informationen auf verschiedenen Wegen erhalten. Vorstellbar ist bei einem etwas detaillierteren Diagramm, dass beispielsweise jeder einzelne Datenspeicher eine künftige Entität darstellt (für den Entwickler wichtige Attribute seiner Entitäten). Sobald die Entitäten erstellt sind, kann der Entwickler sie beliebigen Speichern als Datenverwendung zuweisen. Dies dient jedoch nur zur Dokumentation. Der DDT berücksichtigt diese Verwendungen nicht.

Bei weniger umfangreichen Projekten ist es auch üblich, innerhalb eines Speichers in reiner Textform die notwendigen Objekte (künftige Entitäten) zu nennen und deren Informationen (Attribute) ebenfalls zu dokumentieren. Zu diesem Zeitpunkt existieren keine Entitäten. Der Entwickler erhält so die für das Modellieren wichtigen Informationen und handelt dementsprechend. Ein Speicher repräsentiert in diesem Fall nicht eine, sondern mehrere Entitäten. Für unser Projekt ist die Darstellung mehrerer Entitäten in einem Speicher durchaus ausreichend.

Selbstverständlich kann der Entwickler unterschiedliche Datenverwendungen auch beliebigen Funktionen in der Hierarchie zuweisen. Dabei muss er jedoch stets bedenken, dass er irgendwo im Diagramm eine oder mehrere Funktionen vorsehen muss, die alle erforderlichen Datenverwendungen enthält bzw. enthalten, welche das daraus resultierende Modul als Tabellenverwendungen besitzen muss.

Diese Funktion(en) werden schließlich mittels dem ADT transformiert, sodass im fertigen Modul alle benötigten Tabellenverwendungen enthalten sind. Es ist aber durchaus üblich, bestimmten Teilfunktionen rein zu Zwecken der Dokumentation, analog zu den Speichern, ebenso Entitäten in der Datenverwendung zuzuweisen, ohne dass diese Funktion je transformiert wird, da sie nur einen Teil des fertigen Moduls darstellt. Ein solche Funktion repräsentiert lediglich eine Teilautomation und kann nicht als selbständiges Modul bestehen. Sie sollten deshalb als automatisierbare Funktionen nur solche anerkennen, die tatsächlich in ein komplettes Modul, mit allen dafür notwendigen Tabellenverwendungen, transformiert werden.

Überprüfen Sie jede Elementarfunktion (Blattfunktion, atomare Funktion) nach den folgenden Kriterien:

▷ Sie legen Datenverwendungen für automatisierbare Funktionen fest. Das sind Funktionen, die Oracle übernimmt bzw. ein wichtiges Werkzeug zu deren Erfüllung darstellt; z. B. „Daten erfassen". Dagegen kann eine Funktion „Antragsdokument ablegen" nicht automatisiert werden. Das ist eine manuelle Funktion.

▷ Atomare Funktionen sollen nicht weiter zerlegt werden können.

▷ Enthält die Funktion keine Daten, handelt es sich dann um eine manuelle Funktion? Manuelle Funktionen lassen sich nicht automatisieren, d.h. datentechnisch bearbeiten.

▷ Enthält die Funktion mindestens einen eingehenden und einen ausgehenden Datenfluss?

▷ Stehen alle notwendigen Daten in eingehenden Datenflüssen zur Verfügung?

Stellen Sie sich bei jeder Funktion stets die Frage, ob es sich wirklich um einen Arbeitsgang handelt, und nicht um Vorschriften oder Prüfungen. Aufgrund dieser vielfältigen Alternativen besitzen Sie hier völlige Freiheit in der Gestaltung Ihrer Logik. Wichtig ist nur, dass Sie am Ende vollautomatisierbare Funktion(en) irgendwo in Ihrem Diagramm besitzen, die als Modul arbeiten können. Kennzeichnen Sie diese immer mit einer eigenen Farbe. Die einzige Einschränkung ist das jedes Dataflow-Diagramm nur zwei Ebenen enthalten kann. D.h. jedes Diagramm kann innerhalb einer Funktion weitere Funktionen erhalten. Allerdings nur auf der ersten

Ebene. Stattdessen steht Ihnen, analog zum Prozessmodeller, auch hier die Möglichkeit der nächst tieferen und nächst höheren Ebenen zur Verfügung (OPEN UP, OPEN DOWN).

4.1.1 Datenverwendungen im Dataflow-Diagrammer festlegen

Obwohl ich, wie schon erwähnt, gute Kenntnisse der jeweiligen Werkzeuge für dieses Buch voraussetze, möchte ich Ihnen trotzdem im Zusammenhang mit gewissen Themen auch die dazugehörige Vorgehensweise im Designer zeigen. Betrachten Sie das als zusätzliche Hilfe, und zur Ergänzung der jeweiligen Kapitel.

1. Doppelklicken Sie auf die entsprechende Funktion.
2. Ein Dialog öffnet sich. Klicken Sie auf das Register ENTITY USAGES und tragen Sie die relevanten Entitäten ein. Möchten Sie außerdem einzelne Attribute spezifizieren, klicken Sie auf das Register ATTRIBUT USAGES, nachdem Sie zuvor im ersten Register die dazugehörige Entität markiert oder eingetragen haben.
3. Legen Sie die gewünschten Verwendungen für jedes einzelne Attribut fest.

4.1.2 Datenverwendungen im Funktions-Diagrammer festlegen

Gehen Sie einfach analog zu 4.1.1 vor.

4.2 Elemente des Dataflow-Diagrammers

▶ *Funktion*: Funktionen und Prozessschritte sind synonyme Bezeichnungen. Eine Funktion oder Prozess stellt das aktive Element eines Datenflussdiagramms dar (analog zum Prozessmodell).

▶ *Datenflüsse*: zeigen an, welche Daten zwischen Funktionen und Datenspeicher ausgetauscht werden. Dabei ist folgendes zu beachten: Der Fluß von Daten von einem Speicher in einen anderen ist nicht direkt modellierbar. Möglich ist nur die Modellierung von Datenflüssen zwischen zwei Funktionen, oder zwischen einem Speicher und einer Funktion.

▶ *Datenspeicher:* sind aus Prozessmodell bereits bekannt; dort war dies ein allgemeiner Speicher ohne Inhalt, der nur dazu diente, ihn als solchen zu deklarieren. Datenspeicher enthalten Inhalte in Form von Entitäten. Es ist dabei zu unterscheiden zwischen Datenelementen und bereits angelegten Entitäten. Um Entitäten zuzuordnen, sollte als Typ Computer gewählt werden (EDIT/DATASTORE).

Beim Durchführen der Funktions- Datenverwendungen (ENTITY- ATTRIBUTE USAGES) sollten Sie stets auf das Folgende achten:

Sie können alle Funktionen mit Datenverwendungen versehen, im Allgemeinen jedoch ist dieser Umstand vor allem für die Blattfunktionen von großer Bedeutung. Die Ursache hierfür liegt darin, dass übergeordnete Funktionen sich in untergeordnete Funktionen ableiten aber nicht vererben lassen. Ein Beispiel dazu.

Angenommen, es existiert eine übergeordnete Funktion „Kundendaten erfassen" und diese teilt sich in zwei Blattfunktionen mit den Namen „Adresse aufnehmen" und „Kunde überprüfen". Beides sind separate Funktionen mit separaten Datenverwendungen. Datenverwendungen können jedoch nicht vererbt werden und somit wäre es wenig sinnvoll, die übergeordnete Funktion der beiden Blattfunktionen mit der gesamten Datenverwendung auszustatten, da diese nicht an die Blattfunktionen der tieferen Hierarchiestufen weitergegeben wird. Stattdessen definieren Sie die Datenverwendungen separat für jede Blattfunktion und transformieren jede zu je einem Modul.

Da die Datenverwendungen auf Blattfunktionsebene erfolgen, ist es nicht sinnvoll, Master-Detail Blöcke, die in einem Modul definiert werden sollen in verschiedene Funktionen zu zerlegen, da dadurch zwei Blattfunkionen entstehen und somit zwei Module. Sobald Datenflüsse Datenverwendungen enthalten, werden diese Daten „weitergeleitet" an Funktionen oder Speicher. Nur wenn die Attribute der Datenflüsse mit denen eines Speichers übereinstimmt kann ein Speicherattribut auch beschrieben werden. Das Dataflowdiagramm dient mit Ausnahme der Datenverwendungen in den Blattfunktionen lediglich als Dokumentation innerhalb von Repository Reports im Knoten DATAFLOW MODELLING Report: ckdstor. Die Datenverwendungen der Blattfunktionen finden dagegen Eingang in Module.

Es ist immer darauf zu achten, dass alle Informationen, die in einem Speicher enthalten sind, über Datenflüsse an Funktionen weitergegeben werden, da sonst Informationen definiert sind, die nirgendwo verwendet werden. Andererseits ist darauf zu achten, dass ein Datenspeicher seinen Inhalt von Funktionen über Datenflüsse erhält, da sonst Informationen definiert werden, die nirgendwo entstehen.

4.3 Unser Projektbeispiel

Damit Sie den Dataflow jedoch besser kennenlernen, werde ich im Zusammenhang mit der Antragsverwaltung beide Alternativen vorstellen. Einen Speicher für jede Entität und Speicher, die mehrere Entitäten enthalten. Die von mir vorgeschlagene Lösung ist nur als Richtlinie zu verstehen. Da Sie sehr viele Freiheiten haben, könnten Sie auch eine andere Gestaltung vornehmen.

4.3.1 Der Antrag

Jeder Speicher entspricht einer Entität

Sie müssen dann im Text zu EDIT DATASTORE oder EDIT FUNCTION lediglich die Attribute angeben. Bei der Funktion 1.12.6 AVW_ANTRAG wird eine nächst tiefere Ebene durch (Open Down) definiert (Abbildung 4.2: Antrag Teil II).

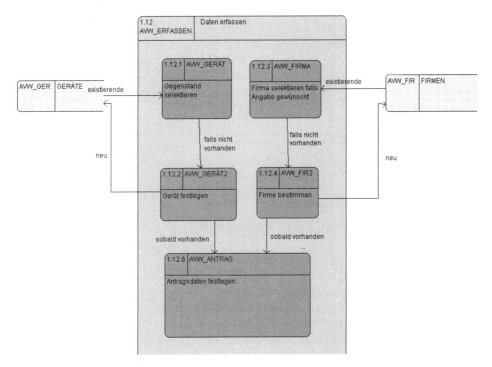

Abbildung 4.1: Antrag Teil I

Die Objekte „Geräte" und „Firmen" stellen jeweils einen Speicher dar. Der Speicher „Geräte" enthält die Entität „Geräte" und der Speicher „Firmen" die Entität „Firmen". Bei den AW_Objekten handelt es sich um Funktionen.

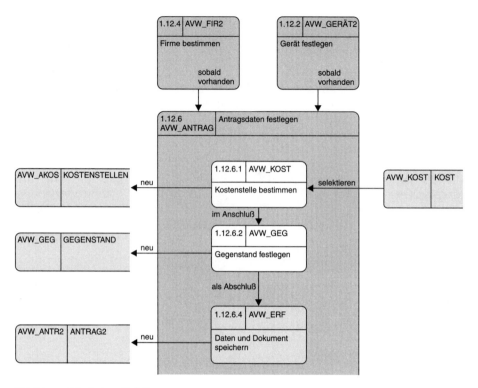

Abbildung 4.2: Antrag Teil II

Nur im Speicher Antrag2 befinden sich 2 Entitäten, die des Antrags und die Entität Antragsfrm2, welche das Antragsdokument speichert. Da diese Entität nur ein Attribut besitzt, ist das hier kein Problem. Sie sollten nur auch diesen Umstand im Speicher (unter Text) dokumentieren.

Als einzige voll automatisierbare Funktion ist die 1.12.6.4 AVW_ERF anzusehen, da dort alle Informationen eines Antrags zusammenlaufen. Ich habe sie gesondert markiert. Aus dieser Funktion werden wir unser Modul transformieren, indem wir die nachfolgenden Entitäten-Verwendungen für sie festlegen. Führen Sie einen Doppelklick auf diese Funktion durch und tragen Sie unter ENTITY USAGES die nachfolgenden Entitäten ein. Innerhalb der Attributverwendung können jeweils alle Attribute selektiert werden. Sie besitzen alle dieselben Eigenschaften.

- ANTKOS
- ANTRAG
- ANTRAGSFRM2
- FIRMENAUFTRAG
- GEGENSTAND

Sämtliche Attribute werden ebenfalls benötigt. Deshalb muss die Attribut-Verwendung nicht separat durchgeführt werden, denn es gibt keinerlei Einschränkungen für sie. Alle werden benötigt. Beachten Sie dabei aber, dass künftige Lookup Tabellenverwendungen nicht angegeben werden. Der ADT kann zwischen Lookup- und „normalen" Tabellen nicht unterscheiden und erzeugt aus allen Entitäten Tabellenverwendungen.

Das Diagramm lesen

Der Anwender legt zunächst die Kopfdaten des Antrags wie den Antragsteller, die Produktkennzahl, den Haushaltstitel usw. fest, und definiert dann die Gegenstände. An diesem Punkt setzt das Diagramm an. Funktion 1.12.1 selektiert die benötigten Gegenstände aus dem Speicher „Geräte", sind diese nicht vorhanden, müssen sie von Funktion 1.12.2 neu definiert und in den Speicher „Geräte" geschrieben werden. Erst dann hat die Funktion 1.12.6 die Möglichkeit einen neuen Gegenstand zu bestimmen. Analog zum Gegenstand sorgen die Funktionen 1.12.3 und 1.12.4 dafür, dass jeder Antrag eine Firma erhält und neue Firmendaten erfasst und gespeichert werden.

In der tieferen Ebene (Abbildung 4.2) selektiert die Funktion 1.12.6.5 die benötigten Kostenstellen aus dem Speicher „Kost". Die Funktion 1.12.6.2 bestimmt den Gegenstand und legt diesen analog im Speicher „Gegenstand" ab. Dieser Speicher enthält die Information, welcher Gegenstand letztendlich für einen konkreten Antrag von Bedeutung ist. Der Speicher „Geräte" beinhaltet dagegen alle möglichen Gegenstände, die existieren. Außerdem benötigen wir die Speicher „Kostenstellen" und „Anträge". Der Speicher „Anträge" legt alle definierten Anträge ab. In der Funktion 1.12.6.4 werden die Daten zusammengefasst und im Speicher „Anträge2" gespeichert.

Sie sehen, es gibt keine Beschränkung in Ihren Gestaltungsmöglichkeiten. D.h. Sie können beliebige Speicher einführen um damit eine noch detailliertere Darstellung zu erhalten, falls Ihnen die bisher verwendeten noch nicht ausreichen sollten. Beispielsweise sind Produktkennzahlen und Haushaltstitel notwendig, die hier nicht berücksichtigt wurden. Dies ist auch nicht unbedingt notwendig. Ich wollte Ihnen an dieser Stelle lediglich einmal demonstrieren, nach welchen Gesichtspunkten Dataflow-Diagramme erstellt und gelesen werden können.

Speicher mit mehreren Entitäten benennen

Hierbei müssen Sie nur darauf achten, alles hinreichend in Textform zu dokumentieren, damit der Entwickler alle erforderlichen Informationen in ausreichender Form erhält. Es werden dem Speicher Anträge alle Entitäten, die für den Antrag relevant sind, zugeordnet. Da der Entwickler in diesem Stadium, wo noch eventuell keine Entitäten existieren, nicht wissen kann was alles zu speichern ist, müssen Sie unbedingt eine ausreichende Dokumentation hinzufügen. Die Speicher „Geräte" und „Firmen" erhalten jeweils die Entitäten mit gleichen Namen.

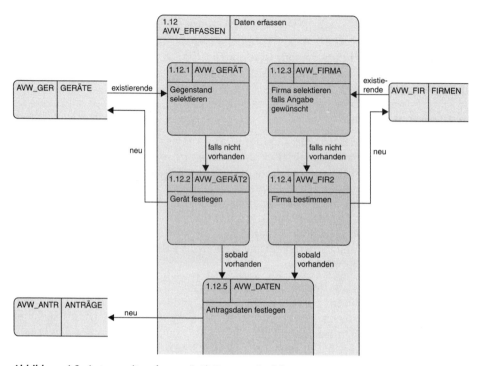

Abbildung 4.3: Antrag mit mehreren Entitäten pro Speicher

Alle Informationen des Antrags laufen in der Funktion 1.12.5 zusammen. Deshalb besitzt diese Funktion analog zur Funktion 1.12.6.4 des anderen Diagramms dieselben Entitäten-Verwendungen. Zweifellos ist das andere Diagramm lesbarer und enthält mehr Informationen über die Entstehung eines Antrags. Andererseits ist dessen Erstellung mit mehr Aufwand verbunden. Für Ihre künftigen Projekte können Sie individuell je nach Umfang eine Entscheidung darüber fällen, wie detailliert Sie Ihre Diagramme erstellen möchten (oder erstellt haben wollen).

4.3.2 Die Bestellung

Zur Vereinfachung möchte ich bei der Bestellung „nur" die ausführliche Methode vorstellen, wo jedem Speicher eine Entität zugeordnet wird.

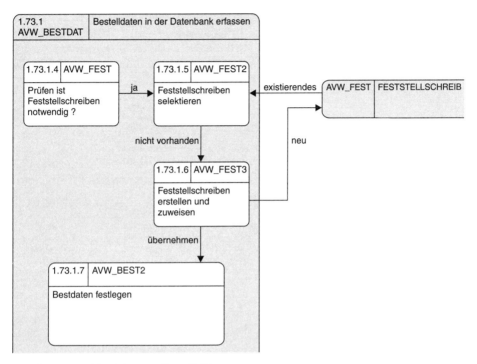

Abbildung 4.4: Ablauf der Bestellung Teil I

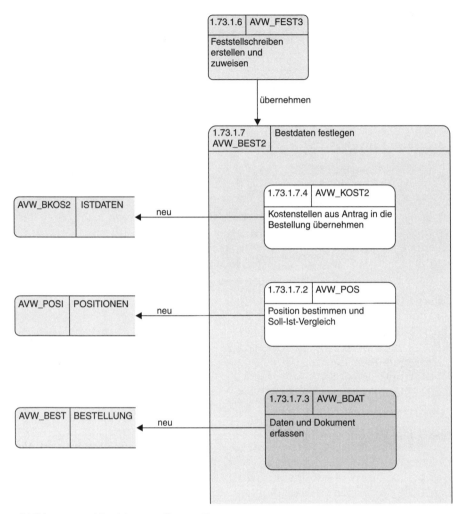

Abbildung 4.5: Ablauf der Bestellung Teil II

Legen Sie für die Funktion 1.73.1.7.3 AVW_BDAT die nachfolgenden Entitäten-Verwendungen fest:

1. Bestellungen
2. Positionen
3. Beskos
4. Festschr

Die benannten Speicher belegen Sie mit Entitäten gleichen Namens. Ein kleiner Hinweis: Der Speicher ISTDATEN bekommt die Entität BESKOS, und der Speicher FESTSTELLSCHREIBEN die Entität FESTSCHR zugewiesen. Jetzt haben wir die notwendigen Abläufe zur Verfügung und können uns anschicken, das Datenmodell zu entwickeln. Es wird alle Informationen speichern und anbieten, um die notwendigen Abläufe handhaben zu können. Das nächste Kapitel wird sich voll und ganz diesem Thema widmen.

4.3.3 Der Funktionsdiagrammer

Während Ihrer Arbeit mit dem Prozess- und Dataflowdiagrammer entstand implizit eine Hierarchie, bestehend aus einer Reihe von verschachtelten Prozessen und Funktionen, die Sie mit Hilfe des FH-Diagrammers hierarchisch darstellen können. Er verhilft zu einer globalen Betrachtungsweise aller Funktionen in Ihrem System. Die grafische Darstellungsweise der Anforderungen eines Unternehmens in den verschiedenen Diagrammern ist durch verschiedene Ebenen gekennzeichnet. D.h. Sie befinden sich stets auf einer bestimmten Stufe der Systemarchitektur, von der aus einzelne Funktionen, abhängig von den Vorgaben, weiterentwickelt werden.

Im Unterschied zum Prozess- oder Dataflowdiagrammer stellt der Funktionshierarchiediagrammer keine prozessrelevanten Elemente, wie Speicher oder Flüsse dar, sondern orientiert sich ausschließlich an Funktionen. Es empfiehlt sich dessen Einsatz im Anschluss an die Datenflussanalyse, um die Zerlegung der Funktionen zu überprüfen und übersichtlich darstellen zu können. Damit steht Ihnen eine leicht überschaubare Diskussionsgrundlage zur Verfügung. Außerdem ist schnell erkennbar, welche Funktionen Sie wie weit strukturiert haben und wo noch weitere Analysen notwendig sind.

Der große Vorteil aller Diagrammer ist, dass sie ihre Elemente einander vererben können. D.h. Ihre Prozesse finden, ohne dass Sie diese neu definieren müssen, Verwendung im Dataflowdiagrammer, wo sie tiefer strukturiert werden können. Öffnen Sie im Anschluss daran den Funkionshierarchiediagrammer und wählen Sie die Root-Funktion für dieses Diagramm aus. Dadurch entsteht ohne weiteres Zutun ein Funktionsbaum über Ihre bisherige Geschäftslogik. Sie haben selbstverständlich die Möglichkeit neue Funktionen einzufügen oder die Hierarchieebenen einzelner Funktionen zu verändern. Außerdem können Sie ein wenig Einfluß auf die Darstellung des Baumes nehmen. Wesentlich ist jedoch, dass Sie hier eine fertige umfassende und leicht zu überblickende Ansicht Ihrer Funktionen auf einfachen Knopfdruck erhalten.

Sie können das FH-Diagramm zur Unterstützung bei der Ermittlung der Automatisierungsmöglichkeiten verwenden, indem Sie jede Funktion überprüfen um festzustellen, welche Blattfunktionen manuelle Aufgaben wahrnehmen und welche automatisiert, d.h. datenbanktechnisch durch die Verwendung von Tabellen bearbeitet werden können. Dies wird auch hier als Funktions-Daten-Verwendung bezeichnet. Wir haben diese Arbeit jedoch bereits im Dataflowdiagrammer durchgeführt. Zur Kontrolle kann hier jedoch jederzeit eine weitere Überprüfung vorgenommen werden.

Es genügt an der Stelle das komplette Diagramm zu präsentieren. Die jeweiligen Funktionen sind im Rahmen der übrigen Diagrammer bereits hinreichend beschrieben worden. Nur soviel noch: Die Root-Funktion bildet der Prozess AVW_Antragsverwaltung, und das ist der Startprozess des Prozessmodellers.

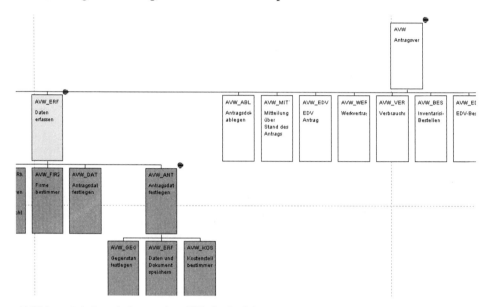

Abbildung 4.6: Ausschnitt aus dem FHD des Projekts

Damit existieren alle erforderlichen Grundlagen, um die Funktionen in erste Module transformieren zu können. Der Applikation Design Transformer (ADT), den ich Ihnen im Kapitel 7.1 präsentieren möchte, erzeugt daraus die Module.

5 Datenmodell entwickeln

Nach der erfolgreichen Analyse der Unternehmensanforderungen können wir uns jetzt der Datenbank und den Applikationen widmen.

5.1 Einführung in die Grundlagen

5.1.1 Entitäten, Attribute und Instanzen

Betriebliche Informationen, die in einer Gruppe zusammengefasst und individuell dargestellt sind, repräsentieren bedeutende Objekte einer Unternehmung und werden als Entitäten bezeichnet. Jede Entität enthält beliebige Attribute, die gemeinsam eine klare Aussage vermitteln. Attribute sind die Diskreptoren der Entity und beschreiben bestimmte Informationsteile einer Entität. Um konkrete Informationen zu erhalten, zu verändern oder festzuhalten, definieren Sie Instanzen einer Entität. Jede Instanz ist eine neue Informations-Einheit. Die Instanz ist ein rein theoretischer Begriff und hilft Ihnen dabei ein Objekt zu vervollständigen. Am besten lässt sich eine Instanz mit dem späteren Datensatz vergleichen. Der Unterschied ist jedoch, dass zu einem vollständigen Datensatz auch Spalten wie der Primary Key und Foreign Key gehören. Diese Spalten dienen aber nur der funktionsgerechten Umsetzung für die relationale Datenbank und sind in der Regel nicht Bestandteil eines bedeutenden Objekts der Unternehmung. Sie verwenden deshalb in Zusammenhang mit Entitäten den Begriff Instanzen und in physikalischen Tabellen den Begriff Datensatz.

5.1.2 Unique Identifier und Primary Key

Jede Instanz benötigt einen eindeutigen Identifizierer, der sie von allen anderen unterscheidet. Sie erreichen das durch die Definition eines Unique-Identifiers der sich aus einem oder mehren Attributen zusammensetzt. Ohne UID ist es der Datenbank unmöglich, Zugriff auf eine gespeicherte Information zu erhalten. Der theoretische Begriff UID wird physikalisch vom Primary Key ersetzt, der schließlich diese Aufgabe durchführt. Ein PK ist im Gegensatz zu einer UID ein physikalisch existierendes DB-Objekt, das alle Instanzen einer Entität eindeutig definiert. Sie haben die Möglichkeit, bestimmte Attribute wie Namen, Datum usw. als PK zu definieren oder Sie definieren ein Surrogate-Key-Attribut (künstlichen Schlüssel) als Primary Key und weisen ihm eine Nummernfolge (Sequence) zu, die, außer dass sie den Datenbestand eindeutig hält, sonst über keine weitere Aussagekraft aus der Sicht eines Unternehmens verfügt. Sequenzen sorgen dafür, dass jeder Datensatz eindeutig ist, denn sie erzeugen eine fortlaufende eindeutige Nummerierung.

Vergewissern Sie sich dabei, dass alle Attribute zusammen exakt eine Instanz definieren und alle relevanten Informationen dabei enthalten sind. Bei der Verwendung von Sequenzen müssen Sie zusätzliche Identifizierer anlegen, um doppelte Instanzen zu vermeiden. Deshalb legen Sie beim Einsatz von Sequenzen immer sekundäre Unique-Identifier (Unique Keys (physikalisch: Unique Keys (UKs))) auf bestimmte Attribute an. Der Unterschied zwischen (primärer) UID und sekundärer UID besteht darin, dass eine UID, gemäß dem relationalen Grundsatz, die Datenbankintegrität umsetzt. Das heißt, sie ermöglicht das Arbeiten mit Joints, indem daraus Primary- und die dazugehörigen Foreign Keys abgeleitet werden. Dagegen beschränkt sich die Verwendung von UKs darauf die Eindeutigkeit von Instanzen zu garantieren. Sekundäre UIDs finden auch dann Verwendung, wenn es darum geht, gemeinsame Instanzen zweier Entitäten, die über eine Relation verbunden sind, eindeutig zu halten. In diesem Fall darf sich die Information der beiden Instanzen insgesamt nicht wiederholen. Dieses Thema wird in späteren Kapiteln noch ausführlicher behandelt.

Zur Identifikation einer Instanz müssen Sie stets die Anforderungen des Unternehmens und nicht die Technologie im Modell darstellen. Erfordert das Unternehmen die Verwendung eines Codes (z. B. Bar Code), verwenden Sie diesen Code als UID. Falls ein solcher Code nicht existiert, kommen Sie nicht umhin, ausführliche Fragen zu stellen um herauszufinden, wie das Unternehmen zwischen Instanzen unterscheidet. Im Verlauf der Design Phase stellen Sie möglicherweise aus verschiedenen Gründen fest, dass Sie einen Code explizit in Form eines künstlichen Schlüssels generieren müssen, denn es existiert kein unternehmensspezifischer Code, der Ihre Instanzen eindeutig definiert. In der Praxis hat es sich jedoch als sinnvoll erwiesen, stets einen künstlichen Schlüssel (Surrogate Key) zu verwenden. Mehr darüber finden Sie in Kapitel 5.13.2 Künstlicher Schlüssel. Im Verlauf der Analyse sollten Sie sich an jenen Code orientieren, den das Unternehmen verwendet. Bei der Verwendung künstlicher Schlüssel benutzen Sie sekundäre UIDs, um unternehmensspezifische Codes adäquat in ihr System integrieren zu können, ohne dass deren Eindeutigkeit verloren geht. Auch wenn laut Anforderungen der Fall eines Duplikats nicht eintreten darf, ist es sinnvoll, sich nicht darauf zu verlassen und zur Überprüfung entsprechende UIDs für dieses Attribut (oder auch Attribute) festlegen.

5.1.3 Master/Detail Sprachkonventionen

Der Vollständigkeit halber möchte ich die Begriffe referierendes und referiertes Objekt kurz ansprechen. Als Referenztabelle wird die Master Tabelle bezeichnet. Detail Tabellen bezeichnet man als referierend. Die Detail Tabelle ist auf die Master Tabelle referierend. Sie nimmt Bezug auf die Master Tabelle, oder anders ausgedrückt: Der Foreign Key der Detail Tabelle referiert im Master die Spalten dieser Tabelle.

5.2 Constraints

Um eine möglichst hohe Datenkonsistenz und Integrität zu erreichen, definieren Sie Integritätsregeln, sogenannte Constraints, die von der Datenbank systematisch geprüft werden. Constraints stellen die Grundlage der UID-Verwendung dar und können auf unterschiedliche Art und Weise erzeugt werden. Sie können Constraints explizit innerhalb des Codes für eine SQL-Table-Definition definieren, oder der Designer nimmt die Definition innerhalb der DDL-Skripte vor, die bei der Generierung Ihrer Tabellen entstehen. Wir unterscheiden allgemein zwischen Tabellen- und Spalten-Constraints, wobei Sie auf verschiedene Arten zurückgreifen können. Primary Keys und Foreign Keys sind Spalten-Constraints. Unique Key- und Check-Constraints werden als Tabellen-Constraints bezeichnet, da diese keinem bestimmten Attribut einer Tabelle zuzuordnen sind. Obwohl Unique Keys nicht zu den Spalten-Constraints zählen, werden sie für bestimmte Spalten definiert. Ein Unique Key kann sich auch aus Relationen, Relationen und Spalten zusammensetzen. Durch diese Vielzahl an Möglichkeiten kann man nicht mehr von „nur" einem Spalten-Constraint sprechen. Unique Keys sind eindeutig den Tabellen-Constraints zuzuordnen. Falls Sie mit der Programmierung dieser Constraints nicht vertraut sind, können Sie auch den Designer dafür verwenden. Die verschiedenen Werkzeuge des Designers ermöglichen Ihnen die Datenanalyse konsequent durchzuführen, ohne die technische Implementierung exakt kennen zu müssen. Sie definieren beispielsweise den Primary Key im ER-Diagrammer und erzeugen gleichzeitig beim Generieren die notwendigen Constraints und Indizes. Es ist dennoch von Vorteil, auch die programmatischen Hintergründe zu kennen.

5.2.1 Primary Key Constraints

Jede Spalte oder Spalten, die als Bestandteil einer Primary Key Constraint Definition bestimmt ist, bezeichnet man als Primary Key. Beim Generieren eines PK erzeugt Oracle ein Primary Key Constraint. Dieses Constraint stellt sicher, dass die betreffende Spalte absolut eindeutige Werte enthält. Oracle erzwingt durch das implizite Anlegen eines NOT NULL Constraints, dass ein Eintrag in der korrespondierenden Spalte erfolgen muss. Außerdem wird für Primary Keys ein UNIQUE INDEX auf die Primärschlüsselspalte angelegt, der die Eindeutigkeit der Schlüsselwerte sicherstellt. Indizes und Primary Key-Constraints werden, falls nicht anders angegeben, in demselben Tabellenschema angelegt, in dem sich die Tabellen befinden. Der Index ist für den Entwickler erst dann sichtbar, sobald er mittels dem SQL-Plus Editor ein Select auf die Tabelle User_Indizes absetzt. Im Knoten PRIMARY KEY des Server Model Navigators befindet sich kein Index. Die Ursache dafür ist, dass ein Index für einen PK unumgänglich ist. Deshalb wird er durch ein spezielles Datenbank Feature vom System angelegt und deren Definition befindet sich nicht im generierten DDL Skript. Das Primary Key Constraint dagegen ist im DDL Skript vorhanden. Der gesamte Code im DDL Skript kann beliebig manipuliert werden. Exakt deshalb befinden sich Primary Key-Indizes nicht darin, denn sie sollten nicht manipuliert oder gar entfernt werden.

Jede Tabelle innerhalb eines relationalen Datenbanksystems muss, damit die technische Implementierung der Relationen möglich ist, eine definierte PK-Spalte enthalten aus der sich die dazugehörige FK-Spalte ableiten läßt. Der DDT überprüft jede Entität auf seine PK-Spalte. Falls keine vorhanden ist, erstellt er einen Surrogate Key als PK-Spalte und im Anschluss daran eine Sequenz für die Vergabe von Werten für diese Spalte. Der Unterschied zwischen Sequenzen und Indizes besteht darin, dass ein Index allein lediglich bei 0 beginnt und endlos inkrementiert, dagegen können Sie Sequenzen manipulieren. Sie können den Beginn ebenso wie das Inkrement beliebig festlegen. Definieren Sie Surrogate Keys, denn manuell erstellt der Transformer die Sequenz nicht, sondern überläßt diese Aufgabe Ihnen. Das ist aber keine Nachlässigkeit von Oracle. Der Vorgang Surrogate Key und Sequenz definieren kann nicht stattfinden, wenn bereits eine PK Spalte, in Form eines Surrogate Keys, definiert ist. In dem Fall erscheint es wenig sinnvoll, dafür eine Sequenz zu generieren, schließlich wird es sich dabei aller Regel nach nicht um einen Surrogate Key, sondern vielmehr um ein Tabellen Attribut handeln, das als PK fungiert. Sie müssen dann die Sequenz manuell definieren. Die Definition von Surrogate Keys werde ich erst im Kapitel 5.13 im Zusammenhang mit der Entwicklung des Datenmodells für unser Projekt darstellen.

5.2.2 Foreign Key Constraints

Jede Spalte oder Spalten, die als Bestandteil einer Foreign Key Constraint Definition bestimmt ist, bezeichnet man als Foreign Key. Beim Generieren einer FK-Spalte erzeugt Oracle ein Foreign Key Constraint. Dieses Constraint stellt sicher, dass die Eingabe eines Wertes in eine Fremdschlüsselspalte nur möglich ist, wenn für den diesbezüglichen Wert ein PK-Pendant vorliegt. Im Unterschied zu PK-Constraints wird für FK-Constraints ein NOT UNIQUE Index angelegt. Es existiert kein DB-Feature, das den FK intern im System und damit außerhalb eines DDL Skriptes definiert. Deshalb erzeugt der Generator im Skript die dazugehörige Index-Definition. Somit können Sie selbst die Entscheidung für oder gegen die Verwendung des FK-Index treffen. Verwenden Sie keinen Index, so ist es am einfachsten, dessen Definition aus dem Skript vor der Ausführung zu löschen. Es gibt aber auch noch die nachfolgenden Möglichkeiten:

Die Erzeugung eines Index auf die FK Spalte kann beim ersten Lauf des DDT (Database Design Transformers) unterbunden werden, indem Sie unter den RUN OPTIONS die Option INDEX ausschalten. Dadurch bleiben bereits bei der Transformation alle FK-Indizes unberücksichtigt. PK-Indizes werden hierbei nach wie vor, wie bereits erläutert, intern im System erstellt und sind selbstverständlich immer vorhanden. Jedoch werden so keinerlei „nicht-System-interne" Indizes produziert, was unter Umständen wenig wünschenswert ist. Sie sollten deshalb die Run Option für Indizes beim erneuten Lauf des DDT wieder aktivieren, und die nicht benötigten FK-Indizes explizit aus dem Set entfernen.

Als weitere Alternative können die Indizes beim ersten Lauf des DDT erzeugt und anschließend im Server Model Navigator oder Repository Object Navigator entfernt werden. Das Entfernen ist aber gründlich zu durchdenken, denn die Benutzung von Indizes bietet einige Vorteile, die von der DML Charakteristik der beteiligten Tabellen abhängt.

1. Führt eine Transaktion auf der Master Tabelle ein Delete oder Update durch, wird, wenn kein Foreign Key Index existiert, die Detail Tabelle gesperrt.
2. Führt eine Transaktion TrA auf der Detail Tabelle eine DML Operation durch, werden parallele Transaktionen auf diese Tabelle in Wartezustand versetzt, wenn kein FK-Index existiert bis TrA beendet ist.
3. Neben der DML Charakteristik spielt auch die JOIN-Charakteristik eine wichtige Rolle.
   - Oracle führt ohne Index einen zeitraubenden Full Table Scan auf Master Detail Tabellen durch.
   - Mit Index wird ein Join, wenn möglich über die beteiligten Indizes, durchgeführt.

Bei der Transformation (DDT) legt der Designer für Primary und Foreign Key Constraints die folgende Logik an:

▶ Ein Primary Key Constraint auf die Primary Key-Spalte und im Server Model Diagrammer, RELATIONAL TABLE DEFINITION Knoten PRIMARY KEY, den neuen PK mit der dazugehörigen Spalte.

▶ Alle notwendigen Foreign Keys aufgrund diverser Relationen und im SMD im Knoten FOREIGN KEY den FK ebenfalls mit der korrespondierenden Spalte.

▶ Zusätzlich wird im Zusammenhang mit dem FK der dazugehörige Index in einem eigenen Knoten angelegt. Sie können den Index entfernen, falls in Ihrer Applikation die FK Werte anders, z.B. manuell, ermittelt werden.

▶ Der Knoten PRIMARY KEY besitzt keinen separaten Knoten INDEX, wie in Abbildung 5.1 zu sehen ist.

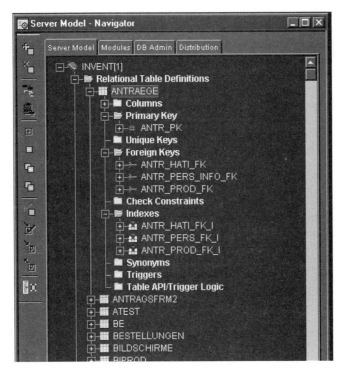

Abbildung 5.1: Server Model Primary- Foreign Key Definition

5.2.3 Die Verarbeitung von Constraints

Sie verfügen über zwei Möglichkeiten, Constraints zu definieren:

▷ explizit in SQL Plus bei der Tabellendefinition,

▷ implizit durch Benutzung des Designer2000.

Der Unterschied besteht in der Art der Darstellung von Constraints. Die mittels dem Designer definierten Constraints befinden sich nicht unmittelbar im Code der Tabellendefinition, sondern in einem eigenen DDL Skript, das Constraints in der Tabelle „user_constraints" speichert. Die unmittelbar in der Tabellendefinition erzeugten Constraints sind erwartungsgemäß auch in dieser Tabelle abgelegt. Daher besitzen Sie die Möglichkeit, über einfache Select Statements alle erforderlichen Informationen zu erhalten.

5.2.4 Unique Key Constraints und Indizes

Die Definition eines Unique Identifier im ER-Diagrammer erzeugt analog zu den bisherigen Key-Objekten ein Constraint, in diesem Fall ein Unique Constraint. Dieses Constraint erzwingt, dass in einer Spalte alle Einträge einzigartig sind, oder wenn es sich um mehrere Spalten im Unique Key handelt, die Eingaben in allen Spalten zusammen für jede Zeile eindeutig sind. Eingaben innerhalb einer Spalte dürfen sich dabei aber wiederholen. Oracle verwendet für dieses Constraint einen Unique Index, der analog zum Primary Key durch eine spezielle Datenbank Feature implementiert wird, und damit ebenso innerhalb eines DDL Skriptes nicht definiert wird. Die im Index integrierten Spalten sind wiederum abhängig von der Definition des Unique Keys. Demnach sind beliebige Spalten möglich. Sonst besteht kein Unterschied zu den bisherigen im Zusammenhang mit Constraints, dargestellten Indizes. Eine Besonderheit ist allerdings zu beachten. Wenn Sie ein Unique Key Constraint auf eine Relation definieren, damit beispielsweise 1:N Relationen wie 1:1 arbeiten, entsteht kein neuer Index, und es existiert auch kein entsprechender Eintrag innerhalb der Tabelle user_indizes.

Der Grund dafür ist, dass ein Primary Key (Unique) Index bereits vorhanden ist, das neu definierte Constraint darauf zurückgreift und diesen Index der FK-Spalte zuordnet. Relationen sind keine existierenden physikalischen Datenbankobjekte. Sie stellen lediglich den Zusammenhang zwischen Tabellen visuell dar. Deshalb wandelt Oracle die (Unique Key-)Relation in eine (Unique) FK-Spalte, belegt mit einem Not Unique Index, um. Jeder Eintrag in diese Spalte ist damit ebenso eindeutig wie die Einträge in eine Primary Key Spalte. Das erklärt auch die zweimalige Verwendung eines Indizes, dem ausschließlich die Aufgabe zufällt, jede Eingabe auf deren Eindeutigkeit zu überprüfen, und dessen Funktionalität der Einfachheit halber mehrfach angesprochen wird. Anstelle des Unique Key Constraints wäre es auch möglich, den dazugehörigen Not Unique Index direkt in einen Unique Index zu ändern. Jedoch ist es aus Gründen der Integrität sinnvoller, es bei der Unique Constraint Variante zu belassen, die Ihnen die Möglichkeit eröffnet, bereits innerhalb des Datenmodells festzulegen, wie die Relation definiert ist.

Zum Abschluss stelle ich Ihnen ein kleines Beispiel mit allen in diesem Abschnitt besprochenen Objekten und dem daraus entstehenden DDL- Skript vor.

Beispiel:

Bitte orientieren Sie sich beim Erstellen dieses ER-Modells an der nachfolgenden Abbildung. Es enthält nur zwei Entitäten, die durch eine 1:1- Relation gejoint sind. Die Namen der Entitäten sind in der Abbildung 5.2 ersichtlich. Sie übernehmen ihn für den Plural Namen und als Short Namen vergeben Sie TABM bzw. TABD.

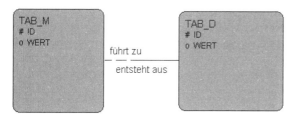

Abbildung 5.2: Datenmodell

Beide Entitäten enthalten je einen Unique Identifier. Der Unterschied zwischen beiden besteht allerdings darin, dass die UID der Entität TAB_M sich auf ein konkretes Attribut bezieht, wogegen die UID von TAB_D als UNIQUE IDENTIFIER CONTENT die Relation zugewiesen bekommt. Geben Sie der UID von TAB_M den Namen TM2, und ändern Sie die schon vorhandene in TM (Table Master). Weisen Sie TM das Attribut WERT IN UNIQUE IDENTIFIER CONTENTS zu, und beenden Sie den Dialog EDIT ENTITY. Analog ändern Sie die vorhandene UID von TAB_D in TD, definieren die UID TD2 und legen als UNIQUE IDENTIFIER CONTENTS die Beziehung fest.

Nachdem Sie dieses Modell transformiert haben, erhalten Sie das Server Model Diagramm der Abbildung 5.3.

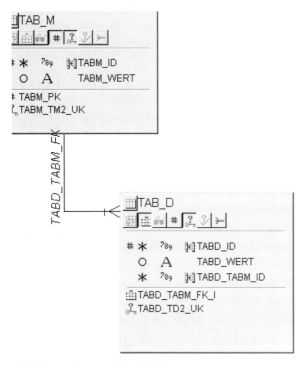

Abbildung 5.3: Server Modell Diagramm

Starten Sie nun den Generator und generieren Sie diese Tabellen als DDL Skript. Es enthält folgende Einträge:

cdsddl.tab
```
PROMPT Creating Table 'TAB_D'
CREATE TABLE TAB_D
 (TABD_ID NUMBER(20) NOT NULL
 ,TABD_WERT VARCHAR2(20)
 ,TABD_TABM_ID NUMBER(20) NOT NULL
 )
COMMENT ON COLUMN TAB_D.TABD_ID IS 'PK'
```

```
COMMENT ON COLUMN TAB_D.TABD_TABM_ID IS 'PK'
PROMPT Creating Table 'TAB_M'
CREATE TABLE TAB_M
 (TABM_ID NUMBER(20) NOT NULL
 ,TABM_WERT VARCHAR2(20)
 )
COMMENT ON COLUMN TAB_M.TABM_ID IS 'PK'
```

cdsddl.ind

```
PROMPT Creating Index 'TABD_TABM_FK_I'
CREATE INDEX TABD_TABM_FK_I ON TAB_D
 (TABD_TABM_ID)
```

cdsddl.con

```
PROMPT Creating Primary Key on 'TAB_D'
ALTER TABLE TAB_D
 ADD CONSTRAINT TABD_PK PRIMARY KEY
 (TABD_ID)
PROMPT Creating Primary Key on 'TAB_M'
ALTER TABLE TAB_M
 ADD CONSTRAINT TABM_PK PRIMARY KEY
 (TABM_ID)
PROMPT Creating Unique Keys on 'TAB_D'
ALTER TABLE TAB_D
 ADD CONSTRAINT TABD_TD2_UK UNIQUE
 (TABD_TABM_ID)
PROMPT Creating Unique Keys on 'TAB_M'
ALTER TABLE TAB_M
 ADD CONSTRAINT TABM_TM2_UK UNIQUE
 (TABM_WERT)
PROMPT Creating Foreign Keys on 'TAB_D'
ALTER TABLE TAB_D ADD CONSTRAINT
 TABD_TABM_FK FOREIGN KEY
 (TABD_TABM_ID) REFERENCES TAB_M
 (TABM_ID)
```

Der Designer speichert in den Tabellen user_indizes und user_constraints die Constraints bzw. Indizes:

Constraints:	
TAB_D	TABD_PK
TAB_D	TABD_TABM_FK
TAB_D	TABD_TD2_UK
TAB_M	TABM_PK
TAB_M	TABM_TM2_UK

Tabelle 5.1: Ausgabe der Tabelle User_Constraints

Indizes:		
TABD_PK	TAB_D	UNIQUE
TABD_TABM_FK_I	TAB_D	NONUNIQUE
TABMA_PK	TAB_M	UNIQUE
TABM_TM2_UK	TAB_M	UNIQUE

Tabelle 5.2: Ausgabe der Tabelle User_Indizes

Sowohl im DDL-Skript cdsddl, als auch in der Datenbank Tabelle User_ Indizes entsteht kein neuer Index für das Unique Key Constraint der Relation von TAB_D.

5.3 Domänen

Eine Domäne ist ein definierter Wertebereich, wie z.B. Wochentage, Maßeinheiten. Durch die Zuweisung einer Domäne an Datenfelder einer Tabelle wird bei der Generation gleichzeitig ein Check Constraint definiert, das nur die Verwendung von Werten aus dieser Liste gestattet.

Domänen verbessern außerdem die Datenkonsistenz. Im ER-Diagrammer wird Ihnen im Dialogfeld EDIT ENTITY die Spalte „Domain" angeboten, die jedem Attribut eine Domäne zuordnen kann. Das bedeutet eine nicht unerhebliche Zeitersparnis bei der wiederholten Definition von bestimmten Attribut-Typen, da Sie beispielsweise bestimmte Einstellungen für Datumsfelder innerhalb der Domäne vornehmen. Indem Sie die Domäne entsprechenden Attributen zuweisen, erhalten diese die Vorgaben aus der Domäne und Sie müssen die notwendigen Einstellungen wie Datentyp, Länge, Dezimalstellen usw. nicht jedesmal von neuem vornehmen. Sie können Domänen mit beliebigen Vorgaben versehen. Für unser Datenmodell habe ich unter anderem die folgenden Domänen verwendet. Sie befinden sich auf der CD-ROM und erzeugen die folgenden Attribut-Typen. Sie können jederzeit neue Domänen im Designer definieren (Server Model Navigator des Design Editors), die dann gleichzeitig auch innerhalb des ER-Diagrammers einer Entität zugeordnet werden können.

- DATUM: bestehend aus dem Datentyp „Date"
- ID: bestehend aus dem Datentyp „Number" und der maximalen Länge von 20
- JANEIN: bestehend aus dem Datentyp „Varchar2" und der maximalen Länge von 1
- ATYP: Enthält die verschiedenen Kategorien für einen Antrag, die in Form einer Radio Group (durch die Zuordnung der Domäne zur Spalte Antr_Antragstyp) dargestellt wird
- BEABGABE: Wird der Spalte Best_Abgabe in der Tabelle „Bestellung" zugeordnet und enthält Namen der Sachbearbeiter, die im Zuge der Bearbeitung als nächstes mit dem Vorgang beschäftigt sind.
- BESTART: Zuordnung der Spalte Best_Art in der Tab. „Bestellungen". Sie bestimmt, ob per email, Telefon usw. bestellt wird oder nicht.
- FIRMEN: Wird der Spalte Firm_type der Tabelle Firmen zugeordnet und legt für jede Instanz fest, ob es sich um einen Händler oder Hersteller handelt.
- MWST: Wird der Spalte Posi_Mwst in der Tabelle „Positionen" zugewiesen und legt verschiedene MWST-Sätze fest.
- RECHNERTYP: Legt die verschiedenen Arten von Rechnern für die Spalte Rech_Typ der Tabelle „Rechner" fest. Z.B. Bigtower, Minitower usw.

Bei der Verwendung einer Domäne generiert Oracle, wie schon erwähnt, ein Check Constraint, das die Eingaben in eine Spalte mit den erlaubten Werten aus der Domäne vergleicht und nur diejenigen Werte in der Spalte akzeptiert, die mit diesen übereinstimmen. Ist einem Primary Key eine Domäne zugeordnet, wird sie bei der Transformation in den Foreign Key übernommen, und vergleicht dadurch analog zum Primary Key auch für den Foreign Key die Werte in der FK - Spalte hinsichtlich ihrer Übereinstimmung mit der Domäne. Auf diese Art und Weise werden nur jene Werte in die FK-Spalte eingetragen, die bereits in den dazugehörigen PK-Spalten enthalten sind. Damit werden falsche FK-Werte, denen kein entsprechender Wert in der PK-Spalte gegenübersteht, und folglich Konsistenzprobleme, vermieden.

5.4 1:1-Beziehungen (Relationen) implementieren

5.4.1 „Echte" 1:1-Beziehung

Der ER-Modeller stellt diese Relation als Option zur Verfügung. Die Definition der Beziehung im ER-Modell allein genügt jedoch nicht, eine „echte" 1:N-Relation zu erhalten. Durch sie wird lediglich festgelegt, in welcher der betroffenen Tabellen die Foreign Key-Spalte zu etablieren ist. Die neuen Designer Versionen weisen die Foreign Key Spalte immer derjenigen Tabelle zu, die sich auf der „muss"-Seite der

Relation befindet. Ohne weiteres Zutun entsteht jedoch nur eine normale 1:N-Relation, deren Master-Daten beliebig oft an Details übergeben werden können. Erst die Definition eines Unique Keys in der SM-Tabelle, bzw. einer UID im ER-Modell, bewirkt, dass im späteren Modul auch tatsächlich jedem Master nur ein Datailsatz zugeteilt werden kann.

Beispiel:

In der Abbildung 5.4 liegt eine einfache 1:1-Relation vor. Der Foreign Key wird auf der „muss"- Seite erzeugt, und befindet sich damit in der SM-Tabelle „Details".

Abbildung 5.4: ER-Modell

Klicken Sie auf die Entität DETAIL und wechseln Sie in das Register UIDs (Abbildung 5.5). Tragen Sie dort bitte die UID DETA_UID2 mit der dargestellten Beziehung ein. Die Namenskonventionen können Sie selbst bestimmen. Der Designer ergänzt sie implizit durch das Präfix _UK. Es würde somit ausreichen, im ER-Diagrammer die UID als DETA2 zu bezeichnen. Der Design Editor erzeugt daraus den Unique Key DETA2_UK.

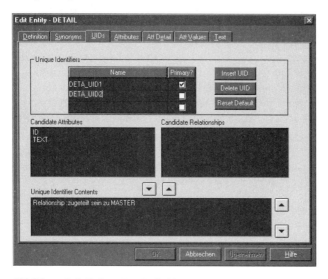

Abbildung 5.5: Unique Key Definition

Die Abbildung 5.6 zeigt das fertige Server Model Diagramm.

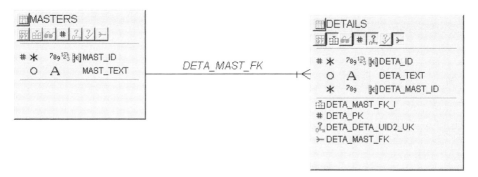

Abbildung 5.6: SM-Diagramm

Der Transformer erzeugt einen Unique Key in der Tabelle DETAIL, der sicherstellt, dass jeder Fremdschlüssel in der gesamten Tabelle nur einmal vorhanden sein darf. Wenn Sie jetzt im Detail Block in einem auf der Basis dieser Tabellen erzeugten Modul versuchen, denselben Master bzw. Fremdschlüssel mehrmals in die Detail Tabelle zu schreiben, erscheint die Meldung der Abbildung 5.7.

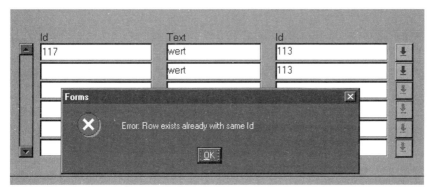

Abbildung 5.7: Unique Key-Verstoß

Hier wurde der Versuch unternommen, den Primary Key Wert 113 doppelt einzutragen.

5.4.2 1:N-Beziehung als 1:1 realisieren

In früheren Oracle Versionen existiert keine Möglichkeit 1:1-Relationen direkt zu modellieren. Stattdessen musste eine manipulierte 1:N-Relation definiert werden (Unique Key auf die Relation). Trotzdem kann es durchaus auch weiterhin sinnvoll sein die klassische Variante zu verwenden, wenn Sie individuell festlegen möchten, welche Seite innerhalb von 1:1-Beziehungen den Foreign Key erhalten soll. Gesetzt den Fall, dass beide Seiten die Eigenschaft „kann" oder „muss" aufweisen, wird der Designer sich für eine entscheiden müssen und das kann dann, gemäß Ihrer Anforderungen an das Modell, bei der Verwendung einer 1:1-Relation die falsche sein.

Zur Abhilfe definieren Sie eine Standard- 1:N-Relation und erzeugen in der Detail Entität ein Unique Key Constraint, das als CONTENT die Relation selbst enthält. Der Designer erzeugt daraus in der generierten Tabelle eine FK-Spalte die, wie bereits besprochen, ausschließlich eindeutige Fremdschlüsselwerte zulässt.

5.5 M:N-Relation definieren

M:N-Relationen sind in modernen Datenbanksystemen von großer Bedeutung und auch in Ihrem Modell unerläßlich. Da es sich dabei um eine Standardfunktionalität handelt, erzeugt der Designer die Intersektionstabelle für Sie. Zum Erhalt der Datenbankintegrität ist es jedoch sinnvoller, Intersektionstabellen manuell zu definieren. Eine ungeschriebene Regel für das Modellieren von M:N-Relationen besagt, dass es sich hierbei lediglich um eine gewöhnliche 1:N-Relation handelt, sobald für die Intersektionstabelle kein eindeutiger Name vergeben werden kann. Das folgende Beispiel demonstriert das auf anschauliche Weise.

Beispiel

Jede Bestellung besitzt eine Firma. Möchten Sie aus dieser Konstellation eine fiktive M:N-Relation entwickeln, werden Sie Schwierigkeiten haben, den passenden Namen für die Intersektionstabelle zu finden, sodass die Validierung der Relationen auch logisch erscheint. Denn deren Aussage lautet:

- Jede Firma liefert aufgrund einer oder mehrerer Bestellungen.
- Jede Bestellung wird gesendet an eine Firma.

Es ist demnach schwer vorstellbar, eine M:N-Relation zu interpretieren. Betrachten wir nun die Bestellfirma und die Anträge. Die einzelnen Gegenstände eines Antrags können in verschiedene Bestellungen münden und somit verschiedene Firmen betreffen.

- Jede Firma erhält beliebige Firmenaufträge aufgrund einer Bestellung.
- Jeder Firmenauftrag gehört zu einer Firma.
- Jeder Antrag führt zu mehreren Firmenaufträgen.
- Jeder Firmenauftrag entsteht aufgrund von Anträgen.

Daraus folgt: Jede Firma kann einen oder mehrere Anträge enthalten und jeder Antrag kann für mehrere Firmen über daraus entstehende Firmenaufträge laufen. Hier ist zweifellos eine Intersektionstabelle notwendig, da sowohl mehrere Aufträge in Form von Anträgen auf eine Firma zutreffen können, als auch ein Antrag für mehrere Firmen bestimmt sein kann. Die dazu notwendige Intersektionstabelle wird als Firmenaufträge bezeichnet. Dieses Prinzip ist aber nicht immer so eindeutig wie im konkreten Fall. Es kann auch vorkommen, dass aufgrund der Modellstruktur kein entsprechender Name vergeben werden kann und dennoch eine klare M:N-Relation vorliegt. Trotzdem ist es eine gute Hilfe für die Modellierung.

5.6 Wichtige Datenbanktabellen

Datenbanktabellen speichern Daten, die Oracle benötigt. In manchen Fällen kann es sich als sehr sinnvoll erweisen, notwendige Änderungen direkt über SQL+ in diesen Tabellen vorzunehmen. Dies hat den Vorteil, Sequenzen oder Domänen nicht mehr explizit generieren zu müssen. Jedoch tritt dabei auch eine Diskrepanz zwischen den Analyse-Modellen und der physikalischen Implementierung auf, die zu Problemen in der Übersicht über die Applikation führen können. Sie sollten deshalb immer die Vor- und Nachteile abwägen, bevor Sie entsprechend vorgehen und manuelle Definitionen stets auch im Designer abbilden.

5.6.1 Die Tabelle User_Indexes

Diese Tabelle enthält alle verwendeten Indizes des aktuellen Applications System.

Die wichtigsten Spalten darin lauten:

- Index_Name
- Index_Typ
- Table_Name
- Table_Type
- uniqueness

INDEX_NAME	INDEX_TYPE	TABLE_NAME	TABLE_TYPE	UNIQUENES
PROG_PROB_FK_I	NORMAL	PROG	TABLE	NONUNIQUE
PROG_PROG2_UK	NORMAL	PROG	TABLE	UNIQUE
PROG_PROG3_UK	NORMAL	PROG	TABLE	UNIQUE
SOFT_PK	NORMAL	SOFTWARE	TABLE	UNIQUE
SOFT_SOFT_UK_UK	NORMAL	SOFTWARE	TABLE	UNIQUE
SOPROD_PK	NORMAL	SOPROD	TABLE	UNIQUE
SOPROD_SOFT_FK_I	NORMAL	SOPROD	TABLE	NONUNIQUE
SOPROD_SOPROD_UK_UK	NORMAL	SOPROD	TABLE	UNIQUE
TAB1_PK	NORMAL	TAB1	TABLE	UNIQUE
TABDET_PK	NORMAL	TABDET	TABLE	UNIQUE
TABD_PK	NORMAL	TAB_D	TABLE	UNIQUE
TABD_TABM_FK_I	NORMAL	TAB_D	TABLE	NONUNIQUE

Tabelle 5.3: Ausschnitt aus der Tabelle User_Indexes

5.6.2 Die Tabelle User_Sequences

Darin sind alle in Ihrem Applikations System enthaltenen Sequenzen gespeichert. Die wichtigsten Spalten lauten:

▶ Sequence_Name

▶ Min_Value: Start Wert der Sequenz

▶ Max_Value: Höchstmöglicher Wert

▶ Increment_by: Numerischer Wert der zur letzten Nummer addiert wird um die nächst folgende zu ermitteln.

▶ Cycle_Flag: Bei gesetztem Flag wird die Sequenz sobald sie den maximalen Wert erreicht hat, auf ihren minimalen Wert zurückgesetzt und beginnt von vorne. Zu beachten ist hierbei, dass Wiederholungen auftreten. Um Ihre Datenbestände eindeutig zu halten, benötigen Sie zusätzliche UIDs.

SEQUENCE_NAME	MIN_VALUE	MAX_VALUE	INCREMENT_BY	C
AFRM2_ID	1	1,000E+27	1	N
AFRM2_SEQ	1	1,000E+27	1	N
AGEG_ID	1	1,000E+27	1	N
ANTR_ID	1	1,000E+27	1	N
ANTR_NR	1	1,000E+27	1	N
ANT_ID	1	1,000E+27	1	N
AT	1	1,000E+27	1	N

Tabelle 5.4: Ausschnitt aus der Tabelle User_Sequenzes

5.6.3 Die Tabelle cg_Code_Controls

Diese Tabelle speichert ebenfalls Sequenzen, allerdings die spezielle Form einer Code Control Sequence. Code Control Sequenzen schreiben zwingend eine lückenlose Nummernvergabe vor. Die darin enthalten Spalten lauten:

▶ Cc_Domain: Name der Sequenz

▶ Cc_Comment: Bemerkung zur Sequenz

▶ Cc_Next _Value: speichert den nächsten zu vergebenden Wert und verhindert damit die Lücke.

▶ Cc_Increment: Zählschritt, analog zur Oracle Sequenz. Je nachdem welchen Zählschritt Sie vereinbaren, gewährleistet diese Sequenz im Rahmen der durch die Zählschritte ermittelten Werte eine lückenlose Numierierung. Ein Beispiel verdeutlicht diese Aussage.

Beispiel: Code Control Sequenz:

Bei Inkrement 1, Nummerierung wie folgt	Inkrement 2, Nummerierung wie folgt
1	2
2	4
3	6
4	8
usw.	usw.
Ganzzahlige Lücken sind unmöglich	Lücken sind innerhalb der durch das Inkrement errechneten Werte unmöglich. Das bedeutet, dass beispielsweise die 4 zwingend vergeben werden muss, die 3 oder 5 aber infolge des festgelegten Inkrements irrelevant sind.

Tabelle 5.5: Code Control Sequenz

Zum Schluss noch ein Hinweis. Eine Code Control- und eine Oracle- Sequenz werden Client-seitig z.B. innerhalb eines Form-Moduls angesprochen und vergeben entsprechende Werte. Durch die Verwendung des SQL+ Editors ist es trotzdem jederzeit möglich, beliebige Nummern manuell zu vergeben, unabhängig davon, ob sie durch eine Sequenzen Definition errechnet werden. Im obigen Beispiel würde dies für eine solche Sequenz mit dem festgelegten Inkrement von 2 bedeuten das demnach der Wert 3 nicht möglich ist, Sie in SQL+ dennoch diesen Wert vergeben können. Die Sequenz ist nur auf Forms-Ebene aktiv.

5.6.4 Die Tabelle cg_ref_Codes

Ref_Code Tabellen werden verwendet, um Domänen zu speichern, gesetzt den Fall, die Property „Dynamic List" der Eigenschaften dieser Domäne im Design-Editor ist auf YES gesetzt. Bei der Einstellung YES und der Display Typ eines Form-Items die diese Domäne enthält ist eine Pop Liste, werden die erlaubten Werte der Domäne dynamisch angezeigt. Das bedeutet, die Liste wird durch ein SQL-Statements in der Tabelle cg_ref_codes erzeugt. Bei der Einstellung NO ist diese Liste nicht dynamisch, sondern befindet sich hart codiert in der Client Applikation. Wie Sie dynamische Domänen definieren, erfahren Sie in Kapitel 6.6.

Die wichtigsten Spalten dieser Tabelle lauten wie folgt:

- Rv_Domain: Name der Domäne.
- Rv_Low_Value: enthält die erlaubten Werte. Bei numerischen Wertebereichen kennzeichnet diese den niedrigsten möglichen Wert.
- Rv_High_Value: wird nur für numerische Wertebereiche verwendet und kennzeichnet den in diesem Bereich höchst möglichen Wert.

▶ Rv_Abbreviation: legt den Inhalt der Pop Liste fest. Sie können dadurch andere Werte in Ihrer Pop-Liste und damit in der Forms-Maske anzeigen als in der Tabellenspalte, die auf dieser Liste beruht, tatsächlich eingetragen wird. Die Domäne MwSt, die wir später definieren werden, verwendet diese Option, um in die Tabelle Positionen die Werte (N)ormal, (H)albe, (K)eine Mwst. einzutragen, zeigt für den Anwender jedoch die Werte 16 für N, 8 für H und 0 für K an.

▶ Rv_Meaning: erlaubt eine kurze Bemerkung zu jedem Wert der Domäne hinzuzufügen. Dieser wird weder in der Pop Liste, noch in der Tabelle wo sich die Domäne befindet, angezeigt. Sie dient lediglich zur Beschreibung von Eigenschaften der Domäne im Design Editor und wird, falls es sich um eine dynamische Domäne handelt, in der Tabelle cg_ref_Codes abgespeichert.

5.6.5 Weitere Tabellen

▶ user_constraints: Wie bereits in Kapitel 5.2 erläutert, speichert diese Tabelle alle definierten Constraints.

▶ user_synonyms: Enthält alle Synonyme

▶ user_tables: Enthält alle Datenbank Tabellen

▶ dual: Ist eine Dummy-Tabelle, die Ihnen zum Speichern von String Werten zur Verfügung steht.

5.7 Der Oracle Sequenz Generator

Der Sequenz Generator generiert eindeutige Werte, unter anderem auch für die Spalte Surrogate Key, sobald sie im Besitz der Sequenz ist.

5.7.1 Sequenzen Typen

Sie können zwischen Oracle Sequenzen und Code Control Sequenzen unterscheiden. Beide stellen Nummernbereiche zur Verfügung. Eine Oracle Sequenz erzeugt eindeutige Nummern. Jede Nummer wird einmal aus dem Pool geschöpft und geht verloren, sobald Sie ein Rollback durchführen. Deshalb entsteht in der Nummernfolge, sobald eine neue Nummer gezogen wird, eine Lücke, da sie aus dem Pool geschöpft und durch Rollback aus der Tabelle entfernt wird, die Sequenz aber keine Nummer zweimal vergibt.

Code Control Sequenzen dagegen garantieren eine lückenlose Nummernvergabe. Diese Möglichkeit erhält große Bedeutung, sobald bestimmte Unternehmensanforderungen und Prozesse dergleichen erfordern. In vielen Verwaltungen werden z.B. Lücken in den vergebenen Nummern von Anträgen als endgültig erledigt angesehen und deshalb nach einer gewissen Frist gelöscht. Es führt jedoch zu Verwirrungen, sobald plötzlich eine Lücke in der Nummernvergabe entsteht, die unweigerlich zu dem Schluß führt, dass der betreffende Antrag, der noch nicht erledigt ist, bereits gelöscht wurde.

5.7.2 Implizite Definition

Existiert innerhalb einer Entität keine PK-Spalte, führt der DDT die Definition selbst durch und erzeugt die entsprechende Sequenz in den nachfolgenden Schritten:

- Der DDT fügt der Entität ergänzend eine Surrogate Key Spalte hinzu.
- Im Design Editor entsteht im Knoten SEQUENCE DEFINITION die Sequenz mit dem Namen: Table short name_Sequence Suffix. Bsp: Ant_seq.
- Der Designer erzeugt innerhalb des SMD u. SMN ein neues Attribut und legt in den Eigenschaften die Sequenz fest.
- Außerdem wird für die neue Spalte ein PK Constraint erstellt und diesem die Surrogate Key Spalte zugewiesen.

Damit Sie weitere Details, wie die Nummer mit der die Sequenz startet usw., festlegen können, wechseln Sie in den Navigator des Design Editors oder in das Repository und legen im Context des DATABASE USERS die benötigten Optionen fest. Die Online Hilfe „Sequences" und „Creating a sequence definition" gibt Ihnen weitere Hinweise über das Definieren und die Properties von Sequenzen. Mehr darüber finden Sie auch in Kapitel 5.10.2.

5.8 PK-Spalten mit Werten füllen

Das PK-Constraint und der Index stellen die Funktionalität zur Verfügung, nicht aber die Werte, was nichts anderes bedeutet, als dass Sie für die Vergabe eines Wertes selbst Sorge tragen müssen. Entweder, indem Sie manuelle Einträge in die PK-Spalte vornehmen, oder diese Aufgabe einer Sequenz übertragen, wie die Übersicht zeigt.

Wertevergabeurch:

- DML-Anweisung: insert into TableName(PKCol) values(xx);
- Anwendungslogik: Front End z.B. Forms
- Table Api
- Sequence

5.9 Mandatory, optional Foreign Keys values

- Mandatory (vorgeschriebene) Foreign Keys sind „muss"-Felder. In diese Spalten muss zwingend ein Eintrag erfolgen. Zwischen zwei Relationen-Tabellen kann kein Detail ohne einen Master existieren.
- Optional (alternative) Foreign Keys sind „kann"-Felder. Einträge sind nicht zwingend vorgeschrieben. Details können auch ohne Master existieren. Dieser Sonderfall erfährt bei der späteren Modulentwicklung eine besondere Betrachtung. Sie müssen sich hierbei überlegen, wie Sie ein auf dieser Relation bezoge-

nes Modul generieren möchten. In einem Modul, welches Tabellen mit dieser Beziehung enthält, können die Details ohne Mastersatz nur dann angezeigt werden, wenn kein Mastersatz sichtbar ist. Das heißt, Sie müssen zuvor immer den Master Block explizit löschen. Selbstverständlich bietet Oracle eine benutzerfreundlichere Alternative, die ich im Kapitel 7 näher erläutere.

5.10 Der Database Design Transformer

Der Database Design Tansformer repräsentiert die zweite Stufe in Ihrer Projektentwicklung und setzt das logische ER-Modell in ein funktionelles Tabellenschema um. Im Unterschied zum ER-Diagramm enthält dieses Schema, das Sie im Design Editor als Server Model Diagramm (SMD) implementieren können, die zur Umsetzung notwendigen Features, wobei das ER-Diagramm zur logischen Konzeption Ihrer Unternehmensanforderungen eingesetzt wird. Der Vorteil dieser auf den ersten Blick etwas befremdlichen Methode liegt darin, dass Sie alle Energien auf ein möglichst ausgefeiltes Datenmodell konzentrieren können und sich keine Gedanken über Foreign Keys, Constraints, Indizes sowie deren Speichermedien (user_constrains, user_indizes usw.) machen müssen. Sie sind auch nicht gezwungen, die verschiedenen Techniken zur Umsetzung von Modellierungsanforderung an dieser Stelle zu diskutieren. Zu bedenken gilt jedoch, dass ein ER-Modell lediglich ein optisches Bild darstellt und es trotz der vielen Möglichkeiten nicht zweckmäßig ist, dem Designer die komplette Transformation zu überlassen. Dies gilt insbesonders für die Umsetzung von M:N-Tabellen, Super-Subtypen und Exlusiven Beziehungen (Arc-Bögen). Hierfür existieren verschiedene Alternativen, für deren Realisierung Sie als Entwickler, dadurch dass Sie eine geeignete Abstimmung vornehmen, verantwortlich sind.

Der Beginn der Arbeit mit dem DDT schließt die Modell-Analyse vorerst ab. Obwohl gelegentliche Nachbesserungen und Änderungen immer wieder notwendig sind, setzen Sie die Arbeit konkret mit der technischen Realisierung ihres Modells fort und verlegen dadurch den Schwerpunkt von der Logik hin zur Technik. Dadurch, dass der Transformer eine erste Tabellenimplementierung mit allen Spalten, wenn auch noch nicht physikalisch, sondern lediglich innerhalb des Designers, vornimmt, gelten für das transformierte Ergebnis andere Namenskonventionen als für das ER-Modell. Aus Entitäten des Entity Relationship Diagrammers entstehen Tabellen des Server Model Diagramms und der Relational Table Definition. Aus den bisherigen Attributen von Entitäten werden Spalten entwickelt.

5.10.1 Entitäten transformieren

Sie haben mehrere Möglichkeiten, Entitäten zu transformieren. Starten Sie den DDT aus dem Designer, erfolgt die Entitäten-Auswahl über einen Dialog. Ich dagegen bevorzuge es, die Entitäten im ER-Modeller direkt zu selektieren und anschließend den DDT innerhalb des ER-Diagrammers zu starten. Das erspart die manuelle Selektion über den Dialog und ist bei überschaubaren ER-Diagrammen sicherlich der einfachere Weg.

Die Registerkarte „Other Mappings" bietet detaillierte Spezifikationen, die nachfolgend beschrieben werden. Sie können die folgenden Optionen nur dann verwenden, wenn Sie beim Start des DDT die Option „Customize the Database Transformer" wählen. Die Option „Run the Transformer in Default Mode" führt die Transformation unmittelbar durch. Für komplexere Transformationen bietet die Customize Option alle Möglichkeiten für eine schnelle und adäquate Umsetzung, wie Sie im Verlauf dieses Kapitels noch sehen werden. Das Register „Other Mappings" enthält folgende Elemente:

▷ *Choose items to map:* Kombiniert die verschiedenen Elemente einer Tabelle dem Typ nach, je nachdem welche Tabelle in „Table" selektiert wird. Die Spalte „Attribute", enthält z.B die Attribute der zugrundeliegenden Entität wenn die Option „Columns" gesetzt ist. Die Spalte Columns zeigt die tatsächlich implementierten Spalten im Design Editor. Das Register selbst enthält aber ausschließlich transformierte Entitäten sprich SM-Tabellen (Server Model Tabellen im Design Editor). Daneben gibt es noch weitere Optionen, die ich nachfolgend erörtere.

▷ *Table:* enthält alle SM-Tabellen der Applikation.

▷ *Unmapped columns:* zeigt alle Spalten die der Transformer indirekt erzeugt. Zu den indirekten Spalten zählen unter anderem die Foreign Keys und Indizes, da diesen kein gleichnamiges Attribut in einer Entität gegenübersteht.

▷ *Entities implemented by table*: enthält einen Hinweis auf die der neuen Tabelle zugrundeliegenden Entitäten.

▷ *In Set:* legt alle Attribute der transformierten Entitäten offen. Daraus entsteht für Sie die Möglichkeit, den in der Spalte „Columns" angegebenen Tabellenspalten ein anderes Attribut zuzuordnen. Danach muss erneut die zugrundeliegende Entität transformiert werden.

Ein Beispiel: Angenommen Sie sind im Besitz einer Entität, die zwei Attribute mit Namen „Nummer" und „Nr." enthält und es existiert eine SM-Tabelle im Design-Editor. Demzufolge enthält die Tabelle, analog zur Entität, die Spalten „Nummer" und „Nr.". Durch einfaches Vertauschen der Spalten erhält die Spalte „Nr." die bisher dem Attribut Nr. zugeordnet war, das Attribut Nummer. Öffnen Sie den Repository Object Navigator: Entity Relationship Modelling/Entities.

Wählen Sie entsprechend Entität/Attributes/Usages/Implemented by Columns. Sie können jedem Attribut eine beliebige SM-Tabellen-Spalte zuweisen. Sie erreichen das selbe Ziel auch, indem Sie in der Spalte „Columns" des DDT-Other Mappings die Zuordnung vornehmen. Ein Unterschied besteht lediglich darin, dass im RON alle Spalten sämtlich vorhandener SM-Tabellen der Applikation wählbar sind, der DDT dagegen nur Spalten der aktuell im Set befindlichen Entität zuordnen kann. Die Abbildung 5.8: Ausschnitt aus dem DDT, zeigt das Beispiel:

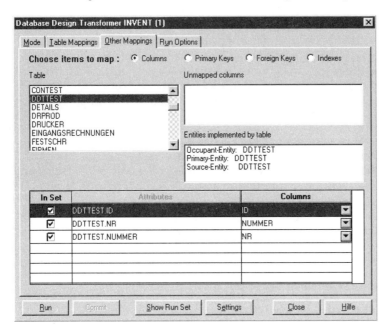

Abbildung 5.8: Ausschnitt aus dem DDT

Ursprünglich war dem Attribut DDTEST.NR die SM-Spalte NR zugewiesen. Nach der Manipulation erhalten wir diese Zuordnung.

Der Database Design Transformer 67

5.10.1.1 Die Registerkarte Other Mappings

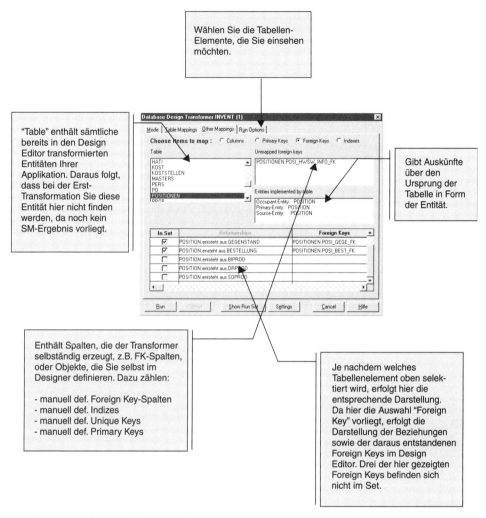

Abbildung 5.9: Elemente des DDT Other Mappings

5.10.1.2 Optionen von „Choose items to map"

▸ *Attributes*: enthält die Attribute aus dem ER-Diagramm.

▸ *Columns*: enthält alle aus den Attributen resultierenden Spalten (Columns) der selektierten Tabelle.

▸ *UIDs*: eindeutiger Identifizierer aus dem ERD.

▸ *Primary Keys*: analog zu Columns werden alle aus der UID resultierenden PKs dargestellt.

▸ *Relationship*: enthält die Beziehung aus dem ER-Diagramm.

▶ *Foreign Keys*: enthält alle aus der Relation resultierenden Foreign Keys der selektierten Tabelle. Sie enthält keine entsprechenden FK-Spalten, wenn sie bei der Transformation „in Set" nicht für eine Transformation selektiert wurden. Dies ist die erforderliche Einstellung für bestimmte Alternativen, beispielsweise für die generische Umsetzung einer exklusiven Beziehung. Im nächsten Abschnitt werde ich dieses Thema noch ausführlich erläutern. Die Abbildung 5.9 zeigt als Ergebnis eine bereits transformierte exklusive Beziehung. Erfolgt ein neuerlicher Aufruf des DDTs, entsteht der Inhalt dieser Abbildung. Die fehlenden Foreign Key Spalten begründen sich durch die generischen Umsetzung einer exklusiven Beziehung.

▶ *Indizes*: enthält alle Indizes, die aus den Foreign Keys entstehen.

5.10.2 Sequenzen

In Kapitel 5.7 ist der Sequence Generator vorgestellt worden. Hier möchte ich Ihnen die einzelnen Schritte zur Definition von Sequencen aufzeigen und darstellen, wie und wo Sie Sequencen manipulieren können.

Nachdem Sie das Datenmodell erfolgreich transformiert haben, müssen Sie für die Primary Keys, die Sie als künstliche Schlüssel definiert haben (Künstliche Schlüssel werden in der Praxis immer verwendet. Mehr darüber in Kapitel 5.13.2), Sequencen im Designer erzeugen, damit die Spalten dieser Schlüssel implizit mit eindeutigen Werten versehen werden. Schon aus Integritätsgründen sollten Sie, gemäß den Anforderungen in der Praxis, die Definition von Surrogate Keys bereits im ER-Modell vorsehen. Damit ist die implizite Definition der dazugehörigen Sequences nach Kapitel 5.7.2 ausgeschlossen. Sie müssen die Definition explizit vornehmen.

5.10.2.1 Sequenzen definieren

Defintion im Server Model Navigator:

1. Öffnen Sie im Design Editor die Registerkarte Server Model.
2. Selektieren Sie den Knoten Sequence Definition.
3. Wählen Sie Edit/create.
4. Bestimmen Sie einen Namen. Bei der Verwendung für Surrogate Keys, die als Primary Key definiert werden, ist als Information die Endung ID und der short name der Tabelle wo sie verwendet wird, zur leichteren Orientierung im Navigator, sinnvoll. Beispiel: HATI_ID
5. Bestimmen Sie den Sequencetyp: Oracle- oder Code Control Sequence.
6. Klicken Sie auf Finish.

5.10.2.2 Sequenzen manipulieren

Zur weitergehenden Spezifizierung, wie beispielsweise das Festlegen einer bestimmten Startnummer, müssen Sie die Sequence Implementierung wie nachfolgend beschrieben öffnen, da Sequenzen im Kontext eines Datenbankbenutzers abgelegt werden.

Der Database Design Transformer

Der wohl wichtigste Schritt der gesamten Phase der Manipulation ist das Festlegen des Sequenz-Typs, sprich ob Sie mit einer Oracle- oder Code-Control Sequenz arbeiten möchten. Diese und andere Einstellungen können Sie bei der Definition der Sequence noch nicht festlegen. Dazu sind die nachfolgenden Schritte notwendig:

1. Öffnen Sie im Design Editor die Registerkarte DB-Admin.
2. Selektieren Sie den Knoten Database (Oracle).
3. Öffnen Sie den Knoten Default_Database.
4. Knoten Users.
5. Knoten Default_Users.
6. Knoten Schema_Objects.
7. Knoten Sequence_Implementation.
8. Wählen Sie dort die gewünschte Sequence.
9. Öffnen Sie deren Eigenschaften, ich bevorzuge hierfür die Ansicht als Palette.

5.10.2.3 Verfügbare Modifikationen

Die folgenden Punkte zeigen Ihnen, welche Möglichkeiten der Manipulation Ihnen zur Verfügung stehen.

- Der Startwert der Sequence, also der Beginn der Nummernvergabe.
- Die Zählschritte, beispielsweise besitzt die Nummernvergabe 1,2,3 den Zählschritt 1.
- Cycle Option, die festlegt bis zu welcher Höhe die Nummern vergeben werden, anschließend erfolgt ein erneuter Beginn.
- Order Option, die eine Sortierung der vergebenen Nummern gewährleistet.
- Minimum Wert: Nach Erreichen erfolgt der erneute Beginn vom maximalen Wert der Sequence. Hier handelt es sich um eine absteigende Sequence die durch Verwendung von negativen Inkrement als Zähler zum Ausdruck kommt.
- Maximum Wert: Nach Erreichen des Maximum Wertes erfolgt der erneute Beginn vom Minimum Wert der Sequence, wenn Sie eine aufsteigende Sequence anfordern. Aufsteigende Sequenzen benötigen ein positives Inkrement als Zähler.

5.10.3 Generische Arcs implementieren

Sie haben zwei Möglichkeiten zur Umsetzung von Arcs, nämlich die explizite oder generische Umsetzung. Bei der expliziten Transformation erstellt der DDT soviele Foreign Key Spalten wie sich Relationen im Arc-Bogen befinden und trägt Sorge dafür, dass immer nur eine FK-Spalte belegt werden kann. Generische Arcs enthalten dagegen nur einen Foreign Key und eine Typenspalte, die festlegt um welche Tabelle (Typ) des Arcs es sich handelt. Für das Projekt ist einer dieser Arcs notwendig.

Die für unser Projekt notwendigen Hard- und Software-Entitäten werden in Kapitel 5.13.10.4 vorgestellt. Die dortige Abbildung zeigt Ihnen eine Arc Implementierung, die deshalb notwendig ist, da zu jeder Bestellposition nur ein Objekt aus diesen Entiäten verwendet werden kann. Die Hard- und Software-Entitäten enthalten alle Produkte, die bestellt werden können bzw. müssen. Jede Master-Detail Entitätsgruppe enthält ein bestimmtes Produkt, und der Arc sorgt dafür, dass immer nur ein Produkt pro Position wählbar ist. Alles andere wäre nicht sehr sinnvoll. Da ich mich für eine generische Arc-Implementierung entschieden habe, dürfen die Relationen des Arcs und der Arc selbst der Entität Position nicht transformiert werden. Den Grund dafür erfahren Sie in Kapitel 6.3.4. Sie sollten die betreffenden Relationen durch eine andere Farbe kennzeichnen und diesen Umstand dokumentieren. Bei der generischen Implementierung dient dieser Teil des ER-Modells nur als optische Dokumentation Ihrer Unternehmensanforderungen. An dieser Stelle begnügen wir uns fürs Erste damit, die notwendigen Einstellungen im DDT bei der generischen Transformation von Arcs vorzunehmen. Öffnen Sie den ER-Diagrammer und markieren Sie alle Entitäten, die sich innerhalb einer exklusiven Beziehung befinden. Zur besseren Übersicht sollten Sie zuerst nur die (N)-Entity (künftige Detail-Tabelle), die alle künftigen Foreign Key-Spalten der exklusiven Beziehung enthalten wird, transformieren. Dabei ist Folgendes zu beachten:

- Wird die betreffende Entität (Position) zum ersten Mal transformiert und es existiert noch keine SM-Variante, befindet sich kein entsprechender Eintrag in Register „Other Mappings", das wir für die Spezifikation des generischen Arcs benötigen. Dieses Register referiert auf bereits transformierte Objekte im Design Editor und vergleicht die SM-Spalten mit den Attributen der ERD-Definition.

- Die Erst-Transformation der Entität sollte deshalb bereits durchgeführt werden, nachdem Sie die notwendigen Attirbute definierte haben, aber noch keine Relationen sie tangieren. Transformieren Sie die Entität mit der Option „Run the Transformer in Default Mode".

- Jetzt erzeugen Sie die Beziehungen des Arcs und starten den DDT im Modus: „Customize the Database Design Transformer".

- Im Register „Other Mappings" wird die SM Tabelle angezeigt und Sie können die Attribute und Spalten vergleichen. Belassen Sie dabei alle Relationen (Option Foreign Keys) der Detail Entität, die nichts mit dem Arc zu tun haben im Set und deaktivieren Sie alle übrigen. Bei der Entität Position müßte dabei der Register-Inhalt der Abbildung 5.9: *Elemente des DDT Other Mappings*, entsprechen. Aus den Beziehungen zum Gegenstand und zur Bestellung existieren entsprechende Foreign Keys, die im Set angezeigt werden. Die übrigen Relationen als Bestandteil eines Arcs befinden sich nicht im Set und es existieren keine entsprechenden Foreign Keys im Designer. Das gesamte Datenmodell unseres Projekts entwickeln wir im Kapitel 5.13.

Wünschen Sie eine explizite Umsetzung, verbleiben die Foreign Keys im Set. Dadurch werden die entsprechenden FK-Spalten transformiert. Durch die Deaktivierung aller FK-Spalten entstehen bei der generischen Umsetzung keine FK-Spalten. Deshalb ist es später innerhalb des Moduls Ihre Aufgabe, manuelle Anpassungen vorzunehmen. Sie müssen dann zumindest eine Spalte im Design Editor manuell

Der Database Design Transformer

definieren und, mit entsprechender Triggerlogik, dafür Sorge tragen, dass, unabhängig davon aus welcher Tabelle des Arcs die Auswahl erfolgt, die jeweilige ID des gewählten Satzes in die Fremdschlüsselspalte eingetragen wird. Den genauen Ablauf erfahren Sie noch im weiteren Verlauf des Buches.

Zusammenfassung

▶ Im Register „Other Mappings" befinden sich ausschließlich Server Model Objekte des Designers, die aber, je nach festgelegter Option in „Choose items to map" mit den definierten Objekten des ER-Modellers verglichen und modifiziert werden können, indem das Häkchen im „Set" entsprechend gesetzt wird.

▶ Die Einstellung Columns zeigt alle Attribute des ER-Modells in der Spalte „Attribute" und das jeweils transformierte Ergebnis im Design Editor in der Spalte „Columns".

▶ Die Einstellung Primary Key zeigt alle UIDs des ER-Modells in der Spalte „UIDs" und das entsprechende Ergebnis in der Spalte „Primary Keys".

▶ Analog dazu verhält es sich bei den Foreign Keys und Indizes.

5.10.3.1 Optionale Foreign Key-Spalten

Wie kann Oracle bei der expliziten Umsetzung absolut sicher gewährleisten, dass immer nur eine FK-Spalte belegt ist? Dazu muss zuvor eine allgemeine Überlegung über Master/Detail-Verknüpfungen in Modulen angestellt werden. Damit Sie mehrere FK-Spalten optional, sprich immer nur eine davon mit Werten belegen können, ist es notwendig, dass diese Spalten die „kann"-Eigenschaft besitzen. Dadurch sind rein theoretisch leere FK-Spalten (ohne Wert) möglich. Der Arc-Bogen trägt Sorge dafür, dass dennoch mindestens eine der Spalten belegt sein muss. Betrachten wir zunächst eine einfache Master-Detail Relation, die als „kann"-Beziehung in beide Richtungen definiert ist. Die Abbildung 5.10: *SM-Diagramm*, enthält das entsprechende SM-Modell:

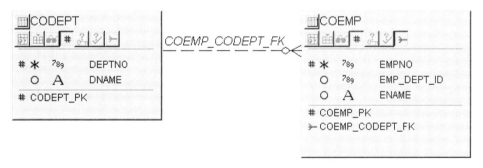

Abbildung 5.10: SM-Diagramm

Diese Definition erlaubt Detail-Instanzen, die keinen Bezug zu einer Master-Instanz besitzen, da FK-Werte nicht zwingend vorgeschrieben sind. Forms geht davon aus, dass es sich um eine normal Master-Detail Anwendung handelt. Setzen Sie die Präferenz LOVBUT = Yes, damit neben der FK Spalte ein Button generiert wird. Mehr über Präferenzen erfahren Sie in Kapitel 7. Wir erzeugen anhand dieses Diagramms das folgende Modul (Abbildung 5.11).

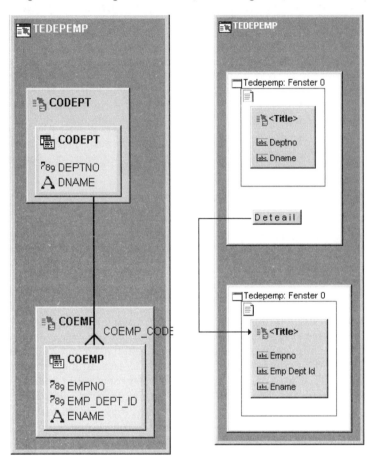

Abbildung 5.11: Testmodul (DataView u. Display View)

Sie können zusätzlich für die PK-Spalten Sequenzen definieren oder Sie fügen PK-Wert, da es nur ein Testmodul darstellt, manuell ein.

Damit Detail-Tabellen ohne Bezug zu einem Master entstehen können, sollten Sie alle Spalten und Moduleigenschaften vor dem Generieren des Moduls überprüfen. Ein auf diesem Modell basierendes Modul kann folgende Eigenschaften enthalten:

SM-Detail Tabelle	Modulkomponente Detail	Detail Tabelle
Fk-Spalte, Optional:YES	Fk-Spalte, Optional: YES	Fk-Spalte, NULL
Foreign Key,		
Mandatory: NO		

Tabelle 5.6: Detail-Spalten und Moduleigenschaften zu Masterkomponenten

Damit steht es Ihnen frei, ob ein Detail Datensatz einem Master zugeordnet werden kann oder ob er unabhängig davon existiert, indem Sie den entsprechenden FK-Wert aus dem Datensatz löschen. Das bedeutet dass Sie je nach Belieben FK Werte eintragen oder freilassen können. Wir haben damit eine optionale FK Relation kreiert.

Diese Erkenntnisse sind in Verbindung mit exklusiven Beziehungen von großer Bedeutung, denn Arc FK Spalten dürfen keine „muss"-Felder sein, selbst dann wenn die Relation eindeutig eine „muss"-Beziehung aufweist. Betrachtet man die FK Felder eines Arc Konstrukt geschlossen so ist stets ein Eintrag, in mindestens einem FK Feld zwingend vorgeschrieben. Sie haben nun zwei Möglichkeiten, dies zu erreichen. Entweder Sie nehmen eine client-seitige Valdierung vor und haben dabei den Vorteil, keine programmatischen Eingriffe durchführen zu müssen, oder sie validieren server-seitig.

Dazu ein weiteres Beispiel: Wir definieren einen Arc der nur 1:N „kann"-Relationen enthält. Diese Relationen bewirken jedoch keine Optionalität des Arcs, denn unabhängig davon, ob es sich um „muss"- oder „kann"-Relationen handelt, wird der Transformer daraus stets „kann"-Relationen, die sich in einem Arc befinden, definieren. Die SM Tabellen weisen damit die Eigenschaften wie im letzten Beispiel auf. Ansonsten wäre es unmöglich, dass die übrigen FK Felder unbelegt verbleiben können. Erst nach der Transformation wird durch das Festlegen einer entsprechenden Validierung dafür gesorgt, dass tatsächlich stets ein FK Feld eines Datensatzes belegt sein muss.

5.10.3.2 Explizite Umsetzung einer exklusiven Beziehung

Das nachstehende ER-Modell enthält 3 Entitäten. Zwei davon befinden sich innerhalb eines Arc-Bogens der beidseitige „kann"-Beziehungen einschließt.

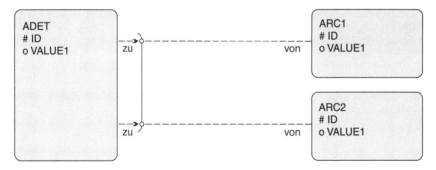

Abbildung 5.12: ER-Modell Arc-Beziehung

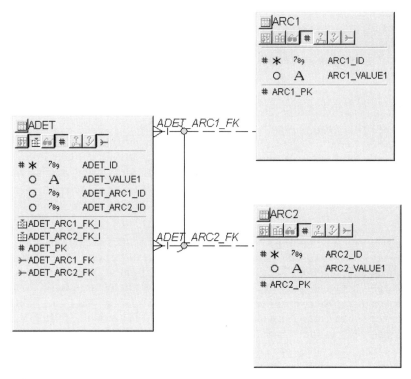

Abbildung 5.13: SM-Diagramm Arc-Beziehung

Prüfen Sie, ob alle FK-Spalten und Foreign Keys dieselben Einstellungen wie im letzten Beispiel besitzen. Definieren Sie ein Modul und fügen Sie in 3 verschiedenen Windows, die je ein Content Canvas enthalten (Standard), diese 3 Tabellen als Modulkomponenten ein. Überprüfen Sie auch im Modul, ob die Eigenschaften der FK-Spalten den Einstellungen in dem Beispiel entsprechen.

Generieren Sie alle 3 Tabellen und überprüfen Sie, ob die Foreign Key Eigenschaften Mandatory: NO und Arc_Mandatory: YES vorliegen. Falls nicht, legen Sie diese bitte fest. Da es keinerlei Sequenzen enthält, müssen Sie PK-Werte manuell vergeben. Ich habe das folgende Modul für dieses Beispiel verwendet:

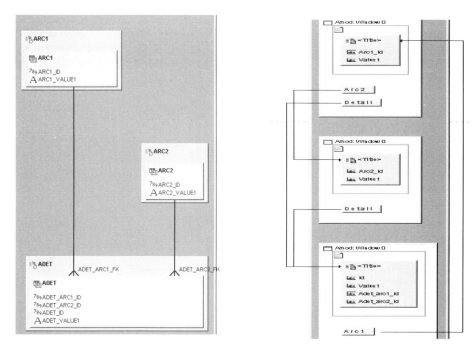

Abbildung 5.14: Testmodul aus Arc (DataView u. Display View)

Grundsätzlich ist bei der Generierung von Foreign Keys zu beachten, wo die Validierung stattfinden soll. Sie haben hierfür drei Möglichkeiten zur Verfügung: Server, Client und Both. Die Umsetzung expliziter Arc-Bögen kann zwar direkt mit dem Generator erfolgen. Er kann jedoch auf der Seite des Servers nicht dafür Sorgen, dass stets nur eine FK-Spalte belegt sein darf. Der von ihm generierte Code bezieht sich lediglich auf die Definition der Tabellen, Indizes, Primary und Foreign Keys.

Die Definitionen von FK-Constraints bei einer server-seitigen Implementierung stellen keine andere Funktionalität dar, als die Definition herkömmlicher FKs. FKs in Arcs müssen jedoch stets optional sein da immer nur ein Feld belegt werden kann. Das besorgt die Eigenschaft Arc Mandatory der Foreign Key Spalten bei einer client-seitigen Implementierung. Damit ist aber keineswegs gewährleistet, dass Oracle auch server-seitig prüft, ob auch wirklich nur ein Eintrag vorliegt. Die bisherige Einstellung erlaubt nur im Allgemeinen einen einzigen Eintrag, schreibt ihn aber nicht vor. Um die Valdierung im Client auf den Server zu transferieren ist ein Check-Constraint notwendig.

Indem Sie ein Check Constraint auf die Tabelle mit den Arc-FKs definieren, kann explizit abgeprüft werden, ob wirklich nur ein Eintrag vorliegt. Das FK-Constraint der server-seitigen Implementierung wird im DDL Skript abgelegt, wie nachfolgend dargestellt.

Diese Erkenntnisse haben gewisse Auswirkungen auf Ihr Modul. Allein durch die Validierung im Server besitzen Sie die im Skript definierten FK Constraints und haben die Möglichkeit, aufgrund der Validierung im Sever und dem bisher noch nicht vorhandenen Check Constraint, alle FK Spalten leer zu lassen. Dafür müssen Sie ein Check Constraint wie unten vorgestellt definieren.

DDL-Skript:

```
PROMPT Creating Primary Key on 'ARC2'
ALTER TABLE ARC2
 ADD CONSTRAINT ARC2_PK PRIMARY KEY
 (ARC2_ID)
PROMPT Creating Primary Key on 'ADET'
ALTER TABLE ADET
 ADD CONSTRAINT ADET_PK PRIMARY KEY
 (ADET_ID)
PROMPT Creating Primary Key on 'ARC1'
ALTER TABLE ARC1
 ADD CONSTRAINT ARC1_PK PRIMARY KEY
 (ARC1_ID)
PROMPT Creating Foreign Keys on 'ADET'
ALTER TABLE ADET ADD CONSTRAINT
ADET_ARC1_FK FOREIGN KEY
(ADET_ARC1_ID) REFERENCES ARC1
(ARC1_ID) ADD CONSTRAINT
ADET_ARC2_FK FOREIGN KEY
(ADET_ARC2_ID) REFERENCES ARC2
(ARC2_ID)
```

Der Codeteil: „Prompt Creating Foreign Keys...." erzeugt die Foreign Keys, die hier auf die Tabellen Arc1 und Arc2 referenziert sind. Um die Arc Optionalität serverseitig sicherzustellen, müssen Sie programmatisch eingreifen.

Sie haben nun zwei Möglichkeiten um einmalige FK-Werte im Arc zu erreichen.

▶ Für eine server-seitige Implementierung müssen Sie explizit ein Check Constraint z.B. mit folgendem Inhalt definieren. Die dritte Zeile ist immer dann notwendig, wenn Sie ein optionales Arc Konstrukt benötigen, d.h. alle FK-Felder eines Datensatzes bleiben leer. Dies ist nur bei der server-seitigen Implementierung möglich.

```
CHECK ((ADET_ARC1_id is not null and ADET_ARC2_id is null) or
(ADET_ARC1_id is null and ADET_ARC2_id is not null) or
(ADET_ARC1_id is null and ADET_ARC2_id is null))
```

▶ Für eine client-seitige Implementierung genügt die Einstellung der Eigenschaft: Validate in: Client oder Both (Foreign Key Definition im SMN). Damit wird client-seitig geprüft und das Check Constraint ist nicht notwendig.

Beide Möglichkeiten stellen sicher, dass stets eine FK-Spalte belegt bleibt oder wie im Beispiel des Check Constraints bei der server-seitigen Implementierung, dass beide Zeilen leer sein können. Diese Möglichkeit haben Sie auch bei der client-seitigen Validierung, indem Sie die Eigenschaften Mandator = No und Arc-Mandatory = NO setzen und den FKs der SM-Tabelle die Eigenschaft Arc-Number zuordnen (diese können Sie individuell vergeben). Damit weisen Sie einen Arc explizit dem Fremdschlüssel zu. Im Design Editor können Sie durch die Verwendung der Eigenschaft Arc-Number nachträglich festlegen, welche Foreign Keys Bestandteil eines Arcs werden, indem Sie allen dazugehörigen Foreign Keys dieselbe Nummer (z.B. 1 für den ersten Arc Ihres Modells und 2 für den zweiten usw.) zuweisen. In der Wahl der Nummer sind Sie völlig frei. Wichtig ist nur, dass es sich dabei um dieselbe handeln muss.

Starten Sie das Modul und testen Sie verschiedene Varianten der Eingabe. Sie werden feststellen, dass aufgrund der Arc Implementierung, kombiniert mit dem Check Constraint, bei einer server-seitigen Implementierung oder der Validierung auf dem Client, aber ohne Check Constraint, jetzt in jedem Fall zumindest eine oder keine FK-Spalte belegt sein muss.

Was passiert, wenn wir anstatt der „kann"-, „muss"-Relationen definieren würden? In diesem Fall werden die „muss"-Spalten einfach in „kann"-Spalten transformiert und die Eigenschaft Arc-Mandatory wie zuvor gesetzt.

Kritisch betrachtet ist dieses Beispiel Datentechnisch ein logischer Widerspruch. Weshalb? Ein Master/Detail Link zwischen Modulkomponenten definiert eine klassische Master/Detail Beziehung client-seitig. Sobald jedoch Details ohne Bezug zu einem Master existieren können, ist diese Komponente nicht länger als Detail zu betrachten. Sie ist dann eine Basis-Tabelle, die nur über Lookup-Tabellen Werte für die Fremdschlüsselspalten empfangen kann. Deshalb sollten Sie in Ihren eigenen Anwendungen, explizite „kann"- Arcs realisieren, indem Sie dafür sorgen, dass kein Link zwischen den betreffenden Arc-Modulkomponenten und der „Detail"-Modulkomponente in Ihrem Modul existiert. Stattdessen stellen Sie zu der Basis-Tabelle (vormals Detail) eine Lookup-Table Verbindung her. Auf diese Weise haben Sie anstelle einer Master-Detail-Relation eine Lookup-Tabellenverwendung definiert. Die ehemalige Detail Tabelle besitzt dann die Funktion einer Basis-Tabelle innerhalb der Lookup Verwendung. Für jede darin enthaltene FK-Spalte entsteht eine separate Lookup Tabelle aus den Tabellen der exklusiven Beziehung.

Innerhalb einer generischen Umsetzung ist auch dieser Ansatz nicht möglich, da hierbei nur eine FK-Spalte entsteht. In diesem Fall müssen Sie innerhalb Ihrer Module mit einer View arbeiten. Ich werde im Zusammenhang mit der Bestellung noch detailliert darauf eingehen.

5.10.3.3 Doppelte Foreign Key Spalten durch das Transformieren

Unter gewissen Umständen kann es passieren, dass im Ergebnis einer wiederholten Transformation bestimmter Entitäten, doppelte Relationen im SMN und SM-Diagramm entstehen. Die Abbildung 15 zeigt ein kleines Beispiel:

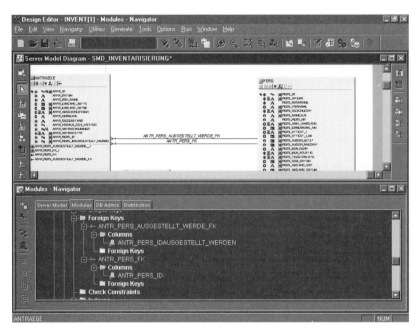

Abbildung 5.15: Doppelte Foreign Key Spalten im SMD

Obwohl hier im ER-Diagramm nur eine Relation definiert worden ist, zeigt dieses Diagramm zwei Relationen. Um Abhilfe zu schaffen, müssen Sie entweder feststellen, welche FK Spalte die gültige ist oder Sie löschen beide Beziehungen und definieren einen „Optional-" oder „Mandatory-Foreign Key and Columns" innerhalb des SM-Diagramms.

Um festzustellen, welche Relation Gültigkeit besitzt, untersuchen Sie einfach beide FK-Spalten auf die jeweiligen Namen. Diejenige Relation, welche der Transformer als letztes erstellt hat, ist gültig und besitzt den Namen der Relation selbst, da der übliche FK-Spaltenname schon vorhanden war. Löschen Sie die alten Namen und vergeben Sie ihn für die neue Relation. Auf diese Art müsste der Join in Ihren Modulen seinen gedachten Zweck erfüllen.

5.10.4 Database Design Transformer Other Settings

Other Settings stellt zusätzliche Möglichkeiten von Transformator-Einstellungen zur Verfügung. Sie öffnen diesen Dialog durch Klicken auf die Schaltfläche „Settings" im DDT. Weitere Register öffnen sich, unter anderem „Other Settings".

Die „Elements that you want prefixes generate for" überlassen Ihnen die Entscheidung, für welche künftigen Tabellenspalten Sie ein Präfix benutzen möchten. Präfixe sind sehr sinnvoll, da sie jedem Attributnamen zusätzlich den Tabellen-short-Namen voranstellen. Damit werden vor allem die einzelnen Relationen überschaubarer, da Sie anhand eines Präfixes sofort erkennen, welche Tabelle beispielsweise einem Foreign Key zugrunde liegt. Aber auch bei der Verwendung von Spalten in Programmen oder Dokumentationen ist es sehr nützlich, mit Präfixen zu arbeiten.

Der Designer arbeitet dabei nach dem folgenden Prinzip: Sind alle Optionen aktiviert, erzeugt er für jedes Attribut ein Präfix. Ein Beispiel: Die Entität „Antraege" besitzt den short-Namen „Antr". Diese Kurzschreibweise ist die Basis des Präfixes und der Designer fügt jedem Attribut, durch Underscore getrennt, diesen Namen hinzu. Damit entstehen für die Tabelle „Anträge" folgende Spalten:

Übersicht

Attribut	Spalte (SMN)
ID	Antr_ID
Antragstyp	Antr_Antragstyp
Datum	Antr_Datum

Enthält die Tabelle Foreign Keys und deren Präfix-Option ist gesetzt, wird neben dem short-Namen der Tabelle selbst auch der short-Name derjenigen Tabelle hinzugefügt, die dem Primary Key zu dem vorliegenden Foreign Key enthält. Beipiel: Die Tabelle „Anträge" ist in Bezug auf die Tabellen „Haushaltstitel" und „Produkt" eine Detail Tabelle und verfügt somit über zwei Fremdschlüssel aus diesen Tabellen.

Übersicht

Attribut	Spalte (SMN)
keines (Relation)	Antr_Prod_ID
keines (Relation)	Antr_Hati_ID

Präfix-Optionen des DDT:

▹ *Foreign Key Columns:* definiert ein Präfix für Foreign Key Spalten, das den short-Namen der Master-Tabelle enthält. Ist außerdem die Option „Columns" aktiviert, entsteht ein Präfix, dessen Name sich wiederum aus dem short-Namen der aktuellen Tabelle und dem short-Namen der Detail Tabelle, wie in der Übersicht, zusammensetzt. Dabei ist die Reihenfolge wie folgt definiert: *aktuelle Tabelle, Master Tabelle*. Vergleichen Sie dazu einfach die letzte Übersicht.

▹ *Surrogate Key Columns:* definiert ein Präfix für künstliche Schlüssel, das den short-Namen der Tabelle enthält.

▹ *Columns:* Dieses Präfix repräsentiert ebenfalls den short-Namen der Tabelle und ordnet es jeder Spalte zu.

▹ *Die Option „Table Präfix"* bietet Ihnen zusätzlich die Möglichkeit, zu den bisherigen, an die Tabellennamen gebundenen Präfixe eigene Namen zu vergeben, die dann den übrigen vorangestellt werden, z.B. Verw_Ant_Id, Verw_Ant_Prod_ID. Der Ausdruck „Verw" steht für „Verwaltung".

Aus singulären Entitäten-Namen entstehen, gemäß Ihren Angaben, plurale Datenbank-Schemaobjekte im Server Model Navigator des Design Editors. Ursache dafür ist, dass eine Entität als ein Objekt, SM-Tabellen dagegen als Träger von Daten betrachtet werden. Sie enthalten eine endlose Menge der Ausprägung eines Objektes. Beispiel: Das Objekt Firma (Entität) wird im Ergebnis einer SM-Tabelle eine Menge von Firmen (Plural von Firma) enthalten. Deshalb wird für jede Tabelle eine Plural-Bezeichnung verabredet.

Je nachdem, ob Sie ein Attribut optional oder als „muss"-Spalte deklariert haben, fügt der Transformer in der Spalte „NULL" der SM-Tabelle keinen Wert oder implizit NOT NULL ein. Damit legt Oracle für jede Spalte fest, ob Einträge obligatorisch sind oder nicht. Sie können in SQL+ direkt Änderungen vornehmen und beispielsweise eine NOT NULL Spalte in eine NULL Spalte ändern. Vergewissern Sie sich jedoch, dass dabei auch die zugrundeliegenden Entitäten und SM-Tabellen nachträglich aktualisiert werden, da sonst beim erneuten Generieren dieser Tabellen die manuelle Korrektur wieder verworfen wird. Es sollte außerdem stets auf eine eindeutige Implementierung im gesamten System geachtet und Widersprüche zwischen physikalischer Datenbank und logischem Design vermieden werden.

5.10.5 Transformation kombinierter UID-Attribute

Wie werden mehrere UID-Attribute in entsprechende PK-Spalten transformiert, und wie wird dieser Umstand in Foreign Keys berücksichtigt? Das folgende Beispiel liefert die Antwort. Die Abbildung 5.16 enthält ein ER-Diagramm, dessen transformiertes Ergebnis in Abbildung 5.17 ersichtlich ist. Der Designer transformiert jede UID in je eine FK-„muss"-Spalte.

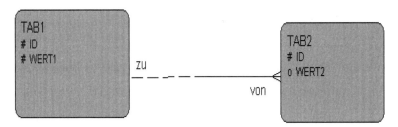

Abbildung 5.16: ER-Modell: Kombinierte UID Attribute

Relationen validieren

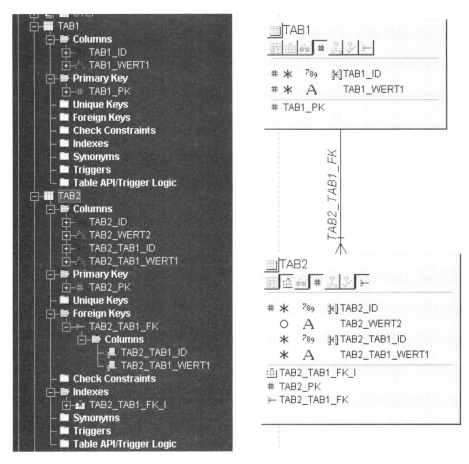

Abbildung 5.17: SMD: Kombinierte UID Attribute

5.11 Relationen validieren

5.11.1 Aussagen definieren

Relationen enthalten eine bestimmte Aussage, die den Background der verschiedenen Unternehmensanforderungen klar umschreibt. Nehmen wir ein einfaches Beispiel zu Hilfe, den Videoverleih. Im Angebot enthalten sind zahlreiche Titel unterschiedlichster Ausprägung. Jeder Titel, sprich konkreter Film, kann in der Form von mehreren VHS-Kopien vorliegen. Damit ist ein klare Aussage mit folgendem Inhalt möglich: „Zu jeder Kopie darf nur ein einziger Titel gehören." Es ist unmöglich, dass eine VHS-Kopie zwei Filme enthält. Es gilt die Formulierung: „Jeder Titel kann durch beliebig viele Kopien vertreten sein". Damit liegt der Grundstein für eine klassische 1:N-Relation vor.

Der ER-Diagrammer stellt Textbereiche zur Identifizierung aller Relationen zur Verfügung, von denen Sie im jeden Fall Gebrauch machen sollten. Validieren Sie sämtliche Relationen mehrmals, indem Sie diese lesen, um sicherzustellen, dass sie aus der Sicht des Unternehmens korrekt sind. Mitunter beginnen Sie ein ER-Modell zeitgleich mit der Durchführung anderer Schritte zu kreieren. Das ist durchaus praktikabel, da viele Details erst im Zusammenhang mit den übrigen Entwicklungen, wie beispielsweise Prozesse, bisherige Module usw. klar ersichtlich werden. Unter Umständen ist ein Modell, vor allem bei längeren Projekten, einem gewissen Reifeprozess unterworfen. Unternehmensanforderungen variieren oder es ergeben sich neue Gesichtspunkte, die zu datentechnischen Veränderungen führen. Vor allem bei nicht technischen Entwicklungen werden Sie häufig mit Mitarbeitern aus den entsprechenden Verwaltungsstellen konfrontiert werden, die aus der Perspektive Ihres Arbeitsumfeldes sprechen und häufig Anforderungen an das System stellen, die sich global betrachtet als überflüssig erweisen.

Die Ursache dafür hat zwei Gründe. Auf der einen Seite liegt das Problem, dass der Entwickler die bürokratischen Hintergründe trotz aller Bemühungen manchmal nicht auf Anhieb vollends durchschaut. Dabei trifft ihn meist kein Verschulden, denn die Sachbearbeiter begehen vielerorts den Fehler, die Abläufe manuell, sprich personenbezogen, zu betrachten und erkennen keinerlei Automatismus, der sich hinter mancherlei Tätigkeit verbirgt. In Wahrheit handelt es sich dabei jedoch um Unternehmensregeln, die jederzeit einer gut konzipierten Datenbank übertragen werden könnten, sodass diese Arbeit für den Mitarbeiter völlig entfällt.

Andererseits haben Sachbearbeiter oftmals große Schwierigkeiten exakt zu formulieren, welche Anforderungen Sie an das System stellen. Sie greifen bei Ihren Erklärungsversuchen meistens auf praktische Beispiele zurück, die keinesfalls alle Möglichkeiten enthalten. Es ist aber unmöglich, alle denkbaren praktischen Fälle anhand diverser Beispiele zu diskutieren. Damit würde sich die Phase der Modellierung auf unbestimmte Zeit verlängern. Hinzu kommt, dass ein Sachbearbeiter, der jahrelang eine bestimmte Aufgabe zu erfüllen hat, jeden Schritt als selbstverständlich betrachtet und ihn für unumgänglich hält. Deshalb ist es sehr schwierig, ihn davon zu überzeugen, dass er sein Ziel auf anderen Wegen ebenso und letztendlich schneller erreicht. Noch schwieriger ist es, eingespielte Regeln neu, straffer und damit effizienter zu definieren. Ich möchte an dieser Stelle ein Beispiel aus meiner persönlichen Erfahrung nennen. Das Antrags-Modul vergibt Nummernbereiche, die, wie ich bereits erwähnte, noch aus der bisherigen Art der Dokumentenarchivierung stammen. Obwohl bereits mein erster Eindruck der war, dass im Zuge einer relationalen Datenbankentwicklung diese Nummern-Bereiche überflüssig werden, war es unmöglich, die Anwender davon zu überzeugen. Erst viel später, nachdem die Datenbank mit dieser Funktionalität ausgestattet war und die ersten Tests liefen, erkannten auch die Anwender bei der Arbeit mit dem neuen System, dass Nummernbereiche in der Zukunft keine Bedeutung mehr haben werden. Lange Diskussionen und einige Entwicklungsstunden hätten vermieden werden können.

Um solche Fälle zu vermeiden oder wenigstens zu minimieren ist es unumgänglich, Modelle zu überprüfen und den späteren Anwendern wiederholt kritische Fragen zu stellen. Das vermeidet oftmals Missverständnisse.

Relationen validieren

Auch wenn Sie ein Modell für bereits abgeschlossen erachten, sollten Sie stets immer eine endgültige Überprüfung vornehmen, indem Sie das gesamte Modell nochmals validieren. Vergessen Sie sie nicht, denn das kann viele konzeptionelle Fehler verhindern und später ist der Aufwand zur Korrektur ungleich höher.

5.11.2 Optionalitäten festlegen

Der ERD Modeller stellt einen Dialog für das Definieren der Relationen zur Verfügung, der es Ihnen ermöglicht, alle erforderlichen Einstellungen vorzunehmen. Sie haben vier Möglichkeiten:

▷ beidseitige „muss"-Relationen,

▷ beidseitige „kann"-Relationen,

▷ linkseitige „kann"-und rechtseitige „muss"-Relationen,

▷ der entgegengesetzte Fall.

Für den effektiven Einsatz des ERD-Modellers existiert eine logisches Konzept zur Validierungsdefinition.

Exkurs: Beziehungen im Repository validieren

Das Repository speichert die im ER-Diagrammer festgelegten Beziehungstypen. Darüber hinaus haben Sie aber die Möglichkeit, weitere Spezifikationen vorzunehmen. Eine davon ist die Kardinalität. Die Kardinalität bezeichnet die Anzahl der möglichen Instanzen einer untergeordneten Entität (Detail Entität). Anstelle einer 1:1- oder 1:N-Relation sind 1: X Relationen (z.B. 1:4, 1:8, 1:3 usw.) möglich. Sie können jedoch auch die Definition selbst bereits im RON vornehmen.

1:N-Beziehung

Für die Definition einer 1:N-Relation sind die folgenden Schritte notwendig:

▷ Ein Klick auf Beziehung im RON öffnet dessen Eigenschaften. Beziehungen werden im RON im Knoten „Relationships", der sich innerhalb jeder Entität befindet, definiert.

▷ Schließt man die Knoten, liegen Start und Endpunkt einer Relation aneinander: FROM beschreibt die Art der Beziehung an der aktuellen Entität und TO die Art der Beziehung an der korrelierenden Entität.

▷ Kardinalität festlegen:
   - *Minimum Kardinalität:* bestimmt über die Optionalität einer Beziehung. Der Eintrag 0 beschreibt eine „kann"-Relation. Der Eintrag 1 eine „muss"-Beziehung für die entsprechende Entität.
   - *Maximum Kardinalität:* bestimmt die Quantität von Entitäts-Instanzen, sprich die Kardinalität. Der Eintrag Null beschreibt eine mögliche Anzahl von unendlich, der Eintrag 1 eine 1:1-Beziehung.

Die Abbildung 5.18 zeigt die entsprechenden Einstellungen im Repository.

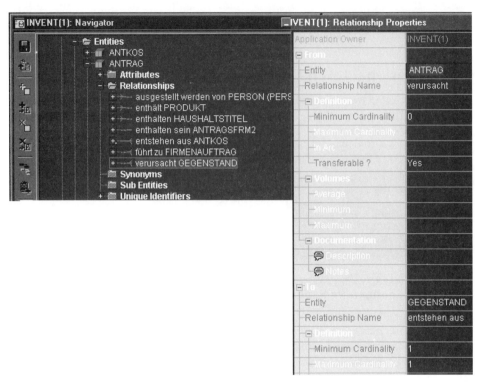

Abbildung 5.18: Kardinalität im Repository

Konkret werden hier die Eigenschaften der Beziehung zwischen Antrag (1) und Gegenstand (N), abgebildet. Um den Pedanten in der Entität „Gegenstand" einsehen zu können, klicken Sie auf die Entität „Gegenstand" und führen die weiteren Schritte wie hier dargestellt durch.

Schritte im Repository:

1. Öffnen Sie das Repository und klicken Sie auf den Knoten „Entity Relationship Modelling".
2. Klicken Sie auf den Knoten „Entities" und selektieren Sie die gewünschte Entität. Für das folgende Beispiel ist das die Entität „Antrag".
3. Klicken Sie innerhalb dieser Entität auf den Knoten „Relationships".
4. Die End-Namen (Relationship Names) aller Beziehungen, die von ihr ausgehen oder zu ihr hinführen, werden angezeigt.
5. Klicken Sie auf die Beziehung, welche die Entität „Gegenstand" korreliert, in meinem Modell versah ich diese Relation mit dem Text: „verursacht Gegenstand", um in die Ansicht der obigen Abbildung zu gelangen.

Beispiel

1:N-Relation zwischen Antrag und Gegenstand. Öffnen Sie diese Beziehung im Repository in der Entität „Antrag", analog zur Abbildung der vorherigen Seite und gehen Sie zum Knoten FROM.

- Legen Sie fest: Minimum Kardinalität ist 0, Maximum Kardinalität ist Null. Jeder Antrag kann somit mehrere Gegenstände haben, jede Instanz der Antrags Entität kann im anderen Ende der Beziehung beliebig oft vorkommen.
- Öffnen Sie anschließend den Knoten TO.
- Minimum Kardinalität ist 1, Maximum Kardinalität ist 1. Jeder Gegenstand muss einen Antrag besitzen.

1:N-Beziehung

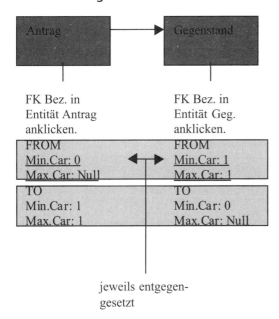

Abbildung 5.19: Kardinalität der 1:N-Relation im Repository

1:1-Beziehung

Zu jeder Instanz einer Entität existiert nur eine Instanz der referierenden Entität.

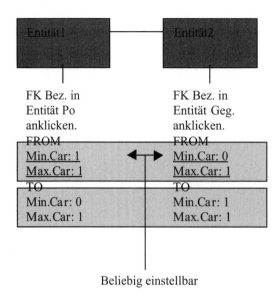

Abbildung 5.20: Kardinalität der 1:1-Relation im Repository

Die Einstellung einer 1:1-Relation bewirkt aber noch keinerlei Realisation innerhalb der physikalischen Datenbank. Dort werden standardisiert nur not unique Indizes angelegt (für 1:N-Beziehungen). Damit Sie eine echte 1:1-Relation erhalten, müssen Sie:

▶ den FK Index als unique definieren,

▶ einen unique constraint anlegen, was wiederum einem unique index entspricht,

▶ oder ein Check Constraint definieren.

Der DDT transformiert aus FK Beziehungen, unabhängig davon welche Quantität letztendlich erreicht werden soll, einen not unique index. Dies erfolgt aus Gründen der Performance. 1:1-Relationen können nur über unique keys oder unique indeces implementiert werden. (Standardfall ist unique index direkt od. als unique constraint)

Beispiel Industrie: Zusammenstellen von Komponenten. Es ist eine exakte Anzahl von Teilen notwendig, beispielsweise exakt vier Autoreifen werden über ein Check Constraint erreicht. Um dies zu erreichen, gibt es wiederum mehrere Möglichkeiten:

▶ Check Constraint definieren und mittels count überprüfen *(1)*

▶ Table Trigger (pre insert trigger) definieren welche diese Funktionen übernehmen *(2)*

▶ Domäne definieren *(3)*

(1)

Die SQL-Anweisung count zählt wie viele Typen existieren (bei Reifen vier).

Beispiel: select .....where AutoSeriennummer = diese Seriennummer
and Komponententyp(Reifen) = Reifen;

Anschließend stellt count fest, wie viele Typen bisher existieren und schränkt gleichzeitig die maximale Anzahl auf vier Stück ein.

Beispiel: count(Komponententypen) <= 4.

(2)

Ein Pre Insert Trigger überprüft, ob ein neuer Datensatz für einen bestimmten Wagen bereits vier Reifen erhalten hat oder nicht.

(3)

Sie haben hierfür wiederum mehrere Möglichkeiten:

a) Verwendung eines sogenannten „Range",

b) oder Sie definieren „allowed values",

c) unique Key verwenden.

a) Ein Range definiert einen Wertebereich mit min- und max-Werten. Oracle definiert dafür implizit ein Column-Check-Constraint in Verbindung mit Autogen-Typ und Sequence-within-Parent. Dieses Constraint macht nichts anderes, als den letzten maximalen Wert um eins zu erhöhen. Mit Sequence-within-Parent wird eine laufende Nummer generiert. Anschließend erfolgt auch die Prüfung, ob er dem max-Wert entspricht. Aus einem Range entsteht keine Liste (Popup), aus welcher man eine Auswahl vornehmen könnte.

b) Es werden allowed values, beispielsweise 1,2,3,4, erstellt. Somit entsteht eine Popup Liste, womit die gewünschte Komponente (z.B. Reifen) ausgewählt werden kann. Allerdings können Sie auf diese Weise auch viermal den gleichen auswählen und das ist bei modernen Reifen nicht mehr üblich. In der modernen Produktion wird für jede mögliche Position am Wagen ein bestimmter Reifentyp festgelegt.

c) Ein Unique key, der sich beispielsweise aus der Autoseriennummer und der Komponente Reifennummer zusammensetzt, sorgt dafür, dass jede Position den dazugehörigen Reifen erhält.

Datenbanklogik

1:n, 1:1 sind logische Regeln, die der Designer anbietet. Um auf DB Ebene eine noch größere Unabhängigkeit zu erreichen, werden dort als Standard keine Quantitäten im FK-Bereich spezifiziert. Deshalb wird auch im SMD mit dem Krähenfuß keine Quantität (wie 1:n, 1:1 usw.) dargestellt, sondern nur in welcher Tabelle der FK referenziert wird.

1:N- bzw. 1:1-Definitionen im ERD bewirken lediglich im Repository eine entsprechende quantitative Definition. Der ERD ist sehr rudimentär gehalten. Es wird darin nur zwischen eins und unendlich unterschieden. In der Datenbank selbst existieren überhaupt keine quantitativen Bestimmungen. Es gibt hier nur die Möglichkeiten eines UNIQUE KEYs und eines NOT UNIQUE INDEX für 1:1 bzw. 1:N. Nähere Bestimmungen wie z.B. 1:4 müssen über Trigger vorgenommen werden.

5.11.3 Exklusive Entitäten implementieren

Diese Datenbankobjekte können auf verschiedene Arten definiert werden, je nachdem welche Funtionalitäten aufgrund der unternehmerischen Anforderungen zu implementieren sind. Exklusive Entitäten oder Subtypen bieten Ihnen Optionen an. Dabei können Subtypen auch eigene Attribute enthalten. Der DDT unterscheidet bei der Transformation als Ein-Tabellenlösung nicht zwischen Attributen von Sub- und Supertypen. Während der Transformation entstehen aus beiden Arten normale Tabellenspalten, mit der Ausnahme, dass durch Subtypen explizite Typen definiert werden, welche eine Klassifizierung in der späteren Tabelle ermöglichen.

Entscheidend ist dabei, dass jeder Datensatz einer Tabelle, die Subtypen enthält, einem bestimmten Subtyp zugeordnet sein muss und dadurch eine klassische Oder-Kausalität erreicht wird. Betrachten wir dazu die Entität „Firma". Da an dieser Stelle die Unterscheidung zwischen Hersteller und Händler wesentlicher Bestandteil der unternehmerischen Anforderungen darstellt, ist es abwegig, nur einen Subtypen z.B. „Hersteller" zu definieren, und zu aktivieren, sobald dieser vorliegt und in allen anderen Fällen keinen Typ zuzuordnen. Enthält eine Tabelle ausschließlich einen Subtypen, transformiert der DDT daraus eine Typenspalte mit nur einem einzigen Typen. Typenspalten sollten jedoch stets alternative Werte enthalten. Existiert dagegen nur ein Wert, können Sie auch nur diesen einen Typen bestimmen. Durch entsprechende Anpassungen im SMN kann die Typenspalte zwar wie alle Spalten optional definiert werden, es entsteht aber ein Bruch zum Datenmodell und ohne Eintrag fehlt die logische Klassifizierung dieser Instanz. Deshalb sollten Sie immer mindestens zwei Subtypen definieren. Die Transformation von Sub-Super-Entitäten kann auf verschiedene Arten vorgenommen werden.

Entweder Sie transformieren diesen Konstrukt als eine einzelne Tabelle, die sowohl den Super- als auch die Subtypen enthält, oder Sie transformieren aus jedem Subtypen jeweils eine Tabelle (Single-Subtyp Tables). Eine weitere Lösung ist das Transformieren von Single-Subtyp Tables und gleichzeitig einer Stand-Alone Table für den Supertyp. Als vierte Option steht Ihnen die Transformation als exklusive Beziehung zur Auswahl. Physikalisch besteht kein Unterschied zwischen Subtypen und exlusiven Beziehungen. Sie haben dadurch die Möglichkeit, Subtypen wie exklusive Arcs zu generieren.

5.11.4 Ein-Tabellen-Lösung

In dieser Lösung entsteht eine Tabelle, die alle Attribute der Super- und Subtypen enthält. Damit sich die Attribute aus den vormaligen Subtypen voneinander unterscheiden können, richtet der DDT eine weitere Spalte ein, die dafür sorgt, dass nur die Namen der entsprechenden Subtypen darin eingetragen werden können. Diese Spalte wird als Typenspalte bezeichnet und enthält als „allowed values" die Namen der Subtypen. Jede Spalte einer Tabelle im Design Editor besitzt den Knoten „allowed values". Dort werden die short-Namen der Subtypen als Werte eingetragen. In der späteren Anwendung können diese Werte als Pop Liste dargestellt und anstelle des short-Namens mit sprechenden Namen versehen werden (in den Eigenschaften (Design Editor) eines Wertes im Knoten „allowed values" der betreffenden Tabellenspalte, Eigenschaften: „Meaning" und „Abbreviation"). Für die Transformation als Ein-Tabellenlösung markieren Sie den Supertypen, sodass die Subtypen außer Acht gelassen werden (nur der Supertyp selbst erhält auf diese Weise einen Markierungsrahmen, die Subypen nicht). Sie dürfen die Markierung nicht in der Weise vornehmen, dass Sie mit der Maus einen Rahmen um den Supertypen ziehen, denn dadurch schließen Sie die Subtypen in Ihre Auswahl für den DDT mit ein. Starten Sie den DDT und transformieren Sie Ihre Entitäten. Der Design Editor liefert im Ergebnis eine Tabelle mit einer Typenspalte für die Subtypen.

5.11.5 Implementierung in separaten Tabellen

Jeder Subtyp wird separat als eigenständige Tabelle transformiert, die jede für sich alle Attribute des Supertyps integriert. Dazu markieren Sie separat die Subtypen ohne den Supertyp einzubeziehen.

5.11.6 Implementierung des Supertypen in separaten Tabellen

In dieser Form erhalten Sie sowohl für jeden Supertyp als auch für jeden Subtypen im Ergebnis eine eigene Tabelle. Sie müssen dazu lediglich alle Entitäten (Super- und Subtypen) in Ihre DDT-Auswahl einschließen, sprich alle markieren.

5.11.7 Implementierung als exklusive Beziehung

Exklusive Beziehungen stellen eine weitere Alternative dar. Die für exklusive Entitäten zugrundeliegende Logik ist durchaus mit dem aus objektorientierten Sprachen wie Java stammenden Begriff der Vererbung vergleichbar.

Ein Objekt kann seine gesamten Eigenschaften an andere Objekte vererben, um darin weitere und völlig neue Eigenschaften zu erhalten. Das hat den Vorteil, dass die Eigenschaften des übergebenen Objektes stets verfügbar sind und nicht wiederholt definiert werden müssen. Exklusive Beziehungen besitzen dieselben Merkmale. Der Supertyp enthält die allgemeinen, übergeordneten Informationen, die innerhalb eines Subtypes durch die Merkmale, die sich wiederum dort befinden (untergeordnete Informationen), weiter spezifiziert werden können. Unter diesen Gesichtspunkten sind allgemeine und übergeordnete Informationen Attribute, die wiederholt in Subtypen verwendet werden. Dabei ist zu unterscheiden zwischen dem Objekt Attribut und der Information, die es speichert (objekt- oder instanzbezogen). Unter dem Aspekt der Vererbung, die sich nach dem Objektbezug orientiert, wiederholen sich die Attribute der übergeordneten Informationen für jeden Subtyp, indem sie ihm vererbt werden. Ein Beispiel: Ein Objekt Person, kann Angestellter oder auch freier Mitarbeiter sein. Aus diesem Grund werden die Eigenschaften des Objekts Person sowohl dem Angestellten als auch dem freien Mitarbeiter vererbt. Dessen Attribute wiederholen sich somit für die Subtypen „Angestellter" und „freier Mitarbeiter". Auf der Ebene der Instanz existieren diese Daten dagegen (die übergeordneten Informationen) stets nur einmal. Das heißt, eine bestimmte Person, beispielsweise Herr Egon Hofstätter, existiert nur einmal (z.B. als Angestellter). Daraus schließen wir, dass jede Instanz eines Supertyps auch die Eindeutigkeit der gesamten Entität gewährleistet. In der Sichtweise von Datenbanktabellen werden übergeordnete Informationen allerdings nicht mehrmals vererbt, sondern durch festgelegte Relationen in Bezug zu den Spezifikationen der Subtypen gesetzt.

Sie müssen zwischen Objektbezug und Instanzbezug unterscheiden, um die Modelierungsform einer exklusiven Beziehung zu verstehen. Der Bezug auf ein Objekt ist hierbei ausschlaggebend. Nachdem Sie alle Objekte (Sub-, Supertypen) für Ihre künftige exklusive Entität festgelegt haben, legen Sie den Objektbezug fest. Eine exklusive Entität stellt insgesamt betrachtet eine Objekt dar, dass sich aus mehreren Teilobjekten zusammensetzt. Wie legen Sie fest welche Objekte als Supertyp und welche als Subtyp modeliert werden? Indem Sie das Objekt konkretisieren, dass alle anderen Objekte einschließt und deshalb in jedem Datensatz enthalten ist, bestimmen Sie Ihren Supertyp. Aus diesem Grunde kann auch nur er die Eindeutigkeit der gesamten Entität gewährleisten, denn ein bestimmter Subtyp tritt keineswegs in jedem Datensatz in Erscheinung. Nur der Supertyp ist garantierter Bestandteil jeder Instanz. Jetzt ist die Frage der Relation entscheidend und unter Berücksichtigung auf die gerade gewonnenen Erkenntnisse, gehen wir weiterhin vom Objektbezug der übrigen (Teil)Objekte auf den Supertyp aus. Als weiteren Schritt stelle ich die Überlegung an, welche Häufigkeiten zwischen Super- und Subtypen auftreten.

Ein Beispiel: Ein Videoverleih besitzt Filme und Spiele. Instanzbezogen besitzt somit jedes Spiel oder jeder Filme genau einen Titel. Objektbezogen können jedoch alle Teilobjekte „Film" und „Spiel" (Subtypen) für jede Instanz des Supertyps „Titel" beliebig oft auftreten, da deren Merkmale in Form von Attributen sich für jeden Titel wiederholen. Z.B. Film1, Attribute: Spielfilmlänge, Titel; Spiel1, Attribute: Version, Titel; Film2, Attribute: Spielfilmlänge (Objekt Subtyp wiederholt sich), Titel; usw. Daraus ergibt sich eine 1:N-Beziehung zwischen Film(1) und Titel(n), sowie Spiel(1) und Titel(n). Das Objekt Film kann beliebig viele Titel besitzen, ebenso das Objekt Spiel. Instanzbezogen kann die Instanz Titel jedoch immer nur einen erhalten. Der Titel sorgt instanzbezogen für Eindeutigkeit. Streng genommen existieren hier lediglich 1:1-Relationen, da jeder Film und jedes Spiel nur einen Titel haben kann. Die 1:N-Implementierung erweist sich aber als sehr sinnvoll, sobald Subtypen, wie in der Praxis häufig üblich, eigene Attribute besitzen, denn dadurch müssen dieselben Daten für die Subtypen, z.B. Spielfilmlänge 120 min, nicht für jeden Supertyp wiederholt erfasst werden. Sie sollten bei der objektbezogenen Betrachtung immer davon ausgehen, dass die Teilobjekte sich voneinander durch eigene Attribute unterscheiden und sie sich für jeden Supertyp wiederholen. Damit entstehen unterschiedliche Aussagen, was die Information angeht, sobald Sie einen Subtypen zusammen mit dem Supertyp betrachten. Im gerade dargelegten Beispiel gehe ich davon aus, dass die „Titel" sowohl für Filme als auch Spiele völlig identisch sind, und sich Filme von Spielen durch unterschiedliche Attribute z.B. Spielfilmlänge und Versionsnamen voneinander unterscheiden. Damit ergibt sich das beschriebene Modell und somit der „Titel" als übergeordnete Information.

Für das Modellieren einer exklusiven Beziehung hat dies gravierenden Konsequenzen. Supertyp-Attribute wiederholen sich in jedem Subtyp. Sie sorgen aber gleichzeitig dafür, dass, betrachtet man die Exklusive Entität als eine Tabelle, jeder Datensatz eindeutig ist. Allgemein gilt, dass über einen Join konkatenierte Daten einer 1:N-Relation ausschließlich durch die Detail Instanzen eindeutig sind. Deshalb erfolgt die Transformation eines Supertyps als Detail Tabelle, indem die entsprechende Relation zwischen Super- und Subtypen definiert wird.

Beim Lesen eines solchen Diagramms dürfen Sie sich deshalb nicht, wie Sie es von herkömmlichen 1:N-Relationen gewöhnt sind, an Instanzen orientieren wie beispielsweise „Jeder Kunde kann einen oder mehrere Aufträge erteilen", sondern müssen, da es sich hier um die Darstellung von Objekten handelt, objektorientiert denken und das heißt im konkreten Beispiel: „Jede Eigenschaft des Objekts Film oder Spiel wiederholt sich für diverse Titel-Instanzen". Es handelt sich dabei nicht, wie schon erwähnt, um einen konkreten Film sondern um die Eigenschaften von Filmen, wie beispielsweise die Länge.

Sie sprechen bei der Modellierung einer exklusiven Entität immer von Attributen, die insgesamt eine eindeutige Instanz definieren, und sorgen durch den Einsatz von Subtypen dafür, dass jede Instanz eine bestimmte Kategorie darstellt. Ein Beispiel aus unserem Projekt verdeutlicht diese Aussage. Ein HwSw Gegenstand ist entweder ein Drucker oder ein Monitor. Jeder Drucker bzw. Monitor ist stets ein HwSw Gegenstand. Der Gegenstand ist deshalb als Subtyp, die Unterscheidung Drucker und Monitor in je einem Subtypen modelliert. Unabhängig davon, um welches Gerät es sich handelt, ist es in jedem Fall ein bestimmter eindeutiger Gegenstand. Deshalb stellt der Gegenstand die übergeordnete Information, sprich den Supertyp. Denn jeder Gegenstand muss sich zur eindeutigen Identifizierung von anderen unterscheiden.

Die Abbildung 5.21 zeigt unser Beispiel als exklusive Beziehung modelliert. Es entstehen drei Tabellen. Zwei Details und eine Master. Die Details (Subtypen) befinden sich in einem Arc-Bogen, damit gewährleistet ist, dass immer nur eine von beiden zu je einem Master gehören kann. Vergessen Sie nicht, für die neuen Entiäten der Subtypen eigene UIDs zu definieren. Sie sind für die Relation unerläßlich.

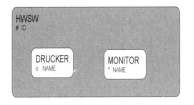 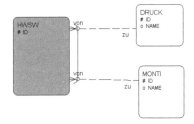

Abbildung 5.21: Subtypen als exklusive Beziehung modelliert

Zusammenfassend ist festzustellen:

▶ Supertypen enthalten die allgemeinen übergeordneten Attribute.

▶ Die Attribute wiederholen sich, zur weiteren Spezifizierung, in jedem spezifizierten Subtyp.

▶ Jede Instanz einer Entität ist durch den Supertyp eindeutig identifizierbar.

▶ Durch Joints verbundene Tabellen sind zusammengehörige Instanzen, und nur dann eindeutig voneinander zu unterscheiden, wenn jede Instanz der Detail Tabellen eindeutig ist.

▶ Daraus folgt, dass in exklusiven Beziehungen die Supertypen immer den Part der Detail-Tabelle übernehmen, wohingegen die Subtypen Master-Tabellen entsprechen.

5.11.8 Wann setzen Sie welche Modellierungsform ein?

Der Ein-Tabellenlösung ist immer dann Vorzug zu geben, wenn nur wenige Attribute vorliegen. Handelt es sich um eine ganze Reihe von Attributen für jeden Subtypen, ist zu bedenken, dass jeder Satz immer nur eine Alternative enthält, und die übrigen Spalten keine Einträge enthalten. Dies verbraucht unnötige Systemressourcen und Sie sollten in diesem Fall eine Transformation in mehrere Tabellen vornehmen. Der Vorteil liegt auch darin, dass mit steigender Anzahl von Subtypen die Anzahl der erzeugten Tabellen konstant bleibt und die Diagramme übersichtlich bleiben, da sie alle innerhalb einer Tabelle implementiert werden.

Transformieren Sie Subtypen in separate Tabellen, werden gleichzeitig die Attribute des Supertyps jedem Subtypen zugewiesen. Da Supertypen immer für die Eindeutigkeit jedes Datensatzes sorgen, müssen deren Attribute jedem Subtypen zugewiesen werden, damit auch jeder Subtyp eindeutig ist. Die Implementierung in separaten Tabellen vermeidet leere Datenfelder, da je nachdem welcher Typ vorliegt, dessen Daten in einer eigenen Tabelle gespeichert werden. Diese Vorgehensweise ist stets empfehlenswert, handelt es sich um eine überschaubare Anzahl von Supertyp-Attributen, da sich die Subtyp-Attribute dann nicht allzu oft in den verschiedenen Tabellen wiederholen, und für große Datenmengen in jeder separaten Subtypen-Tabelle. Für übergreifende Auswertungen müssen die Daten aus den verschiedenen Tabellen zusammengeführt werden. Das ist aber lediglich bei der Abfragen-Formulierung ein Nachteil, da diese etwas umfangreicher gestaltet ist. Die Geschwindigkeit kann sich sogar erhöhen, weil sich die Selektion von Daten aus mehreren Tabellen parallelisieren lässt. Durch die Verwendung einer View ist das Abfragen-Problem einfach zu umgehen.

Sobald Sie voraussichtlich mit einer größeren Menge Supertyp-Attributen konfrontiert werden, erweist sich die Transformation als exklusive Beziehung am effizientesten, denn dadurch werden Subtypen als Master-Tabellen definiert und unabhängig davon wie viele Supertypen vorliegen, ist es unnötig, diese Attribute aufgrund der 1:N-Relation in allen Subtypen Tabellen zu vervielfältigen. Der Speicherplatz wird dadurch sehr effizient genutzt.

Eine weitere Variante sieht vor, zu den Subtypen explizit den Supertyp selbst als eigene Tabelle zu transformieren. Seine Attribute liegen nach wie vor auch in den Subtypen vor, werden aber auch innerhalb einer einzelnen Tabelle gespeichert. Darüber hinaus besteht keinerlei Zusammenhang zwischen diesen Tabellen. Das Zusammenfassen aller Zeilen eines Subtyps in einer Tabelle erleichtert aber die Form von Abfragen, außerdem können damit Supertypen vorhanden sein, die keinem Subtypen entsprechen und damit unabhängig von ihnen existieren.

5.11.9 Rekursive Subtypen transformieren

Ein besonderer Abschnitt ist das Transformieren von rekursiven Beziehungen und daraus abgeleiteten Modulen. Ich möchte anhand eines kleinen Beispiels demonstrieren, wie der Transformer diese Form der Modellierung verarbeitet und welcher Ansatz der Modulentwicklung daraus entsteht.

Grundsätzlich gelten alle Beziehungstypen auch für rekursive Relationen und rekursive Subtypen. Deshalb ist als Erstes festzustellen, welche Kardinalität vorliegt. Betrachten wir zum Beispiel die altbekannte „emp"-Tabelle.

EMPNO	ENAME	JOB	MGR	HIRE-DATE	SA	DEPTNO
7369	SMITH	CLERK	7902	17.12.80	800	20
7499	ALLEN	SALESMAN	7698	20.02.81	1600	30
7521	WARD	SALESMAN	7698	22.02.81	1250	30
7566	JONES	MANAGER	7839	02.04.81	2975	20
7654	MARTIN	SALESMAN	7698	28.09.81	1250	30
7698	BLAKE	MANAGER	7839	01.05.81	2850	30
7782	CLARK	MANAGER	7839	09.06.81	2450	10
7788	SCOTT	ANALYST	7566	09.12.82	3000	20
7839	KING	PRESIDENT		17.11.81	5000	10
7844	TURNER	SALESMAN	7698	08.09.81	1500	30
7876	ADAMS	CLERK	7788	12.01.83	1100	20
7900	JAMES	CLERK	7698	03.12.81	950	30
7902	FORD	ANALYST	7566	03.12.81	3000	20
7934	MILLER	CLERK	7782	23.01.82	1300	10

Tabelle 5.7: Tabelle Emp aus Oracle Schulung K1000

Die Kardinalität bezeichnet die Anzahl der möglichen Instanzen einer untergeordneten Entität (Detail Entität).

Jeder Angestellte kann gleichzeitig Manager von anderen Angestellten sein, jedoch hat jeder Angestellte stets nur einen Manager als Vorgesetzten und damit liegt eine typische rekursive 1:N-Beziehung vor, die als Ein-Tabellen-Lösung transformiert und generiert worden ist. Dadurch dass jede Instanz als Mitarbeiter deklariert wurde und jeder Mitarbeiter ausschließlich nur in der Beziehung (als FK-Wert zu einem anderen Mitarbeiter) ein Manager sein kann, ist der Einsatz von Subtypen wenig sinnvoll, da sie eine „muss"-Optionalität voraussetzen. Diese Optionalität wäre nur dann gegeben, wenn neben dem Instanztyp „Angestellter" zusätzlich ein Typ, z.B. „Arbeiter", existieren würde, was den Einsatz von Subtypen erfordert. Eigenschaften von Subtypen können nach der Logik eines ER-Modells niemals gleichzeitig für eine Instanz zutreffen.

5.11.9.1 Self Joins und Views

Self Joins ermöglichen eine übersichtliche Darstellung rekursiver Beziehungen und können auch in Views verwendet werden. Beispiel: Es liegt das folgende SM-Diagramm vor (die Entiät dazu wird nachfolgend noch dargestellt).

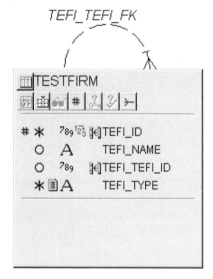

Abbildung 5.22: SMD Rekursive Beziehung

Ein Self Join ermöglicht das übersichtliche Selektieren der Inhalte dieser Tabelle. Selbstverständlich stellt es keinerlei Probleme dar einen Self Join als View zu implementieren. Die folgenden Beispiele sind für unser Projekt von großer Bedeutung. Wie Sie sehen werden, ist eine optimale Lösung (gemeint ist die Lösung der generischen Arc-Implementierung) für die Hard- und Softwaretabellen nur durch die Verwendung einer View in Verbindung mit UNION SELEKT. Im Kapitel 6.5 erläutere ich eingehend die Hintergründe dazu.

Code:
```
SQL> create or replace view vtest as
    select master.tefi_name "Händler",
      master.tefi_type "Typ",
      detail.tefi_name "Hers",
      detail.tefi_type "typ2"
    from testfirm master, testfirm detail
    where detail.tefi_tefi_id = master.tefi_id
```

Ausgabe

Geben Sie zuvor einige Beispieldaten in die Tabelle ein und nehmen Sie anschließend den Self Join vor. Ich habe folgende Daten eingetragen:

TEFI_ID TEFI_NAME	TEFI_TEFI_ID TEFI_TYPE
1 AOL	3 HERS
2 Compaq	3 HERS
3 AOL-Vertrieb	HND
4 Siemens	3 HERS
5 Siemens-Vertrieb	HND
6 Compaq-Vertrieb	HND
7 Wacker	5 HERS
10 BMW	3 HERS
23 WACKER	10 HERS
24 BAYER	10 HERS
25 HÖCHST	5 HERS

Tabelle 5.8: Einträge in die Tabelle „Testfirm"

```
SQL> SELECT * FROM VTEST;
```

Händler	Typ	Hers	typ2
AOL-Vertrieb	HND	Aol	HERS
AOL-Vertrieb	HND	Compaq	HERS
AOL-Vertrieb	HND	Siemens	HERS
Siemens-Vertrieb	HND	Wacker	HERS
AOL-Vertrieb	HND	BMW	HERS
BMW	HERS	WACKER	HERS
BMW	HERS	BAYER	HERS
Siemens-Vertrieb	HND	HÖCHST	HERS

Tabelle 5.9: Ausgabe Self Join

5.11.9.2 Rekursive Subtypen

Zum weiteren Verständnis möchte ich ein ähnliches Beispiel als rekursive Beziehung, die Subtypen enthält, vorstellen, nämlich das Objekt Firma. Eine Firma kann ein Händler sein, der Produkte von verschiedenen Herstellern vertreibt. Oder sie ist selbst ein Hersteller, der für andere Händler liefert. Jede Instanz muss einer dieser beiden Kriterien entsprechen. Ich unterstelle in diesem Beispiel, dass ein Händler mehrere Hersteller in seiner Lieferantenliste besitzen kann, jeder Hersteller jedoch nur je einen Händler beliefert. Dies ist natürlich unrealistisch, da gewöhnlich auch ein Hersteller viele Händler beliefert. Für unser Beispiel müssen wir zum besseren Verständnis vorerst diese genannten Gegebenheiten annehmen. Nachfolgend werden wir diese Annahmen etwas modifizieren. Jetzt beschäftigen wir uns zuerst mit den gerade formulierten Aussagen. Es liegt eine typische 1:N-Relation mit einem rekursiven Subtypen vor. Der Subtyp ist dabei der Hersteller, da mehrere Hersteller für einen Händler zuständig sein können. Das Modell bildet exakt die Aussage ab: „Jeder Händler kann mehrere Hersteller in seinem Programm besitzen, nicht aber umgekehrt." Allerdings kann ein Hersteller gleichzeitig auch Händler sein. Sämtliche Beispiele die folgen sind zur Vertiefung gedacht. Das heißt, deren Logik wird für unser Projekt absolut notwendig sein, dort aber mit anderen Entitäten usw. umgesetzt. Deshalb müssen Sie die Beispiele hier nicht unbedingt in Ihrer Datenbank anlegen. Sie werden nicht im Projekt verwendet. Als Übung ist es selbstverständlich ein großer Vorteil, wenn Sie sich trotzdem dazu entschließen.

Bei der Transformation als Ein-Tabellen-Lösung ist Folgendes zu beachten:

▷ Es entsteht eine normale Tabelle mit einer rekursiven Beziehung, die in einer zusätzlichen Typenspalte die Auswahl der Subtypen ermöglicht. Sie sorgt dafür, dass jede Instanz entweder einen Händler oder einen Hersteller repräsentieren. Dabei ist es völlig unerheblich, ob es sich um einen rekursiven Subtypen, oder nur um eine gewöhnliche rekursive Beziehung handelt.

▷ Die Abbildung 5.23 enthält eine rekursive Beziehung (links) und eine rekursive Subtypen Entität (rechts).

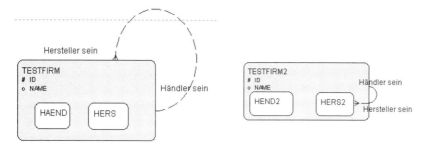

Abbildung 5.23: Rekursive Beziehungen mit Subtypen

▷ Bei der Transformtion entstehen daraus zwei völlig identische SM-Tabellen.

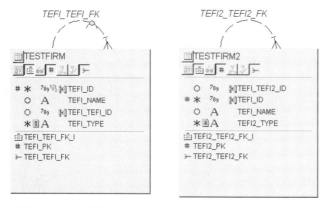

Abbildung 5.24: SM-Diagramm der transformierten rekursiven Entitäten

Erst mit der Transformation in separate Tabellen ergeben sich interessante Unterschiede in der Implementierung, die wir jetzt etwas näher betrachten möchten.

Bei einer separaten Tabellenlösung (eine Tabelle pro Subtyp) ist Folgendes zu beachten:

▹ Die Optionaltiät ist durch die verschiedenen Tabellen vorhanden. Sie legen für jede Instanz fest, ob es sich um einen Händler oder Hersteller handelt und nehmen den Eintrag in der entsprechenden Tabelle vor.

▹ Alle Instanzen der Tabelle HAEND2 sind als Händler deklariert und alle Instanzen der Tabelle HERS2 als Hersteller.

▹ Durch die Rekursion ist bereits festgelegt, dass jede Firma (Händler) mehrere Hersteller besitzen kann. Damit ist die sparate Tabelle des Subtyps „HEND2" als Master-Entität festgelegt. Sie kann jedoch niemals einen Hersteller enthalten. Das wäre auch nicht sinnvoll, denn ein Hersteller kann, gemäß der Vorgabe, nicht mehrere Händler enthalten.

▹ Die Tabelle HERS2 enthält alle Hersteller und fungiert als Detail-Tabelle.

▹ Die Rekursion im Detail legt zusätzlich fest, dass es einen Hersteller geben kann, der selbst wiederum ein Händler für andere Hersteller sein kann. Dafür existiert die Fremdschlüsselspalte HERS_HERS2_ID.

▹ Hintergrund ist die Einmaligkeit von Daten, weshalb, sobald es sich bei einem Hersteller um einen Händler handelt, er weiterhin in der Tabelle HERS2 verbleibt. Aufgrund der Rekursion wird in der FK Spalte HERS_HAEND2_ID die ID des Herstellers eingetragen und ihm dadurch die Funktion als Händler übertragen.

▹ Nur auf diese Weise ist es möglich, einem Hersteller gleichzeitig innerhalb einer anderen Instanz die Funktion des Händlers zu übertragen.

▹ Kann ein Hersteller keinesfalls gleichzeitig ein Händler sein, ist die Rekursion überflüssig und es liegt ein gewöhnliche 1:N-Relation vor.

Wir verwenden die rekursive Subtypen-Entität der Abbildung 5.23 für eine separate Implementierung. Die separate Tabellenlösung bewirkt das SM-Diagramm der Abbildung 5.25.

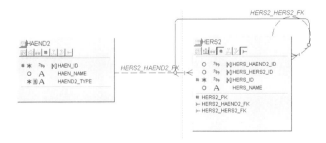

Abbildung 5.25: separate Tabellen einer rekursiven Subtypen-Implementierung

Erläuterungen

Angenommen, es existiert ein Händler „EDV-Systeme", der den Hersteller EDV-Produkte in seiner Liste besitzt. Die Firma EDV-Systeme wird eine Instanz der Master Tabelle HAEND2. Damit ist die Instanz EDV-Systeme erfasst. Jetzt können im Detail alle Hersteller zugewiesen werden (u.a EDV-Produkte) indem in das Feld HERS_HAEND2_ID der PK von HAEND2 zu jedem Hersteller eingetragen wird. Gemäß der relationalen Datenbankintegrität dürfen Daten nicht zweimal erfasst werden. Was ist nun zu tun, wenn eine Firma, die als Hersteller einer Instanz festgelegt wurde, in einer anderen Instanz als Händler fungieren soll? Dies stellt die Eigenschaft von rekursiven Subtypen dar, da für jede Instanz einer Subtypen-Entität jede Option, gemäß der Definition, möglich sein muss. Diese Gesetzmäßigkeit ist auch bei separaten Tabellen unumgänglich. Separate Subtypen Realisierungen müssen zusammen stets als logische Einheit betrachtet werden, in der die Subtypen Alternativen gewährleistet sein müssen. Deshalb erzeugt der Transformer neben der Master-Detail Relation eine rekursive Beziehung innerhalb der Detail-Tabelle und stellt damit alle Möglichkeiten zur Verfügung.

Durch die Rekursion kann eine Information innerhalb verschiedener Instanzen verschiedenen Eigenschaften besitzen. Einmal ist eine bestimmte Firma Händler, dann ist die gleiche Firma, innerhalb einer anderen Instanz, Hersteller. Mit Hilfe der Rekursion im Detail wird in die FK-Spalte HERS_HERS2_ID der PK des Herstellers eingetragen und daher wird ein Hersteller in einer Instanz von HERS2, Händler für einen anderen Hersteller innerhalb derselben Tabelle. Die folgende Tabelle verdeutlicht diese Zusammenhänge:

HAEND2	HERS2
ID: 1 Name: PC-Online	ID: 10 Name: Siemens FK: 1
	ID: 20 Name: Compaq
	ID: 30 Name: IBM FK: 20

Tabelle 5.10: Rekursiver Daten-Zusammenhang

In der Tabelle Emp konnte aufgrund der Relation ein Angestellter einer Instanz innerhalb einer anderen Instanz Vorgesetzter sein. Jedoch sind alle Instanzen dieser Tabelle, würde man hier einen Typ analog zu den Subtypen festlegen, vom Typ „Angestellter". Kein Mitarbeiter ist als „Manager" eingetragen. Nur innerhalb der Rekursion kann von einem „Manager" gesprochen werden. Um Angestellte davon zu unterscheiden, müssten auch in Emp, wie eingangs festgestellt, entsprechende Subtypen verwendet werden. Implementiert man die Entität Testfirm2 als einzelne Tabelle, kann jede Instanz konkret als Hersteller oder Händler bestimmt werden. Das ist so in der Tabelle Emp nicht möglich. Da wir uns für eine separate Tabellenlösung entschieden haben, ist die Tabelle „HAEND2" ausschließlich mit Händlern belegt, die Tabelle „HERS2" mit Herstellern und die Subtypen-Alternativen sind damit realisiert.

Wir besitzen Firmen-Instanzen, die Hersteller oder Händler darstellen, je nachdem in welcher Tabelle der Eintrag erfolgt. Analog dazu kann ein Hersteller durch die Rekursion (in HERS2) ein Händler sein. Etwas anderes ist nicht möglich. Dadurch, dass die Beziehung von HAEND2 zu HERS2 verläuft, dort die zugehörigen Händler festlegt, tut dies auch die rekursive Beziehung von HERS2 selbst. Allgemein ist folgende Aussage formulierbar: „Bei separaten rekursiven Subtypen enthält die Relation des Masters die Information, deren Aussage gleichzeitig für die rekursive Relation des Details gültig ist".

5.11.9.3 Module aus einer rekursiven Subtypen-Definition erzeugen

Implementieren wir für das rekursive Datenmodell ein Modul. Da es sich dabei aber um verschiedene Tabellen handelt, dürfte dies weiterhin kein größeres Problem darstellen. Stattdessen möchte ich Ihnen hier eine mögliche und komfortable Modullösung vorstellen, die sich bei der Umsetzung als einzelne Tabelle ergibt. Ich habe mich für zwei mögliche Alternativen entschieden. Vergessen Sie aber nicht die SM-Tabellen physikalisch zu generieren, bevor Sie mit der Arbeit der Modulerstellung beginnen.

A Einfache Master-Detail Tabellenverwendung

Eine für den Anwender gewöhnliche Forms Anwendung mit einer Master-Detail Tabellenverwendung ermöglicht es ihnen durch entsprechende Eingaben die Händler zu definieren und ihnen Hersteller zuzuordnen. Diese Lösung hat allerdings den Nachteil, dass bei einer Änderung der Zugehörigkeit eines Detailsatzes zum Master, Sie den entsprechenden Satz zuerst löschen und anschließend einem anderen Master hinzufügen müssen. Damit Sie aber keinen Detailsatz zweimal erfassen (wir haben eine 1:N-Beziehung definiert) sollten Sie einen Unique Key definieren, der dies verhindert.

Der Modulgenerator erstellt eine Forms Anwendung, die aus zwei Blöcken besteht. Der obere Block enthält die Händler, der untere die Hersteller. Es liegt eine typische 1:N-Relation vor.

Abbildung 5.26: Master-Detail Modul

Es entsteht ein typsiches Modul mit einem Master- bzw. Detailblock.

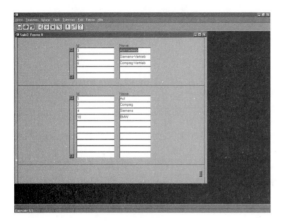

Abbildung 5.27: Master-Detailblock Forms

B Master-Detail Tabellenverwendung mit Lookup-Tabelle

Diese Lösung ist mit der von A größtenteils identisch. Nur dient hier die Master-Detail Tabellenverwendung lediglich zur übersichtlichen Darstellung. Sie können in dieser Ansicht keine Manipulationen vornehmen. Es wird Ihnen jedoch ein weiteres Fenster angeboten, in dem Sie die Zuordnung zwischen Händlern und Herstellern durch einfaches Auswählen aus einer List of Values (LOV) durchführen können. Damit entfällt das Löschen und die Neuerfassung an anderer Stelle, falls sich an den bisherigen Zuordnungen Änderungen ergeben. Das Definieren einer Lookup Tabellenverwendung ist in Kapitel 7.2.7 eindringlich dargelegt.

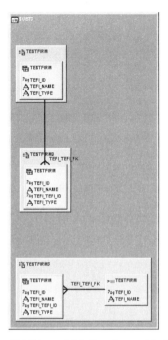

Abbildung 5.28: Erweitertes Modul

Im Master-Detail Block sind keine Angaben möglich (Ich habe entsprechende Einstellungen in den Properties der Modulkomponenten vorgenommen (kein Insert und Update).) und somit ist dieses Fenster für Eingaben gesperrt. Nur zur besseren Übersicht habe ich die beiden verfügbaren Fenster verschoben. In der normalen Ansicht überlappen sie sich vollständig und Sie aktivieren sie durch Klicken auf entsprechende Buttons im jeweiligen Fenster. Jede Variante hat, abhängig davon, welche Anforderungen an die Anwendung vorliegen, seine Vor- und Nachteile. Wenn beispielsweise keine Abänderung von Zuordnungen eintreten darf, empfiehlt sich die Variante A. Die Abbildung 5.29 enthält eine Anwendung (Forms) wie sie aufgrund des vorliegenden Moduls denkbar ist.

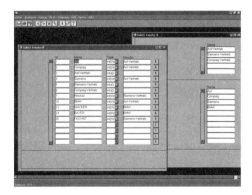

Abbildung 5.29: Forms aus erweiterten Modulen

5.11.9.4 Rekursive M:N-Beziehungen und Subtypen transformieren

Die Verwendung einer Rekursion ohne direkten Bezug zu einem Subtypen erzeugt ein SM-Diagramm, das grundsätzlich mit dem bisherigen übereinstimmt. Allerdings mit einer wichtigen Veränderung.

Wir verwenden dasselbe Datenmodell wie im letzten Beispiel und erzeugen eine klassische rekursive Beziehung. Die nachfolgenden Modelle enthalten etwas kryptische Entitäts-Bezeichnungen. Die Ursache dafür liegt in einer Testreihe, die der gesamten Entwicklung zugrunde lag. Sie sollten sich aber nicht weiter daran stören.

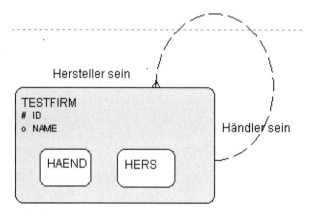

Abbildung 5.30: ER-Modell rekursive Beziehung

Analog zum bisherigen Fortgang transformiere ich diese Modelle in separate Tabellen. Somit entsteht hier das folgende Diagramm.

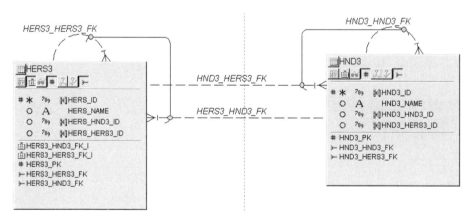

Abbildung 5.31: SM-Modell rekursive Beziehung

Die Tabelle verdeutlicht die Zusammenhänge im Diagramm:

HAEND2	HERS2
ID: 1 Name: PC-Online	ID: 10 Name: Siemens FK: 1
ID: 2 Name: Siemens-Vt. FK: 40	ID: 20 Name: Compaq
ID: 3 Name: PC-Net	ID: 30 Name: IBM FK: 20
ID: 4 Name: Art-Vertrieb FK: 3	ID: 40 Name: ART

Tabelle 5.11: Übersicht rekursive Relation

▸ Die Logik wird dabei, entsprechend dem letzten SM-Diagramm, fortgesetzt.

▸ Der Händler PC-Online verkauft für den Hersteller Siemens.

▸ Der Hersteller Compaq ist wiederum ein Händler für einen anderen Hersteller.

▸ Der Hersteller ART liefert für den Händler Siemens-Vt.

▸ Der Händler Compaq-Vt. Ist wiederum Hersteller für Art-Vertrieb.

Im Unterschied zum vorherigen Modell entstehen hier zwei Master-Detail Beziehungen und je eine Rekursion in jeder Tabelle. Nur wenn die Rekursion direkt auf einen Subtypen zeigt, verweist auch der Transformer darauf. Durch die Transformation in separate Tabellen, entsteht eine Tabelle aus dem Subtyp, die mit einer Rekursion ausgestattet ist. Ohne den Verweis auf den Subtypen selbst interpretiert der Generator die Rekursion separat für jeden Subtypen. Jede Tabelle ist somit Master für die andere und gleichzeitig Detail mit je einer Rekursion, die, ähnlich dem letzten Beispiel, einem Hersteller innerhalb einer anderen Instanz, die Funktion des Händlers übertragen kann. Im Gegensatz zu dem Beispiel ist dies jedoch hier auf beiden Seiten möglich. Ein Händler kann mehrere Hersteller enthalten und ein Hersteller mehrere Händler. Wir haben damit, wenn auch über Umwegen, eine M:N-Beziehung definiert, da jede Tabelle auf sich selbst verweisen kann und aufgrund der Subtypen Optionalität auch auf die andere verweisen muss. Allerdings ist das daraus entstandene SM-Modell etwas unübersichtlich. Eine bessere Lösung ist die „echte" Modellierung als M:N-Tabelle. Fügt man zwischen den Tabellen eine Intersektionstabelle ein und verweist beide Relationen darauf, ist eine M:N-Beziehung definiert und die Rekursionen sind länger nicht mehr notwendig. Dieses leicht zu lesende Modell erfüllt jetzt denselben Zweck.

Sie können wie bei gewöhnlichen M:N-Relationen die Definition der Intersektionstabelle dem Design Editor überlassen, oder Sie nehmen diese persönlich vor. Definiert der Design Editor die SM-Tabellen, so werden die Subtypen innerhalb der Intersektionstabelle interpretiert, indem dort zwei FK-Spalten jeweils auf dieselbe Tabelle zeigen. Dadurch ist ein beliebiges Zuordnen von Händlern und Herstellern möglich. Überlassen Sie die Definition der Intersektionstabelle dagegen dem Transformer, erzeugt er eine Typenspalte.

Das folgende Beispiel zeigt rekursive M:N-Entitäten mit 2 Subtypen. In der Abbildung 5.32 wird die M:N-Beziehung im ersten Fall implizit definiert, im zweiten Fall habe ich die Intersektionstabelle explizit determiniert. Das SM-Diagramm der Transformation zeigt Ihnen den Unterschied.

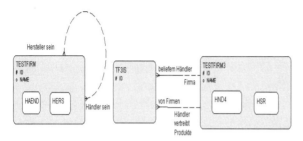

Abbildung 5.32: ER-Modell rekursive M:N Relation

Modellieren Sie die M:N-Beziehung wie im Beispiel links, erzeugt der Designer die Intersektionstabelle und gleichzeitig eine Typenspalte in der Mastertabelle für die Sub-Entitäten des ER-Diagramms. Obwohl die Intersektionstabelle die Klassifizierung übernimmt, ist auch die Typenspalte nach wie vor nützlich, wie wir später noch sehen werden. Aus diesem Modell entstehen schließlich drei Forms-Anwendungen. Zwei davon dienen zur Eingabe der Hersteller und deren Produkte sowie zur Erfassung der Händler indem die Typenspalte den entsprechenden Default Wert erhält. Die dritte Anwendung ermöglicht die Zuordnung von Herstellern zu den Händlern. Das hier ist nur ein Beispiel, weshalb ich auf die ersten beiden Anwendungen verzichte und wir uns auf die Zuordnung und die Produktvergabe konzentrieren. Selbstverständlich erfahren Sie die genauen Hintergründe noch während die Anwendungen für unser Projekt erstellt werden. Sowohl dort, als auch hier habe ich die Intersektioinstabelle explizit erzeugt. Die hier gewonnenen Erkenntnisse werden sich dabei als sehr nützlich erweisen. Aus dem SM-Diagramm habe ich die Typenspalte entfernt. Sie ist für den Fortgang des Beispiels nicht zwingend erforderlich, da aufgrund der Intersektionstabelle die Zuordnung eindeutig ist. Zur Sicherheit könnten Sie einen Join definieren, der entsprechende Spalten alias Namen wie z.B. „Hersteller" und „Händler" verwendet, um eine klare Trennung darzustellen. Es ist auch hier ein Self Join erforderlich, da sich die „Händler" und „Hersteller" Daten nach wie vor in derselben Tabelle befinden. Er unterschiedet sich allerdings nicht wesentlich von bisherigen. Nur die Intersektionstabelle muss mit einbezogen werden.

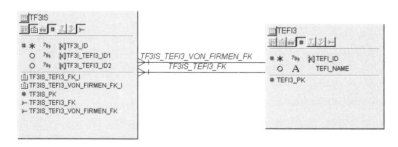

Abbildung 5.33: SM-Diagramm rekursive M:N-Relation

Relationen validieren

Hier liegt ebenfalls ein Self Join vor und der Code dazu ist ähnlich wie in Kapitel 5.11.9.1

SQL Code:

```
select master.tefi_name, detail.tefi_name from tefi3 master, tefi3 detail, tf3is
 where tf3i_tefi3_id1 = master.tefi_id
 and tf3i_tefi3_id2 = detail.tefi_id
```

TEFI_NAME	TEFI_NAME
siemens	höchst
siemens	art
höchst	höchst
höchst	wacker
höchst	siemens
wacker	siemens
wacker	höchst
wacker	art
8 Zeilen ausgewählt.	

Tabelle 5.12: Ausgabe M:N Self Join

Diesem Self Join liegen die folgenden Tabelleninhalte zugrunde:

SQL> select * from tefi3;	
TEFI_ID	TEFI_NAME
1	siemens
2	höchst
3	wacker
4	art

SQL> select * from tf3is;		
TF3I_ID	TF3I_TEFI3_ID1	TF3I_TEFI3_ID2
1	1	2
2	1	4
3	2	2
4	2	3
5	2	1
6	3	1
7	3	2
8	3	4

Tabelle 5.13: Tabelleninhalte tefi3 und tf3is

5.11.9.5 Module aus einer rekursiven M:N-Beziehung mit Subtypen erstellen

Wie bei der einfachen Tabellenverwendung haben Sie auch hier die Möglichkeit, verschiedene Implementierungen von Modulen vorzunehmen.

A Modulkomponente mit Lookup Tabelle

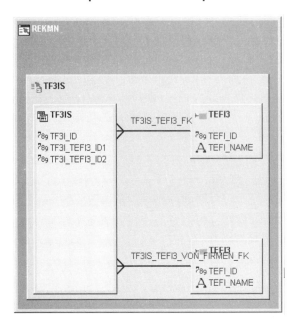

Abbildung 5.34: Modul aus M:N-Rekursion

Fertige Forms-Anwendung

Über die Lookups haben Sie die Möglichkeit, jedem Händler beliebige Hersteller und umgekehrt zuzuweisen.

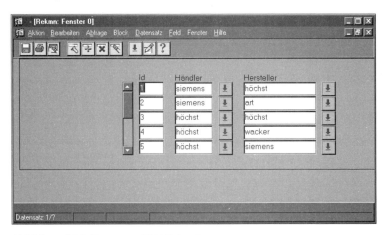

Abbildung 5.35: Forms aus M:N-Rekursion

Relationen validieren 107

B Modulkomponente mit Lookup Tabelle und Master-Detail Verwendung

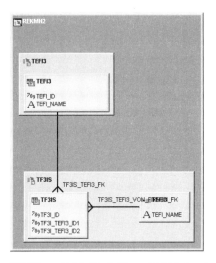

Abbildung 5.36: Modul2 aus M:N-Rekursion

Hier kann, obwohl es sich um dieselbe Mastertabelle handelt, sie gleichzeitig sowohl als Master als auch als Lookup-Tabelle verwendet werden. Der Grund dafür ist, dass es sich hier um zwei verschiedene Beziehungen handelt, die beide zum Master verlaufen. Sie existieren völlig unabhängig voneinander. Deshalb ist diese Konstellation problemlos möglich. Weshalb es hier zu Problemen kommen kann, werde ich im Kapitel 7 im Detail erläutern. Dieses Thema ist sehr wichtig, denn aufgrund der Unternehmensanforderungen werden wir in unserem Projekt mit dem Problem noch konfrontiert werden. Im Zusammenhang mit dem Feststellschreiben und der Bestellung, ist eine programmatische 1:N-Relation zur Umsetzung einer „kann"-Beziehung erforderlich um den Anwendern eine einwandfreie Arbeitsumgebung zu sichern. Ich empfehle Ihnen als künftiges Front-End für die Pflege Ihrer Firmendaten diese Lösung. Sie stellt eine bessere Übersicht über Ihre Daten dar als die Lösung A.

Selbstverständlich können Sie alle Beispiele aus Kapitel 5.11.9.3 (einfache 1:N rekursive Beziehugen als Ein-Tabellen-Lösung) mit den aktuellen Beispielen hier beliebig kombinieren. Sie sollen Ihnen lediglich Anreize für Ihre eigenen Lösungen geben.

Beispieldaten in der fertigen Maske:

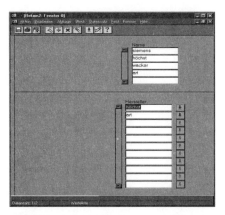

Abbildung 5.37: Forms2 aus M:N-Rekursion

C Erweiterte Modulkomponente unter Einbeziehung der Hersteller-Produkte

Dem Anwender sollen alle Daten aus den Hardware Tabellen eines bestimmten Händlers angeboten werden. Dazu müssen alle Hersteller eines Händlers und seine Produkte, die er vertreibt bekannt sein. Nachdem eine bestimmte Bestellfirma (Händler) für die Bestellung ausgewählt worden ist, stehen damit gleichzeitig alle Hersteller und deren Produkte in der LOV der Positionen zur Disposition. Deshalb werden wir das letzte Beispiel noch etwas erweitern, um zu überprüfen, ob wir dafür eine vernünftige Lösung erarbeiten können.

Das ER-Modell der rekursiven M:N-Relation muss um die Hard-Software Tabellen ergänzt werden. Aus Vereinfachungsgründen verwende ich hier nur eine Entität für ein bestimmtes Hardware Objekt in zwei Ausführungen. Die Relation eines solchen Objektes (Hardwaretyp und konkrete Ausführungen) erläutere ich eingehend bei der endgültigen Definition der Hardware-Entitäten im Projekt. Ich definiere zwei Hardware Tabellen und nenne sie HWO und HWO2. Es entsteht das folgende Diagramm:

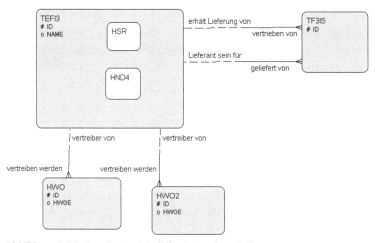

Abbildung 5.38: Erweitertes Modell mit Hard- u. Software

Es entsteht eine Hierarchie, die aus dem Händler, seinen Herstellern und deren Produkten besteht. Mit Hilfe von SQL erreichen wir eine übersichtliche Darstellung, die wir später als View implementieren. Diese Lösung zeichnet sich vor allem dadurch aus, dass ein Hersteller und seine gesamte Produktpalette durch einfaches Selektieren aus einer LoV beliebigen Händlern zugeordnet und wieder entfernt werden können. Die Produkte müssen dabei selbstverständlich nicht jedesmal neu erfasst werden. Das würde die Konzeption einer relationalen Datenbank ad absurdum führen. Infolge der rekursiven Modellierung und dessen Validierung drängt sich zuerst der falsche Gedanke auf, die Intersektionstabelle als „Hersteller"-Tabelle zu betrachten. Validieren wir das Modell. Es existieren zwei Beziehungen, die zum einen die Entität TEFI3 als Händler und zum anderen, infolge der Rekursion, als Hersteller betrachten.

- Jeder Händler (TEFI3) kann Lieferungen erhalten von beliebigen Herstellern (TF3IS).
- Jedes Produkt eines Herstellers (TF3IS) muss vertrieben werden von einem Händler (TEFI3).
- Jeder Hersteller (TEFI3) kann Lieferant sein für beliebige Händler (jetzt TF3IS).
- Jedes Produkt eines Händlers (jetzt TF3IS) muss geliefert werden von einem Hersteller (TEFI3).

Hinweis

Die Produkt-Entität muss unbedingt direkt an TEFI3 gehängt werden. Ursache dafür ist, dass bei sich ändernden Zuordnungen zwischen Herstellern und Händlern die Produkte nach wie vor für denselben Hersteller existieren. Es wäre damit fatal, die Entitäten an die Intersektionstabelle zu binden, damit die ID der Intersektion Bestandteil der Relation zu den Produkten wird. Sobald sich eine neue Zuordnung ergibt, entsteht ein neuer Eintrag und damit eine neue ID. Als Folge davon besitzt der neue Eintrag keine Verbindung zu einem Hard- und Software Produkt, obwohl an anderer Stelle die entsprechenden Einträge zu diesem Hersteller bereits vorliegen, wie das nächste Beispiel zeigt. Die Intersektionstabelle (TF3I_ID) unten enthält z.B. in der ID 2 einen bestimmten Händler und Hersteller. Angenommen die Produkte hängen direkt an der Intersektion, enthalten Sie als FK die TF3I_ID 2 dieser aktuellen Zuordnung. Sobald derselbe Hersteller einem anderen Händler zugewiesen wird, entsteht die ID 3 und dafür existieren keine Details.

Bereits vorhandene Einträge in TEFI3:

TEFI_ID	TEFI_NAME	TEFI_TYPE
1	Siemens	Hersteller
2	Compaq	Hersteller
3	Siemens-Vertrieb	Händler
4	Compaq-Vertrieb	Händler
5	Art	Hersteller

Tabelle 5.14: Einträge in TEFI3

Zuordnungen in der Intersektionstabelle (ID Einträge):

PK: TF3I_ID	FK1: TF3I_TEFI3_ID	FK2:TF3I_TEFI3_ID_von_Firmen
1	3 (Händler)	1 (Hersteller)
2	3 (Händler)	2 (Hersteller)
3	4 (Händler)	2 (Hersteller)
4	......	......
5	......	......

Tabelle 5.15: Zuordnungen der Intersektionstabelle

Das mit der Transformation vorliegende SMD ist die Fortsetzung des letzten Beispiels, ergänzt durch die Hardwaretabellen. Diese Tabellen sind als Lookup View zu implementieren. Ich werde das Thema der Lookup Views ausführlich in Kapitel 6 beschreiben und an dieser Stelle die Implementierung im Zusammenhang mit der rekursiven Beziehung erörtern. Der Grund dafür, dass Lookup Views erst dort und nicht hier dargestellt werden, liegt daran, dass das vorliegende Kapitel sich im Prinzip mit der Transformation beschäftigt, das Thema View jedoch mehr in den Bereich des Design Editors fällt. Obwohl das aktuelle Thema dazu zählt, resultiert es aus Beispielen, welche die Transformation von Rekursionen darstellen und das ist eindeutig ein Bereich des Transformers. Aber zugegeben, Moduldiagramme sind ebenso ein klarer Bestandteil des Design Editors und dennoch hier präsent. Es ist aber nicht durchwegs möglich, eine klare Trennung der jeweiligen Werkzeuge aufrecht zu erhalten, da ich es aufgrund des Praxisbezugs des Buches für notwendiger erachte, konkrete Beispiele, wie hier die Module, zu präsentieren, wenn es das Thema gerade erfordert und somit den geraden Weg kurz zu verlassen, anstatt ausnahmslos an einem bestimmten Thema festzuhalten. Gerade das ist der große Vorteil dieses Buches, weil es sich nicht an das strikte Abarbeiten der jeweiligen Tools orientiert, sondern daran, was zum Verständnis und zur Lösung von unternehmensspezifischen Regeln an Werkzeugen und Wissen gerade benötigt wird.

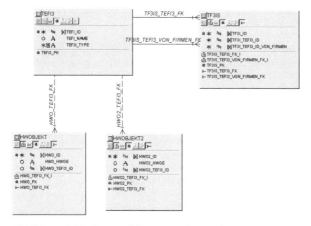

Abbildung 5.39: SM-Modell mit Hard- u. Software-Tabellen

D Hard- und Software-Tabellen als View implementieren

Die generische Implementierung einer Arc-Definition erfordert eine View. In Kapitel 6 werde ich diese Variante im Detail erörtern; da in der endgültigen Lösung rekursive Subtypen eine entscheidende Rolle spielen, konzentrieren wir uns zunächst auf dieses Thema. Zuerst erzeuge ich eine View aus den bisherigen Hardware Tabellen. Generieren Sie das SM-Diagramm in der Datenbank, tragen Sie einige Beispieldaten in die fertigen Tabellen ein und definieren Sie die nachfolgende View in SQL+. Von entscheidender Bedeutung ist, dass jede Hardware Tabelle dieselbe Oracel Sequence verwendet. Damit kann jede Nummer nur einmal vergeben werden, und das macht eine View die sich aus einem Union Select definiert auf der Ebene eines Datensatzes eindeutig (Eigenschaftspalette: Eigenschaft Sequence: gleiche Sequence zuweisen z.B. HWSW_ID, Sequence zuvor definieren. Ich habe die Tabellen mit folgenden Daten versehen:

TEFI_ID	TEFI_NAME	TEFI3_TYPE
2	Siemens-Vertrieb	HND4
3	art	HSR
4	Compaq-Vertrieb	HND4
1	Siemens	HSR

HWO_ID	HWO_HWGE	HWO_TEFI3_ID
4	Scanner A	1
6	Festplatte A	3
7	Festplatte B	3

HWO2_ID	HWO2_HWGE	HWO2_TEFI3_ID
2	Drucker A	1
5	Monitor A	3
6	Monitor B	3
1	Drucker B	1

Tabelle 5.16: Dateninhalte

```
create or replace view vtest as
  select 'hwobjekt' "TYP", HWO_ID, HWO_HWGE, HWO_Tefi3_ID FROM HWOBJEKT
  UNION ALL
  select 'hwobjekt2' "TYP", HWO2_ID, HWO2_HWGE, HWO2_Tefi3_ID FROM HWOBJEKT2
```

SQL> select * from vtest;			
TYP	HWO_ID	HWO_HWGE	HWO_TEFI3_ID
hwobjekt	4	Scanner A	1
hwobjekt	6	Festplatte A	3
hwobjekt	7	Festplatte B	3
hwobjekt	3	Scanner B	1
hwobjekt2	2	Drucker A	1
hwobjekt2	5	Monitor A	3
hwobjekt2	6	Monitor B	3
hwobjekt2	1	Drucker B	1

Tabelle 5.17: Ausgabe der View Vtest

Wir erweitern die View und nehmen den Händler und dessen Hersteller darin auf. Dabei ist zu beachten, dass es sich bei beiden Informationen um die gleiche Spalte in derselben Tabelle, aufgrund der rekursiven Beziehung, handelt. Da zwischen Händler und Hersteller eine 1:N-Relation vorliegt, müssen wir die View um einen Self Join für jede Hardware-Tabelle erweitern. Self Joins werden unter Zuhilfenahme von Tabellen-Aliasnamen realisiert. Das Schlüsselwort UNION ALL verbindet die beiden Hardware-Tabellen analog zum letzten Beispiel. Betrachten wir zuvor noch einmal die Beispieldaten der Tabelle TEFI3 (Firma) und legen für die Händler einige Hersteller in der Intersektionstabelle fest. Zur Erinnerung: TEFI3 enthält die Firmendaten, TF3IS die M:N Zuordnungen von Händlern und Herstellern. HND4 beschreibt den Händler, HSR den Hersteller.

TEFI_ID	TEFI_NAME	TEFI3_TYPE
2	Siemens-Vertrieb	HND4
3	art	HSR
4	Compaq-Vertrieb	HND4
1	Siemens	HSR

Tabelle: TF3IS

TF3I_ID	TF3I_TEFI3_ID	TF3I_TEFI3_ID_VON_FIRMEN
1	2	1
2	2	3
3	4	3

Tabelle 5.18: Inhalt der Intersektionstabelle

Definition des Self Joins:

Es sollen alle Hersteller und ihre Produkte zu jedem Händler angezeigt werden.

```
select master.tefi_name "HÄNDLER", detail.tefi_name "HERSTELLER", hwo_hwge
  from tefi3 master, tefi3 detail, tf3is, hwobjekt
```

```
where tf3i_tefi3_id = master.tefi_id
// Übergibt Händler der IS-Tabelle
and tf3i_tefi3_id_von_firmen = detail.tefi_id // übergibt Hersteller
and hwo_tefi3_id = detail.tefi_id // join zwischen Hersteller und Hwobjekt
```

▶ Die Tabellen-Aliasnamen master und detail spezifizieren die Rekursion.

▶ Der Join tf3i_tefi3_id = master.tefi_id verbindet Händler und Hersteller und tf3i_tefi3_id_von_firmen = detail.tefi_id verbindet Hersteller und Händler. Sie müssen sich dabei stets die Rekursion vor Augen halten und sich separate Tabellen vorstellen. Unter diesem Aspekt liegen zwei Firmentabellen (Händler, Hersteller) sowie deren Intersektionstabelle vor. Daraus ergeben sich zwei Joins, welche durch die Tabellen-Aliasnamen realisiert werden.

▶ Als Ausgabe erhalten wir alle Händler, Hersteller und Produkte die sich in der Tabelle hwobjekt befinden. Wenn Sie den Vergleich mit den Tabelleneinträgen anstellen, sehen Sie, dass alles seine Richtigkeit hat. Zur Überprüfung: Der Hersteller Siemens (ID 1) wurde in der Tabelle Hwobjekt dem Scanner A und Scanner B zugewiesen. In der Intersektionstabelle wurde dem Händler Siemens Vertrieb (FK 2 der zweiten Spalte) der Hersteller Siemens (FK 1 der dritten Spalte) zugewiesen. Der Händler Siemens-Vertrieb verfügt damit über die Produkte Scanner A und Scanner B des Herstellers Siemens.

HÄNDLER	HERSTELLER	HWO_HWGE
Siemens-Vertrieb	Siemens	Scanner A
Siemens-Vertrieb	art	Festplatte A
Compaq-Vertrieb	art	Festplatte A
Siemens-Vertrieb	art	Festplatte B
Compaq-Vertrieb	art	Festplatte B
Siemens-Vertrieb	Siemens	Scanner B

Tabelle 5.19: Ausgabe des Self Joins

Um die zweite Hardware Tabelle zu integrieren, ist ein Union Select notwendig.

```
create or replace view vtest as
 select master.tefi_name "HÄNDLER", detail.tefi_name "HERSTELLER", hwo_hwge
 from tefi3 master, tefi3 detail, tf3is, hwobjekt
  where tf3i_tefi3_id = master.tefi_id
  and tf3i_tefi3_id_von_firmen = detail.tefi_id
  and hwo_tefi3_id = detail.tefi_id
union all
 select master.tefi_name "HÄNDLER", detail.tefi_name "HERSTELLER", hwo2_hwge
 from tefi3 master, tefi3 detail, tf3is, hwobjekt2
  where tf3i_tefi3_id = master.tefi_id
  and tf3i_tefi3_i d_von_firmen = detail.tefi_id
  and hwo2_tefi3_id = detail.tefi_id
```

SQL> select * from vtest;

HÄNDLER	HERSTELLER	HWO_HWGE
Siemens-Vertrieb	Siemens	Scanner A
Siemens-Vertrieb	art	Festplatte A
Compaq-Vertrieb	art	Festplatte A
Siemens-Vertrieb	art	Festplatte B
Compaq-Vertrieb	art	Festplatte B
Siemens-Vertrieb	Siemens	Scanner B
Siemens-Vertrieb	Siemens	Drucker A
Siemens-Vertrieb	art	Monitor A
Compaq-Vertrieb	art	Monitor A
Siemens-Vertrieb	art	Monitor B
Compaq-Vertrieb	art	Monitor B
Siemens-Vertrieb	Siemens	Drucker B

Tabelle 5.20: Ausgabe mit Union Select und Self Join

Die Ausgabe entspricht allen Eingaben der Tabellen TEFI3, TF3IS, HWOBJEKT und HWOBJEKT2. Die Inhalte der Hardware Tabellen dienen hier nur als Beispiel. Für unser Projekt werden wir für jeden Hardwaretyp eine eigenständige Tabelle festlegen. Somit sind die Eingaben Scanner und Festplatte in ein und dieselbe Tabelle nicht richtig. Für die Darstellung eines Self Joins als View reicht es allerdings völlig aus.

Die View kann jetzt als Lookup View an die SM-Tabelle Positionen angehängt werden. Je nachdem welcher Händler für eine Bestellung festgelegt worden ist, erfolgt die entsprechende Ausgabe der Liste aller Hersteller und deren Produkte, die ihn beliefern. Die Fremdschlüsselspalte tf3i_tefi3_id1 enthält den Foreign Key des Händlers der Tabelle Tefi3. Über den Vergleich des Händlernamens (Tefi_name) wird die Liste entsprechend eingeschränkt.

Innerhalb der View ist diese Spalte jedoch mit dem Namen „HÄNDLER" belegt. Die Tabelle 5.19 zeigt den Aufbau der View Vtest.

Name	Null?	Typ	
HÄNDLER		VARCHAR2	(20)
HERSTELLER		VARCHAR2	(20)
HWO_HWGE		VARCHAR2	(20)

Tabelle 5.21: Aufbau Vtest

Deshalb muss die Einschränkung lauten:

```
... and where HÄNDLER = :BESTELLUNGEN.FIRM_FIRM_NAME
```

Der Auszug stammt aus der für Sie noch nicht existierenden Bestell-Anwendung. Der Name nach dem Doppelpunkt ist nicht weiter relevant. Sie können das an der Stelle auch noch nicht nachvollziehen, da das entsprechende Modul fehlt. Um die doppelte Arbeit, und weil es eine einfache Anweisung ist, zu ersparen. Wichtig ist aber, dass Sie verstehen weshalb er sich in der Art zusammensetzt. Dazu der folgende Exkurs.

Exkurs: aktuelle Dateninhalte aus Anwendung verarbeiten

Auf jeden aktuellen Item-Inhalt einer Modulkomponente kann explizit Bezug genommen werden und der Wert in Routinen, Triggern oder innerhalb der where-clause Validierung zur weiteren Verarbeitung herangezogen werden. Viele Abläufe, die von aktuellen Werten abhängig sind und gesteuert werden, sind dadurch realisierbar. Ein Doppelpunkt gefolgt von dem entsprechenden Tabellennamen, wie er in der Modulkomponente aufgeführt ist und dem Itemnamen rufen den aktuellen Inhalt des Items ab. Er kann für Vergleiche verwendet oder in Variablen gespeichert werden. Sie haben darin völlige Freiheit.

Achten Sie jedoch stets auf korrekte Schreibweise. Ich schreibe derartige Bezüge zur besseren Übersicht groß. Syntax: :TABELLENNAME.ITEMNAME. Das gilt auch für Lookup Tabellenverwendungen. Dazu ein Beispiel: Die künftige Modulkomponente Bestellungen enthält die Tabellenverwendung (Table Usage) Bestellungen. Darin enthalten ist unter anderem die Lookup Tabelle Firm. Der Bezug zum Lookup Item FIRM_FIRM_NAME lautet:

:BESTELLUNGEN.FIRM_FIRM_NAME

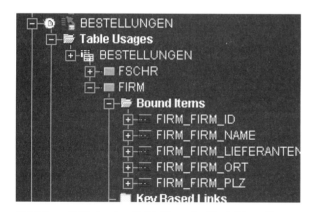

Abbildung 5.40: Lookup Table FIRM *im Modul Bestellungen*

Tragen Sie diesen Code in die Lookup where-clause der Form ein, nachdem Sie die View als Lookup View den Positionen hinzugefügt haben. Die Abbildung 5.41 zeigt Ihnen die entsprechende Eigenschaft (in den Eigenschaften der View, Ansicht Palette).

Im Kapitel 8 definiere ich schließlich die HWSW_Info View für unser Projekt. Sie besteht im Wesentlichen aus den hier gewonnenen Erkenntnissen. Vorher ist allerdings noch das Thema Views im 6. Kapitel zu bewältigen. Erst dann verfügen Sie über das notwendige Wissen für das 8. Kapitel.

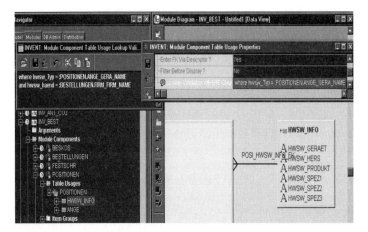

Abbildung 5.41: Lookup Table im Modul und where-clause

Abbildung 5.41 legt den Code der Lookup where Validierung offen und zeigt die Einschränkung zusammen mit einer weiteren. Das Modul INV_BEST ist die Anwendung für die Besteller, die wir gemeinsam im 8. Kapitel entwickeln werden.

E Modul für die Pflegedaten

Damit Sie verschiedene Beispiele testen können, möchte ich Ihnen zum Abschluss eine Anwendung zur Pflege für die Firmen sowie der Hard- und Softwarebestände vorstellen. Gleichzeitig repräsentiert es den Prototyp für das äquivalente Modul INV_FIRM in unserem Projekt. Dem Konzept nach unterscheidet sich der Prototyp nur in der Anzahl und im Typus der integrierten Hard- und Software Tabellen. Sie erarbeiten sich damit das notwendige Wissen, um im weiteren Verlauf das Modul INV_FIRM reibungslos erstellen zu können.

Modul erstellen:

1. Definieren Sie zuerst ein neues Modul (Festlegen von Namen und Sprache (Forms)).
2. Ziehen Sie die SM-Tabelle TEFI3 in das Modul.
3. Ziehen Sie die SM-Tabelle TF3IS in das Modul. Nachdem die Komponenten-Eigenschaften (Insert, Delete, Update, Select) und alle verfügbaren Spalten bestimmt sind, erfolgt infolge der Rekursion eine Rückmeldung von Oracle (Abbildung 5.42).
4. Darin werden beide Foreign Key Constraints aufgeführt. Die normale Bezeichnung (TF3IS_TEFI3_FK) ist stellvertretend für die übliche Master-Detail Konvention, d.h. ausgehend vom Händler, dass der Händler der Intersektionstabelle übergeben wird. Wählen Sie diese aus. Nach der Konzeption sollen Hersteller durch eine Lookup Spezifikation Händlern zugeordnet werden, und damit wird das zweite Foreign Key Constraint dort spezifiziert.

Relationen validieren 117

5. Ziehen Sie die SM-Tabelle TEFI3 als Lookup Table an die Intersektions-Tabellenverwendung. Es erscheint abermalig der Dialog, der Sie zur Auswahl eines Foreign Key Constraints auffordert (Abbildung 5.42) und selektieren Sie das Constraint TF3IS_TEFI3_VON_FIRMEN_FK. Ebenso denkbar ist, die beiden Foreign Key Constraints reziprok zu verwenden. Wesentlich ist dabei nur, dass jedes Constraint verwendet wird. Es darf dasselbe Constraint nicht gleichzeitig für die Detail- und Lookup Spezifikation benutzt werden.

6. Zum Abschluss ziehen Sie bitte die SM-Tabellen HWObjekt und HWObjekt2 in das Modul. Nach der Generierung dürften die bereits eingegebenen Daten problemlos erscheinen (Abbildung 5.43).

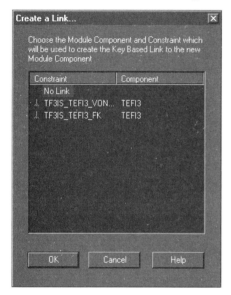
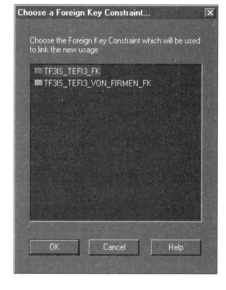

Abbildung 5.42: Foreign Key Einstellung

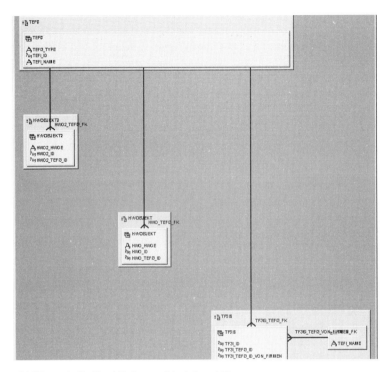

Abbildung 5.43: Hard/Software Modul und Firmen

Die sichtbare Spalte der, durch die Lookup Tabelle entstehenden, LOV enthält den Namen der Hersteller. Sie können je nach Anforderungen beliebige Spalten darin sichtbar halten. Die für die FKs, vom Designer vorgegebenen Namen können unter Umständen zu lang sein, sodass ein Fehler bei der Generierung von Forms entsteht. Ändern Sie diese in z.B. TF3IS_TEFI3_FK1 und TF3IS_TEFI3_FK2 in den Eigenschaften des Foreign Keys und es dürften keine weiteren Probleme auftreten. Das gleiche Problem kann bei der Benennung der Fremdschlüssel Spalten in der Intersektions-Tabelle auftreten. Sie sollten auch für diese kurze Namen vergeben.

Ich habe daraus eine einfache Forms Anwendung generiert. Jede Hardware Komponente wird in einem eigenen Block im gleichen Canvas dargestellt. Damit liegen sie untereinander. Sie sollten sich davon nicht verwirren lassen. Es dient nur der Ansicht. Wie im Modul gut sichtbar, exitiert keinerlei Relation zwischen den Hardware Komponenten (HWObjekt, HWObjekt2) selbst. Sie liegen hier nur der Einfachheit halber untereinander. Mehr über das Modul Layout in Kapitel 7. Dort erfahren Sie, wie man solche Canvases definiert und als Reiter einsetzt. In Kapitel 8 zeige ich Ihnen detailliert wie ich die Anwendung INV_FIRM für das Projekt entsprechend entwickelt habe. Die Abbildung 5.44 enthält das fertige Modul. Liegt im ersten Block ein Händler vor, werden im zweiten Block die dazugehörigen Hersteller dargestellt. Handelt es sich im ersten Block um einen Hersteller, werden seine Produkte im dritten und vierten Block (HWObjekt, HWObjekt2) dargestellt.

Relationen validieren 119

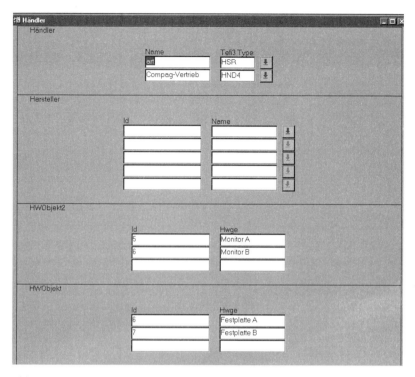

Abbildung 5.44: Forms Anwendung Hard- u. Software mit Firma

Je nach Anforderung, existiert auch die Möglichkeit, mehrere Anwendungen zu erzeugen. Dabei ist die folgende Logik denkbar:

▶ Anwendung 1: enthält nur die Tabelle TEFI3. Das Item Tefi3 Type ist unsichtbar geschaltet, enthält als Default Wert stets den Eintrag HSR (Hersteller). Sie verfügen damit über eine Anwendung explizit für die Hersteller. Gleichzeitig werden alle Hardware Tabellen integriert, sodass die Produkte erfasst werden können.

▶ Anwendung 2: ist analog aufgebaut mit dem Unterschied, dass als Default Wert HND4 (Händler) festgelegt wird.

▶ Anwendung 3: besteht aus den Modulkomponenten (TEFI3 und TF3IS), um die Zuordnung zwischen Händlern und Herstellern zur bewerkstelligen.

Ich habe diese Variante für die tatsächliche Händler/Hersteller Anwendung gewählt. Im 8. Kapitel werden wir diese Anwendungen gemeinsam entwickeln. Beachten Sie dabei aber, dass getrennte Anwendungen (für Händler und Hersteller) mit vorbestimmten Default Werten jeden Datensatz einmalig als Hersteller oder Händler klassifizieren, indem das entsprechende Subtypen-Item die jeweilige Option erhält. Darf sich die Klassifizierung nachträglich verändern, empfiehlt sich eine einheitliche Anwendung, die eine sichtbare Popliste über die verfügbaren Optionen (Händler und Hersteller) enthält und durch den Anwender manipuliert werden kann.

5.12 Tabellen und Entitäten über „share" in fremden Applikationen verwenden

5.12.1 Das „share"-Prinzip

Das Prinzip des „Table-sharing" dient dazu, Objekte, seien es Entitäten oder SMD-Tabellen, anderen Applikationen zur Verfügung zu stellen, um sie innerhalb ihrer ER-Modelle oder in Modulen verwenden zu können. Der Zweck liegt darin, doppelte Definitionen bereits in der Design-Phase zu vermeiden. Jede Entität ist ebenso einmalig wie die daraus resultierende Tabelle. Die Tabellen werden zentral gespeichert und können deswegen auch nicht doppelt existieren. Aber auch innerhalb des Designers selbst ist es unnötig doppelte Definitionen vorzunehmen, nur um in verschiedenen Applikationen dieselben Objekte zu benutzen. Aus diesen Gründen bietet Oracle die Möglichkeit des „Table-sharing".

Sie können entweder eine Entität über das „sharing" der Applikation zuweisen und diese anschließend transformieren, sodass für sie eine SM-Tabelle entsteht, die Sie anschließend in Ihr System generieren – diese Vorgehensweise ist jedoch, wie nachfolgend dargelegt, mit Problemen verbunden – oder Sie übernehmen im Zuge der Entität sofort auch die SM-Tabelle nach dem „share"-Prinzip in die Fremdapplikation. Dabei ist letzterem Vorzug zu geben, da es zweckmäßiger ist, einem bestimmten Ablaufschema zu folgen. Außerdem entsteht durch die erste Variante zwar nicht die Entität, jedoch die Tabelle im Design-Editor doppelt.

Nachdem die Objekte erfolgreich der Fremdapplikation zur Verfügung gestellt worden sind, besteht die hohe Wahrscheinlichkeit, da sie bereits vorhanden sind, dass Datenbestände infolge dieser Verwendung im ursprünglichen Applikationssystem existieren. Im weiteren Verlauf dieses Kapitels werde ich Ihnen eine Möglichkeit vorstellen, Daten der Tabelle aus der fremden Applikation Ihrer eigenen zur Verfügung zu stellen und damit eine mit Daten belegte Tabelle zu simulieren. Sie ist jedoch nur als Synonym vorhanden. Wenn Sie allerdings eine „shared-table" generieren, entsteht in Ihrer Applikation eine physikalische Tabelle, die nichts mit derjenigen, die sich in der ursprünglichen Applikation befindet, gemein hat. Vielmehr handelt es sich dabei um eine Kopie in Ihrer Applikation und Sie haben keine Möglichkeit, auf die Daten aus der Orginaltabelle in Ihrer Applikation zuzugreifen. Es ist deshalb am sinnvollsten den „sharing"-Weg konsequent einzuhalten, d.h. Sie beginnen mit der Entität und übernehmen im zweiten Schritt die SMN-Tabelle aus derselben Anwendung analog in Ihre Applikation.

Zusammenfassung:

▷ Entitäten werden über das „Sharing" fremden Applikationen zur Verfügung gestellt, um sie in das ER-Modell dieser Applikation zu integrieren. Dadurch kann die Entität Relationen mit Entitäten der Fremdapplikation eingehen, indem Sie diese wie üblich im ER-Diagrammer definieren. Sie haben, wie bereits dargelegt, auch die Möglichkeit, diese Entität mit Hilfe des DDT in den Design Editor zu transformieren. Dies ist oftmals angebracht, falls sich keine entsprechende Tabelle im System befindet und Sie eine SMN-Tabelle in Ihrer Anwendung benötigen, sei es für Ihr SM-Diagramm oder als Komponente in einem Modul.

▷ Existiert in der Ursprungs-Applikation die SM-Tabelle, sollte sie über den Weg des „sharens" in die Fremd-Applikation übernommen werden. Dies erspart die Transformation und sorgt für Kontinuität in Ihrer Entwicklung. In der Handhabung in den Diagrammen und Modulen verhalten sie sich ebenso wie gewöhnliche SM-Tabellen.

Entität „Sharen"

Klicken Sie im RON auf die entsprechende Entität und öffnen Sie das Menü Utilities. Klicken Sie auf den Menüpunkt „Share". Es erscheint der folgende Dialog:

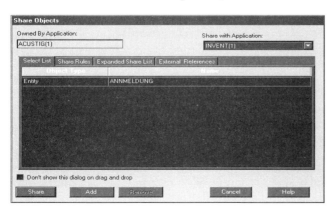

Abbildung 5.45: Share-Dialog

Wählen Sie unter „Share with Application" die Fremdapplikation und drücken Sie auf „Share". Sie können diese Einstellung wieder rückgängig machen, indem Sie im selben Menüpunkt, nach erneuter Auswahl der Entität (diesmal in der Fremdapplikation) auf „Unshare" klicken. Die Entität wird aus der Fremdapplikation entfernt. Analog dazu verfahren Sie mit SM-Tabellen, indem Sie im RON anstelle der Entität die entsprechende SM-Tabelle auswählen. Die nachstehende Abbildung zeigt wie das RON „shared" Entities von den übrigen hervorhebt. Alle dunkel dargestellten Entitäten sind shared Tables (Abbildung 5.46).

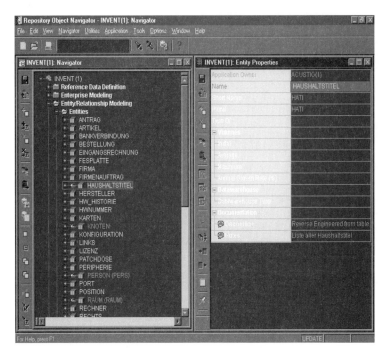

Abbildung 5.46: Sharing Objekte im RON

5.12.2 Tabellen-Inhalte aus Fremd-Applikationen zur Verfügung stellen

Jede transformierte Tabelle im Design Editor muss einen Bezug zur generierten Tabelle im System besitzen. Der Unterschied zwischen beiden besteht darin, dass transformierte Tabellen lediglich in der Entwicklungsumgebung bekannt sind, wohingegen generierte Tabellen physikalisch in der Datenbank existieren und Daten enthalten. Wie stellt ein Modul mit den darin enthaltenen SM-Tabellen den Bezug zu den „echten" Tabellen her? Beim Generieren der Module prüft der Generator die Namen der darin verwendenen SM-Tabellen mit den Namen der physikalisch existierenden Tabellen in der Datenbank. Stimmen sie überein, wird beim Start des Moduls über die Modulkomponente die physikalische Tabelle angesprochen und deren Daten innerhalb der entsprechenden Modulkomponente ausgegeben.

Damit der Designer Modulkompenenten mit physikalischen Tabellen aus fremden Applikationen verwenden kann, genügt es nicht, die Entity bzw. SM-Tabelle durch das „Sharing" der eigenen Anwendung zur Verfügung zu stellen. Dadurch ist die Entität bzw. die Tabelle nur innerhalb des Designers bekannt. Solange aber keine Generierung als physikalische Tabelle vorliegt, existiert Sie für die Datenbank nicht. Aus den bereits genannten Gründen führt aber auch dieser Weg nicht zum optimalem Erfolg, wenn das Ziel besteht, Datenbestände der fremden Tabelle in Ihrer Applikation zu verwenden. Abhilfe aus diesem Dilemma schaffen Synonyme.

5.12.3 Synonyme

Synonyme sind äquivalent zu bereits vorhandenen physikalischen Tabellen. Das bedeutet, der Designer betrachtet Synonyme wie normale Tabellen. Sie können DML Statements absetzen oder Modulkomponenten definieren, die sich darauf beziehen. Sie müssen nur darauf achten, dass der SM-Tabellen-Name mit dem des Synonyms übereinstimmt. Im Synonym wird festgelegt, für welches Objekt es Gültigkeit besitzt. Definieren Sie ein Synonym für die Tabelle aus der Fremd-Applikation und es steht Ihnen ebenso zur Verfügung wie Ihre eigenen Tabellen. Das bedeutet, da die Tabelle bereits über das „Sharing" dem Designer bekannt ist, dass Sie die Tabelle nachdem Sie bereits im ER-Modell und SM-Diagramm verfügbar ist, auch in Module integrieren können. Der Designer prüft beim Generieren der Module, ob für die darin enthaltenen Modulkomponenten eine physikalische Tabelle mit gleicher Struktur und Namen existiert. Das Synonym als Äquivalent „täuscht" dem Designer die Originaltabelle vor und er erkennt sie als zur Modulkomponente zugehörig an. Im Ergebnis kann in der fertigen Forms-Oberfläche innerhalb des entsprechenden Blocks der Datenbestand aus der physikalischen Tabelle der Fremd-Applikation dargelegt werden.

Die Logik des Designers ist strikt von der Logik der Datenbank zu trennen. Die Objekte des Designers (Entitäten, SM-Tabellen usw.) sind erst mit der physikalischen Generierung in der realen Datenbank verfügbar. Es existiert die folgende Logik:

Repository	Datenbank	PL/SQL
Enitity, SMD-Tabelle	Synonym, physikalische Tabelle	Daten verfügbar über Select

Tabelle 5.22: Synonyme

Sie können Synonyme entweder im Design Editor oder direkt in SQL+ definieren. Die Definition in SQL+ erspart das Generieren, wobei aus Gründen der Übersichtlichkeit immer eine logische Definition im Designer vorhanden sein sollte.

5.12.4 Synonyme definieren

In unserem Beispiel verwenden wir Synonyme dafür, Dateninhalte einer Tabelle aus einer Fremd-Applikation innerhalb der Module in unserer eigenen Applikation zu verwenden. Ich benutze die Tabelle Kostenstelle (Kost). Bei allen anderen Tabellen, wie Person (Pers), Produkt, Wstb, Sper, Stei usw. gehen Sie einfach analog vor.

Die Definition erfolgt in derjenigen Applikation, von welcher aus Sie auf eine Fremdapplikation zugreifen möchten. In unserem Beispiel ist dies die Applikation Invent, Username acu_entw. Die Fremd-Entity Kost befindet sich in acu_prod. Falls Sie Ihren beiden Anwendungen andere User- und Applikationsnamen zugewiesen haben, benutzen Sie selbstverständlich diese.

Definition:
```
Create Synonym Kost for acu_prod Kost;
```

Der Name des Synonyms sollte aufgrund der besseren Übersicht über Ihre Objekte dem Namen der Tabelle entsprechen. Der Name der Tabelle in acu_prod ist Kost. Damit steht Ihnen ein Äquivalent der phyisklischen Tabelle Kost in Ihrer Applikation zur Verfügung. Um Zugriff durch DML Kommandos zu erhalten, müssen Sie unter Umständen noch die notwendigen Rechte erhalten. Besitzen Sie Administratorrechte, können Sie diese selbst festlegen.

Anweisung:
Grant all on Kost to acu_entw;

Jetzt besitzen Sie alle Rechte an der Tabelle Kost in Ihrer Applikation und können durch Aufruf des Synonyms direkt auf deren Inhalte zugreifen. Vorsicht! Mit dem Generieren einer SM-Tabelle wird ein eventuell existierendes Synonym überschrieben.

5.13 Datenmodell des Projekts entwickeln

Die Definition von Entitäten beinhaltet drei Namen. Den short-Namen, Plural-Namen und den Entitäts-Namen, der im Diagrammer angegeben wird. Der Plural-Name wird der transformierten SM-Tabelle übergeben und z.B. die Entität Antrag nach der Transformation, durch den festgelegten Plural-Namen, als Tabelle „Anträge" bezeichnet. Den Background dieses Ansatzes liefert die Datenbanktheorie. Die Entität ist die datenbankspezifische Interpretation eines bedeutenden Objekts einer Unternehmung und infolgedessen mit einem singulären Namen versehen. Beispiel: Das Objekt Antrag mündet in die Entität Antrag. Die transformierte SM-Tabelle wird mit konkreten Inhalten (Instanzen) belegt und erhält aufgrund deren Vielzahl die Pluralbezeichnung Anträge. Vergeben Sie deshalb bei der Definition Ihrer Entitäten sinngemäße Pluralbezeichnungen, das erleichtert auch die Interpretation Ihrer Tabellen. Die short-Namen der Entitäten werden den Attributen vorangestellt. Sie sollten deshalb dieselben Namen wie ich verwenden, damit im künftigen Modulen keine Probleme auftreten wenn wir über Trigger auf diverse Spalten zugreifen. Entnehmen Sie alle notwendigen Informationen am besten aus der CD-ROM. Die Attribute der Entitäten habe ich bereits hier aufgeführt, da diese zum Teil erklärungsbedürftig sind. Außerdem können Sie, durch das schrittweise Vorgehen, den Entwicklungsprozess gut nachvollziehen.

5.13.1 Antrag

Der Antrag repräsentiert den Ausgangspunkt eines Bestellvorgangs. Wie bereits aus dem Prozessmodell ersichtlich, ist zwischen dem Dokument einer Bestellung oder eines Antrags und der Erfassung in einer Datenbank zu unterscheiden. Nach dem relationalen Grundsatz der Einmaligkeit von Informationen können nicht alle Informationen aus dem Dokument Datenbank-technisch analog übernommen werden. Beispielsweise wird sich der Antragsteller im Laufe der Zeit wiederholen, indem er einen neuen Antrag einreicht. Nach den Normalierungsvorschriften sind deshalb mehrere Tabellen notwendig. Wie zu Beginn bereits erwähnt ist dieses Projekt nur ein Teil eines großen RDBMS. Deshalb können bereits existierende Daten verwendet werden. Das sind zum einen alle personenspezifischen Daten, zu denen neben den Namen auch Informationen darüber gehören, in welcher Abteilung und in welchem Gebäude sich die Person befindet. Am Ende dieses Kapitels befindet sich das fertige Datenmodell. Es ist nicht notwendig, jedes Attribut zu erläutern, da manche sich schon durch die Vergabe des Namens selbst erklären. Selbstverständlich werde ich aber komplexere Attribute eingehend erläutern.

5.13.2 Eindeutigkeit gewährleisten

5.13.2.1 Künstlicher Schlüssel (Surrogate Key)

Abweichend von der theoretischen Lehre ist es zweckmäßig, jede Entität mit einem künstlichen Schlüssel auszustatten und als Primärschlüssel (Primary Key) zu definieren. Dieses Vorgehen hat einige wesentliche Vorteile gegenüber den theoretischen Grundlagen, da Sie dadurch absolute Eindeutigkeit jeder Instanz erreichen. Das ist nach meinen bisherigen Erfahrungen mit der Verwendung eines herkömmlichen Attributs wie beispielsweise der Bestellnummer keineswegs gewährleistet. Auch wenn es sehr unwahrscheinlich ist, können verschiedene Lieferanten unter Umständen dieselbe Nummer verwenden, und damit wäre das Prinzip der Eindeutigkeit verletzt. Dieses Problem könnte dann nur durch ein Neudesign dieser Entität gelöst werden, um damit schwerwiegende Integritätsprobleme zu vermeiden. Mit der Verwendung eines künstlichen Schlüssels ist jede Instanz einer Entität stets eindeutig. Um die Eindeutigkeit der übrigen Attribute nach wie vor zu gewährleisten, definieren Sie für bestimmte Attribute einen Unique Key. Der künstliche Schlüssel in Verbindung mit einem UK ermöglicht eine sehr gute Datenintegrität innerhalb der Datenbank. Ich habe an verschiedenen Stellen Uks definiert. Sie können jedoch je nach Bedarf noch weitere angeben. Zur Sicherheit sollte jede Entität über einen entsprechenden UK verfügen. Ich werde aber nicht für jede Entität den UK beschreiben. Legen Sie der Einfachheit halber einfach einen für die entsprechenden Datenfelder an. Es muss sich dabei selbstverständlich um „muss"-Felder handeln und deren Einträge müssen stets eindeutig sein.

5.13.2.2 Sekundäre Unique Identifier definieren

1. Doppelklicken Sie auf die Entität im ER-Diagramm.
2. Wechseln Sie in das Register UIDs.
3. Legen Sie einen Namen fest.
4. Vergeben Sie innerhalb von „unique identifier Contents" die Attribute bzw. Relationen welche die neue UID erhalten soll.

5.13.3 Der Antrag und der Antragsgegenstand

5.13.3.1 Die Entität „Antrag"

Jeder Antrag stellt ein für die Unternehmung bedeutendes Objekt dar, das durch Verwendung der Entität „Antrag" der Datenbank bekannt gemacht wird. Zur Vermeidung fehlerhafter Eingaben verwende ich bei wiederholten und überschaubaren Daten Domänen. Domänen eignen sich immer sehr gut für Ja/Nein Eingaben, wie es bei Check-Boxes der Fall ist, oder für ein bestimmtes Datumsformat. Dabei haben Sie die Möglichkeit, einer Domäne bestimmte Werte zuzuordnen, z.B. enthält die Domäne JA/NEIN als allowed values die Werte „JA" und „NEIN". Die Domäne Datum enthält keine Werte, sondern legt innerhalb seiner Eigenschaften den Datentyp „date" fest. Dies geschieht in der Eigenschaftspalette zu dieser Domäne im Design Editor indem als Typ „date" eingestellt ist. Sie können dieses Format auch ohne die Verwendung der Domäne festlegen. Ich verwende beide Möglichkeiten, Sie sollten sich jedoch aus Übersichtsgründen nur für eine entscheiden. Analog zur Domäne „Datum" legt die Domäne „ID" den Datentyp Number mit einer bestimmten Länge fest. Damit besitzen alle Surrogate Keys einheitliche Merkmale. Analog zum Antragsdokument, dass einen Sollkosten Betrag enthält, der festlegt, um welchen Betrag es sich voraussichtlich handelt, muss dieser Betrag in das Modell übernommen werden. Er stellt die Grundlage für die künftige Kostenrechnung dar, in der die Sollkosten des Antrags mit den Ist-Kosten der Bestellung verglichen werden können. Analog zum Antragsdokument, dass einen Soll-Kosten-Betrag enthält, der festlegt, um welchen Betrag es sich voraussichtlich handelt, muss dieser Betrag in das Modell übernommen werden. Er stellt die Grundlage für die künftige Kostenrechnung dar, in der die Sollkosten des Antrags mit den Ist-Kosten der Bestellung verglichen werden können. Auf der nächsten Seite stelle ich Ihnen eine Übersicht über alle Attribute und deren Bedeutungen zur Verfügung.

Abbildung 5.47: Entität „Antrag", Attribute

Datenmodell des Projekts entwickeln

Erläuterungen:

Attribute	Beschreibung
Datum	Zeitpunkt der Dateneingabe.
Antragstyp	Jeder Antrag kann einer bestimmten Abteilung zugeordnet werden. Die Domäne Atyp enthält alle Abteilungen.
Antragsnummer	Die Antragsnummer befindet sich, je nachdem aus welcher Abteilung der Antrag stammt, innerhalb eines bestimmten Wertebereichs. Jede Abteilung besitzt einen eigenen, wie z.B. 0-2000 für EDV Anträge. Bei jedem Jahreswechsel beginnt die Nummerierung von neuem. Der Grund dafür ist, dass bisher alle Dokumente in Papierform aufbewahrt wurden, und dies erfordert ein Konzept zu deren Aufbewahrung. Künftig ist dies nicht mehr notwendig, da die Formulare durch Scannen in der DB gespeichert werden. Trotzdem sollen die Dokumente vorerst auch weiterhin aufbewahrt werden, und deshalb werden die Wertebereiche auch in die Datenbank übernommen.
Abgeschlossen	Stuft jeden Antrag als „erledigt" ein.
Eing_Sg_Besch	Der Sachbearbeiter für die Beschaffung hält darin fest, wann er den Antrag zur Bearbeitung erhalten hat.
Antragsfrm	Enthält das gescannte Dokument.
VK_Gesamt	Gesamt-Sollkosten des Antrags.
Hinweis	Bemerkungsfeld.
Antragszweck	Beschreibt in allgemeiner Form den Inhalt des Antrags, z.B. „Ersatz PC für den Serverraum".
Eingang I3b	Ist ein Datumsfeld, das den Eingang des Antrags in eine bestimmte Abteilung dokumentiert.

Tabelle 5.23: Antrags-Attribute

5.13.3.2 Die Entität „Gegenstand"

Im Antrags-Dokument existieren einige Zeilen, in denen ein oder auch mehrere Gegenstände eingetragen werden. Daraus folgt, dass zu jedem Antrag mehrere Gegenstande gehören. Dadurch ergibt sich eine 1:N-Relation: Antrag (1), Gegenstand (N). Die Gegenstände müssen jedoch nicht manuell eingetragen werden, sondern werden aus der Entität Gerät, die alle durchwegs bekannten Typen enthält, selektiert. Aus diesem Grund enthält diese Entität, neben dem Surrogate Key, nur ein notwendiges Attribut, die Menge. Die nachfolgende Abbildung zeigt die Attribute, Domänen und Formate.

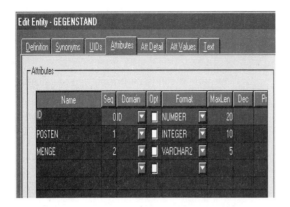

Abbildung 5.48: Entität „Gegenstand", Attribute

Daraus ergibt sich folgendes Datenmodell:

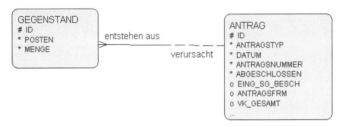

Abbildung 5.49: ER-Modell Antrag-Gegenstand

Das Attribut „Posten" vergibt für jeden Gegenstand eine Nummer. Beginnend von 1 bis x lückenlos. Für den Fall, dass derselbe Gegenstand mehrmals für einen Antrag benannt wird, was häufig vorkommt, da beispielsweise drei Gegenstände „Drucker" drei völlig verschiedene Druckertypen in der Bestellung verursachen können und auch verschiedene Bestellungen. Deshalb muss für jeden konkreten Typen ein eigener Gegenstand definiert werden. Damit aber identische Gegenstände unterschieden werden können, wird das Attribut „Posten" mit einer entsprechenden Nummerierung versehen.

5.13.4 Unique Key Definition für die Entitäten „Antrag" und „Gegenstand"

Antrag

▷ Antr_PK ist die vorgegebenen UID von Oracle zu dem Surrogate Key. Jeder Primary Key erhält diese vom System definierte UID. Sie können manuell die Ergänzung _PK aus Gründen der Übersicht hinzufügen.

▷ Keine weitere UID definiert.

▶ Hier ist das Finden einer geeigneten UID ein Problem, da sich alle Attribute und auch die Antragsnummer wiederholen können.

Gegenstand

▶ Gege2 UID besteht aus dem Attribut „Posten" und der Antragsrelation. Dadurch kann jede Posten Nr nur einmal zu jedem Anrag vergeben werden.

5.13.5 Die Entität „Gerät"

Diese Entität enthält die möglichen „Geräte", sprich die Gegenstände, die Sie für Ihren Antrag auswählen können. Damit haben Sie die Möglichkeit beliebig viele Geräte festzulegen. Zu beachten ist lediglich, dass die Hard- und Software Tabellen sich auf Ihre Angaben hier beziehen. Mehr darüber erfahren Sie im Zusammenhang mit dem Erstellen der Module. Sie definieren hier wiederum eine 1:N-Relation: Gerät (1), Gegenstand (N). Zwischen der Entität „Antrag" und „Gerät" besteht eine M:N-Beziehung, die realisiert wird durch die Entität „Gegenstand" (Intersektionstabelle). M:N-Relationen werden in Kapitel 5.5 erläutert. Das Attribut Name enthält alle Gegenstandstypen z.B. „Drucker", „Bildschirm" usw. Definieren Sie außerdem eine UID Geraet_UK und weisen Sie das Attribut Name zu.

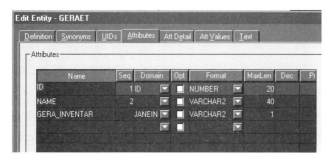

Abbildung 5.50: Entität „Gerät", Attribute

Komplettes ER-Modell

Die UID Geraet_UK enthält das Attribut „Name". Die Entität „Gerät" enthält letztendlich eine Liste alle verfügbaren Gegenstände wie z.B. Drucker, Bildschirm usw. Das Attribut GERA_INVENTAR wird als Check Box im Designer implementiert und legt fest, welche Gegenstände später eine sogenannte Inventarnummer erhalten und welche nicht. Sie können dieses Attribut getrost vernachlässigen. Es spielt im Rahmen dieses Buches keine weitere Rolle.

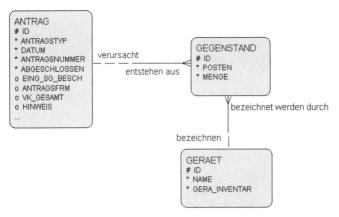

Abbildung 5.51: ER-Modell, Gerät

5.13.6 Die Entität „Antkos"

Diese Entität erhält alle Kostenstellen des Antrags und weist jeder einzelnen einen festgelegten Anteil an den Soll-Kosten des Antrags zu. Die Entität „Antkos" (Antrags-Kostenstellen) die Kostenstellen aus einer bereits vorhandenen Entität „Kost". Jeder Antrag kann einer oder mehreren Kostenstellen zugeordnet sein. Jede Kostenstelle kann wiederum mehrere Anträge betreffen. Folglich existiert eine M:N-Relation zwischen Antrag und Kost, die durch die Intersektionstabelle Antkos realisiert wird. Damit liegen weitere 1:N-Relationen vor. Von Antkos (1) zum Antrag (N) und von Kost (1) zu Antkos (N). Die Entität „Kost" stammt aus einer fremden Applikation und muss über das Table Sharing übernommen werden. Auch hier ist keine UID notwendig, da dieses bei einem Attribut des Datentyps Money völlig überflüssig ist.

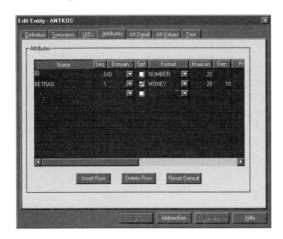

Abbildung 5.52: Entität „Antkos", Attribute

Nachstehende Abbildung zeigt den aktuellen Entwicklungstand des Datenmodells.

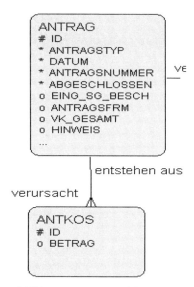

Abbildung 5.53: ER-Modell, Antkos

5.13.7 Die Entität „Antragsfrm2"

Sie dient dazu die Rückseite des Antragsformular in der Datenbank per Scannen abzulegen. Jede Tabelle kann maximal über eine Long-Row Spalte verfügen. Dieser Datentyp wird zum Speichern grafischer Elemente eingesetzt und dient hier dazu, das Antragsformular in der Datenbank durch Scannen abzulegen. Der Antrag enthält bereits ein entsprechendes Attribut. Um jedoch auch die Rückseite des Dokuments speichern zu können, ist eine weitere Tabelle mit einem Long-Row Attribut notwendig. Diese Entität steht in einer 1:1-Relation zur Entität „Antrag" und enthält neben der ID das Attribut „Antragsfrm", Datentyp Image. Definieren Sie die „muss"-Eigenschaft der Relation auf Seite der Entität „AntragsFrm2". Der Datentyp Image erzeugt beim Generieren den Datentyp Long Row. Definieren Sie außerdem eine UID, der Sie die Relation zwischen Antrag und Antragsfrm2 zuweisen. Damit verhindern Sie, dass dieselbe Instanz von Antragsfrm mehr als einem Antrag zugewiesen werden kann. Legen Sie die folgenden Attribute fest:

Abbildung 5.54: ER-Modell, Antragsfrm2

Abbildung 5.55: Entität „Antragsfrm2", Attribute

5.13.8 Die „Firma"

Zur Information für den Besteller kann bereits bei der Erfassung der Antragsdaten die Bestellfirma angegeben werden. Der Anwender hat die Möglichkeit, innerhalb eines Antrags beliebig viele Händler zu nennen. Das erleichtert dem Besteller die Eingabe. Sie verwenden die Entität „Firma" außerdem um anschließend in der Bestellung die Bestellfirma anzugeben. Wir unterscheiden dabei zwischen Händler, bei denen die Bestellung eingeht und Hersteller, die den Händler mit Ware beliefern. Beide jedoch fallen unter das Kriterium „Firma". Deshalb liegt hier eine Entität mit den Subtypen „Händler" und „Hersteller" vor. Definieren Sie dazu bitte eine Entität „Firma". Jede Firma kann innerhalb mehrerer Anträge Verwendung finden: Firma (1), Antrag (N). Diese Relation erlaubt jedoch nur jedem Antrag genau eine Firma zuzuordnen. Dem Anwender soll jedoch ermöglicht werden, auch Alternativen zu nennen. Deshalb definiere ich eine M:N-Beziehung. Die Intersektionstabelle „Firmenauftrag" enthält als Attribut nur den künstlichen Schlüssel. Die Attribute der Entität „Firma" sind selbsterklärend.

Die Abbildung 5.56 enthält einen kleinen Fehler, bei dem ich Sie bitten möchte, ihn zu korrigieren. Die Lieferanten_Nr muss als Varchar2 Datentyp definiert werden. Bitte nehmen Sie diese leicht Korrektur vor.

Die Entität enthält eine UID:

FRM_UK: enthält den Namen der Firma

Datenmodell des Projekts entwickeln 133

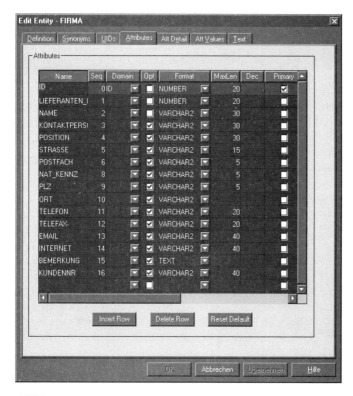

Abbildung 5.56: Entität „Firma", Attribute

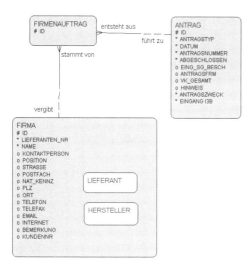

Abbildung 5.57: ER-Modell, Firma

Leider ist auch hier eine Korrektur notwendig. Bitte ändern Sie den Namen Lieferant auf Händler. Vergeben Sie für die Subtypen folgende Namen.

Händler	Hersteller
Short Name: HND1	Short Name: HST1
Plural: HND1	Plural: HST1
Name:HAENDLER	Name: HERSTELLER

Tabelle 5.24: Konventionen

Bitte halten Sie sich an diese Bezeichnungen. Sie sind in weiteren Verlauf sehr wichtig und werden in verschiedenen Prüfvorschriften verwendet. Sie behalten einen besseren Überblick, wenn Sie dieselben Bezeichnungen verwenden.

Im Rahmen der Bestellung bestimmt der Anwender den Händler, bei dem die Bestellung vorgenommen wird. Jeder Händler und Hersteller ist eine Instanz des Objekts Firma. Jeder Händler kann eine beliebige Anzahl von Herstellern in seinem Angebot führen. Gleichzeitig kann ein Hersteller auch Lieferant für mehrere Händler sein. Diese Vorgaben kann Oracle durch eine rekursive M:N Relation datentechnisch umsetzen. Ich habe dieses Thema bereits ausführlich in Kapitel. 5.11.9 und speziell die hier benötigte Variante in Kapitel 5.11.9.4 im Detail erörtert. Aus Gründen die ich in den dortigen Kapiteln bereits eingehend erläutert habe entschied ich mich für eine manuelle Definition dieser Entitäten und habe damit die Möglichkeit die Intersektionstabelle selbst zu spezifizieren. Die Intersektionstabelle ermöglicht alle erdenklichen Zuordnungen. Betrachten wir dazu die folgende Tabelle.

Händler	Hersteller für die Produktpalette des Händlers
Network GmbH	Siemens
	Art
	Compaq
Art-Vertrieb	Siemens
Pixelon Ag	
PC-World	
Compaq-Vertrieb	Compaq
	Siemens

Tabelle 5.25: Händler-Hersteller Zuordnungen

Wie anhand der Firma Compaq gut erkennbar, kann Sie als Händler (Compaq-Vertrieb) und gleichzeitig als Hersteller (Compaq) existieren. Eine Firma kann demnach sowohl Händler als auch Hersteller von Produkten sein.

Definition der rekursiven M:N-Beziehung

Kern der Definition stellt die Verbindung Bestellfirma und Hardware Produkte dar. Analog zu dem Beispiel in Kapitel 5.11.9.5 c, bilden hier die Entität „Firma" und die Entität „HeHaIs" die rekursive M:N-Relation. Ich nehme bereits hier die Definition der Hard- und Software-Entitäten vor und ordne sie in einer 1:N-Relation der

Intersektionsentität „HeHaIs" zu. Weshalb sich die Hardware-Entitäten derart zusammensetzen ist jetzt noch nicht weiter relevant. Selbstverständlich darf eine eingehende Erläuterung dazu nicht fehlen. Wir werden uns allerdings erst im Zusammenhang mit der Bestellung weitgehend damit beschäftigen, denn das Thema ist mehr der Bestellung als den Firmendaten zuzuordnen. Damit die Logik des Datenmodells jedoch vollständig ist, habe ich sie hier mit dargestellt. Es ist dem Beispiel in Kapitel 5.11.9.5 sehr ähnlich und unterscheidet sich lediglich in der Namensgebung, den um eine Ebene tiefer strukturierten Hardware-Entitäten und deren Anbindung an die Bestellpositionen.

Um den Anwender die Auswahl der Bestellfirma (Händler) zu erleichtern, sollen für jede Bestellung nur all jene Produkte verfügbar sein, deren Hersteller zu dem im Bestellkopf festgelegten Händler entsprechen. Damit entsteht das nachfolgend dargestellte Datenmodell. Es verläuft eine Relation von der Firma zu den jeweiligen Produkten und zur Bestellung. Damit ist der Kreis geschlossen. In entsprechenden Forms Anwendungen, die wir gemeinsam im 8. Kapitel entwerfen werden, stehen Ihnen alle Möglichkeiten zur Verfügung. Sie können alle Händler bzw. Hersteller festlegen, die entsprechenden Produkte zuordnen und bestimmen, welche Hersteller die diversen Händler beliefern. Dadurch können Sie die Daten explizit auf einen bestimmten Händler konzentrieren.

Definieren Sie für jede Hardware-Entität (Drucker, Bildschirm) eine UID. Legen Sie den Namen der UID nach dem short-Namen z. B. „BILD_UK" fest und weisen Sie unter „unique identifier contents" das Attribut „Typ" zu. Verfahren Sie äquivalent dazu mit den Produkt-Entitäten (DrProd, BiProd) und benennen Sie die UIDs dieser Entitäten mit „DRPROD_UK", bzw. „BIPROD_UK". Weisen Sie jedem Unique Identifier in den contents jeweils das Attribut „Produkt" zu.

Subtypen definieren

Das Definieren von Subtypen ist denkbar einfach. Sie klicken auf den Button der Werkzeugleiste des ER-Diagrammers, der eine neue Entität erzeugt und bewegen den Cursor direkt auf die Entität, welche einen Subtyp erhalten soll. Ziehen Sie die Entität, wie gewohnt, in die richtig Größe, aber verlassen Sie nicht den Rand der Basis-Entität. Der Diagrammer zeigt durch eine Meldung, dass es sich hier um eine neue Subentität handelt und fügt sie nach Bestätigen der Entität hinzu.

Dog-legs definieren

Ein dog-leg ermöglicht Ihnen, Beziehung beliebig abzuwinkeln, so wie im Diagramm dargestellt. In der Online Hilfe findet sich unter dem Suchbegriff: „Moving, creating and removing dog-legs" eine genaue Anleitung wie dog-legs zu definieren sind. Trotzdem möchte ich an dieser Stelle die einzelnen Schritte kurz erläutern, da dog-legs ein sehr wichtiges Hilfsmittel beim Erstellen von ER-Diagrammen sein können.

Dog-leg erzeugen:

1. Halten Sie die shift-Taste gedrückt und klicken Sie mit der Maus an die Stelle einer Beziehung wo Sie ein neues dog-leg einfügen möchten.
2. Lassen Sie die Shift Taste los.
3. Verschieben Sie das dog-leg an die gewünschte Position im Diagramm und lassen Sie die Maustaste los.

Dog-leg verschieben:

1. Klicken Sie auf das zu verschiebende dog-leg und halten Sie die Maustaste gedrückt.
2. Verschieben Sie den Cursor an die neue Position.
3. Lassen Sie die Maustaste los.

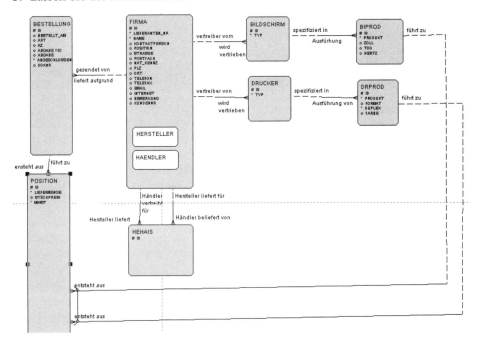

Abbildung 5.58: ER-Modell, Firma und Komponenten

HEHAIS bedeutet Hersteller-Händler-Intersektion. Das Modell ist mit dem ER-Diagramm in 5.11.9.5c völlig identisch. Die Tabelle 5.23 verdeutlicht dies nocheinmal:

Entitäten der Projekts	Entitäten des Beispiels (5.11.9.5. c,)
Firma	TEFI3
HeHails	TF3IS
Bildschrim	HWO
Drucker	HWO2

Tabelle 5.26: Attribute Vergleich

Datenmodell des Projekts entwickeln

Im Zusammenhang mit dem Beispiel präsentierte ich Ihnen bereits eine umfassende Vorschau, wie Sie das Model umsetzen, eine View erzeugen und entsprechende Self Joins durchführen müssen, damit Sie eine vernünftige Anwendung erzeugen können. Im 8. Kapitel werde ich die die wichtigsten Schritte nochmals Revue passieren lassen. Das ER-Modell der Firma ist soweit abgeschlossen.

5.13.9 Entitäten aus anderen Applikationen übernehmen

Um alle notwendigen Informationen für einen Antrag zu erhalten, verwende ich Entitäten, die sich bereits als generierte Tabellen in der Datenbank in einer anderen Applikation befinden und die ich über Table-sharing in mein Modell übernehme. Damit Sie dieses Beispiel nachvollziehen können, definieren Sie die folgenden Entitäten innerhalb einer neuen Applikation und integrieren diese anschließend in das ER-Modell Ihrer aktuellen Applikation. Ein ganze Reihe von Entitäten aus der Fremdapplikation sind für unser Projekt notwendig. Sie können diese Tabellen auch aus der CD-ROM entnehmen. Sie enthalten einige Daten, sodass Sie Antrags- und Bestellbeispiele anlegen und testen können. Dort befinden sich allerdings gekürzte Fassungen dieser Entitäten. Das stellt aber keinerlei Problem dar, da es für unsere Zwecke völlig ausreicht nur einige Attribute zu verwenden, denn es geht nicht darum ein komplexes Verwaltungssystem zu erlernen, sondern lediglich Objekte aus Fremdapplikationen zu nutzen. Die folgenden Abbildungen enthalten die entsprechenden Ausschnitte aus dem Datenmodell und sind demzufolge mit vielen Attributen ausgestattet, die für uns bedeutungslos sind. Legen Sie die Entitäten und Relationen korrekt an, definieren Sie vorerst nur einige Attribute. Falls bestimmte Attribute unentbehrlich sind, weise ich darauf hin.

- Person
- Kostenstelle
- Produkt
- Produktgruppe
- Produktbereich
- Werte_Struktur_Bereich (Wstb)
- Struktur_Personal (Sper)
- Struktureinheit (Stei)
- Werte_Funktions_Bezeichnung (Wfub)
- Haushaltstitel (Hati)

5.13.9.1 Der Antragsteller, E.: Person(Pers)

Jeder Mitarbeiter kann beliebige Anträge stellen, daraus folgt die Notwendigkeit einer 1:N-Beziehung zwischen Antrag (1) und Person (N). Die folgenden Entitäten sind zusammenhängend etwas zu groß für einzelne Abbildung. Deshalb befindet sich das gesamte Datenmodell auf der CD-ROM Name: ERD_Inventarisierung.

Die Entität Person (Pers) enthält die Personendaten wie den Namen und die Adresse. Eine Besonderheit dieser Entität, die gegen die Regeln der Normalisierung verstößt, ist, dass es ein Attribut „Person" gibt, das den kompletten Namen jedes Mitarbeiters enthält (Vor- und Nachname). Gleichzeitig existieren zwei Attribute „Nachname" und „Vorname", die ebenfalls zusammen den kompletten Namen ergeben. Der Grund dafür ist, dass von alten Entwicklungen Reports vorliegen, die nur eine Spalte für den Namen enthalten. Hier ist bereits erkennbar, dass manchmal logische Brüche zwischen früheren Lösungen und neuen Entwicklungen entstehen.

Um eine Person konkret zu bestimmen, müssen die Entitäten WSTB, WFUB, SPER und STEI der Fremdapplikation ebenso im neuen Datenmodell verfügbar sein.

5.13.9.2 Die Kostenstelle

Jeder Gegenstand wird einer Kostenstelle zugeordnet. Die Entität „Kostenstelle" ist wie die Entität „Person" bereits vorhanden. Sie müssen lediglich die Relation bestimmen, damit eine Verbindung zu Ihrer Applikation entsteht. Es existieren einige hundert Kostenstellen, die sich für jeden Antrag wiederholen können. Gegenstand (1), Kostenstelle (N).

5.13.9.3 Die Produktkennzahl

Die verschiedenen Leistungen, die unser Unternehmen zu erbringen hat, werden durch Produktkennzahlen gekennzeichnet. Analog zur Entität „Kostenstelle" wird die Entität „Produkt" in Ihr ER-Modell aus dem bereits vorhanden RDBMS integriert. Die Kennzahlen treten ebenfalls wiederholt in diversen Anträgen auf. Es handelt sich dabei wiederum um eine 1:N-Relation. Antrag (1), Produktkennzahl (N). Eine komplette Produktkennzahl definiert sich aus dem Produkt, der Produktgruppe und dem Produktbereich. Dafür existieren drei Entitäten mit diesen Namen. Relation: Produktbereich (1), Produktgruppe (N)/(1), Produkt (N). Unter einem Produkt ist ein konkreter Vorgang z.B. EDV Entwicklung des Bestellwesens zu verstehen. Darüber befindet sich die Produktgruppe. In diesem Fall „EDV Entwicklung". Oberste Ebene stellt der Produktbereich dar indem er entsprechende Oberbegriffe enthält. Beispiel: EDV-Abteilung, Vertrieb usw. Sie erkennen an dieser Stelle, dass sie es künftig noch häufig mit Applikationen zu tun haben werden, die komplexer Natur sind und deren Aufbau nicht leicht nachvollziehbar ist. Je nachdem welche Informationen daraus notwendig sind, ist ein grundlegendes Einarbeiten in bestimmte Bereiche unumgänglich. Ich habe versucht, die Entitäten so gut wie möglich im Rahmen dieses Buches darzustellen. Weshalb sie in dieser Weise definiert worden sind, ist aber nicht relevant für uns. Wichtig ist nur wie es adäquat Informationen für Ihr Projekt liefern kann. Es kommt sehr häufig vor, dass fremde Modelle vorliegen und in der gegenwärtigen Form eingebunden werden müssen. Ich denke, dass deshalb auch dieser Abschnitt eine interessante Übung für Sie darstellt.

5.13.9.4 Die Entität „Haushaltstitel"

Haushaltstitel sind eine kostenrechnerische Größe. Jeder Titel enthält ein gewisses Budget, das für anfallende Ausgaben verwendet wird. Je nachdem um welche Art der Ausgabe es sich handelt, wird ein entsprechender Titel dieser Ausgabe zugeordnet und damit festgelegt, welches Budget diese Ausgabe deckt.

5.13.9.5 Die übrigen Entitäten

▷ WSTB: Enthält eine Liste aller verfügbaren Sachgebiete. Z. B. Oracle-Entwicklung, Beschaffung usw.

▷ WFUB: ist eine Funktionsliste, die beschreibt, welche personellen Funktionen im Unternehmen auftreten können, z. B. Teamleiter, Abteilungsleiter, Referent usw.

▷ STEI: bestimmt ein konkretes Sachgebiet. Dazu sind Daten notwendig, wann das Sachgebiet festgelegt worden ist und wie lange es Bestand hat.

▷ SPER: Das ist eine Intersektions Entität zwischen STEI und PERS. Sie enthält alle Daten, welche Person, wann und in welches Sachgebiet eingetreten ist, und wie lange sie darin verblieb.

5.13.10 Die Bestellung

Jede Bestellung enthält eine Firma und Positionen. Somit besteht zwischen Firma und Bestellung eine 1:N-Relation. Firma (1), Bestellung (N). Dieselbe Relation besteht zwischen der Bestellung und deren Positionen. Bestellung (1), Positionen (N). Hinzu kommt das Feststellschreiben. Jedes Feststellschreiben kann mehrere Bestellungen betreffen. Festschr (1), Bestellung (N). Mit dem Eingang der Ware können die Daten in der Datenbank erfasst werden. Dazu zählen der Preis und die Liefermenge. Das Bestellschreiben allein kann dafür nicht verwendet werden, da erst beim Eingang der Lieferung Ist-Daten vorliegen. Nachdem die Kopfdaten der Bestellung wie Bestellnummer, Datum, Feststellschreiben, falls vorhanden, usw. eingetragen sind, können die Positionen anhand des Antrags bestimmt werden. Beispielsweise werden durch den Typ „Drucker" aus dem Antrag dem Anwender in der LOV alle Druckerarten angeboten und er wählt daraus den HP Deskjet 569 als Bestellposition.

5.13.10.1 Die Entität „Bestellung"

Die Abbildung zeigt den Inhalt dieser Entität.

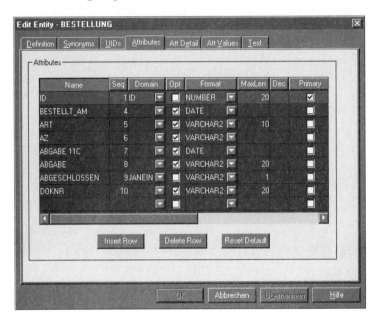

Abbildung 5.59: Entität „Bestellung", Attribute

Entität „Bestellung":

Attribute	Beschreibung
Aktenzeichen	Ein Bestellbetrag über eine gewisse Summe erhält ein Aktenzeichen.
Abgabe	Name der Person, an die die Bestellung zur Weiterverarbeitung geleitet wird.
Abgabe I1c	Datum, wann diese Abteilung den Vorgang erhält.
Dok_Nr	Namen des Bestellschreibens, anhand dessen das Schreiben als Word Datei zu öffnen ist.

Tabelle 5.27: Attribute der Bestellung

5.13.10.2 Die Entität „Positionen"

Die verschiedenen Positionen einer Bestellung besitzen eine gewisse Regelmäßigkeit, sie wiederholen sich. Deshalb werden die Positionen analog zu den Gegenständen nicht direkt in der Tabelle Positionen erfasst. Sie enthält lediglich die allgemeinen Daten einer Bestellposition wie den Preis, Liefermenge und die Mwst. Dem Stückpreis wird der Datentyp „Money" zugewiesen. Beachten Sie dabei bitte, dass Sie in der Spalte „Dec" die Anzahl der Dezimalstellen (zwei) festlegen müssen, damit Oracle dieses Format korrekt verarbeitet.

Definieren Sie außerdem eine UID „Pos2" und legen Sie als Contents die Relationen der Bestellung und des Gegenstandes fest. Damit kann jeder Gegenstand nur einmal einer Bestellung zugeteilt werden. Es macht wenig Sinn, einen Gegenstand in einer Bestellung doppelt zu erfassen, da es hierfür die Mengenspalte gibt. Das ist ein wesentlicher Unterschied zum Antrag, wo jeder Gegenstand mehrmals pro Antrag auftreten kann, denn jetzt liegen konkrete Produkte vor. Beispiel: Zwei Gegenstände „Software" können das Microsoft Office Produkt und das Betriebssystem Windows, also unterschiedliche Produkte betreffen. Damit jeder festgelegte Gegenstand einer Position zugeordnet werden kann, muss eine 1:N-Relation zwischen Gegenstand (1) und Position (N) definiert werden. Die Abbildung 5.60 enthält alle erforderlichen Attribute.

Abbildung 5.60: Entität Positionen, Attribute

▷ Das Attribut „Rechnum" enthält die Rechnungsnummer der Bestellung.

▷ „Baymbs" ist der Name eines Rechenprogramms. Zu jedem Betrag (Stückpreis) muss festgestellt werden, ob eine entsprechende Berechnung (die für uns nicht weiter relevant ist) bereits vorgenommen wurde und mit „Ja" bzw. „Nein" dokumentiert werden.

Die Abbildung 5.61 enthält das fertige Datenmodell.

Die beiden Attribute „Rechnum" und „Baymbs" sind darin nicht enthalten, doch zur Darstellung aller Relationen erfüllt es dennoch seinen Zweck.

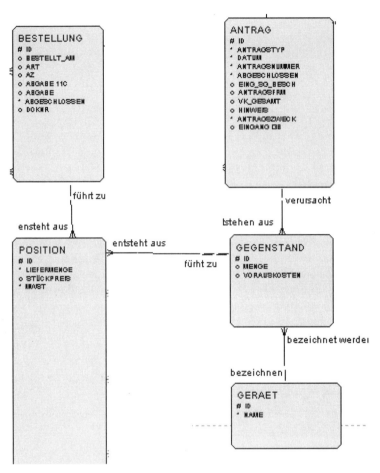

Abbildung 5.61: ER-Modell, Bestellung

5.13.10.3 Die Entität „Beskos"

Beskos steht für Bestell-Kostenstellen. Sie speichert die aus dem Antrag analog übernommenen Kostenstellen für die Bestellung und weist jeder Kostenstelle, entsprechend dem festgelegten prozentualen Anteil der Soll-Kosten an den Kostenstellen des Antrags, einen prozentualen Anteil der Ist-Kosten jeder Position zu. Aus diesem Grund müssen für jede Position die Kostenstellen aus dem zugrundeliegenden Antrag übernommen und die prozentualen Ist-Kosten Anteile ihnen zugeteilt werden. Anschließend werden aufgrund des Ist-Kosten Anteils an jeder Kostenstelle die verbleibenden Vorauskosten (Sollkosten) des Antrags ebenfalls anteilig für jede Kostenstelle ermittelt (SK_VGL). Der Begriff ist hier ein wenig irreführend. Als verbliebene Voraussichtliche Kosten (VK) bezeichnet man die Differenz zwischen den VK und den Kosten für festgelegte Gegenstände im Antrag. Ein anderer Begriff dafür wäre RestBudget eines Antrags. Sie werden darüber hinaus in Ihren Modulen die übrigen Gesamt-Sollkosten eines Antrags zu jeder Position berechnen lassen und so einen besseren Überblick gewährleisten.

Datenmodell des Projekts entwickeln 143

Die Aufgabe des Anwenders soll lediglich darin bestehen, die Kostenstellen im Antrag festzulegen und jede Position mit den Ist-Kosten (Nettopreis), sowie der Liefermenge und des Mwst. Satzes zu versehen. Sie als Entwickler sorgen für die notwendige Ablauflogik, indem Sie diese Operationen dem System überlassen. Dazu müssen Sie die notwendige Programmierarbeit durchführen und sich eine entsprechende Logik überlegen. Bei der Erstellung Ihrer Module werde ich diesen Prozess im Detail beschreiben und die dafür notwendigen Trigger schrittweise erläutern, sodass sie mühelos nachvollziehbar sind. Zugegeben, die unternehmerischen Anforderungen sind nicht ganz einfach, deshalb werde ich Ihnen durch ein Beispiel die Zusammenhänge zwischen Soll-Kosten, Ist-Kosten und die Berechnung der Anteile an dieser Stelle nochmals vergegenwärtigen.

Antrag Nr.	VK Gesamt	Kostenstellen (K) und anteilige Beträge	Gegenstände
A 1000	8000.-	K.132 2000,- <= 25% v. 8000.-	G1 Bildschirm
		K.130 6000,- <= 75% v. 8000.-	
		Soll-Kosten 8000,- 100%	G2 Software

Tabelle 5.28: Beispiel voraussichtliche Kosten 1

Best. Nr.	Position aus Antrag	Ist-Kosten	Ist-Kosten anteilig An Kostenstellen
B 2000	P1 A1000 G1	4000,-	K. 132 1000,- (25% v. 4000)
			K. 130 3000,- (75% v. 4000)
	P2 A1000 G2	2000,-	K. 132 500,- (25% v. 2000)
			K. 130 1500,- (75% v. 2000)

Tabelle 5.29: Beispiel voraussichtliche Kosten 2

Definieren Sie die Entität wie in der folgenden Abbildung dargestellt:

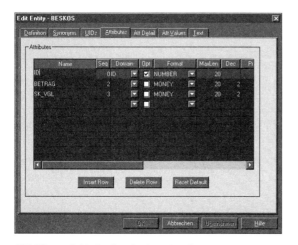

Abbildung 5.62: Entität Beskos, Attribute

Attribute:

▸ Betrag: enthält die anteiligen Istkosten der Kostenstelle.

▸ SK_VGL: Soll-Kosten Vergleich, d.h. die Differenz zwischen den voraussichtlichen Kosten und den Ist-Kosten kostenstellenanteilig.

Auch hier ist eine UID nicht notwendig. Analog zur Entität „Antkos" wird auch hier die Entität „Kost" aus der „Fremdapplikation" übernommen. Damit ergeben sich folgende Relationen:

▸ Position (1) : Beskos (N)

▸ Kost (1) : Beskos (N)

Für die Berechnung der restlichen Vorauskosten (SK_VGL) des Antrags anteilig für jede Kostenstelle ist eine Relation zwischen Antkos und Beskos unumgänglich, denn die Sollkosten aus Antkos müssen den Ist-Kosten in Beskos gegenübergestellt werden. Auf den ersten Blick werden Sie feststellen, dass über die Positionen, Gegenstand und Antrag bereits eine Verbindung existiert. Diese kann jedoch nicht verwendet werden, denn zwischen Beskos und Antkos befindet sich eine Fächerfalle. Die Abbildung 5.63 enthält das Datenmodell.

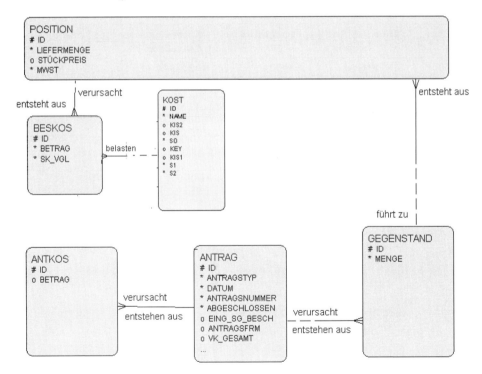

Abbildung 5.63: ER-Modell, Beskos

Datenmodell des Projekts entwickeln

Die Entität Beskos enthält in dieser Abbildung das Attribut SK_VGL, von dem ich Sie bitten würde, es nicht zu berücksichtigen. Es spielt in Ihren Anwendungen keine Rolle, weshalb ich dieses Attribut in der Abbildung 5.62 nicht dargestellt habe.

Betrachten wir die Tabelle 5.27:

GEGENSTAND	ANTRAG	ANTKOS
ID 1 ANT_FK 455	ANT_ID 455	ID 1 ANT_FK 455
ID 2 ANT_FK 455		ID 2 ANT_FK 455
ID 3 ANT_FK 455		ID 3 ANT_FK 455
ID 4 ANT_FK 455		ID 4 ANT_FK 455

Tabelle 5.30: Beispiel Fächerfalle

Mit diesem Modell ist der Zugriff auf eine bestimmte Instanz von Antkos nicht realisierbar. Angenommen Sie befinden sich auf Ihrem Weg von einer Position über den Gegenstand hin zu den Kostenstellen (AntKos) in der Entität „Gegenstand" im Datensatz mit der ID 4 und Sie möchten von dort aus den Antkos Datensatz mit derselben ID ansprechen.

Das ist nicht möglich, da die Verbindung über den Fremdschlüssel des Antrags realisiert ist. Im Ergebnis werden Ihnen alle Datensätze von Antkos angezeigt, welche dem Ant_FK 455 entsprechen. Sie können die Antkos ID 4 nicht singulär selektieren. Abhilfe schafft hier nur eine weitere Relation zwischen Antkos und Beskos. Wie wir bereits festgestellt haben, sind die Kostenstellen aus dem zugrundeliegenden Antrag einer Position, für alle Positionen zu übernehmen, die aufgrund von Gegenständen aus diesem Antrag entstanden sind. Daher wiederholen sich die Kostenstellen aus Antkos für jede Position desselben Antrags in Beskos.

▶ Antkos (1) : Beskos (N)

▶ Vergessen Sie die Validierung nicht. Denkbar wäre bei Antkos „führt zu" und bei Beskos „entstehen aus".

Die Tabelle 5.27 enthält ein Zuordnungsbeispiel, das Ihnen auf anschauliche Weise darlegt, weshalb diese Relation so wichtig ist. Sie führt das Beispiel aus den Tabellen 5.25 und 5.26 fort.

Ist-Kosten anteilig An Kostenstellen	Summe der Ist-Kosten Kostenstellenbezogen		Soll-Kosten aus Antkos Kostenstellenbezogen
K. 132 1000,- (25% v. 4000)	1000.-		K 130 2000.-
K. 130 3000,- (75% v. 4000)	+	3000.-	2000.- - **1500**.- = 500.-
		+	
K. 132 500,- (25% v. 2000)	500.-		K 132 6000.-
K. 130 1500,- (75% v. 2000)		1500.-	6000.- - **4500**.- = 1500.-
	1500.-	**4500.-**	

Tabelle 5.31: Beispiel voraussichtliche Kosten 3

Für die Berechnung ist jede anteilige Kostenstelle einzeln aus Antkos notwendig. Aus diesem Grund muss eine Relation zwischen Antkos und Beskos definiert werden.

Die Entität „Beskos" repräsentiert damit eine Intersektionstabelle zwischen Antkos und Position und das ist absolut korrekt wie die Validierung zeigt.

- „Jede Kostenstelle aus Antkos führt zu beliebigen Positionen".
- „Jede Position kann mehrere Kostenstellen verursachen".

5.13.10.4 Die Hard- und Software-Entitäten

Bei der Definition der Entität „Firma" habe ich bereits die Definition dieser Entitäten vorweggenommen. Jetzt zeige ich Ihnen den weitergehenden Aufbau der Hardware-Entitäten. Wie im Antrag, werden die konkreten Bestellpositionen wie z.B. Drucker: Hp Deskjet 456 aus einer vorgefertigten Liste ausgewählt. Diese Information setzt sich aus mehreren Objekten bzw. Entitäten zusammen. In Kapitel 5.11.9.5 gab ich Ihnen bereits viele Informationen darüber, wie die Hardware-Entitäten im Zusammenhang mit der rekursiven Relation implementiert werden. Im Kapitel 6 werde ich Ihnen die Verwendung und Einsatzmöglichkeit einer Lookup View, die für die Hard- und Software-Entitäten unentbehrlich ist, präsentieren. Beide Themen stehen in Bezug auf das Projekt in unmittelbaren, Zusammenhang. Im 8. Kapitel stelle ich Ihnen vor, wie die Definition einer Lookup View auf Basis der hier definierten Hardware-Entitäten, und der Einsatz dieser View in der Bestellung konkret erfolgt.

Zuerst jedoch sind die notwendigen Entitäten und Relationen zu definieren. Es existiert folgende Hierarchie:

- *Technische Verteilung:* Die Entitäten werden beispielsweise nach Drucker, Bildschirm, Festplatte usw. unterschieden. Jede Komponente erfordert somit eine eigene Entität.
- *Typisierung:* Jede Komponente existiert in diversen Ausprägungen. So können Drucker in Nadel-, Tintenstrahl-, Laserdrucker usw. klassifiziert werden. Jede Klassifizierung repräsentiert eine Instanz der Entität „Drucker". Ich definiere die Entitäten „Drucker", „Bildschirm" und „Software".
- *Produkte:* Um bei dem Beispiel zu bleiben, können für Laserdrucker wiederum diverse Produkte vorhanden sein, z. B. HP-Deskjet 900, HP-Deskjet 350 usw. Das erfordert eine 1:N-Relation, bei der die Entiät DRUCKER den künftigen Master und eine weitere Entität, ich nenne sie DRPROD, die Detail Tabelle darstellen wird.

Softwareprodukte entstehen demzufolge aus dem Typ z.B. Windows und dem Produkt NT 4.0. Der Grund für diese Lösungsvariante liegt in der Transparenz dieses Ansatzes. Das Modell kann sehr einfach erweitert werden, indem Sie eine neue 1:N-Relation und die dazugehörigen Entitäten definieren. Es ist auch kein größerer Aufwand notwendig, die Lookup View aus diesen Entitäten zu modifizieren. Jede Position einer Bestellung kann stets nur eine bestimmte Komponente enthalten. Entweder einen Drucker oder eine Festplatte usw. niemals jedoch zwei Komponenten

Datenmodell des Projekts entwickeln 147

gleichzeitig. Dazu ist eine neue Bestellposition notwendig. Ich definiere dazu eine exklusive Beziehung zwischen den Entitäten (Arc Bogen) der Hardware Komponenten, um diese Funktion datenbanktechnisch sicherzustellen. Auf der nächsten Seite finden Sie das entsprechende Datenmodell. Was hier fehlt, ist lediglich der Bezug zwischen Firma und verfügbare Produkte einer Bestellung. Dieser Forderung bin ich, wie eingangs bereits erwähnt, schon bei der Definition der Entität „Firma" nachgekommen. Dort habe ich auch das Datenmodell umfassend dargestellt. Hier beschäftige ich mich jedoch damit, die Komponenten selbst im Detail zu definieren und erläutere die exklusive Beziehung.

Definition der exklusiven Beziehung

In der Online Hilfe findet sich unter dem Suchbegriff: „About entity relationship arcs" eine genaue Anleitung, wie exklusive Beziehungen zu definieren sind. Ohne Arc kann unser Projekt nicht realisiert werden. Deshalb komme ich nicht umhin, Ihnen etwas mehr als nur den Hinweis auf die Online Hilfe anzubieten.

Arcs definieren:

1. Selektieren Sie jede Beziehung, die Bestandteil des Arcs werden soll. Halten Sie die CTRL Taste währenddessen gedrückt. Wenn Sie die End-Namen einer Beziehung anstelle der Beziehung selbst selektieren, müssen Sie nicht die Entität, die mir der Beziehung verbunden ist, selektieren, bevor Sie einen Arc kreieren.
2. Selektieren Sie alle Entitäten deren Relationen Bestandteil des Arcs werden, um festzulegen, welches Ende der Relation in dem Arc einbezogen wird.
3. In der Werkzeugleiste wird daraufhin eine Schaltfläche aktiv, die einen Arc-Bogen enthält. Klicken Sie darauf und der Arc ist definiert.

Beziehungen einem Arc hinzufügen:

1. Selektieren Sie im ER-Diagrammer den Arc, welchem eine Beziehung hinzugefügt werden muss.
2. Halten Sie CRTL gedrückt und selektieren Sie die Relation oder die End-Namen der Relation, die Sie hinzufügen möchten.
3. In der Werkzeugleiste wird daraufhin eine Schaltfläche aktiv, die einen Arc-Bogen und ein grünes + enthält. Klicken Sie darauf. Die Relation ist damit Bestandteil des Arcs.

Beziehungen aus einem Arc entfernen:

1. Selektieren Sie im ER-Diagrammer den Arc, aus dem Sie Relationen entfernen möchten.
2. Halten Sie die CTRL Taste gedrückt und selektieren Sie die Relation oder die End-Namen der Relation, die Sie entfernen möchten.
3. In der Werkzeugleiste wird daraufhin eine Schaltfläche aktiv, die einen Arc-Bogen und ein grünes x enthält. Klicken Sie darauf. Die Relation wird aus dem Arc entfernt.

ER-Diagramm

Die Entität SOFTWARE und SOROD sind im Prinzip richtig definiert, aber beim Thema Software spielen auch Lizenzen eine Rolle, die im vorliegenden Modell nicht berücksichtigt sind. Auf dieses Thema kann ich im Rahmen dieses Buches leider nicht mehr eingehen, obwohl es interessant wäre, denn es behandelt unter anderem das Thema Historien und 1:X-Relationen. Für die Bestellung ist das aber nicht weiter von Bedeutung. Ich habe auch nicht alle existierenden HW-Objekte integriert, sondern nur einige. Sie können das Modell jedoch für Ihre Zwecke jederzeit ergänzen.

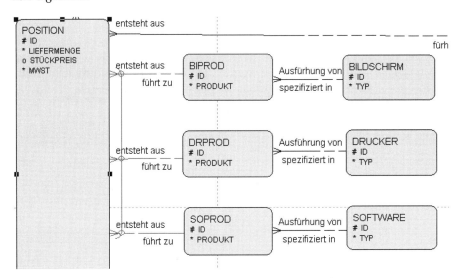

Abbildung 5.64: ER-Modell, Hard-, Software-Entitäten

BIPROD steht für Bildschirm-Produkt, analog dazu habe ich die übrigen Entitäten bezeichnet. Für den Anwender darf jedoch in der fertigen Anwendung lediglich eine Spalte für die Bestellposition existieren, wo er die entsprechende Eintragung vornimmt. Deshalb ist eine explizite Umsetzung, die mehrere Fremdschlüsselspalten erzeugt, nicht sinnvoll. Das ist der Grund dafür, wie Sie im bisherigen Verlauf des Buches bereits erfahren haben, für die generische Implementierung des Konstrukts. Aus Gründen der Dokumentation werden wir die exklusive Beziehung dennoch hier definieren. Fügen Sie den Arc deshalb in das Modell ein. Verwenden Sie eine besondere Farbe zur Kennzeichnung und tragen Sie eventuell in der Entität Position im Dialog „Edit Entity" Register „Text" einen entsprechenden Kommentar ein, der über Ihre Absichten aussagt. Aufgrund des ER-Modells der Abbildung 5.58 erhält jede hwsw-Entität einen Bezug zur Entität Firma. Ergänzen Sie deshalb das obige Modell indem Sie eine Relation, ausgehend von der FIRMA (1) hin zu jeder HWSW-Entität (N) definieren.

5.13.10.5 Die Bestellfirma

Im Zuge der Antragsverwaltung ist die Entität „Firma" bereits vorhanden und befindet sich in Ihrem ER-Modell. Sie verwenden für die Bestellung selbstverständlich dieselbe, nur mit dem Unterschied, dass es sich beim Antrag um eine M:N-Beziehung handelte, wogegen jetzt eine 1:N-Relation jeder Bestellung eine Firma zuordnet, denn jede Bestellung betrifft selbstverständlich stets nur eine Firma. Dadurch, dass ich eine Relation, ausgehend von der Firma, sowohl der Bestellung als letztendlich auch den Hardware-Entitäten zuordne, kann die angebotene Produktliste einer Bestellung, die zur Vergabe der Position geöffnet wird, auf diesen konkreten Händler bezogen werden. Das bedeutet es werden nur diejenigen Produkte angeboten die sich im Sortiment des Händlers befinden. In der fertigen Anwendung wird der Sachbearbeiter zuerst die Bestellfirma festlegen. Oracle prüft beim Öffnen der Produktliste, welche Bestellfirma vorliegt und zeigt deren Produktsortiment aus dem er die gewünschte Auswahl vorliegt. Enthält die Liste nicht die gewünschten Produkte, muss eine andere Bestellfirma ausgewählt werden. Im 8. Kapitel entwickeln wir ein Modul, das die Pflege dieser Daten ermöglicht.

5.13.10.6 Der Rechner

Die Hardware-Entitäten spezifizieren jeweils eine konkrete Bestellposition. Daneben existiert aber auch die Möglichkeit, als Bestellpositionen einen vollständigen Rechner mit Peripherie zu bestimmen. Dazu muss das Modell allerdings erweitert werden. Wir benötigen eine Entität „Rechner", die zwischen der Position- und den Hardware-Entitäten mit folgenden Relationen definiert wird:

- Position (1) : Rechner (N)
- Hardware-Details (1) : Rechnerkomponente (N)

Die Zuordnung Hardware-Details betrifft nur jene Hardware-Entitäten, die als Peripherie und Komponenten in Fragen kommen. Dazu sind zu zählen:

- Board
- interne Festplatte
- Grafikkarte
- Drucker
- Scanner usw.

Die Liste kann beliebig ergänzt werden.

Wenn ein Anwender einen bestimmten Rechner als Position angibt, werden dessen Komponenten separat festgelegt. Dazu müssen die entsprechenden Entitäten verfügbar sein, weshalb sie sich alle in Relation zur Entität „Rechner" befinden müssen. Für Sie als Entwickler hat dies zur Folge, dass sowohl Beziehungen der Hardware-Entitäten zur Entität „Position", als auch zur Entität „Rechner" implementiert werden müssen. Ich habe hier nicht sämtliche rechnerbezogenen Entitäten integriert, sondern beschränke mich analog zu den bisherigen nur auf die wesentlichsten. Sie können das Modell, wie bereits erwähnt, jedoch beliebig erweitern. Bei allen Relationen handelt es sich um „kann"-Beziehungen. Jede Komponente kann

Bestandteil der Entität „Rechner" sein. Umgekehrt muss aber nicht jeder Rechner aus allen Komponenten bestehen. Die Abbildung 5.65 zeigt das fertige Modell. Damit Sie die verschiedensten Rechnertypen in Ihre Verwaltung integrieren können, benötigen Sie entsprechende Rechner-Entitäten. Analog zu den bisherigen HWSW-Entitäten definieren Sie dazu am besten eine Entität Rechner (1) und eine Namens Reprod (N). Verwenden Sie dieselben Attribute wie in den bisherigen Hard- und Software-Entitäten. Reprod (1) hat wiederum eine Beziehung zu der Entität Position (N) und muss sich in dem bereits vorhandenen Arc befinden. Die Rechnerkomponenten existieren ebenfalls noch nicht. Ich habe deshalb der Abbildung 5.65 einige hinzugefügt. Der Anwender legt einen Rechner als Bestellposition fest und trägt anschließend alle enthaltenen Komponenten in die Entität „RECOM" (RECHNER-KOMPONENTEN) ein, die wiederum aus den Produkt-Entitäten entnommen werden.

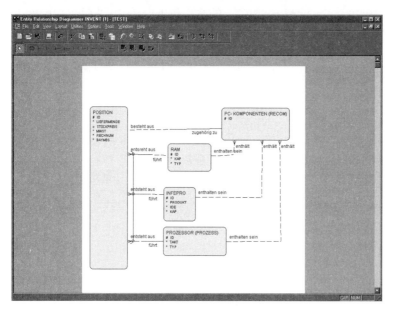

Abbildung 5.65: ER-Modell, Rechner-Entitäten

Die Entitäten „RAM" und „Prozessor" weichen von dem bisherigen Aufbau dahingehend ab, da es sich bei Ihnen um einzelne Entitäten ohne Prod-Entität wie bei Bildschirm => Biprod handelt. Die Entität „InFePro" (Interne Festplatte Produkt) besitzt dagegen eine Master-Entität namens InFePlatte (Interne Festplatte), welche ebenfalls dieselben Attribute enthält wie z.B. die Entität „Bildschirm". Fügen Sie deshalb folgende Entitäten und Attribute in das Modell noch ein. Betrachten Sie dazu am besten das Datenmodell auf der CD-ROM. Gemäß der Definition der Firma für die Bestellungen, müssen wir entsprechende Relationen zu den Entitäten RAM, INFEPRO und PROZESSOR, wie beispielsweise bei der Entität Bildschirm einfügen (Firma (1) HW-Entitäten (N)).

Entitäten	Attribute Prod (N)	Attribute Typ (1)
	Reprod	Rechner
Anbinden an die Entität	-ID	-ID
	-Produkt	-Typ
POSITION		
	InFeProd	InFePlatte
	-ID	-ID
	-Produkt	-Typ
	-IDE	
	-KAP	

Tabelle 5.32: Attribute der Rechner-Entitäten

5.13.10.7 Das Feststellungsschreiben

Das Feststellungsschreiben kurz Feststellschreiben, aus dem sich der Begriff Festschr ableitet, ist ein behördliches Dokument, dessen Zweck für uns nicht weiter relevant ist. Wichtig für uns ist die Tatsache, dass zu jedem einzelnen dieser Dokumente mehrere Bestellungen vorliegen können und dieses Dokument in der Datenbank zu jeder Bestellung zu speichern ist. Es können jedoch auch Bestellungen ohne dieses Dokument existieren. Deshalb ist eine weitere 1:N-Relation und die Entität FESTSCHR notwendig.

Festschr (1) : Bestellung (N)

Es ergibt sich das folgende Datenmodell:

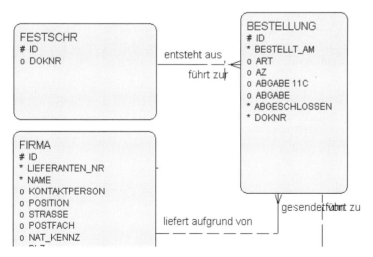

Abbildung 5.66: ER-Modell, Festschr Entitäten

Die Besonderheit liegt darin, dass die Entität „Bestellungen" in dem künftigen Bestellmodul eine Schlüsselrolle übernimmt. Sie wird dort Bestandteil des beim Öffnen der Anwendung stets sichtbaren, obersten Datenblocks und damit der oberste (stets sichtbare) Master des Moduls. Da außerdem auch Bestellungen ohne Feststellschreiben existieren können, muss die Entität „Bestellung" als Tabellenverwendung im fertigen Modul unabhängig existieren können. Konkret bedeutet dies, dass das Bestellmodul alle Bestellungen anzeigen muss, unabhängig davon, ob Feststellschreiben vorhanden sind oder nicht. Damit entfällt die Verwendung der SM-Tabelle als „echte" Detail-Tabellenverwendung innerhalb des Moduls. Sie muss vielmehr Master und Detail Funktionalitäten in sich vereinen. Für das Datenmodell hat dies keinerlei Auswirkungen. Es führt jedoch zu Konsequenzen für das künftige Bestellmodul und erfordert damit eine gesonderte Abhandlung, die ich in Kapitel 7 vornehme.

Herzlichen Glückwunsch, damit haben Sie das Datenmodell erstellt und wir werden im nächsten Kapitel die Transformation des Modells in ein Tabellenschema vornehmen einige Datensätze manuell eintragen und uns dann dem Hauptteil des Buches, den Modulen, widmen. Auf der CD-ROM finden Sie das komplette Datenmodell. Ich hoffe, Sie sind durch die Vorgaben nicht abgeschreckt worden, doch erst diese etwas umfangreicheren Anforderungen benötigen Module erfordern den vollen Leistungsumfang, den der Designer zu bieten hat. Ich denke deshalb, dass Sie jetzt erst richtig gespannt sein dürfen. Bevor ich damit beginne, möchte ich Ihnen als Ergänzung und Abschluss des fünften Kapitels einige Begriffe im Zusammenhang mit dem Design Editor vorstellen.

5.13.11 Server Model Navigator des Design Editors

In den nächsten Kapiteln wird der Design Editor verstärkt zum Einsatz kommen. Ich möchte Ihnen deshalb einige Begriffe aus der Sprachterminologie im Umgang mit dem Design Editor vorstellen. Sie werden diese Begriffe in Ihrer Praxis nicht häufig finden. Es handelt sich dabei mehr um theoretische Ausdrücke, die ich weiterhin nicht verwenden werde. Sie stammen aus dem objektorientierten Programmierbereich.

Elementklasse

Die Element- oder primäre Elementklasse sind Bestandteile des Datenbank- und des gesamten Applikationssystems (Repository). Das Repository stellt die Objekte in einer Baumstruktur dar. Sie können durch einfaches Klicken auf die entsprechenden Objekte (Elementklassen) geöffnet werden und sind in weitere Teilobjekte (sekundäre Elementklassen) gegliedert.

Elementklassen unterscheiden sich in primäre und sekundäre Elementklassen. Primäre Elementklassen gehören direkt zum Anwendungssystem. Dazu zählen:

- Entitäten
- SM-Tabellen (Relational Table Definitions)
- Funktionen (Functions)

Datenmodell des Projekts entwickeln 153

- Prozesse (Process)
- Module

Die Elementklassen, die innerhalb des eigenen Datenbanksystems verfügbar sind, werden als Primärzugriffs-Elementklassen bezeichnet. Ein synonymer Begriff für (primäre/sekundäre Elementklassen) ist die Bezeichnung Knoten. Ich werde im Buch den Begriff Knoten verwenden und nicht jedesmal im Einzelnen darauf eingehen, ob es sich um eine primäre oder sekundäre Elementklasse handelt, da der Name des Knotens dem Leser ohnehin mitteilt, wo sich die Elementklasse in der Hierarchie des gesamten Systems befindet.

Sekundäre Elementklassen sind ein Bestandteil der primären Elementklassen.

- Attribute, gehören zur Elementklasse der Entitäten.
- Spalten, zählen zur Elementklasse der SM-Tabellen.
- Prozesssteps sind Bestandteil der Elementklasse Prozess.
- Modulkomponenten die Bestandteil eines Moduls sind, usw.

Beispiel

Der Knoten „Columns" ist eine sekundäre Elementklasse innerhalb des Knotens „relational Table Definition" (primäre Elementklasse) im SMN oder RON.

Allgemein gilt: Jedem Element besitzt als Basis eine Elementklasse. Man könnte auch formulieren, dass ein Element eine konkrete Instanz einer Elementklasse darstellt. Z.B. ist ein bestimmtes Forms-Modul eine Instanz der Elementklasse Module, oder eine bestimmte Entität eine Instanz der Elementklasse-Entitäten.

Die Instanz ist die konkrete Ausführung einer bestimmten Elementklasse. Die Erweiterung einer Elementklasse zeigt alle gültigen Sekundär-Zugriffs-Elementklassen.

Die Beispiel Entität zeigt in der Erweiterung (primäre Zugriffselementklasse im RON) alle gültigen sekundären Zugriffselementklassen

- Beziehungen
- Synonyme
- Eindeutige Bezeichner (UIDs)
- Attribute
- Entity business unit usages (Zuordungsklasse).

Daneben existieren sogenannte Zuordnungsklassen. Eine Zuordnungsklasse ist eine Elementklasse, die einer anderen Elementklasse zugeordnet ist. Elementklassen werden zu Zuordnungsklassen, wenn beispielsweise Prozessschritte aufeinanderfolgen, sprich einander zugeordnet sind. Analog dazu werden Entitäten als Zuordnungsklassen bezeichnet, befinden sie sich in Relation zu anderen Entitäten.

6 Entitäten transformieren und generieren

Die bisherigen Ausführungen dienten vollständig der Systemanalyse, sprich der Theorie. Zugegeben, der Einsatz des Database Design Transformers erzeugt auch noch keine physikalischen Tabellen, jedoch ist er ein sehr wichtiges Werkzeug im Entwicklungsprozess. Durch das Transformieren erhalten Sie zum ersten Mal aus dem ER-Modell abgeleitete Entitäten in Tabellenform. Die Trennung zwischen ER-Modell und Datenmodell wird im Designer sehr exakt vorgenommen. Erst wenn ein stabiles ER-Modell vorhanden ist, wird daraus ein physisches Datenmodell abgeleitet. Der DDT führt den Übergang von der konzeptionellen zur technischen Realisierung durch. Sie können theoretisch auf den Einsatz des ER-Diagrammers verzichten und direkt im Design Editor das gesamte Modell konzipieren. Jedoch müssen Sie dann auf gewisse Features des Transformers, wie beispielsweise die Definition von Fremdschlüsselspalten und Namenskonventionen, verzichten. Bei kleinen Tabellen für Tests usw. kann man diesen Weg jedoch durchaus einschlagen.

Mit Hilfe des Design Editors können Sie die Ergebnisse des DDT überprüfen und dementsprechend bearbeiten. Sie erstellen Diagramme, damit Sie einen optischen Vergleich zum ER-Modell erhalten. Sie legen die Anzeigeeigenschaften und weitere Standards fest. Sie überprüfen komplexe Relationen und die daraus abgeleiteten Spalten (Fremdschlüssel). Die Definition von Sequenzen auf Ihre künstlichen Schlüssel garantiert die Integrität der Datenbank. Sie bearbeiten die Transformationen von Sub-Supertypen und Arcs gemäß Ihren Anforderungen und bestimmen deren Eigenschaften. Sie definieren Views und falls notwendig ergänzende Beziehungen. Sie generieren am Ende die Server Modell Tabellen physikalisch in die Datenbank. Kurz, der Design Editor wird Ihr wichtigstes Werkzeug werden. Bevor wir uns jedoch an die Transformation des ER-Modell heranwagen, möchte ich den bisherigen Entwicklungsprozess nochmals rekapitulieren.

6.1 Der bisherige Entwicklungsprozess

Zu Beginn definierten wir ein optisches Modell, das Prozessmodell, für die vorhandenen Unternehmensanforderungen. Es trägt maßgeblich zur Orientierung für die Entwickler und zur Kommunikation mit den Anwendern bei. In dieser Phase der Analyse bildet der Prozess die Grundlage für das gesamte Projekt. Auf dieser Basis ist die Entwicklung einer modernen Datenbank gekennzeichnet durch das Verbinden von Prozessen und Abläufen mit den zur Durchführung dieser Prozesse notwendigen Informationen. Die Prozesse werden mit Hilfe von Prozessmodeller, Dataflow- und Funktionshierarchie-Diagrammer definiert und geordnet. Für das Lesen, Schreiben und Verändern der benötigten Informationen entwickeln Sie das

Entity Relationship Diagramm. Es bildet alle erforderlichen Informationen der bedeutenden Objekte eines Unternehmens in Form von Entitäten und Attributen ab. Das ER-Modell ermöglicht damit eine übersichtliche und leicht verständliche Darstellung der Datenanforderungen, die für den Ablauf diverser Prozesse eines Unternehmens unentbehrlich sind.

Die im FHD festgelegten automatisierbaren Funktionen verwenden Daten aus dem ER-Modell. Automatisierbare Funktionen kennzeichnen Funktionen, die datenbanktechnisch realisiert werden können. Die Daten bzw. Informationen für deren Umsetzung sind durch die Definition des ER-Modells bereits hinreichend bekannt, und es entsteht eine Brücke zwischen Prozessen und Informationen. Jetzt kann die Arbeit mit dem DDT beginnen. Er sorgt für eine Erstumsetzung des Datedesigns aus der Phase der Analyse (ER-Modell). Im nächsten Schritt wird diese erste Umsetzung in SM-Tabellen (Server Modell Tabellen) durch den Einsatz eines Generators physikalisch auf die Datenbank übertragen. Damit ist der Bereich der Informationen abgeschlossen.

Die Umsetzung der Prozesse erfolgt, analog zur Transformation des ER-Modells, durch Transformation des Prozess- bzw. Funktionsmodells mit Hilfe des ADT (Applikation Design Transformer) zu Modulen. Im letzen Schritt des Entwicklungsprozesses werden die Module zu fertigen Anwendungen für diverse Benutzer generiert. Diese Aufgabe übernimmt eine spezieler Generator für Module. Dies wird das Thema des 7. Kapitels sein. Sie haben damit am Ende den kompletten Entwicklungszyklus einer Oracle-Datenbank erfolgreich abgeschlossen.

6.2 Ableitungen des Database Design Transformers

ER-Modell	SM-Diagramm
Entitäten	Tabellen
Attribute	Spalten
Relationen	Fremdschlüsselspalten
M:N Relationen	Auflösung in Referenztabellen (Intersektionstabellen)
Unique Identifier	Primärschlüsselspalten

Tabelle 6.1: Ableitungen des DDT

Die Transformation erfolgt nach bestimmten Regeln, die im DDT festgelegt sind, sodass die Übersetzung, je nach Komplexität des ER-Modells, automatisch erfolgen kann. Wie in früheren Kapiteln bereits dargelegt, können bestimmte ER-Typen nicht linear transformiert werden, da für sie mehrere Arten der Implementierung vorgesehen sind, die zum Teil nur manuell durchgeführt werden können. Ein gewisses Maß an Unterstützung bietet der DDT jedoch in jedem Fall an.

6.2.1 Die Transformation des Antrags

Zur Komplettierung werde ich alle Entitäten aus unserem Datenmodell im transformierten Zustand (als SM-Tabelle) vorstellen. Einziges Problem stellen dabei nur jene Entitäten aus der Fremdapplikation dar, die ich nicht explizit transformieren musste. Da Sie diese aber, aller Voraussicht nach, in einer eigenen Applikation definiert haben, liegt noch kein transformiertes Ergebnis vor. Deshalb enthält das Buch auch die transformierten Fremdentitäten.

Sie befinden Sie sich aus Platzgründen jedoch auf der CD-ROM. Dort erhalten Sie auch weiter Informationen für die Übernahme in Ihr System. Betrachten Sie dazu bitte die Datei: „Applikations System Restaurieren" und „das Datenmodell"auf der CD-ROM. Für den Fall, dass Sie keine Fremdapplikation erzeugen möchten und stattdessen alle Entitäten in einer einzigen Applikation definieren, ist die Darstellung aller SM-Tabellen sicherlich sehr hilfreich. Sie können sie mit Ihren Transformationen vergleichen. Im Projekt wurden diese Tabellen über das „sharing" in alle Diagramme eingefügt, sodass ich ein vollständiges Datenmodell erhalten habe. Transformieren Sie die gekürzten Entitäten und übernehmen Sie diese einfach analog zum ER-Diagramm in das SM-Diagramm.

Ich werde Ihnen hier nicht mehr viel Neues präsentieren sondern, der Einfachheit halber, jede Entität, und daneben das transformierte Ergebnis, aufzeigen. Vergessen Sie bitte nicht, im DDT die Option „Settings" und im Register „other Settings" die „Elements that you want prefixes generate for" zu spezifizieren (Kapitel 5.10.4), damit Ihr Ergebnis mit meinem übereinstimmt. Ich habe alle verfügbaren Präfixe aktiviert (Häkchen gesetzt).

Definieren Sie für alle künstlichen Schlüssel Ihrer SM-Tabellen Oracle Sequenzen und weisen Sie diese der Eigenschaft: „Sequence" in der Eigenschaftspalette der PK-Spalte zu.

A Der Antrag

Die SM-Tabelle (aus dem SM-Diagram) enthält jetzt alle relevanten Constraints, Primary- und Foreign Key Spalten sowie die erforderlichen Indizes und Unique Keys. Vergessen Sie bitte nicht dem Item Antr_Antragsnummer die Domäne ATYP zuzuordnen. Öffnen Sie dazu die Eigenschaften der Column in der SM-Tabelle und wählen Sie in der Eigenschaft „Domain" die Domäne „ATYP" aus. Sie befindet sich auf der CD-ROM. Sie erstellen ein SM-Diagramm indem Sie die entsprechende Tabelle aus dem Knoten „Relational Table Definitions" im Design Editor anklicken und bei gedrückter Maustaste in den freien Bereich neben den Navigator ziehen. Indem Sie die Maustaste loslassen, entsteht ein neues Diagramm und die SM-Tabelle wird darin eingefügt. Weitere Tabellen können beliebig folgen. Speichern Sie das Diagramm unter einem eindeutigen Namen, wie z.B. SMD_Inventarisierung. Jede transformierte Entität muss, da sie alle mit einem künstlichen Schlüssel (Surrogate Key) ausgestattet sind, über eine Oracle Sequence verfügen. Ich habe für die SM-Tabelle Antrag eine Sequence „Antr_ID" definiert und sie über die Eigenschaftspalette des Items Antr_ID in der Eigenschaft: „Sequence" der Tabelle zugeteilt. Vergessen Sie die Sequenzen in keiner Tabelle. Ob Sie für jede eine eigene oder dieselbe verwenden und welche Name Sie vergeben möchten, bleibt Ihnen überlassen.

Abbildung 6.1: SM-Tabelle Antrag

B Der Gegenstand

Abbildung 6.2: SM-Tabelle „Gegenstand"

C Die Entität „Antkos"

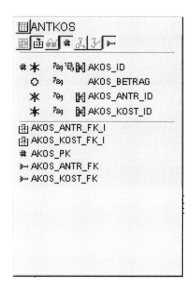

Abbildung 6.3: SM-Tabelle „Antkos"

D Die Entität „Antragsfrm2"

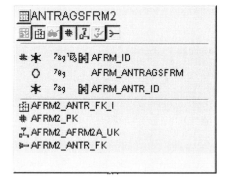

Abbildung 6.4: SM-Tabelle „Antragsfrm2"

E Die Firmenaufträge

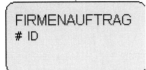
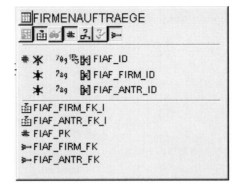

Abbildung 6.5: SM-Tabelle „Firmenaufträge"

F Die Geräte

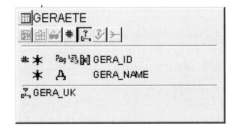

Abbildung 6.6: SM-Tabelle „Geräte"

G Die Firma

Anstelle der rekursiven M:N-Relation, definiere ich die Intersektions-Entität „HeHais" explizit, wie in der Abbildung ersichtlich. Sie können selbstverständlich auch eine implizite Definition vornehmen, indem Sie anstelle der Intersektions-Entität eine M:N-Rekursion (beidseitige „kann"-Relation) an die Entität „Firma" (Kapitel 5.13.8, Abbildung 5.58) legen. Das SM-Diagramm bleibt identisch.

Ableitungen des Database Design Transformers 161

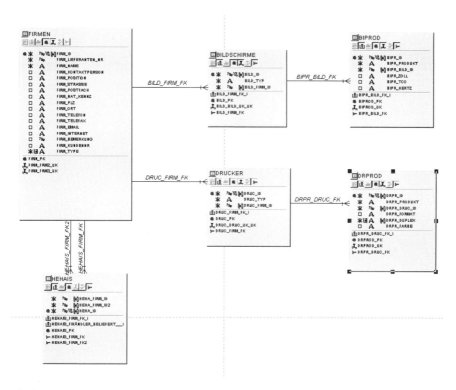

Abbildung 6.7: SM-Tabelle „Firmen"

Aufgrund der Subentitäten erhält die SM-Spalte Firm_Type im Knoten „allowed Values" die beiden Werte „HND1" und „HST1" zugewiesen.

6.2.2 Die Transformation der Bestellung

A Die Bestellung

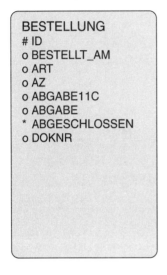

Abbildung 6.8: SM-Tabelle „Firmen"

B Das Festschr (Feststellungsschreiben)

Abbildung 6.9: SM-Tabelle „Festschr" (Feststellungsschreiben)

C Die Position

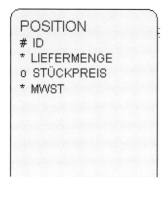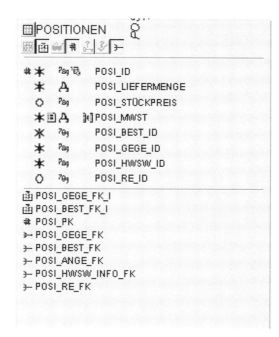

Abbildung 6.10: SM-Tabelle „Position"

Die Spalte Posi_hwsw_id ist manuell definiert und dient als FK-Spalte für die View HWSW_INFO. 'Manuell definiert bedeutet in diesem Kontext, dass Sie lediglich für Sie den Bezug zur View dokumentiert. Letztendlich benötigen wir hier 2 FK-Spalten, die ich Ihnen aber erst im Laufe des achten Kapitels erläutern werde (Kapitel 8.2.5).

D Die Hard- und Software-Tabellen

Die Abbildung 6.11 enthält drei Hardware-Produkte (ER-Modell Kapitel 5.13.10.4 Abbildung 5.64), die Sie beliebig nach Ihren Vorstellungen erweitern können. Definieren Sie die entsprechenden Entitäten einfach analog zu den in der dortigen Abbildung vorliegenden. Treten unterschiedliche Attribute auf, müssen Sie entsprechende Dummy-Spalten in der View HWSW-INFO vorsehen (dargestellt in Kapitel 8). Im weiteren Entwicklungsverlauf müssen sie entsprechend berücksichtigt werden. Weisen Sie den Master SM-Tabellen und den Detail SM-Tabellen je eine Sequenz zu. Es ist sehr wichtig, dass vor allem alle Detailtabellen die gleiche Sequenz erhalten. Erst dadurch erreichen wir eine generische View Implementierung. Ich habe für alle Master Entitäten und für alle Detail Entitäten je eine Sequenz definiert und zugeordnet. Die Oracle Sequence HWSW_ID1 für die Master, und HWSW_ID2 für alle Detailtabellen.

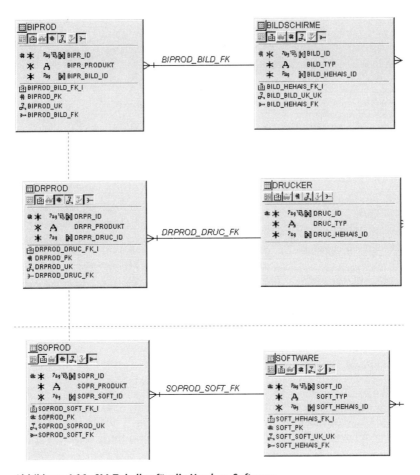

Abbildung 6.11: SM-Tabellen für die Hard- u. Software

Der Arc-Bogen wird nicht in die Transformation mit einbezogen, da wir eine generische Implementierung vornehmen möchten. Die notwendigen Einstellungen im DDT habe ich bereits im Kapitel 5 dargelegt.

Sobald Sie diese Tabellen in die Datenbank generiert haben, können Sie eine View in SQL+ aus diesen Tabellen definieren. Ich werde im weiteren Verlauf des Kapitels das Thema „Lookup View zur Implementierung generischer Arcs verwenden" eingehend behandeln. Sobald Sie die View erstellt haben, können Sie diese auf dieselbe Weise in ein SM-Diagramm integrieren wie normale SM-Tabellen. Im Kapitel 8 (Die Projektmodule) entwickeln wir die View HWSW_INFO gemeinsam und Sie brauchen sich an der Stelle nicht weiter darum zu kümmern. Sie erhält eine Master Detail Verbindung zur Position und in das SM-Diagramm eingefügt, entsteht die Abbildung 6.12.

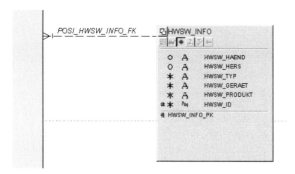

Abbildung 6.12: View HWSW_Info in SM-Diagramm eingebunden

Obwohl die View für die technische Realisierung verantwortlich ist, sollten Sie dennoch auch die zugrundeliegenden SM-Tabellen zur Vervollständigung in Ihr SM-Diagramm aufnehmen. Es empfiehlt sich beide, Tabellen und Views, in mittelbarer Nähe von einander zu plazieren. Da die View noch nicht vorhanden ist, können wir sie erst zu einem späteren Zeitpunkt in das Diagramm einfügen. Aufgrund meines Entschlusses, das Thema Transformation und SM-Diagramm geschlossen darzustellen, habe ich sie in das vorliegende Kapitel mit einbezogen.

E Die View Ant_Geg_Info

Es existiert eine weitere LookupView, die sich aus dem Gegenstand und dem Antrag zusammensetzt (auch Sie werde ich zu gegebener Zeit im Detail darstellen). Sie kann in derselben Weise wie die View HWSW_INFO im SM-Diagramm an die SM-Tabelle Positionen angehängt werden und ist für die Überführung der Antragsgegenstände in diverse Bestellpositionen verantwortlich. Ähnlich der Einschränkung der Produktliste auf alle Hersteller des aktuellen in der Bestellung festgelegten Händlers, kann eine weitere Einschränkung auf die Produkte aufgrund des Gegenstands aus dem Antrag vorgenommen werden. Im Endergebnis werden dem Bearbeiter der Bestellung, nachdem er die Bestellfirma (Händler) und den Antragsgegenstand bestimmt hat, nur noch jene Produkte aus der Produktliste angeboten, die dem gewählten Händler und Gegenstand entsprechen. Das macht die Auswahl sehr viel einfacher und die Produktliste übersichtlicher. Die dazu notwendige Logik lernen Sie im 8. Kapitel kennen.

Abbildung 6.13: View Ant_Geg_Info in SM-Diagramm eingebunden

F Die Entität „Beskos"

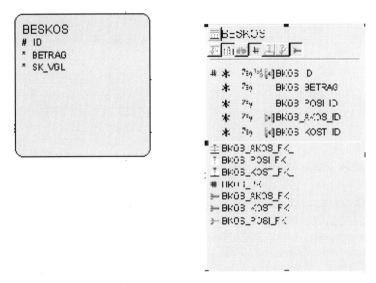

Abbildung 6.14: SM-Tabelle „Beskos"

G Der Rechner

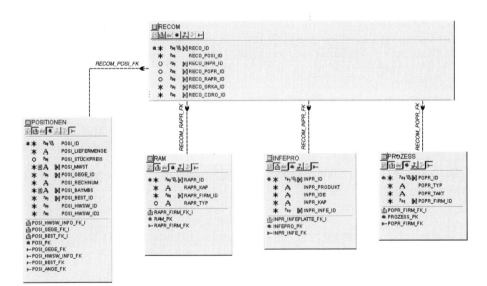

Abbildung 6.15: SMD-Rechner

Das komplette SM-Modell befindet sich auf der CD-ROM.

6.3 Das Generieren der SM-Tabellen

6.3.1 Generator Grundlagen

Der Generator befindet sich im Design Editor Menü/Punkt. Nach dem Start des Database Generators erhalten Sie den nachfolgend dargestellten Dialog.

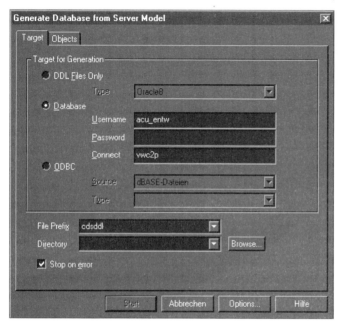

Abbildung 6.16: Database Generator

Er enthält für uns zwei wichtige Optionen:

▶ DDL Files Only

▶ Database

Entscheiden Sie sich für DDL-Files, generiert der Designer alle Objekte als DDL-Skripte, die Sie im Anschluss daran einsehen und gegebenenfalls manipulieren können (Abbildung 6.17). Die Option Database generiert dagegen direkt gegen die Datenbank. Dabei werden nur Änderungen im Vergleich zu bereits existierenden DB-Objekten vorgenommen und als SQL Code in entsprechenden DDL-Files ausgegeben. Es hängt vom Umfang der zu generierenden Objekte ab, welche Art von Skripten erzeugt werden. Enthält ein Objekt vergleichsweise Domänen, entsteht ein eigenes DDL-Skript (View Allowable Value DDL File, Name. cdsddl.avt). Der Aufruf wird in SQL+ durchgeführt, indem Sie in der Kommandozeile das entsprechende File, z.B. das Command DDL File mit der Anweisung „sta cdsddl.sql", starten. Die Skripte werden abgearbeitet und Sie können in SQL+ den Ablauf nachvollziehen. Die Option „Database" erzeugt einen Dialog (Abbildung 6.18), der die unmittelbare Ausführung der Skripte ermöglicht.

Dadurch kann der explizite Aufruf in SQL+ entfallen.

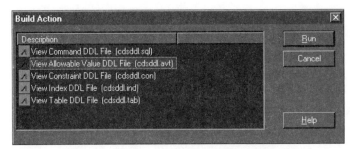

Abbildung 6.17: DDL-Skripte

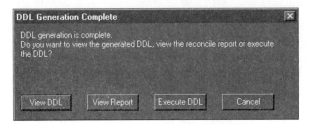

Abbildung 6.18: Database Generation Dialog

Beispiel

Es treten Änderungen in der Tabelle Bestellungen ein. Sie nehmen die entsprechenden Modifikationen in der zugrundeliegenden SM-Tabelle des Designers vor und starten den Generator. Ergebnis: Das Generieren auf Datenbankebene bewirkt, dass nur die Änderungen in der SM-Tabelle physikalisch erzeugt werden. Da die Tabelle bereits existiert, versucht Oracle, im Gegensatz zu der Option DDL Files Only, kein Generieren von bestehenden Spalten, Constraints usw. und zeigt stattdessen nur die eingetretenen Änderungen als SQL-Code (z.B. alter table...) an. Unter Umständen muss die Tabelle für die Änderung leer sein. Sie müssen dann deren Inhalte löschen bzw. vor der Änderung auf andere Tabellen übertragen.

Ein signifikanter Punkt in Verbindung zum Generator ist das manuelle Ändern von Tabellen durch SQL+. Dazu einige kurze Anmerkungen. Sie können durch die Anweisung „alter Table" Manipulationen vornehmen. Diese Anweisung umfasst in älteren Versionen jedoch nur das Hinzufügen von Spalten bzw. das Ändern von Spalten. Bei früheren Oracle-Versionen ist das Löschen von Spalten nicht möglich. Deshalb muss die gesamte Tabelle gelöscht und neu generiert werden. Damit ist ein umständliches Löschen von kaskadierenden Tabellen verbunden und der Vorgang kann sich über viele Tabellen erstrecken. Neue Versionen bieten dagegen ein explizites Löschen von Tabellenspalten an.

6.3.2 Mandatory und Optional Foreign Keys

Ähnlich wie im ER-Diagrammer haben Sie auch im SM-Diagramm die Mittel, zu bestimmen, ob eine Beziehung als „kann" oder „muss" Relation zu generieren ist. Klicken Sie dazu auf die Relation im SM-Diagramm oder direkt auf den Knoten Foreign Keys. Öffnen Sie die Property-Palette. Darin befindet sich die Eigenschaft „Mandatory". Sie legt durch die Optionen „yes" und „no" fest, ob es sich um einen „Mandatory_Foreign_Key" („muss"-Beziehung) oder einen „Optional_Foreign_ Key" („kann"-Beziehung handelt).

Unter gewissen Umständen kann der Fall eintreten, dass sie Beziehungen im Design Editor erzeugen müssen (SMD). Bei der Integration von Entitäten aus Fremdapplikationen und der Definition von Relationen zwischen Fremd- und eigenen Entitäten können Komplikationen auftreten. Der DDT transformiert unter Umständen diese Relation nicht und Sie haben keine andere Möglichkeit, als sie explizit auch im SMD zu definieren. Auch der Einsatz von „Sharing"-Tables erfordert die explizite Definition im Design Editor, um Fremd-SM-Tabellen mit den eigenen zu verbinden.

Öffnen Sie dazu das gewünschte SM-Diagramm im Design Editor und klicken Sie in der Werkzeugleiste des Diagramms auf den Button „Mandatory Key and Columns" oder bei optionalen („kann") Beziehungen auf den Button „Optional Foreign Key and Columns". Klicken Sie anschließend auf die entsprechende Detail-SM-Tabelle, eine Linie (Gänsefüßchen am Ende zur Kennzeichnung des Details) entsteht, die Ihren weiteren Mausbewegungen folgt. Ziehen Sie diese Linie (neue Relation) zur korrelierenden Master-SM-Tabelle. Im Unterschied zum ER-Diagrammer müssen Sie die neue Beziehung nicht mit End-Namen versehen. Der Designer definiert entsprechende Foreign Key Spalten bzw. Foreign Keys, und übernimmt deren Namen zur Bezeichnung der neuen Relation. Damit haben Sie eine neue Beziehung definiert.

Beispiel

Wenn Sie eine SM-Tabelle bereits transformiert haben, und eine veränderte Anforderungen eine 1:N-Relation erfordert, bei der diese Tabelle den Detail repräsentiert, ist es am sinnvollsten im SM-Diagramm den notwendigen Foreign Key manuell zu definieren, anstatt beide Tabellen neu zu transformieren.

6.3.3 Besonderheiten bei Relationen mit „Shared-Tables"

Beziehungen, die Teil einer „Shared-Entity" oder „Shared-SM-Table" sind, können innerhalb der Fremdapplikation nicht manipuliert werden. Manipulationen sind nur in ihrer eigenen Applikation möglich.

Eine innerhalb der eigenen Applikation definierte Beziehung, die von einer „Shared Entity" ausgeht, und in einer eigenen Entität den Foreign Key erhält, kann zwar manipuliert werden, der Transformer übernimmt jedoch die Beziehung nicht in den Design Editor (Designer Version 2.1.2). Sie müssen auch hier die Definition manuell, durch entsprechende Mandatory und Foreign Keys, durchführen.

6.3.4 Generische Umsetzung der Hardware Tabellen

In Kapitel 5.10.3 habe ich mich für eine generische Implementierung der benötigten Hard- und Software Entitäten ausgesprochen und deren Definition in Kapitel 5.13.10.4 vorgenommen. Zu Beginn des Kapitels 6.5 stelle ich erstmals die Zusammenhänge zwischen einer View und der Implementierung eines generischen Arcs dar. Diesen Zusammenhang möchte ich Ihnen jetzt ausführlich verdeutlichen. Wie in Kapitel 5.10.3 bereits dargestellt, enthalten generische Arcs nur eine FK-Spalte. Durch eine implizit definierte Typenspalte erhalten Sie die Möglichkeit, die gewünschte Arc-Option (Instanz aus der Tabelle des Arcs, die diese Information enthält) festzulegen. Oracle stellt eine Liste zur Verfügung, die alle Produkte des selektierten Typs enthält. Sie wählen das gewünschte Produkt aus und Oracle fügt es in der entsprechende Anwendung dem aktuellen Datensatz hinzu.

Welche Programmierschritte sind notwendig, um diese Funktionalität anbieten zu können? Im Allgemeinen definiert man zuerst eine Domäne für die Typen der Typenspalte und stellt diese den Anwendern durch eine Pop Liste zur Verfügung. Damit bei der Auswahl einer bestimmten Instanz die ID (Primary Key) aus einer Tabelle des Arcs, stets in demselben FK-Feld abgelegt wird, darf sich hinter diesem Feld auch nur eine Tabelle befinden. Bei einer „Tabelle", die sämtliche Arc Tabellen enthält kann es sich nur um eine View-Implementierung handeln. Dabei müssen alle identischen Spalten der jeweiligen Tabellen des Arcs zu einer Spalte zusammengefasst werden (über UNION SELECT). Sie müssen der View zusätzlich eine Spalte zur Verfügung stellen die Aussagen darüber enthält, um welche Tabelle bzw. Typ des Arcs es sich handelt. Das ist äußerst wichtig, denn nur so können Sie einen Bezug aus dem festgelegten Typ in der Typenspalte und der angebotenen Auswahl aus der View herstellen. Die View dient schließlich als Lookup-Tabelle (Lookup View) für die entsprechende Modulkomponente.

Für unser Projekt bedeutet dies konkret, dass wir die Hard- und Software Komponenten als View implementieren und die View als Lookup-Tabellenverwendung der Modulkomponente hinzufügen müssen, welche die Tabelle „Position" enthält. Dadurch kann jede Position durch entsprechende Auswahl aus einer LOV der View mit beliebigen Komponenten belegt werden. Der folgende Punkt zeigt anhand von Beispielen wie diese View in SQL+ definiert und anschließend in den Designer exportiert bzw. dort ebenso neu definiert wird. Zuvor werde ich Ihnen aber die Verwendung von Lookup Views im Allgemeinen und dann erst die Umsetzung von generischen Arcs im Speziellen vorstellen.

6.4 Lookup View für kombinierte Lookups

Vor der Definition sollten Sie sich kurz darauf verständigen, welche Namen die Spalten der View erhalten sollen, ob sie diese manuell vergeben oder deren Namen durch die Auswahl der Spalten aus den zugrundeliegenden Tabellen festlegen.

Jede Zeile einer View muss, vor allem wenn sie als Lookup View Verwendung findet, eindeutig gehalten werden. Es muss eine Spalte, oder Spalten, der View als Primary Key für ein Primary Key Constraint festgelegt werden, die diese Aufgabe übernimmt. Setzt sich die View aus Tabellen zusammen, die einander als 1:N-Relation definiert sind, ist immer die „unterste" Detail Stufe in dieser Master-Detail Reihe eindeutig, da sich alle darüberliegenden Master-Tabellen IDs in Form von Foreign Keys innerhalb der Details wiederholen können. Eine Master-Detail Reihe beschreibt eine Kette von 1:N-Relationen.

Beispiel: Tabelle1 (Master) => Tabelle2 (Detail/Master) => Tabelle3 (Detail)

Die Tabelle2 ist gleichzeitig Detail Tabelle von Tabelle1 und Master Tabelle von Tabelle3. Der Primary Key von Tabelle2 stellt die unterste Stufe dar, geht man davon aus, dass Tabelle1 und Tabelle2 Bestandteil einer View werden, die als Lookup View der Tabelle3 dient. Die Primary Key Spalte dieser Tabelle gerantiert die Eindeutigkeit jeder View-Instanz. Betrachten wir nun unser Projekt. In der Bestellung werden Gegenstände in Positionen überführt und dazu der Antrag mit angegeben. Dies sieht mehrere Lookup-Tabellen in einer Reihe vor. Gemäß dem Datenmodell existiert sowohl zwischen Anträgen und Gegenständen als auch zwischen Gegenständen und Positionen eine 1:N-Relation. Damit eine LOV (List of Values) bei der Auswahl eines Gegenstandes für eine Position auch den dazugehörigen Antrag enthält, müssen beide Tabellen als Lookuptabellen analog zu ihrer Master-Detail Relation verwendet werden. Diesen Vorgang bezeichnet man als kombinierte oder mehrstufige Lookup Tabellen. Sie können die Reihe fortsetzen, dem Designer sind hier jedoch Grenzen gesetzt. Während die reine Übernahme in das Modul noch ohne Probleme abläuft, tritt beim Generieren der Forms-Anwendung ein Fehler auf. Die Ursache ist nicht vollends geklärt. Vermutlich kann der Designer ab einer bestimmten Spaltenanzahl, die in der LOV und als kreierte Lookup Items dargestellt werden, keine Übersetzung mehr vornehmen. Ich habe verschiedene Möglichkeiten getestet und bin zu dem Ergebnis gekommen, dass eine maximale Anzahl von sechs Spalten, die insgesamt in einer kombinierten Lookup Tabellen Verwendung auftreten, nicht überschritten werden sollte. Gleiches gilt auch für die Verwendung von Lookup Views. Mit einem kleinen Trick können wir dieses Problem jedoch schnell beseitigen. Anstatt für jedes Item bzw. Datenfeld eine eigene Spalte zu schaffen, könnten Sie diese Concatenieren und z. B. zwei oder mehr Datenfelder in einer einzigen Spalte der View unterbringen. Die Verwendung einer View anstelle kombinierter Lookup Tables ist zweckmäßiger, denn sie ermöglicht einfachere Abfragen, da Sie nicht jedesmal alle Joins berücksichtigen müssen.

Die Abbildung 5.19 enthält eine kombinierte Lookup Tabellenverwendung. Sie sehen dort einen Ausschnitt aus dem späteren Bestellmodul, das Sie im Rahmen des Projektes im Kapitel Module entwerfen werden. Ich habe hier bereits ein wenig vorgegriffen und zeige auf den nächsten Seiten das Anbinden der Tabellen „Anträge" und „Gegenstand". Durch diese kombinierten Lookup Tabellen erhalten Sie eine LOV (List of Values), die zu jedem Gegenstand den dazugehörigen Antrag enthält.

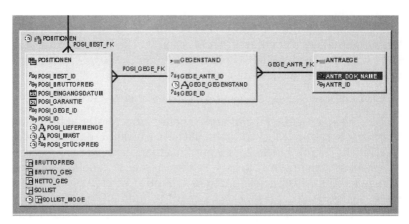

Abbildung 6.19: mehrstufige Lookup Table-Verwendung

Hinweis

Anstelle des Begriffs Antr_Dok_Name verwendete ich bei der Entwicklung des Datenmodells am Ende die Bezeichnung Antr_Antragsnummer. Anfangs war noch nicht eindeutig, ob es sich um einen Namen, sprich die Kombination von Ziffern und Zeichen, oder einzig um eine Nummer handelt. Deshalb enthält das Beispiel noch die ursprüngliche Benennung.

View definieren:

1. Wechseln Sie in die Dialog Ansicht der Eigenschaften im Menü des Designers.
2. Markieren Sie den Knoten Relational View Definitions des Design Editors und klicken Sie auf den Create Button. Ein Dialogfenster öffnet sich und führt Sie durch die Definition.
3. Bestimmen Sie den Namen der View und wechseln Sie mit Klick auf den Button NEXT zum nächsten Dialog.
4. Dort haben Sie zwei Möglichkeiten:
   – die Option „Choose the table and columns"
   – oder die Option „Type your own view definition"
5. Wählen Sie die erste Option und klicken Sie wiederum auf NEXT.
6. Bestimmen Sie die relevanten Tabellen (Anträge und Gegenstand). Vergessen Sie nicht, die PK-Spalte der „untersten Detailtabelle" (Gegenstand) in die View zu integrieren. Sie gewährleistet in Verbindung mit einem Primary Key Constraint die Eindeutigkeit jedes Datensatzes der View.
7. Wählen Sie die konkreten Spalten aus den festgelegten Tabellen für die View.
8. Der letzte Dialog liefert Ihnen das SQL-Statement der View-Definition. Sie haben hierbei die Möglichkeit, die Dateninhalte der View mittels eines where-clause zu spezifizieren.

9. Definieren Sie die „unterste Detailstufe" der verwendeten Tabellen als Spalte eines Primary Key Constraints. Die Validierung unterliegt keiner Einschränkung. Zur Sicherheit empfehle ich jedoch die Einstellung „Both".
10. Ein abschließender Klick auf die Schaltfläche „Fertigstellen" erzeugt die View im Designer.
11. Generieren Sie die View analog zu SM-Tabellen in die Datenbank.

Besonderheiten bei der Auswahl der Spalten einer Lookup View

Wie bereits dargelegt, ist die rangniedrigste Detailstufe einer Master Detail Reihe die eindeutige. Eingesetzt als Lookup View muss sich der Foreign Key und die Foreign Key Spalte der Basis Tabelle auf diese Stufe beziehen. Obwohl die View als eigenständiges Objekt betrachtet wird, kann die bezugnehmende Foreign Key Spalte der Basis-Tabelle auf den rangniedrigsten Detail für sie verwendet werden, denn durch diese Tabelle ist ein direkter Bezug zwischen der View und der Basis-Tabelle vorhanden. Es existiert eine Relation zwischen beiden Entitäten im ER-Diagramm. Dadurch, dass die View jedoch ein eigenständiges Objekt darstellt, muss der Foreign Key direkt auf die View, anstelle der bisherigen Tabelle (Entität), verweisen. Deshalb muss anstelle des Primary Keys der untersten Detail Tabelle der Primary Key der View in die Eigenschaften des Foreign Keys der Basistabelle eingetragen werden, indem Sie einen neuen Foreign Key in der Basis-Tabelle im Design Editor definieren. Die **Abbildung 6.20** zeigt Ihnen die unterste Detail Stufe (Spalte von Tabelle „Gegenstand") der View Ant_Geg_Info und deren Verwendung innerhalb des Primary Keys.

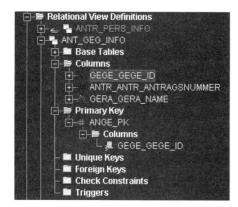

Abbildung 6.20: unterste Detailstufe

Definition der Basis-Tabellen-Verbindung zur View

▷ Definieren Sie ein Primary Key Constraint in der View und legen Sie als Spalte die PK-Spalte der rangniedrigsten Detail-Tabelle fest.

▷ Erzeugen Sie ein neues Foreign Key-Constraint in der Basistabelle (Positionen) und lassen Sie diesen auf den Primary Key der View zeigen (mehr darüber auf den folgenden Seiten unter dem Punkt: „Definition eines neuen FK-Constraints in der Basis Tabelle").

▷ Es befindet sich noch der Foreign key Posi_Gege_Fk in der Tabelle. Er weist ebenfalls auf die Spalte Posi_Gege_id. Jedoch ist dieser nur dann relevant, wenn die Tabelle „Gegenstand" direkt als Lookup Tabelle verwendet wird. Sie können ihn deshalb löschen.

▷ Ein Foreign Key, der auf eine View referziert, muss auf „Client" Basis validiert werden. Stellen Sie deshalb die Eigenschaft „Validate in" des Foreign Keys auf „Client" ein. Ansonsten erscheint die Meldung: „CDI-11017 Error: Foreign Key 'POSI_HWSW_INFO_FK' referencing View 'HWSW_INFO' can only be validated in client".

▷ Ursache dafür ist, dass für Views keine Datenbank Constraints erzeugt werden und somit kein physikalisches Prüfen auf der Datenbank möglich ist. Der Primary Key einer View kann auch auf „Server"-Validierung eingestellt werden, da die zugrundeliegende Spalte Teil des Primary Key einer SM-Tabelle ist.

Die Abbildung 6.21 zeigt den Foreign Key der View in der Basis-Tabelle „Positionen".

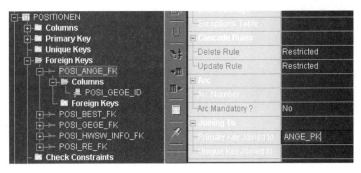

Abbildung 6.21: View Foreign Keys in der Basis-Tabelle

Optionen der Validierung

▷ *Client*: Der Fremdschlüssel wird auf Forms-Ebene validiert. Das entsprechende Foreign Key Constraint wird nicht generiert. Die Client Anwendung übernimmt diese Aufgabe.

▷ *Server*: Der Fremdschlüssel wird auf phyiskalischer Datenbankebene validiert. Es existiert dann ein entsprechendes Constraint.

▶ *Both*: Die Validierung erfolgt sowohl auf (Server)Datenbank- als auch auf Forms-Ebene (Client).

▶ *None*: Es wird keine Validierung durchgeführt. Es existiert kein FK-Constraint, aber auch keine client-seitige Validierung.

Beim Editieren eines Foreign Keys können Sie sich im Hilfskontext die Möglichkeiten anzeigen lassen. Selektieren Sie die Eigenschaft „Validation Level" und drücken Sie F1. Der Hilfskontext steht Ihnen in dieser Form für alle Eigenschaften zur Verfügung.

Definition eines neuen FK-Constraints in der Basis Tabelle

1. Wechseln sie in die Dialog Ansicht der Eigenschaften im Menü des Designers.
2. Markieren Sie den Knoten Foreign Keys innerhalb einer Tabelle im Knoten Relational Table Definition des Design Editors und klicken Sie auf den Create Button. Ein Dialogfenster öffnet sich und führt Sie durch die Definition.
3. Legen Sie die Tabelle fest (Join table), dabei handelt es sich im bisherigen Beispiel um die View Ant_Geg_Info (Klick auf NEXT).
4. Markieren Sie die Option „Join to the primary key" oder Sie wählen die Option „choose the Columns" und legen manuell die PK Spalte fest (Klick auf NEXT). Legen Sie die Spalte fest, indem Sie diese markieren und in den Abschnitt „Selected columns" befördern. Dadurch aktivieren sich die Optionen:
   - Create new columns in Tabellenname: Diese Option ist zu aktivieren, wenn noch keinerlei Relation definiert wurde, wie es beispielsweise in der Tabelle Positionen für den Bezug zu HWSW_INFO (Kapitel 8)gegeben ist. In dem Fall liegt keine Fremdschlüsselspalte in Positionen vor die dafür verwendet werden könnten.
   - Select columns inTabellenname: Falls bereits geeignete Fremdschlüsselspalten vorliegen ist diese Option notwendig, mit der Sie die entsprechenden Spalten festlegen. Sie müssen einen Bezug zur PK Spalte besitzen.
5. Markieren Sie die Option „Select Columns in ...", da wir uns auf einen bereits vorhandene Foreign Key Spalte beziehen und keine neue dafür definieren möchten. Wie schon mehrfach erwähnt, ist diese aufgrund der 1:N-Relationen bereits vorhanden (rangunterste Detail FK-Spalte) (Klick auf NEXT).
6. „Columns in join Table" bezeichnet die Primary Key Spalte auf die der FK zeigen soll, „Columns in current table" die FK-Spalte(n) in der Basis-Tabelle (Positionen).
7. Damit sind die wichtigsten Einstellungen für den Foreign Key getroffen.
8. Der Index basiert auf derselben Spalte wie der Foreign Key. Auch ihn müssen Sie selbst definieren.
9. Unter Umständen kann es vorkommen, dass ein Fehler auftritt, wenn Sie einen Foreign Key mit Hilfe der Dialogeigenschaften erstellen möchten. In diesem Fall sollten Sie es mit der Einstellung der Eigenschaften „Palette" versuchen. Die Abbildung 6.22 zeigt die Lookup View.

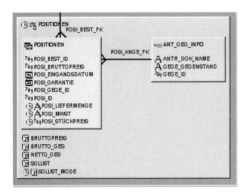

Abbildung 6.22: Lookup View Ant_Geg_Info

Die Items außerhalb des Datenblocks „Positionen" stellen sogenannte „unbound items" dar, die hier für verschiedene Berechnungen notwendig sind. Mehr darüber im 8. Kapitel.

6.5 Eine Lookup View zur Implementierung generischer Arcs verwenden

Wie bereits dargelegt, besteht aufgrund der Einstellung bei der Transformation der Tabellen vorerst keine Relation zwischen den Tabellen einer künftigen Lookup View und der zugrundeliegenden Basis-Tabelle. Das ist ein entscheidender Unterschied zu dem vorherigen Beispiel, denn auch die Tabellenverwendungen innerhalb der View selbst besitzen jetzt noch keine Verbindung zu der zugrundeliegenden Basis-Tabelle. Im letzten Beispiel war eine Relation bereits im ER-Diagramm zwischen Gegenstand und Position festgelegt, die Fremdschlüsselspalte konnte angepaßt werden, stattdessen ist sie jetzt neu zu definieren. Ansonsten gehen Sie aber ebenso vor wie zuvor dargelegt. Ursache dafür ist, dass die Foreign Keys bei der Transformation eines generischen Arcs deaktiviert werden (Hard- und Software Entitäten in Kapitel 5.10.3) und so keine Master Detail Relationen mehr im SMN zwischen den Tabellen des Arcs und ihrer Detail-Tabelle existieren. Auch der Arc selbst ist nicht mehr bekannt, da durch die Deaktivierung auch er sich nicht im SMN befindet.

Notwendige Implementierung

Dadurch, dass wir die Definition der Foreign Keys als auch des Arcs selbst deaktivieren, existiert keine Typenspalte. Für gewöhnlich müssten Sie diese Spalte explizit erstellen, und gegebenenfalls über eine Domäne auf bestimmte Werte sprich Typen einschränken, damit Sie vor der Auswahl aus der Lookup View jeweils eine bestimmte Arc Option erhalten. Ich habe mich in meinem Projekt jedoch für einen effektiveren Weg entschieden, der keine Typenspalte benötigt. Ich entwickle dazu eine View, die alle Tabellen der Arc-Implementierung enthält mit der Besonderheit, dass identische Typenspalten innerhalb einer Spalte der View dargestellt werden.

Damit jede Instanzauswahl aus der künftigen LOV der Lookup View auch nur Tabelleninhalte betrifft, die dem zuvor festgelegten Typ entsprechen, muss jeder Instanz der View die Herkunftstabelle selbst bekannt sein. Deshalb muss für die View eine weitere Spalte definiert werden, die diese Aufgabe erfüllt.

Analog zur kombinierten Lookup Tabelle, muss auch hier jede Instanz eindeutig sein. Da jedoch verschiedene Tabellen kombiniert werden, genügt die Auswahl einer Primary Key Spalte allein noch nicht. Sie müssen eine Sequence definieren und diese, anstelle der Primary Key Spalte in der View, jeder Primary Key Spalte der Tabellen des Arcs zuordnen. Exakt dieselbe Sequence ist somit sämtlichen Hard- und Software Tabellen zugeordnet. Damit kann keine Instanz denselben Werte besitzen, da die IDs aller Tabellen des Arcs aus derselben Sequence entstehen. Eine Sequence kann dieselbe Nummer nur einmal vergeben.

6.5.1 Die optimale Lösung im Projekt

Die View muss eine Literal Spalte als Typenspalte enthalten, die Auskunft über die Herkunftstabelle gibt. Durch die Auswahl eines Antragsgegenstandes ist bereits festgelegt, um welchen Hardware Typen es sich handelt. Deshalb kann man diese Instanz als Grundlage für die Selektion aus der View des Arcs verwenden, ohne dass eine explizite Typenspalte und eine Domäne erforderlich wären. Mit der Auswahl eines Gegenstandes ist sofort der entsprechende Tabellentyp des Arcs bestimmt, z.B. „Drucker". Die Typenspalte der View (Literalspalte) ist nur für die Einschränkung auf bestimmte Tabellen bestimmt und ist deshalb aus der LOV der Lookup View zu entfernen.

Definition der View

Es handelt sich hier um eine etwas komplexere View. Deshalb ist es empfehlenswert, sie zuerst in SQL+ zu programmieren, um ohne umständliches Generieren feststellen zu können, ob der Dateninhalt soweit in Ordnung ist. Die für die Eindeutigkeit jeder Instanz verantwortliche zusätzliche Typenspalte der View entsteht durch die Definition eines Spalten Alias-Namens kombiniert mit einem Literal. Dazu ein kleines Beispiel.

Folgende Tabellen sind definiert:

```
Tabelle: Drucker
Name                             Null?     Typ
-------------------------------- --------  ----
DRUC_PRODUKT_CODE                NOT NULL  NUMBER(20)
DRUC_NAME                        NOT NULL  VARCHAR2(20)
DRUC_TEST                                  VARCHAR2(10)

Tabelle: Monitor
Name                             Null?     Typ
-------------------------------- --------  ----
MONI_PRODUKT_CODE                NOT NULL  NUMBER(20)
MONI_NAME                        NOT NULL  VARCHAR2(20)
MONI_TEST                                  VARCHAR2(10)
```

Abbildung 6.23: Tabellen „Drucker" und „Monitor"

Sie gleichen damit der Definition der Hardware Tabellen in unserem Projekt. Diese beiden Tabellen müssen, damit die Anwendung den gestellten Anforderungen gerecht werden kann, durch UNION SELECT verbunden und als View implementiert werden.

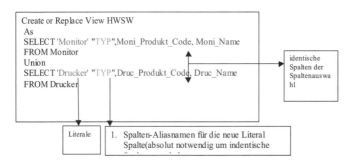

Abbildung 6.24: Union Select

Lösung

Die View enthält zuerst ein Literal. Literale kreieren eine eigene Spalte, benennen sie, mit dem Namen des Literals und füllen sie gleichzeitig. Jede Zeile ist damit diesem Begriff zugeordnet und kann über ein Select angesprochen werden. Auf diese Art können alle Dateninhalte aus jeder einzelnen Tabelle komplett und einfach selektiert werden (Beispiel: Abbildung 6.25). Zusätzlich zum Literal sollte ein Alias-Namen der Spalte vergeben werden damit identische Spalten für den UNION SELECT vorliegen. Vergeben Sie keinen Alias-Namen, verwendet die View den Namen des Literals. Das kann zu Verwirrungen in der Ausgabe führen, wenn beispielsweise die Spalte mit „Monitor" benannt ist, jedoch „Drucker" vorliegen.Vergeben Sie verschiedene Alias-Namen, wird derjenige aus dem ersten Select-Statement verwendet. Somit würde es genügen, den Namen „TYP" nur im ersten Select zu vergeben. Das Ergebnis wäre dasselbe. Achten Sie bei der Implementierung stets darauf, dass bei der Verwendung von UNION SELECT alle beteiligten Spalten von der Anzahl und dem Datentyp identisch sein müssen.

Eine Lookup View zur Implementierung generischer Arcs verwenden

Ergebnis:

1. select * from hwsw;

```
TYP      MONI_PRODUKT_CODE MONI_NAME
------   ----------------- ---------
Drucker          1         Dr1
Drucker          2         Dr2
Drucker          3         Dr3
Monitor          1         Mo1
Monitor          2         Mo2
Monitor          3         Mo3
```

6 Zeilen ausgewählt.

2. select * from hwsw where typ = 'Drucker';

```
TYP      MONI_PRODUKT_CODE MONI_NAME
------   ----------------- ---------
Drucker          1         Dr1
Drucker          2         Dr2
Drucker          3         Dr3
```

Abbildung 6.25: Select Beispiel aus Union Select

Im Create View Sql-Statement besteht die Möglichkeit, die einzelnen Spalten der View explizit zu benennen. Dieses Vorgehen ist stets dann sinnvoll, sobald Sie andere Spalten-Namen für die View als die Namen der integrierten Spalten verwenden möchten. Nachdem die View in SQL+ definiert ist, muss sie in den Designer übernommen werden. Dazu steht Ihnen der Menüpunkt „Capturing Design of" zur Verfügung.

Capturing Design of

Dies erfolgt durch den Menüpunkt „*Capture Design of*" im Menü „*Generate*" des Design Editors. Starten Sie das Capturing und es erscheint der folgende Dialog:

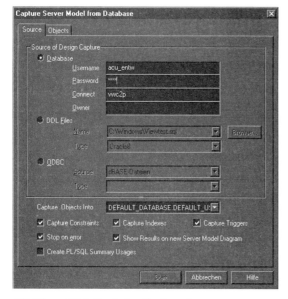

Abbildung 6.26: Capturing Design of

Geben Sie den Usernamen, das Passwort sowie den Datenbank-Connect ein, wenn Sie direkt von der Datenbank die View in den Designer übernehmen möchten. Sie können die View auch als *Dateiname.sql* abspeichern und die Datei als DDL File Laden (Option DDL Files) Im zweiten Fall wählen Sie das entsprechend Skript und klicken auf Start. Ein DDL Skript wird erzeugt, das Sie explizit starten können. Erst dann ist es, analog zum Generieren von SMN-Tabellen als DDL File, im Designer verfügbar. Beim Capturing auf „Database" Ebene wählen Sie, nachdem Sie korrekt eingeloggt sind, unter der Registerkarte „Objects" die entsprechende View.

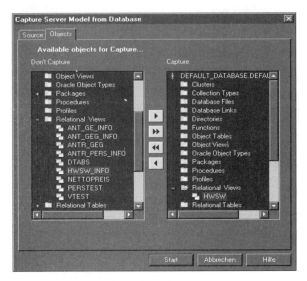

Abbildung 6.27: „Capture" Objekte

Klicken Sie auf Start und es wird die Übernahme in den Designer durchgeführt.

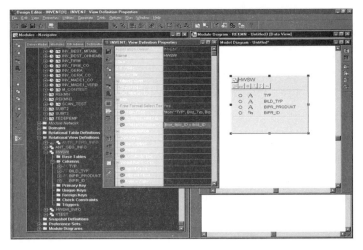

Abbildung 6.28: In den Designer übernommenes Objekt

Die Darstellung im Designer ist etwas anders, da im „Select Text" das Statement der View nur bis zum ersten expliziten „where" eingetragen wird. Das übrige Statement wird im Register „where validation condition" dargestellt.

Es ergeben sich einige wichtige Unterschiede zum bisherigen SQL-Text, außer dass die Schlüsselwörter Select und where explizit nicht mehr angegeben werden müssen. Im Designer ist es überflüssig Spalten-Alias-Namen zu vergeben, da die Namen der Spalten der View entweder im Dialog aus bestehenden Tabellen ausgewählt, oder manuell definiert werden. Das Select Statement wird bis zur „where Validierung" in der Eigenschaft „Select Text" eingegeben. Falls eine (mehrere) where-Bedingung(en) enthalten ist (sind), muss sobald die erste in Erscheinung tritt, in die Eigenschaft: where Validation gewechselt werden. Die nachfolgenden where Bedingungen werden einfach mit übernommen. Zu beachten ist hier, dass noch keine PK-Spalte oder ein Primary Key Constraint definiert wurden. Ohne Primary Key Definition kann die View nicht als Lookup View verwendet werden.

Manuelle Definition im Designer

Bei komplexeren Views kann es druchaus sinnvoll sein, die View manuell im Designer zu definieren, indem Teile des SQL+ Statements einfach dorthin an die richtigen Stellen (Select Text und where Validation) kopiert werden (Beispiel: Abbildung 6.32). Ich hatte beim Capturing der View einige Probleme, weshalb ich mich schließlich für diesen Weg entschied. Offensichtlich kann der Designer eine View mit Literal Spalten usw. nicht ohne weiteres übernehmen. Die Reihenfolge der Spalten, die Sie im Designer definieren, muss mit der Anzahl der Spalten und den Typen im Select der View identisch sein, dazu zählen auch Literale. Jedes Literal benötigt eine eigene Spaltendefinition in der View (im Knoten Columns). Für die Verwendung als Lookup View ist ein Primary Key notwendig. Die Eigenschaft „Optional" der Primary Key Spalte muss NO sein, damit Oracle sie als PK Spalte anerkennt. Definieren Sie im Designer (Knoten: Relational View Definitions) alle relevanten Spalten.

Beispiel: Vorgriff auf Kapitel 6.5.3

Ich verwende dafür ein etwas anderes Beispiel, damit ich Ihnen unter anderem auch eine Literal Spalte die durch UNION mit einer realen Tabellenspalte verbunden wird, vorstellen kann. Die Tabelle zeigt dies in der letzten Zeile. Im Laufe dieses Kapitels werde ich Ihnen das noch im Detail beschreiben. Hier dient es lediglich dazu, um Ihnen die Definition von Spalten im Designer zu demonstrieren. Zum besseren Verständnis sollten Sie sich eventuell die zugrundeliegenden Tabellen der View und deren Implementierung in Kapitel 6.5.3 betrachten, bevor Sie weiter fortfahren.

notwendige SMN Spalten-Definition in der View	SQL-Definition	
COL1	'tab1'	'tab2'
PK_COL	tab_id	tab2_id
COL2	tab_name	tab2_name
COL3	' '	tab2._name2

Tabelle 6.2: Spaltenvergleich der View Definitionen

Spalten im Designer SMN definieren (Columns) der View

Definieren Sie im Knoten „Columns" alle Spalten, wie in der linken Abbildung festgelegt.

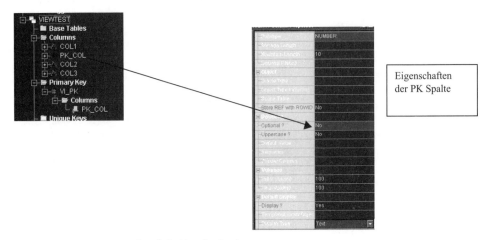

Abbildung 6.29: View Spaltendefinition im Designer

Bei der Generation dieser View entsteht das folgende DDL-Skript:

```
PROMPT Creating View 'VIEWTEST'
CREATE OR REPLACE FORCE VIEW VIEWTEST
 (COL1
 ,PK_COL
 ,COL2
 ,COL3)
 AS SELECT 'tab1',tab1_id, tab1_name, ' ' from tab1
 union all
 select 'tab2', tab2_id, tab2_name,tab2_name2   from tab2
/
```

Ich definierte im Vorfeld die View vollständig in SQL+. Das gesamte Beispiel stelle ich Ihnen in Kapitel 6.5.3 vor. Hier dient es uns im Vorfeld lediglich dazu, die Reihenfolge der Spalten für die View Definition im Designer festzulegen.

6.5.2 Equ-Joins innerhalb von Views verwenden

Das Zusammenfassen einzelner Tabellen wie in den bisherigen Beispiel genügt unseren Projektanforderungen noch nicht ganz. Wir erinnern uns: Jede Hardware Komponente bestand aus einem Gerätetyp und als 1:N-Relation dazu dem konkreten Produkt. Folglich existiert ein Equ-Join, der in die View zu übernehmen ist.

Eine Lookup View zur Implementierung generischer Arcs verwenden 183

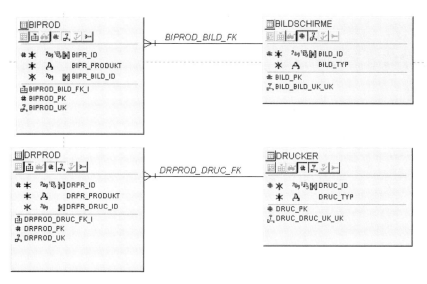

Abbildung 6.30: SM-Diagramm HWSW-Tabellen

Definition einer View durch UNION SELECT (in SQL+)

1. Create or Replace View HWSW
2. As
3.   SELECT 'Bildschirm' "TYP", Bild_Typ, Bipr_Produkt, bipr_ID
4.   FROM Bildschirme, Biprod
5.   **WHERE Bipr_Bild_ID = Bild_ID**
6. UNION
7.   SELECT 'Drucker' "TYP", Druc_Typ, Drpr_Produkt, drpr_ID
8.   FROM Drucker, Drprod

    `WHERE Drpr_Druc_ID = Druc_ID;`

Abbildung 6.31: View Definition aus Abb. 6.30

Im Designer ergibt sich die folgende Definition (in der Paletten-Ansicht der Eigenschaften). Es enthält neben dem Bildschirm und Drucker zusätzlich die Software-Tabelle.

Abbildung 6.32: View Definition, Code im Designer

Im Knoten „Columns" habe ich explizit die Spalten der View angelegt. Der obere Ausschnitt enthält den SQL Code der in der Eigenschaft „Select Text" abgelegt wird. Ab der ersten Where Bedingung wird der restliche Code in der Eigenschaft „where validation clause" eingetragen. Den Inhalt zeigt der etwas abgetrennte untere Code-Teil der Abbildung. Beachten Sie bitte, das Spalten Alias-Namen im Designer nicht verwendet werden.

Die PK-Spalte erhält, wie bereits dargelegt, keine Sequence, stattdessen wird dieselbe Sequence allen PK Spalten der SM-Tabellen, die sich in der View befinden, zugewiesen. Die Spalte HWSW_ID entsteht aufgrund der PK-Spalten der verschiedenen Tabellen, die sich in der View durch Union Select befinden. Sie benötigt eine eigene ID, damit alle Zeilen der View eindeutig sind und damit ein eigenes Primary Key Constraint. Nachdem die View im Designer definiert ist, können Sie diese generieren. Starten Sie den Database-Generator im Design Editor (Menü: Generate => Generate Database from Server Model). Legen Sie als „Target" DDL Files Only fest und klicken Sie auf Start. Der Name des relevanten Skripts lautet: View View DDL File: cdsddl.vw. Starten Sie alle Skripte, indem Sie wie bei der Tabellengenerierung in SQL+ eingeben: sta cdsddl.

Eine Lookup View zur Implementierung generischer Arcs verwenden

generiertes Skript cdsddl.vw:

```
-- Generated for Oracle 8 on Tue Oct 17  15:33:54 2000 by Server Generator 2.1.24.3.0

PROMPT Creating View 'HWSW_INFO'
CREATE OR REPLACE FORCE VIEW HWSW_INFO
 (HWSW_TYP
 ,HWSW_GERAET
 ,HWSW_PRODUKT
 ,HWSW_ID)
 AS SELECT
 ,'Bildschirm'
 , BILD_TYP
 , BIPR_PRODUKT
 , BIPR_ID
 FROM   BILDSCHIRME, BIPROD
 WHERE bipr_bild_id = bild_id
 UNION ALL
SELECT
 'Software'
 ,SOFT_TYP
 ,SOPR_PRODUKT
 ,SOPR_ID
 FROM SOFTWARE, SOPROD
 WHERE SOPR_SOFT_ID = SOFT_ID
```

Abbildung 6.33: Generiertes DDL-Skript

Anbinden der View als Lookup View in der Tabellenverwendung „Positionen".

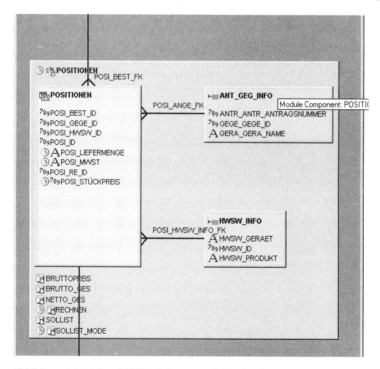

Abbildung 6.34: View HWSW_Info an Modul anbinden

Gemäß den Angaben auf der Seite 175 „Definition eines neuen FK-Constraints in der Basis-Tabelle" stellen wir die Verbindung zwischen der Tabelle Positionen und der View HWSW_INFO her. Im Gegensatz zu den Ausführungen dort existiert hier keine FK-Spalte aus der Transformation heraus, die wir verwenden können. Wir müssen sie manuell definieren (2 FK-Spalten, Posi_hwsw_id und Posi_hwsw_id2. Mehr darüber in Kapitel 8.2.5).

In der Eigenschaft: Lookup Validation where clause (Properties HWSW_Infor Lookup View) wird im fertigen Modul der Bestellung nach dem Typ eingeschränkt. Damit werden dem Anwender aus der LOV dieser Lookupspezifikation nur Produkte aus der entsprechenden Hardwarekomponente angezeigt. Vergessen Sie jedoch nicht, den Foreign Key sowie die Fremdschlüsselspalte (Posi_hwsw_id, Posi_hwsw_id2), welche bei der FK-Definition neu angelegt werden muss, für die View HwSw_Info in der Basistabelle „Positionen" zu kreieren. Beispiel: Einschränkung auf den Typ „Drucker" bewirkt, dass in der LOV nur Daten aus der namensgleichen Tabelle „Drucker" angezeigt wird.

6.5.3 Tabellen einer View mittels UNION SELECT aber unterschiedlicher Spaltenanzahl

Angenommen, die Anzahl der Tabellenspalten sind aufgrund unterschiedlicher Attributangaben nicht identisch, können Sie wiederum mit Hilfe der Literale auch hier Abhilfe schaffen. Wie gewöhnliche Spalten einer UNION Selection müssen auch die Literale dem Typ nach identisch sein. Ergänzt ein Literal beispielsweise ein fehlendes Character Feld, so kann es durch die Angabe von Apostroph als „leerer" String definiert werden. Ist es aber ein integer-, oder double-Datentyp Feld, muss auch das Literal ein Zahlentyp sein. Sie verwenden deshalb anstelle der Apostroph-Zeichen echte Zahlen.

Dazu ein neues Beispiel

Es liegen zwei Tabellen mit einer unterschiedlichen Anzahl von Spalten vor. Beide Tabellen sollen über UNION SELECT verbunden werden.

```
Tabelle tab1;

Name                             Null?     Typ
-------------------------------  --------  ----
TAB1_ID                          NOT NULL  NUMBER(20)
TAB1_NAME                                  VARCHAR2(20)


Tabelle tab2;

Name                             Null?     Typ
-------------------------------  --------  ----
TAB2_ID                          NOT NULL  NUMBER(20)
TAB2_NAME                        NOT NULL  VARCHAR2(20)
TAB2_NAME2                                 VARCHAR2(20)
```

Abbildung 6.35: Tabellenvorlage

A Wir beginnen mit der Definition der View in SQL+

Abbildung 6.35 zeigt die Definition und alle notwendigen Erläuterungen.

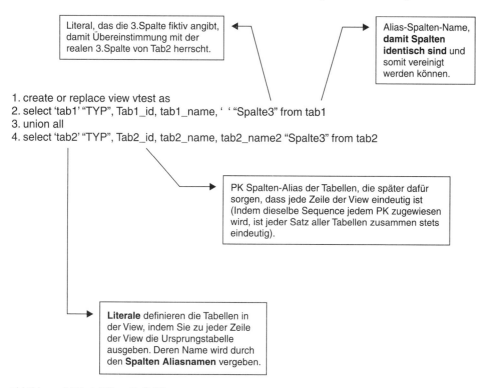

Abbildung 6.36: ^#View-Definition

B Definition der View im Designer

Damit die obige Definition innerhalb des Designers einwandfrei laufen kann, muss sie wiederum etwas verändert werden. Damit die Anzahl der Spalten identisch ist, fügen wir eine Pseudospalte in das Statement ein. Handelt es sich bei den zu ergänzenden Spalten um Character-Typen, kann ein „leeres" Literal (´ ´) verwendet werden. Bei Zahlen-Typen fügt man als Pseudospalte einfach eine Zahl z. B. (1) ein. Alias-Namen sind auch hier nicht gestattet. Außerdem ist auch hier, sobald das erste „where" auftritt, der übrige Code im Default where Bereich der Eigenschaften dieser View einzutragen.

Mit diesen Erkenntnissen ausgestattet, erhalten wir die folgende View-Definition (im Select Text, select (als Beginn) nicht notwendig):

```
'tab1', tab1_id, tab1_name, '   ' from tab1
union all
 select 'tab2', tab2_id, tab2_name, tab2_name2 from tab2
```

Diese unterscheidet sich etwas von der SQL Definition. Deshalb ist eine erneute manuelle Definition im SMN besser als das Übernehmen durch „Capturing" in den Designer, wie im vorherigen Beispiel. Hierbei kann es aufgrund der Spalten-Alias-Namen zu Fehlern kommen.

Bei der Generation dieser View entsteht das folgende DDL-Skript. Die Spalten der View wurden manuell bei deren Definition im Designer festgelegt.

```
PROMPT Creating View 'VIEWTEST'
CREATE OR REPLACE FORCE VIEW VIEWTEST
 (COL1
 ,PK_COL
 ,COL2
 ,COL3)
 AS SELECT 'tab1',tab1_id, tab1_name, ' ' from tab1
 union all
 select 'tab2', tab2_id, tab2_name,tab2_name2  from tab2
```

6.6 Generierte Tabellen bearbeiten

Sie können durch DML-Kommandos Beispieldaten in die Tabellen eintragen, um zu überprüfen, ob alle Spalten korrekt definiert wurden. Entsprechende DDL-Kommandos erlauben eine direkte Modifizierung in SQL+. Beachten Sie dabei aber stets, dass Sie in diesem Fall die entsprechenden Änderungen auch im Designer nachvollziehen, damit Ihr gesamtes System eindeutig gestaltet ist.

Eine Tabelle kann mit „DROP TABLE Tabellenname" gelöscht werden. Probleme bereitet jedoch das Löschen, wenn die Tabelle aufgrund verschiedener Relationen auf Detail Tabellen verweist. Sie haben zwei Möglichkeiten, die Abhilfe schaffen. Entweder Sie entfernen vor dem Löschen die abhängigen Foreign Key Constraints, dadurch wird die Verbindung bzw. Relation zwischen Tabellen entfernt und ein Löschen ist möglich. Oder Sie geben die folgende Anweisung in SQL+ ein: „ Drop Table Tabellenname cascade Constraints". Damit werden automatisch alle Detail Verbindung der zu löschenden Tabelle mit entfernt. Diese Anweisung ist jedoch mit Vorsicht zu genießen, da ein solcher Löschvorgang tief in das System eindringen kann und unter Umständen Schwierigkeiten bereitet, darauf basierende Module weiterhin lauffähig zu halten. Denselben Effekt auf der Ebene des Design Editors erhalten Sie indem Sie beim Löschen von SM-Tabellen „Force Delete" im Menüpunkt „Utilities" des Design Editors verwenden. Auch hier erfolgt ein Löschen aller abhängigen Tabellen ohne Warnung. Dies kann besonders fatal für Ihre Module sein, da Sie, bei dieser Art des Löschens keine Übersicht haben, wie die Tabelle mit anderen Objekten (Detailtabellen, Diagrammen usw.) verbunden ist und vor allem welche Module davon betroffen sind. Es werden dadurch sämtliche, die Tabelle betreffenden Objekte gelöscht. Sie werden außerdem auch aus allen Diagrammen ohne Rückmeldung entfernt. Abhängige Detailtabellen werden zwar nicht gelöscht, dafür aber alle Foreign Keys daraus entfernt.

Es empfiehlt sich deshalb, Tabellen in SQL+, falls möglich, stets ohne diese Anweisung zu entfernen und im Design Editor ein gewöhnliches „Delete" vorzunehmen (Werkzeugleiste => Button „Delete"). Dadurch erfolgen Systemmeldungen, welche Module, Diagramme, referierende Tabellen usw. unmittelbar betroffen sind und Sie können den Vorgang, falls nötig, abbrechen. Nach dem Löschen generieren Sie die Tabellen einfach neu.

6.7 Generierte Tabellen überprüfen

Ich denke, dass es unnötig ist, jede Tabelle durch ein explizites desc Tablename hier näher darzustellen. Das Beste ist, Sie überprüfen jede generierte Tabelle direkt in Ihrer Applikation und vergleichen das Ergebnis mit Ihren Definitionen im Designer. Prüfen Sie auch, ob alle Constraints, Sequenzen, Indizes, Domänen usw. korrekt umgesetzt wurden. (Tabellen user_constraints user_sequences usw.)

6.8 Domänen dynamisch und statisch definieren

Bei der Definition einer Domäne steht es Ihnen unter Benutzung der Eigenschaften in der Dialog-Ansicht frei zur Auswahl, ob Sie die Domäne als „query" oder „hard code" definieren möchten. Analog zur Definition von CHECK Boxes wird eine Pop Liste mit einer leeren Spalte versehen wenn Sie die zugrundeliegende Spalte als kann Feld definieren. Damit bewilligen Sie Nullwerte und haben überhaupt erst die Möglichkeit das Feld ohne Eintrag zu belassen.

- Legen Sie „query" fest, wird die Eigenschaft „dynamic List" vom Designer auf „Yes" gesetzt. Sie finden diese Einstellung, indem Sie auf die erstellte Domäne klicken und deren Eigenschaften in der Paletten-Ansicht öffnen.
- Legen Sie „hard code" fest, wird diese Eigenschaft auf „No" gesetzt.
- „Query" definiert eine dynamische Domäne.
- „Hard" Codierte Domänen werden nicht in der Tabelle cg_ref_codes, sondern als check-constraints (= hard-coded) gespeichert. Beispiel:

```
PROMPT Creating Check Constraints on 'TAB'
ALTER TABLE TAB
 ADD CONSTRAINT AVCON_252327_NAME_000 CHECK (NAME IN ('wert1', 'wert2'))
/
```

Bei einer dynamischen Domäne steht Ihnen eine Werteliste zur Verfügung, die Sie sehr einfach manipulieren können, indem Sie ihr Werte hinzufügen und die Domäne neu generieren oder stattdessen direkte Einträge in der Tabelle cg_ref_code (durch Insert) vornehmen. Vergessen Sie in diesem Fall jedoch nicht, die Domäne auch im Designer zu aktualisieren.

Eine weitere Möglichkeit für eine dynamische Werteliste ist die Definition als „allowable values" innerhalb einer Tabellenspalte. Dadurch, dass jetzt keine Domäne explizit existiert, können diese Werte nicht ohne weiteres mit anderen Tabellenspalten oder Tabellen verknüpft werden, sondern sind dort neu zu definieren. Domänen können Sie dagegen jederzeit anderen Spalten zuweisen. Sie sind beliebig oft verwendbar und das ist ihr überaus zu schätzender Vorteil.

Bei der Definition von „allowable values" wird die Eigenschaft „dynamic list" standardmäßig auf „No" gesetzt, und somit keine dynmaische Liste erstellt. Dem können Sie abhelfen, indem Sie diese Eigenschaft (Ansicht: Palette in den Eigenschaften der entsprechenden Tabellenspalte) auf „Yes" setzen.

Hinweis:

▶ Die Definition und Transformation von Subtypen als Ein-Tabellen-Lösung bewirkt, dass die neu entstandene Typenspalte der SM-Tabelle „allowable values" in Form der Subtypen-Namen erhält. Auch hier handelt es sich um eine statische Liste, da der Designer die Eigenschaft „dynamic list" dieser Typenspalte standardmäßig, wie bei „allowable values" üblich, auf „No" setzt. Für den Erhalt einer dynamischen Liste setzen Sie diese Eigenschaften wiederum auf „Yes".

▶ Bei der Verwendung einer Domäne anstelle der „allowed values" ist ein Check-Constraint nicht notwendig und wird nicht definiert.

▶ Sie können eine Spalte gleichzeitig mit einer Domäne und „allowable values" verbinden und deren Eigenschaften individuell auf dynamisch oder statisch festlegen.

▶ Welche Einträge werden bei der dynamischen Implementierung in der Tabelle cg_ref_codes vorgenommen? Je nachdem, ob Sie Domänen oder „allowable values" dynamisch definiert haben, entsteht folgendes DDL Skript bei der Generation (Skript: View allowabls value cdsddl.avt).

Einfügen der „allowable values" in cg_rev_codes: Hier wird ein eigener Domänen Namen implizit vergeben (DOTAB.DOTAB_TYPE). Da sich diese jedoch nicht im Repository befindet, kann sie dort nicht verwendet werden, um in verschiedenen Tabellen wirksam zu werden. Nach dem Namen werden die Werte aufgelistet (hier als Beispiel: DS1 und DS2).

DDL-Skript:
```
INSERT INTO CG_REF_CODES (RV_DOMAIN, RV_LOW_VALUE, RV_HIGH_VALUE, RV_ABBREVIATION,
RV_MEANING)
VALUES ('DOTAB.DOTAB_TYPE', 'DS1', NULL, 'DS1', 'DS1')
INSERT INTO CG_REF_CODES (RV_DOMAIN, RV_LOW_VALUE, RV_HIGH_VALUE, RV_ABBREVIATION,
RV_MEANING)
VALUES ('DOTAB.DOTAB_TYPE', 'DS2', NULL, 'DS2', 'DS2')
```

Einfügen der Domäne in cg_rev_codes: Der Name DOTAB wurde hier explizit festgelegt. Als Werte werden w4, w1 und w2 eingetragen.

DDL-Skript:
```
INSERT INTO CG_REF_CODES (RV_DOMAIN, RV_LOW_VALUE, RV_HIGH_VALUE, RV_ABBREVIATION,
RV_MEANING)
VALUES ('DOTAB', 'w4', NULL, NULL, NULL)
INSERT INTO CG_REF_CODES (RV_DOMAIN, RV_LOW_VALUE, RV_HIGH_VALUE, RV_ABBREVIATION,
RV_MEANING)
VALUES ('DOTAB', 'w1', NULL, 'wert1', 'wert1')
INSERT INTO CG_REF_CODES (RV_DOMAIN, RV_LOW_VALUE, RV_HIGH_VALUE, RV_ABBREVIATION,
RV_MEANING)
VALUES ('DOTAB', 'w2', NULL, 'wert2', 'wert2')
INSERT INTO CG_REF_CODES (RV_DOMAIN, RV_LOW_VALUE, RV_HIGH_VALUE, RV_ABBREVIATION,
RV_MEANING)
VALUES ('DOTAB', 'w3', NULL, 'wert3', 'wert3')
```

6.9 Zusammenfassung Entitäten-Tabelle

Abschließend möchte ich den kompletten Entwicklungszyklus in diesem Kapitel nochmals in Stichpunkten Revue passieren lassen.

1. Entitäten erstellen (ER-Diagrammer),
2. Künstlichen Schlüssel manuell einfügen (ID) ,
3. Primary Key darauf legen,
4. DDT generiert ein PK Constraint + Index,
5. Oracle Sequence Generator: Sequence manuell definieren,
6. Namen der Sequence nach dem short-Namen der Entität vergeben. Beispiel: AVW_ID,
7. DDT aktivieren,
8. Ergebnis im Designer betrachten,
9. Sequence der SM-Tabelle zuordnen,
10. Generator aktivieren (auf DDL-Skript generieren),
11. DDL Skripts überprüfen und ausführen,
12. Die erzeugten Tabellen, Constraints, Indizes auf der Ebene der Datenbank überprüfen.

6.10 Tabellen durch andere Tabellen implementieren

Eine Entität kann seine Inhalte durch andere Entitäten erhalten. Diese Einstellung ist im Repository möglich. Die Abbildung 6.37 zeigt, wo Sie einen entsprechenden Eintrag vornehmen. Das Beispiel zeigt die Entität „Kostenstelle" im Knoten „Entities".

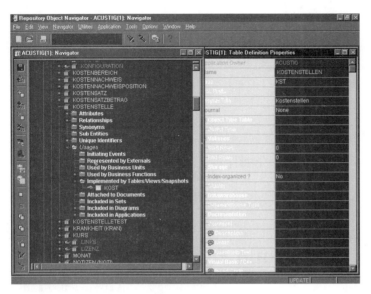

Abbildung 6.37: RON-Implemented Tables

6.11 Generator Optionen

Klicken Sie nach dem Start des Generators auf die Schaltfläche „Options" damit der folgende Dialog erscheint:

Abbildung 6.38: Generator Optionen

Eine sehr wichtige Einstellung ist die Option: „Foreign Key Generation Requires Join Tables". Handelt es sich bei der zu generierenden Tabelle um eine Detail-Tabelle, so legen Sie mit dieser Option fest, dass sie nur dann generiert werden kann, wenn die dazugehörige Mastertabelle bereits existiert. Schalten Sie diese Option ab, wenn Sie eine unabhängige Generation Ihrer Detail-Tabelle vornehmen wollen.

7 Einführung in die Modulentwicklung

In den bisherigen Kapiteln habe ich, wie in 1.4 erläutert, gewisse theoretische Grundlagen vorangestellt und anschließend praxisnah erläutert. Die Modulentwicklung stellt dagegen den Schwerpunkt des Buches dar und ich möchte Ihnen zahlreiche Features vorstellen, die der Designer in dieser Hinsicht anbietet. Deshalb habe ich ein gesondertes 7. Kapitel geschrieben, das sich ausschließlich mit diesen Features beschäftigt. Nicht alle, die hier erläutert werden, finden auch in unserem Projekt Verwendung, dennoch sind sie essentielles Wissen für professionelle Datenbankentwickler. Im nächsten Kapitel werden Sie dieses Wissen im Rahmen unseres Projektes bei der Modulentwicklung einsetzen und darüber hinaus die Komplexität einer anspruchsvollen Applikation kennen lernen. Sie werden am Ende feststellen, dass sich die Mühe, die doch etwas komplexeren Anforderungen zu Beginn zu verstehen wirklich lohnte, denn ohne umfangreiche Anforderungen entsteht auch keine echte Applikation. Am Ende werden Sie in der Lage sein, komplexe Datenbankanwendungen zu entwerfen und mit einer umfassenden Logik zu versehen.

Nach der Modulentwicklung entsteht eine fertige Benutzeranwendung, deren Ausstattung auf der Basis der festgelegten Abläufe und Informationen bei der Analyse beruht.

Das Zusammenwirken von Entitäten und Funktionen in der Phase der Analyse entspricht der Beziehung zwischen Modulen und Tabellen in der Designphase. Erst diese Verbindung führt zu einer sinnvollen Vorlage für die Implementierung. Module können ohne eine ausgeprägte Definition des Datenzugriffs auf physikalische Tabellen in der Datenbank nicht in ablauffähige Programme generiert werden.

7.1 Definition von Modulen

7.1.1 Applikation Design Transformer (ADT)

Der ADT transformiert Funktions-Entitäten-Verwendungen in Module. Dabei werden alle Entitäten der zugrundeliegenden Funktion als Tabellenverwendungen für das neue Modul festgelegt. Das Ergebnis ist jedoch lediglich ein Modul, das alle notwendigen Tabellenverwendungen enthält. Es sind keinerlei Relationen zwischen diesen Verwendungen (Key Based Links) definiert und es existieren auch keine Lookup-Tabellenverwendungen. Das bedeutet, dass Sie für die Funktion nur Basistabellen festlegen dürfen und Sie die Definition von Relationen in der Form von Key-Base Links (7.2.1) auf Modulebene immer manuell durchführen müssen. Somit liefert der Transformer nicht unbedingt ein optimales Ergebnis. Fakt ist, dass er letztendlich nur bei großen Projekten eine Hilfe darstellt, indem er dafür sorgt, dass jedes Modul auch die notwendigen Tabellenverwendungen erhält. Bei kleinen Projekten kann man auf seinen Einsatz durchaus verzichten und die Definition von Modulen manuell vornehmen.

Das bedeutet allerdings nicht, dass damit auch der Einsatz der Prozessmodeller und Dataflow-Diagrammer überflüssig sind. Auch bei kleinen Projekten und ohne den Einsatz des ADT, was die Funktions-Entitäten aus rein technischer Sicht überflüssig macht, kann es sehr sinnvoll sein, Prozess-, Dataflow-, und Funktionsdiagrammer zu verwenden. Indem Sie dennoch die Funkions-Entitäten-Verwendung festlegen, können Sie selbst nochmals überprüfen ob alle Entitäten ihrem Sinn entsprechen. Durch die übrigen Diagramme können Sie gleichzeitig dem Anwender optisch detailliert darlegen, welche Abläufe vorliegen. Dabei unterziehen Sie sich selbst der Kontrolle und können auf einfache Weise feststellen, ob Sie die Abläufe im Unternehmen richtig interpretieren. Das vermeidet Fehler bereits vor der Implementierung und dafür sind diese Werkzeuge letztendlich auch gedacht.

Der DDT bietet auch noch andere Vorteile. Er bestimmt für jede Tabellenverwendung, nach Ihren Vorgaben für die Funktions-Entitäten-Verwendungen in den entsprechenden Diagrammen, die möglichen Manipulationen (Insert, Update, Delete). Ohne die Verwendung des DDTs fällt diese Aufgabe Ihnen zu. Ein Dialog hilft Ihnen aber schnell weiter.

Beim Öffnen des ADT stehen Ihnen verschiedenen Einstellungen zur Verfügung. Von Interesse dürfte dabei die Einstellung „merge granularity" sein, die drei Optionen anbietet:

▶ Identical Entities: tansformiert aus verschiedenen Funktionen, welche dieselben Entitäten enthalten, ein Modul.

▶ Identical Entities and Usages: transformiert aus identischen Entitäten und übereinstimmenden DML-Einstellungen (Create, Retrieve, Update, Delete) ein Modul.

▶ Identical Attributes: transformiert aus allen Funktionen, deren Entitäten und Attributsverwendungen übereinstimmen, ein Modul.

7.1.2 Manuelle Definition von Modulen

▶ Legen Sie den Namen des Moduls fest.

▶ Wählen Sie die Sprache aus in der Regel Forms.

▶ Klicken Sie auf das Modul und ziehen Sie es mit gedrückter Maustaste in den Grafik-Bereich des Design Editors. Ein neues Moduldiagramm entsteht aufgrund der bisherigen Eigenschaften des Moduls.

▶ Legen Sie die Tabellenverwendungen fest, indem Sie auf die Tabelle klicken und Sie mit gedrückter Maustaste in das Modul ziehen.

▶ Bestimmen Sie die möglichen Manipulationen (Insert, Delete, Update, Select) für jede Tabellenverwendung.

▶ Jetzt definieren Sie die Relationen (Key Based Link) zwischen den Verwendungen (wie? Kapitel 7.2.1). Sie müssen diese in Modulen und damit auf der Seite des Client erneut definieren, obwohl sie bereits durch die Relation auf der Entitäts- und Tabellenebene vorhanden ist. Oracle stellt Ihnen damit verschiedene Alternativen zur Verfügung. Sie können, müssen aber nicht vorhandene Relationen in Ihre Module übernehmen, je nach Anforderung. Dies ist beispielsweise bei der programmatischen 1:N-Relation ein wichtiger Punkt, wie wir noch sehen werden. Sie können ferner auf Modulebene festlegen, ob die Validierung (die Überprüfung) dieser Beziehung nur innerhalb des Moduls (Client) stattfinden soll, oder Sie können die Validierung durch Festlegen der Eigenschaften „Server" im Server vornehmen. Dadurch wird die Überprüfung der Relation auf der physikalischen Datenbank (Server) erzeugt.

▶ Als dritte Möglichkeit steht Ihnen eine beidseitige Möglichkeit zur Verfügung (Einstellung „Both").

▶ Durch die Display View können Sie weitere optische Feinheiten des Moduls festlegen.

Die manuelle Bestimmung der Tabellen-Manipulationen birgt unter Umständen ein Problem in sich. Betrifft die Einstellung „Delete" eine Master-Tabellenverwendung, ohne dass gleichzeitig auch die Detail-Tabelle in das Modul integriert wird, erzeugt Oracle eine Fehlermeldung bei der Generierung dieses Moduls. Ohne die Integration der beiden Verwendungen kann beim Löschen eines Mastersatzes kein vorhergehendes Löschen der abhängigen Detail-Datensätze erfolgen. Erst nachdem auch die abhängigen Tabellen vollständig in das Modul integriert worden sind, kann das Modul problemlos generiert werden. Achten Sie deshalb bei der Einstellung von „Delete" darauf, welche Art der Tabellenverwendung vorliegt.

Beim Integrieren von Tabellenverwendungen bietet der Designer verschiedene Einstellungsmöglichkeiten an, die festlegen, ob eine tabellarische oder satzweise Darstellung der Daten stattfindet, und wieviel Zeilen jede Tabelle umfasst. Ob eine „echte" Tabelle mit parallelen Spalten erzeugt wird, hängt auch von der Breite der einzelnen Spalten ab.

Die Abbildung 7.1 zeigt jenen Teil des Dialogs beim Einfügen einer Tabellenverwendung, wo Sie entweder die Einstellung Maximum (wie in der Abbildung) oder die Anzahl der darzustellenden Datensatzzeilen in das Feld „rows displayed" einstellen können. Geben Sie eine 1 ein, wenn Sie anstelle einer Tabelle einzelne Datensätze darstellen möchten. Falls Sie sich für die Darstellung von mehr als einem Datensatz entscheiden, hängt die Gestaltung einer Tabelle davon ab, ob alle sichtbaren Felder in einer einzelnen Zeile untergebracht werden können. Ist dies nicht der Fall, werden die restlichen Spalten eine Zeile tiefer dargestellt. Dabei geht die klassische Ansicht der Tabelle verloren. Abhilfe schaffen kann nur, die einzelnen Felder zu verkleinern oder eine andere Darstellungsart zu wählen. Das weitere Layout der Anwendung wird durch verschiedene Einstellungen in den Präferenzen bestimmt. In diesem Kontext ist die Verwendung von Item Groups ein signifikanter Punkt, um der Anwendung das passende Aussehen zu geben. Mehr darüber erfahren Sie im weiteren Verlauf des Buches.

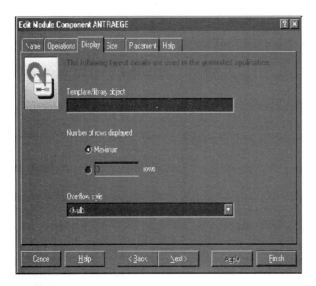

Abbildung 7.1: Edit Modul Dialog

7.2 Allgemeine Modul Features

Das ist der umfangreichere Teil des Kapitels. Ich werde Ihnen anhand zahlreicher Beispiele die sinnvolle Kombination des Designers und Developers vorstellen, sodass Sie am Ende eine durchdachte und komplexe Forms-Anwendung aus dem Designer heraus generieren können.

7.2.1 Key Based Links allgemein

Die Funktions-Entitäten-Verwendung ermöglichte es Ihnen, mit Hilfe des ADT festzulegen, welche Modulkomponenten zu definieren sind. Das fertige Modul enthält alle gemäß den unternehmensspezifischen Anforderungen dafür notwendigen Tabellenverwendungen. Obwohl diverse Relationen im ER-Modell definiert sind, werden sie nicht gleichzeitig in das Modul übernommen. Sie müssen die notwendigen Verbindungen (Key Based Links) zwischen Modulkomponenten explizit schaffen. Möglich ist dieser Vorgang allerdings nur dann, wenn entsprechende Relationen zwischen einzelnen Tabellenverwendungen auch tatsächlich im ER-Modell existieren.

Beispiel

Die Entitäten „Anträge"und „Gegenstände" sind als 1:N-Relation definiert und befinden sich in Ihrem ER-Diagramm. Ein für dieses Objekte erzeugtes Modul enthält zwei Modulkomponenten mit je einer Tabellenverwendung (Anträge und Gegenstand). Aufgrund der 1:N-Relation im ER-Modell können bzw. müssen Sie, damit das Modul zu jedem Mastersatz die dazugehörigen Detail-Datensätze darstellen kann, einen expliziten Key Based Link zwischen beiden Modulkomponenten herstellen.

- Klicken Sie in der Werkzeugleiste auf den Button „Key Based Link".
- Klicken Sie auf die Master-Tabellenverwendung.
- Klicken Sie auf die Detail-Tabellenverwendung.
- Link wird erstellt.
- Existiert kein Foreign Key in der Detail-Verwendung, kann der Link nicht erstellt werden.
- Gleiches gilt für Lookup Tabellen.

Es können auch Situationen auftreten, wo eine Beziehung zwischen Modulkomponenten notwendig ist, und der ER-Defintion nach keine besteht. Zumindest im SMN müssen dann die entsprechenden Relationen (Foreign Keys) definiert werden. Mit diesem Thema sind Sie jedoch, durch die Anmerkungen dazu im Kapitel 6.3.2, schon bestens vertraut.

Sie müssen beim Generieren der Forms-Anwendung darauf achten, dass die Validierung des Foreign Key client-seitig erfolgt, wenn Sie die SM-Tabellen nach der Änderung nicht neu generieren. Erst dadurch entstehen die physikalischen Constraints und eine server-seitige Validierung wäre auch möglich. Ein Tipp: Sie sollten auf eine einheitliche Implementierung achten. Ich gebe dabei der server-seitigen Implementierung den Vorzug.

Die Validierung legen Sie in den Eigenschaften des entsprechenden Foreign Keys fest. Eigenschaft: „Validate in" innerhalb der Ansicht „Palette".

7.2.2 Das Modul Layout

Das Moduldiagramm kann in zwei unterschiedlichen Modi dargestellt werden, Data View und Display View. Beide enthalten unterschiedliche Objekte.

Signifikante Objekte der Data-View sind:

- Modul
- Modulkomponente
- Tabellen-Verwendungen
    - Basis-Tabellenverwendung
    - Lookup-Tabellenverwendung
- Key Based Links

Objekte der Display-View:

- Windows
- Canvases

- Action Items
- Datenblöcke
- Datenfelder Prompts (Namen des Feldes in Forms) und Reihenfolge der Felder in Forms.

Die Display View bietet umfangreiche Optionen an, die es Ihnen ermöglichen, schon in der Phase des Designs der Anwendung ein ansprechendes Layout mitzugeben. Je ansehnlicher Sie es gestalten, desto weniger müssen Sie im Developer nachbessern. Der klare Nachteil bei größeren Gestaltungsmaßnahmen in Forms besteht darin, dass sobald ein erneutes Generieren des Moduls notwendig wird, alle Einstellungen, die im Developer vorgenommen wurden, verloren gehen. Ganz auf ihn können wir jedoch nicht verzichten. Der Designer kann Blöcke und Felder zwar gut anordnen, für eine detailliertere Anordnung bzw. Positionierung aller Felder und Blöcke müssen wir nach wie vor auf den Developer zurückgreifen. Für die Zukunft verläuft der Trend ganz klar in Richtung Designer, d.h. alle optischen Möglichkeiten und Funktionen werden mehr und mehr dort angeboten. Im Desginer 2.1.2 ist es beispielsweise unmöglich, Blöcke in einem einfachen Canvas horizontal anzuordnen. Neuere Versionen bieten dagegen eine solche Option an. Nachfolgend werde ich Ihnen die verschiedenen Möglichkeiten der Display View erläutern.

7.2.3 Action Items

Action Items sind ein gutes Hilfsmittel, schnell und einfach Navigationsmöglichkeiten zwischen Datenblöcken eines Moduls zu schaffen. Action Items bieten jedoch nicht nur ein einfaches Navigieren zwischen Blöcken, sondern verfügen über die ganze Palette an vorhandenen Triggern. Im Unterschied zu, als Buttons definierten, unbound items, befinden sich Action Items stets außerhalb eines Datensatzes. D.h. ein unbound item definiert als Button liegt für jeden vorhandenen Datensatz einmal vor. In einer tabellarischen Darstellung von Datensätzen entstehen deshalb so viele Buttons, wie sich Datensätze in der Tabelle befinden. Dies ist oftmals unerwünscht, gerade bei Navigier-Buttons, ist es völlig überflüssig, ihn mehrmals darzustellen. Action Items werden dagegen am Ende der Tabelle dargestellt, unabhängig davon, ob sie sich innerhalb eines Blockes oder Windows befinden. Sie können Action Items in Blöcken oder Windows ablegen. Die Ablage in Windows positioniert ein Item immer am unteren Ende eines Fensters, bei der Ablage im Block, am Ende eines Datenblocks. Ich möchte dieses Thema und das Thema „Display View" noch etwas näher betrachten, da ich bisher kein Buch oder entsprechende Oracle Kurse kennen gelernt habe, wo darauf näher eingegangen wird, obwohl beide ein wichtiges Werkzeug zur Forms-Gestaltung darstellen.

7.2.3.1 Action Item definieren

- Legen Sie für die Eigenschaften die Ansicht „Dialog" fest.
- Öffnen Sie den Knoten „Windows" eines Moduls, klicken Sie auf den Knoten „Action Items" und Sie erhalten den folgenden Dialog:

Allgemeine Modul Features 199

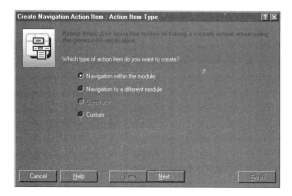

Abbildung 7.2: Action Item, Definition-Dialog

▶ Er bietet Ihnen vier Optionen an:
- Navigation within the modul: Erstellt eine Button mit dem Sie zwischen Datenblöcken wechseln können.
- Navigation to a different modul: definiert einen Button, der ein anderes Modul öffnet.
- Generator
- Custom: bietet Ihnen die Möglichkeit, explizit Code zu erzeugen.

▶ Klicken Sie auf die Schaltfläche Next.

▶ Geben Sie den Namen, das Prompt und die Größe des Items an.

▶ Je nachdem für welche Option Sie sich zu Beginn entschieden haben, werden entsprechende Alternativen angeboten.
- Die erste Option zeigt Ihnen eine Liste aller vorhandenen Datenblöcke des Moduls, in dem Sie sich befinden.
- Die zweite Option enthält eine Liste aller Module der Applikation.
- Die dritte Option eröffnet Ihnen einen Dialog über alle verfügbaren Trigger.

Abbildung 7.3: Trigger Dialog

▶ Beim gesetzten Häckchen „Show expert level events" werden zusätzlich alle verfügbaren Key-Trigger angeboten.

▶ Nachdem Sie den Trigger bestimmt haben, fragt Oracle nach, ob der Item samt Trigger erstellt werden soll oder, als zweite Option, der Logik Editor zu öffnen ist, damit Sie sofort mit dem Editieren Ihres vorgesehenen Codes beginnen können.

▶ Klicken Sie auf Finish und das Item wird erstellt und in die SMN-Baumstruktur eingefügt.

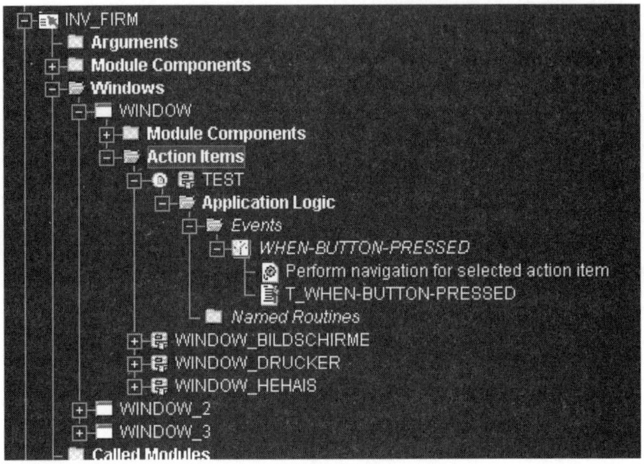

Abbildung 7.4: Action Item Trigger in SMN

7.2.3.2 Action Items verschieben

Öffnen Sie das Modul und ziehen Sie es mit gedrückter Maustaste neben dem SMN. Ein Moduldiagramm entsteht. Oder öffnen Sie das betreffende Diagramm (Menü: File/Open/ Modul Diagramm). Klicken Sie in der Werkzeugleiste auf den Button „Switch to Display View". Die Ansicht wechselt in die folgende Abbildung. Das ist die Display View des Moduls aus Kapitel 5.11.9.5 B.

Sie verschieben diesen Button, indem Sie ihn mit gedrückter Maustaste in den Block Ihrer Wahl bewegen, oder von dem Block zurück zum Windows (weißer Bereich). Analog dazu können Sie ihn auch direkt im Navigator des Design Editors verschieben (markieren und bei gedrückter Maustaste bewegen). Auf den nächsten Seiten werde ich verschiedene Gestaltungsformen variieren und Ihnen die Möglichkeiten des Designers vorstellen.

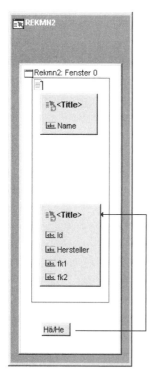

Abbildung 7.5: Display View u. Action Items

7.2.4 Canvases

Canvases sind Hintergrundobjekte, sprich Leinwände, auf denen Items aller Arten (Text, Check Boxes, Radio-Groups etc.) sowie grafische Elemente (Linien, Grafiken etc.) platziert werden können. Oracle unterscheidet dabei fünf verschiedene Typen:

- Content Canvas
- Stacked Canvas
- horizontale Toolbar Canvas
- vertikale Toolbar Canvas
- Tab Canvas

7.2.4.1 Content Canvas

Dies ist das Standard-Canvas. Die Abbildung 7.6 enthält ein Content Canvas, das durch ein rotes Rechteck um die Datenblöcke dargestellt wird. Es füllt die gesamte Fenstergröße einer Formsanwendung aus. Befinden sich mehrere Content Canvases innerhalb einer Anwendung, so überdeckt das jeweils aktive alle übrigen. Ein Content Canvas kann keine weiteren Content Canvases enthalten. Sobald Sie innerhalb davon ein weiteres definieren, entstehen daraus zwei voneinander unabhängige Canvases. Es ist auch nicht sinnvoll, diesen Typ verschachtelt darstellen zu wollen, da sie sich ohnehin überdecken.

Beispiel

Wenn ich im zweiten Block des Beispiels aus der Abbildung 7.6 ein weiteres Content Canvas definiere, erzeugt der Designer ein Canvas, das sich auf der gleichen „Ebene" wie das schon vorhandene befindet.

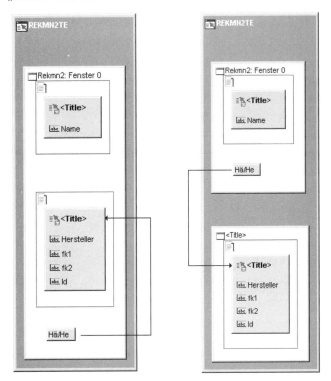

Abbildung 7.6: Content Canvas

Canvas definieren

Klicken Sie in der Werkzeugpalette auf die Schaltfläche „Create new Content Canvas" und ziehen Sie ein Rechteck um einen oder mehrere Datenblöcke. Es entsteht ein rotes Rechteck wie in den bisherigen Abbildungen. Um bereits definierte Canvases zu entfernen (mindestens eines muss vorhanden sein), wiederholen Sie den Vorgang und ziehen ein neues Rechteck um alle existierenden Canvases. Damit werden Sie bis auf das eine entfernt und Sie erhalten die ursprüngliche Abbildung.

Beide Canvases können auch in verschiedene Fenster (weißes Rechteck) dargestellt werden (Abbildung 7.6: rechtes Beispiel). Um ein weiteres Fenster zu erzeugen, klicken Sie in der Werkzeugleiste der Display View auf die Schaltfläche „create window" und ziehen ein Rechteck um das untere Content Canvas.

Allgemeine Modul Features 203

Dadurch entstehen innerhalb der Anwendung zwei unabhängige Fenster, die Sie beliebig anordnen können. Die Abbildung 7.7 zeigt Ihnen die fertige Forms. Das war vorher nicht möglich. Sie können die Größe jedes Canvas Typen einfach abändern, indem Sie die Eigenschaftspalette dazu öffnen und die folgenden Eigenschaften modifizieren:

▹ X-Position: legt die X-Koordinate im Window fest.
▹ Y-Position: legt die Y-Koordinate im Window fest.
▹ Canvas Width: legt die Breite fest.
▹ Canvas Hight: legt die Höhe fest.

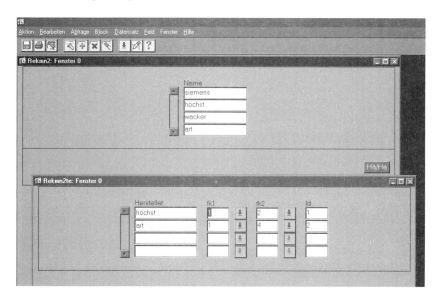

Abbildung 7.7: Forms Anwendung mit 2 Windows

Rein theoretisch könnten Sie einen Datenblock auch außerhalb eines Fensters ablegen, jedoch keine Action Items. Es kommt unter Umständen zu Generierungsfehlern, wenn Sie kein Window verwenden.

7.2.4.2 Stacked Canvas

Stacked Canvases können innerhalb eines Content Canvas definiert werden. Deren Größe und Position innerhalb des Content Canvas ist beliebig manipulierbar. Sie überdecken es nur mit der für Sie festgelegten Größe und Position. Sie werden häufig verwendet, um Datenblöcke individuell anzuordnen und bei Bedarf einzublenden.

Stacked Canvas definieren

Klicken Sie in der Werkzeugpalette auf die Schaltfläche „Create new Stacked Canvas" und ziehen Sie ein Rechteck um einen oder mehrere Datenblöcke. Es entsteht ein blaues Rechteck innerhalb des Content Canvas um den betroffenen Datenblock:

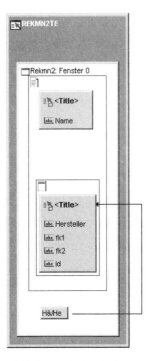

Abbildung 7.8: Stacked Canvas

Durch Klicken auf das Action Item wird das neue Canvas an der festgelegten Position und mit der angegebenen Größe eingeblendet. Ohne explizite Vorgaben platziert Oracle es am linken oberen Rand. Die Abbildung zeigt diese Ansicht. In einem späteren Kapitel werden Sie erfahren, wie Sie die Hintergrundfarbe verändern und wie Sie den horizontalen und vertikalen Scrollbar ausblenden können.

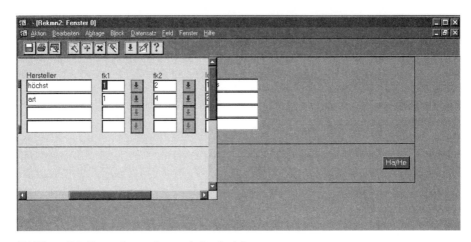

Abbildung 7.9: Forms Anwendung mit Stacked Canvas

Position und Größe verändern:

▸ Klicken Sie auf das Stacked Canvas.

▸ Öffnen Sie die Eigenschafts-Palette.

▸ View Width und View Hight bestimmen die Breite bzw. Höhe der gesamten Ansicht.

▸ Canvas Width und Canvas Hight die Breite bzw. Höhe des Canvas selbst. Dieser Unterschied ist wichtig, wenn es darum geht, z.B. einen Rahmen um den Datenblock zu zeichnen. Die Größe des Rahmens richtet sich nach den Canvas-einstellungen.

▸ Die Position wird durch die Eigenschaften X-Y Positon festgelegt. X/Y repräsentieren ein Koordinatensystem. X legt die horizontale, Y die vertikale Position fest. Testen Sie einige Einstellungen, bis die richtige Größe und Position gefunden ist.

Stacked Canvas entfernen

Sie können ein Stacked Canvas nur entfernen, indem Sie ein anderes Canvas an dessen Stelle definieren. Um beispielsweise das St. Canvas in der Abbildung zu entfernen, klicken Sie auf den „create content" Button in der Werkzeugleiste und ziehen dessen Rahmen um das blaue Rechteck. Ergebnis: Es wird entfernt und an deren Stelle steht das Content Canvas. Derselbe Effekt tritt ein, wenn Sie analog mit z. B. einem Tab Canvas vorgehen. Um bei dem ersten zu bleiben, liegen nun 2 Content Canvases vor. Ziehen Sie ein neues Content Canvas um die bereits existierenden, damit beide als einzelnes Canvas dargestellt werden.

Allgemein gilt: Sie entfernen Canvases, indem Sie anstelle davon ein neues Canvas über das alte legen (z.B. Tab Canvas durch Stacked Canvas und Content Canvas durch Tab Canvas ersetzen usw.).

7.2.4.3 Tab Canvas

Tab Canvas definieren eine Karteikarten Ansicht. Über dargestellte Reiter können Sie jedes einzelne Canvas aktivieren.

Tab Canvas definieren

Klicken Sie in der Werkzeugpalette auf die Schaltfläche „Create new Tab Canvas Page" und ziehen Sie ein Rechteck um einen oder mehrere Datenblöcke. Es entsteht ein schwarzes Rechteck innerhalb des Content Canvas um den betroffenen Datenblock. Möchten Sie ein Stacked Canvas in ein Tab Canvas ändern, können Sie das „Tab Canvas" Rechteck um das schon vorhandene „Stacked Canvas" ziehen. Das neue Canvas tritt auch hier an die Stelle des alten.

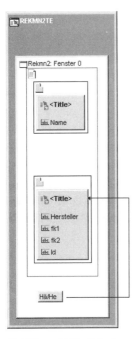

Abbildung 7.10: Tab Canvas

Durch Klicken auf den entsprechenden Reiter wechseln Sie in den gewünschten Datenblock. Diese Darstellung ist äußerst praktikabel. Sie erhalten dadurch ein Maximum an Übersicht und Flexibilität in der Navigation.

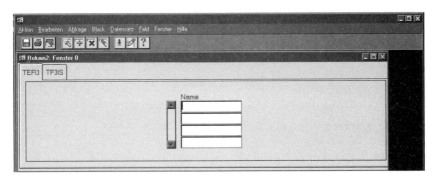

Abbildung 7.11: Forms Anwendung mit Tab Canvas

7.2.4.4 Toolbar Canvas

Toolbar Canvases definieren die Position und Größe von Werkzeugleisten, beispielsweise die Standardleiste von Forms. Sie werden vom Designer automatisch generiert und müssen nicht explizit definiert werden. Es stehen verschiedene Arten von Toolbars zur Verfügung. Ich werde darauf aber erst bei den Präferenzen zurückkommen, da die Einstellungen dort erfolgen. Sie können die Toolbars in Forms auch manipulieren.

7.2.5 Knoten Foreign Keys im Register Module des Design Editors

Dazu am besten ein Beispiel: Zwischen der Tabelle A und B existiert eine 1:N-Beziehung. Tabelle A stellt den Master dar. Ein Fremdschlüssel im (äußeren) Foreign Key Knoten der Tabelle B beschreibt im inneren Foreign Key Knoten alle Fremdschlüssel, die sich in der korrespondierenden Tabelle A befinden.

7.2.6 Radiogroups darstellen

Eine Radiogroup ist eine Anordnung von Check-Box Items (Optionsfeldern), die sich gegenseitig ausschließen, ähnlich der Definition von Subtypen oder Arc-Bögen. Innerhalb eines Datensatzes kann stets nur eines der Felder aktiv gesetzt werden, indem Sie es durch Klicken darauf mit einem Häkchen versehen. Sie haben zwei Möglichkeiten, Werte für eine Radiogroup zu bestimmen: durch eine Domäne oder mit statischen Werten (allowable values) Mehr Informationen über diese Modelle erfahren Sie in Kapitel 6.8.

Stellen Sie die Eigenschaft „Display" (Ansicht: Palette) des betreffenden Items einer Tabelle auf „Radiogroup" ein und weisen Sie ihm die Domäne oder die statischen Werte zu. Damit entsteht bei der Generierung eine Gruppe mit Optionsfeldern. Die Anzahl der Felder richtet sich nach der Anzahl der definierten Werte.

7.2.7 Lookup Tables definieren

Lookup Tables werden innerhalb eines Modul Diagramms blau dargestellt.

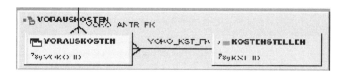

Abbildung 7.12: Beispielmodul

Der Tabellenverwendung (Base Table) „Vorauskosten" ist die Lookup Tabelle „Kostenstellen" zugeordnet. Die Verwendung von Lookup Tabellen gestattet es, Datensätze aus einer Mastertabelle der dazugehörigen Detailtabelle innerhalb einer Modulkomponente zuzuordnen. Die Abbildung 7.12 enthält einen Ausschnitt aus einem Beispielmodul.

Lookup Tables erweisen sich aber auch dann als sehr nützlich, sobald die Dateneingabe in der Detail-Tabelle nicht unmittelbar nach der Eingabe der Masterdaten erfolgt. Beispiel: Es liegt ein fester Kundenstamm vor, der Videos ausleihen will (Kunde (1) : Videos (N)-Relation). Jede Kassette wird an verschiedenste bereits eingetragene Kunden verliehen. Eine gewöhnliche Master-Detail Definition im Modul erlaubt die unmittelbare Dateneingabe in der Reihenfolge Kunde und geliehene Kassette. Das ist aber so nicht zweckmäßig, denn der Kunde existiert häufig bereits und muss deshalb nicht mehr erfasst werden. Hier ist eine Lookup Lösung die richtige Entscheidung. Die Tabelle Video repräsentiert die Basetable und enthält einen Lookup zu der Tabelle Kunde. Damit kann über eine List of Values (LoV) sehr leicht die Auswahl eines Kunden getroffen und alte Einträge überschrieben oder gelöscht werden. Letztendlich hängt es aber immer von den Anforderungen ab, wie Sie Ihr Modul gestalten. Die bisherigen Kapitel enthielten dazu bereits mehrere Beispiele.

Tabellen- und Lookup-Verwendungen erstellen

Tabellenverwendungen:

- Klicken Sie auf die SM-Tabelle im Navigator und ziehen Sie diese mit gedrückter Maustaste in das Moduldiagramm.
- Um eine Detail-Tabellenverwendung zu erzeugen, verfahren Sie mit der entsprechenden SM-Tabelle analog zum ersten Punkt und ziehen Sie diese unterhalb der Modulkomponente des Master. Eine schwarze gestrichelte Linie entsteht.
- Lassen Sie die Maus los. Der Designer erzeugt den Key Based Link zwischen beiden Komponenten.

Lookup Tables:

- Die Auswahl der SM-Tabelle ist völlig identisch.
- Sie bewegen die SM-Tabelle rechts zur entsprechenden Modulkomponente, bis eine rote Linie erscheint.
- Lassen Sie die Maus los. Der Designer erzeugt eine Lookup Table mit dem Primary Key als Tabellenspalte. Das ist der Standard, der von Ihnen beliebig modifiziert werden kann.

Lookup Table können eine oder auch mehrere Spalten enthalten. Analog dazu können Sie beliebige sogenannte Lookup Items in der Base Table definieren, die schließlich die Auswahl aus Ihrer Liste enthalten und einem konkreten Datensatz zuordnen. Auch hier haben Sie die Möglichkeit, je nach Art der Informationen, eine oder mehrere Felder (Items) anzubieten.

Als Standardspalte enthält die Liste (List of Values) der Lookup Table den Primary Key. Das ist logisch, denn der PK Wert wird der Anwendung durch die Auswahl aus der Liste als Foreign Key übergeben und deren Wert in die Foreign Key Spalte eingetragen. Natürlich ist diese Information nicht für die Anwender geeignet. Deshalb können Sie anstelle des PKs andere Informationen sowohl in der Liste als auch in der Base Table anzeigen lassen.

Wichtige Lookup Table Eigenschaften (Ansicht: Palette)

- Eigenschaft: create Lockup Item: Dadurch wird ein Item erzeugt (in der Base Table der künftigen Anwendung) das den selektierten entsprechenden Wert anstelle des PK (aus der LOV) aufnehmen kann. Dieses Feld kann auf sichtbar (Display) YES und NO gestellt werden. NO kann nötig sein, falls Werte zugewiesen, jedoch nicht angezeigt werden dürfen. Solche unsichtbaren Lookup Items werden häufig dann eingesetzt, wenn es z.B. darum geht, dass eine Applikation

Allgemeine Modul Features 209

auf diese Felder zugreift, um abhängig von deren aktuellem Wert entsprechende Verarbeitungsvorgänge durchzuführen.

▷ Display in LOV: dadurch wird das entsprechende Feld innerhalb einer LOV dargestellt.

▷ Um mehrere Spalten innerhalb der LoV darzustellen, muss diese Property einfach für jedes Feld auf YES gesetzt sein. Die Abbildung 7.13 stellt die Eigenschaften in der Palettenansicht dar.

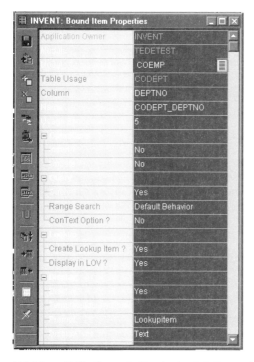

Abbildung 7.13: Eigenschaften in der Palettenansicht

Lookup spezifizieren

Markieren Sie die Lookup Tabellenverwendung im Modul und wählen Sie für die Darstellung der Eigenschaften den Dialogmodus. Öffnen Sie die Eigenschaften der Lookup Tabelle und Sie erhalten den Dialog gemäß der Abbildung 7.14. Er zeigt die Tabelle „Firma" als Lookup Tabelle für die Firmenaufträge im künftigen Antrag. Das Register Items beinhaltet alle verfügbaren Spalten. Mittels der Schaltflächen übernehmen Sie die relevanten Spalten in die Liste der verfügbaren Lookup Items ((Disp) Selected Items). Die Check Box markiert, ob die übernommenen Spalten als eigene Items (kreierte Lookup Items) in der Anwendung erscheinen sollen oder nicht.

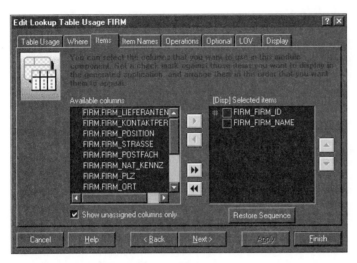

Abbildung 7.14: Lookup Table spezifizieren

Selektieren Sie zusätzlich zum PK entsprechende Items wie beispielsweise den Namen. Es ist nicht notwendig, die ID-Spalte den „Selected Items" zuzuordnen. Sie stellt zwar den Bezug zur Detailspalte her, indem der PK (ID) aus der Lookup Tabelle als FK-Wert in die Base Table eingetragen wird. Diese Arbeit hat jedoch nichts mit den Inhalten der LoV zu tun. Sie wird hintergründig durchgeführt. Das PK Item muss auch nicht in der Anwendung erscheinen, weshalb ich die (Disp)lay Eigenschaft deaktiviere (uncheck). In bisherigen Versionen des Designers genügt die Auswahl der ID Spalte allein nicht, um eine funktionierende LOV zu erhalten. Sie müssen zusätzlich einen entsprechenden Namen festlegen. Der Designer nimmt, bei der alleinigen Verwendung der ID, eine gewöhnliche Master Detail Relation an, wobei er Detail Werte entweder direkt vom Master oder durch eine LoV erhält.

Beispiel

Sicherlich sind Ihnen die Tabellen EMP und DEPT aus zahlreichen Oracle Kursen bestens bekannt. Beide Tabellen sind durch eine (1) DEPT : (N) EMP Relation miteinander verbunden. Auf dieser Grundlage habe ich das folgende Modul entwickelt. Sobald ich die FK Spalte (EMP_DEPT_ID) im sichtbaren Bereich belasse und gleichzeitig die Präferenz LoVBUT = YES setze erhalte ich ein Modul, das mir automatisch zu dieser Spalte eine LoV, ähnlich einer Lookup Table generiert. Damit ist sichergestellt, dass ein Eintrag in die FK Spalte erfolgen kann. Eine Lookup Tabelle ist nicht erforderlich. Folglich wird die alleinige Darstellung des PK (und damit zusammenhängendem definierten Lookup-item für die ID) innerhalb einer Lookup Tabelle nichts anderes bewirken. Das PK-Item wird nicht erzeugt, denn es existiert bereits in Form der FK-Spalte, die dazu lediglich sichtbar gehalten werden muss, und somit erscheint ohne sichtbare FK-Spalte, trotz Lookup Table, kein LoV-Button.

Allgemeine Modul Features

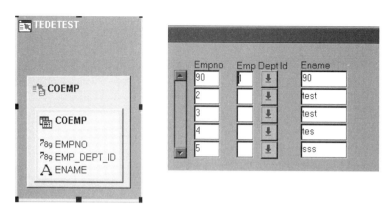

Abbildung 7.15: LoV-Button auf Foreign Key

Beispiel 2

Wir erweitern das Modul:

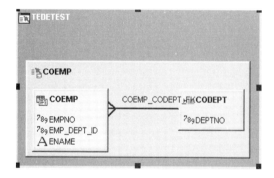

Abbildung 7.16: Modul mit Lookup Table

Ich lege für die Spalte DEPTNO (Primary Key) ein create Lookup Item an, lasse aber gleichzeitig die FK-Spalte sichtbar. Ergebnis: Die neue Anwendung ist mit der letzten Abbildung absolut identisch. Blende ich dagegen die FK-Spalte auch aus, wird der Designer, da er die Lookuptabelle aufgrund des alleinigen Eintrags der ID ohnehin nicht berücksichtigt, keinen Button und damit auch keine LoV zur Verfügung stellen. Die Einstellung „create lookup item" = YES in den Eigenschaften der Lookup Tabelle ist damit irrelevant. Deshalb sind Lookup Table Verwendungen nur dann sinnvoll, wenn nicht nur die ID als Information innerhalb einer LoV geboten ist. Da ich im Dialog zu Beginn das Item „Firm_Firm_Name" als weitere Info neben den PK selektierte (Abbildung 7.14), können wir nun mit der übrigen Spezifikation fortfahren. Im Register „Item Names" legen Sie die Namen der Items fest, die der Designer für die Items innerhalb der Modulkomponente verwendet. (Die eingetragenen Namen werden im Antrag anders lauten. Sie dienen hier nur als Beispiel.)

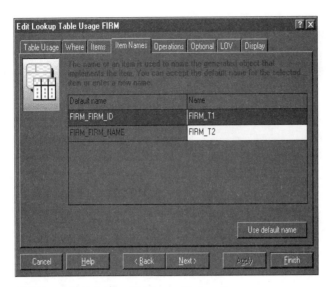

Abbildung 7.17: Lookup Table spezifizieren2

Schritte

Sie können im Register Operations für jede Lookup Spalte vorsehen, welche Operationen darauf gestattet sind (Insert, Query, Update). Innerhalb einer Lookup Tabellenverwendung bleiben die Vorgaben für Insert und Update ohne Wirkung. Kreierte Lookup Items erhalten Ihre Werte aus der LoV, somit ist es unnötig, einen expliziten insert und update zuzulassen. Anders verhält es sich bei der Operation „Query". Abfragen sind selbstverständlich auch auf kreierte Lookup Items möglich. Ist diese Eigenschaft = No gesetzt, werden die entsprechenden Items im Enter-Query Modus gesperrt. Die wichtigsten Register sind „LoV" und „Display". „LoV" legt fest, welche Spalten in der Liste angezeigt werden, und „Display" erlaubt die Vergabe eines Prompts für die definierten Lookup Items. Damit ist die Tabelle fertig. Sie können die einzelnen Spalten auch in der Palettenansicht, wie in der Abbildung 7.13 dargestellt, der Eigenschaften modifizieren. Als Abschluss zu diesem Thema zeige ich Ihnen eine vollständig definierte Lookup Tabelle für das Modul TEDETEST (Abbildung 7.16). Die Lookup Tabelle ist bereits eingetragen.

- Setzen Sie die „Display" Eigenschaft des Fremdschlüssels Emp_Dept_ID der Tabellenverwendung COEMP auf NO.

- Fügen Sie den „Selected Items" die Spalte „Name" hinzu.

- Schließen Sie die Spalte CODEPT_DEPTNO aus der Auswahl in „Items in List of values" aus.

- Vergeben Sie im Prompt des Registers „Display" den Namen: „Kreiertes Lookup Item"

- Damit erhalten Sie die nachfolgende Forms-Anwendung und LoV.

- Vergessen Sie nicht die Präferenzen LoVBUT = YES zu setzen.

Allgemeine Modul Features 213

Abbildung 7.18: Lookup Table spezifizieren3

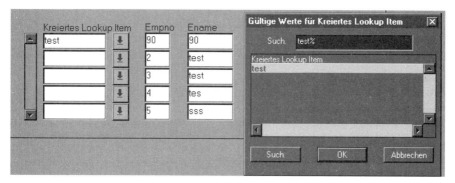

Abbildung 7.19: Forms mit Lookup Table und LoV Belegung

Die Auswahl (selektierte Spalte) aus einer Lookup Table eindeutig halten

Die Auswahl aus einer Lookup Table ist stets nur dann eindeutig, wenn die Daten der resultierenden kreierten Lookup Items (create lookup Item) eindeutig sind. Oracle selektiert explizit aus den Items der Liste (LOV) und überprüft an Hand der kreieten Lookup Items. Ob die Items sichtbar sind spielt dabei keine Rolle. Sind die Daten dieser Items nicht eindeutig, ist es für Oracle nicht möglich einen, in der LoV, selektierten Datensatz implizit in die Basis-Tabelle (Base Table) zu übernehmen. Es wird der erste Datensatz übernommen, dessen Inhalt dem selektierten Wert der LoV entspricht und das kann aufgrund fehlender Eindeutigkeit der falsche sein.

Beispiel

Ein Antrag enthält unter anderem den Gegenstand „Drucker". Ein weiterer Antrag enthält exakt denselben Gegenstand. In der Anwendung existiert dazu das kreierte Item „Gegenstand". Es genügt nicht der LoV die Primary Key Spalte hinzuzufügen, denn sie wird nicht angezeigt und enthält außerdem auch keine, für den Anwender sinnvollen, Informationen. Bei der Auswahl stützt sich Oracle ausschließlich auf die Eindeutigkeit der kreierten sichtbaren Lookup Items. Es müssen deshalb, entsprechend den benötigten Informationen, Lookup Items definiert werden, die gemeinsam eine eindeutige Aussage darstellen. Im konkreten Fall ist die Antragsnummer eine eindeutige Identifizierung die auch der Anwender versteht. Beide gemeinsam, der Drucker und die Nummer des Antrags, aus dem der Gegenstand stammt, garantieren die Eindeutigkeit bei der Auswahl aus der LoV. Liegt keine weitere Information vor, bleibt uns nichts anderes übrig als der Tabelle ein weiteres Feld hinzuzufügen (eventuell eine sekundäre UID dafür bestimmen) und zusätzlich zum Gegentand anzeigen zu lassen (wiederum als kreiertes Lookup Feld). Wie schon erläutert, kann der PK nicht verwendet werden. In der Regel stellt er kein sichtbares Lookup Item in der Anwendung dar, da dieses Feld für den Anwender als Information völlig überflüssig ist (Die Definition von Primary Keys als künstliche Schlüssel macht ihn für die Anwender wertlos).

Die Spaltenbreite einer LoV im Forms Builder manipulieren

Der Forms Builder enthält einen eigenen Knoten „Wertelisten". Darin werden alle LoVs, auch jene aus Lookup Tabellen, gespeichert. Starten Sie den Builder mit dem entsprechenden Modul, selektieren Sie die gewünschte LoV und öffnen Sie die Attributpalette (Klick auf rechte Maustaste). Damit sollte Ihnen die Ansicht der Abbildung 7.20 angeboten werden. Sie ändern die Spaltenbreite, indem Sie folgende Schritte durchführen:

▷ Markieren Sie die Eigenschaft „Attribute Spaltenzuordnung".

▷ Die Schaltfläche „weitere Optionen" wird sichtbar.

▷ Ein weiterer Klick darauf öffnet den Dialog: „Werteliste Spaltenzuordnung".

▷ Er enthält alle Spalten einer LoV.

▷ Im Textfeld „Rückgabeobjekt" wird die aktuelle Spalte und daneben deren Breite angegeben.

▷ Indem Sie dort einen entsprechenden Eintrag vornehmen, kann die Breite beliebig verändert werden.

Allgemeine Modul Features

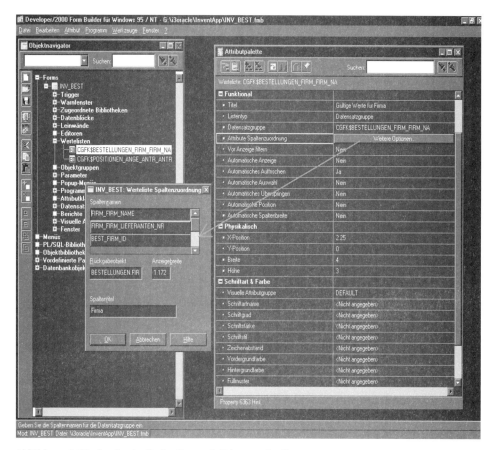

Abbildung 7.20: Spaltenbreite im Forms Builder manipulieren

Die Spaltenbreite einer LoV im Designer manipulieren

Vorteilhafter ist es, die Spaltenbreiten direkt im Designer zu veranlassen, um dadurch das Überschreiben der Vorgaben in Forms ohne Designer Grundlagen beim erneuten Generieren zu unterbinden.

▷ Öffnen Sie den Design Editor und das entsprechende Modul.

▷ Öffnen Sie die Modulkomponente, in der sich die Lookup Table befindet.

▷ Markieren Sie das entsprechende Item (im Knoten Bound Items der Lookup Tabellenverwendung).

▷ Befindet sich das Bound Item in der LoV, so kann dessen Breite über die Eigenschaftspalette (Eigenschaft: width) verändert werden.

▷ Je nachdem welche Breite das Item dort zugewiesen erhält, wird es in der LoV dargestellt.

▸ Ist das Item gleichzeitig als kreiertes Lookup Item in der Anwendung präsent, ändert sich deren Spaltenbreite auch.

▸ Die Spaltenbreite in der Lov ist somit von diesem Wert abhängig.

Um verschiedene Breiten festzulegen (in LoV und kreierten Lookup Item), muss die Breite im Developer angepasst werden.

Reihenfolge der LoV-Spalten im Designer verändern

Eine einfache Einstellung ermöglicht es, die Reihenfolge von Items in der LoV und als kreierte Lookup Items übereinstimmend darzustellen. Entweder Sie öffnen die Palette der Eigenschaften für die jeweiligen Lookup Items im Design Editor und geben in der Sequence Nummerierung die entsprechende Nummer an oder Sie ziehen mit der Maus die Items im Navigator an die entsprechende Stelle.

Die Auswahl (selektierte Spalte) aus kombinierten Lookup Tables eindeutig halten

Berufen wir uns auf ein bereits bekanntes Beispiel einer kombinierten Lookup Table aus Kapitel 6.4, Abbildung 6.19: die Angabe des Antrags und des Gegenstandes bei der Bestimmung einer Position in der Bestellung.

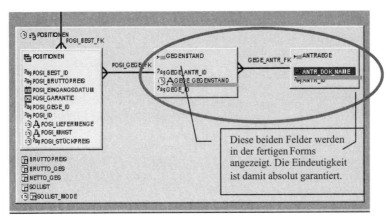

Abbildung 7.21: Lookup Table Verwendung eindeutig halten

Damit neben dem Gegenstand auch die Antragsnummer in der LoV der Lookup Tabellenverwendung erscheint, müssen Sie die SM-Tabelle Anträge einfach anhängen (Mehrstufige Lookup Tabelle). Legen Sie für die Items Gege_Gegenstand sowie Antr_Dok_Name die Eigenschaft create lookup Item = Yes und Display = Yes fest. Beide Spalten erscheinen in der LoV und zu jeder Position in der Anwendung. Die Auswahl ist damit eindeutig, da jede Antragsnummer nur einmal vergeben werden darf.

Für alle kreierten Lookup Items gilt:

▶ Die Definition von mehreren Items bewirkt, dass bei der Auswahl aus der LoV alle Items mit den Daten belegt werden, wie sie in der Liste zu den entsprechenden Spalten dargestellt werden. Demzufolge wird das Item: Antr_Dok_Name mit dem Namen des Antrags bzw. dessen Nummer belegt, und das Item: Gege_Gegenstand mit dem Gegenstand.

▶ Der LoV-Button wird neben dem ersten definierten Lookup Item in der Anwendung abgelegt.

7.2.8 Check Boxes verwenden

Eine Check Box ist ein Optionsfeld, bei dem ein Häkchen gesetzt werden kann. Je nach Einstellungen werden unterschiedliche Verhaltensmuster impliziert. Check Boxes besitzen, wie gewöhnliche Items auch, die Eigenschaft, entweder als „muss"- (Mandatory) oder als „kann"- (Optional) Feld implementiert zu werden. Diese Optionen implizieren jedoch ein etwas anderes Verhalten als diese Eigenschaften für gewöhnlich hervorrufen. Eine Check Box besitzt zwei mögliche Zustände, die individuell formuliert werden können. Es bietet sich Ja/Nein, Yes/No oder auch 1/0 usw. an. Abhängig von der Implementierung (Optional oder Mandatory) werden diese Werte entsprechend gespeichert.

▶ *Optional:* Der „Check" (d.h. das Häkchen ist gesetzt) wird in die Tabelle eingetragen. „Unchecked" (N) wird nicht gesetzt. Im Falle der Negierung enthält die Tabelle keinen Wert. Der Eintrag ist stattdessen Null.

Vorsicht! Es kann zu einer unerlaubten Tri-State-Definition führen, sobald das als Check-Box definierte Item durch eine Domäne oder über „allowed Values" zwei mögliche Werte erhält (z.B. „J" (als erster und damit checked Value) und „N" für unchecked als zweiter Wert in der Liste) und zusätzlich optional definiert wurde. Damit gibt es zwei Werte für unchecked, „N" und NULL aufgrund der Optionalität. Liegen Null-Werte in der physikalischen Tabelle vor, prüft Oracle bei Durchführung von Execute_Query die möglichen Werte. Durch unchecked = „N" und der Optionalität werden NULL-Werte nicht berücksichtigt. Die Abfrage findet sämtliche Datensätze, die in dieser Spalte NULL enthalten, nicht.

Lösung: Optionale Check-Box mit nur einem Wert für checked (z.B. „J") definieren.

▶ *Mapping of other values:* Diese Option deckt den Fall ab, dass mehr als zwei Werte existieren. Die Online Hilfe enthält dazu noch weitere Informationen. Für uns sind nur die beiden anderen Optionen bedeutsam.

▶ *Mandatory:* in diesem Fall existieren nur zwei mögliche Werte, die beide in der Tabelle gespeichert werden. Ein „mapping of other values" ist in dieser Variante grundsätzlich nicht möglich.

7.2.9 Oracle Präferenzen

Dies ist ein sehr wichtiger Punkt dieses Buches. Die Präferenzen sind ein umfangreiches Werkzeug, um das bisherige Layout Ihrer Module weiter zu verfeinern. Die Display View stellte rudimentäre Element, zur Verfügung. Mit Hilfe der Präferenzen verfügen Sie über zahlreiche Hilfsmittel, ein adäquates Modul samt optischer Ausprägung, bereits innerhalb des Designers zu erzeugen. Die Display View eines Moduls ermöglicht es Ihnen neben der Definition verschiedener Canvases und Action Items, sogenannte Item GroupS zu definieren. Dieses Feature habe ich im bisherigen Verlauf des Kapitels noch nicht vorgestellt. Wenn auch ein Werkzeug der Display View, entschied ich mich dennoch dafür, dieses Thema im Zusammenhang mit den Oracle Präferenzen zu erörtern. Erst die Kenntniss über die Möglichkeiten der Präferenzen und deren konsequenten Einsatz macht den Einsatz von Item Groups sinnvoll.

Item Groups vereinigen eine festgelegte Anzahl von Items innerhalb einer Modulkomponente als Gruppe. Im Zusammenhang mit der Display View werden Modulkomponenten als Datenblöcke bezeichnet. Diese Bezeichnung wird schließlich im Developer beibehalten. Ein Datenblock kennzeichnet alle verfügbaren Items im sichtbaren Bereich innerhalb einer Modulkomponente. Dazu zählen kreierte Items aus Lookup Tables ebenso, wie der Einsatz von „unbound items".

Innerhalb einer Item-Group stehen Ihnen verschiedene Darstellungsmöglichkeiten zur Verfügung. Sie können die Items darin horizontal oder vertikal darstellen, sowie deren Abstände zueinander abstimmen. Jede Item Group kann einen eigenen Titel erhalten. Über weitere Präferenzen können Sie die Abstände zwischen Item Groups bestimmen und die Items an bestimmten Kriterien ausrichten.

7.2.9.1 Item Group definieren

▷ Markieren Sie mit gedrückter CTRL Taste alle Items einer Modulkomponente (Ansicht Display View), die für eine Item-Group vorgesehen sind.

▷ Klicken Sie auf die Schaltfläche „Create Group" (Button mit roter Markierung). Die Abbildung 7.22 zeigt Ihnen den entsprechenden Ausschnitt aus dem Bestellmodul:

Abbildung 7.22: Markierte Items für Item Group Definition

▸ Die neue Item Group wird erstellt.

▸ Markieren Sie die Umrandung der Gruppe und klicken Sie in der Werkzeugleiste des Design Editors auf „Generator Preferences". Damit wird Ihnen unter anderem eine Liste aller verfügbaren Präferenzen für Item Groups angeboten.

▸ Eine Liste über alle Präferenzen erhalten Sie, wenn Sie das Modul selbst markieren und dann die Präferenzen öffnen.

Sie können auch die Art der Darstellung von Item Groups verändern. Neben der klassischen Darstellung ist eine Ansicht als Register möglich. Öffnen Sie die Eigenschafts-Palette zu einer Item Group und stellen Sie die Eigenschaft „Stacket" auf YES. Groups, die sich untereinander befinden, werden analog zu Tab Canvases dargestellt.

„Stacked" Item Groups stellen eine sinnvolle Ergänzung zu Tab Canvases dar, denn mit deren Hilfe ist es möglich, anstelle eines gesamten Datenblocks nur einzelne Items als Register darzustellen. Die Präferenz CANNTC mit den Optionen J/N beeinflusst die Darstellung von Stacked Item Groups ebenso wie von Tab Canvases. Ist diese Präferenz (Layout Canvas auf Modulebene) auf N gesetzt, wird anstelle eines Tab-Reiters für jede Item Group eine Popliste erzeugt, die als Auswahlmöglichkeit die Stacked Item Groups beinhaltet. Wird die Präferenz auf Modulebene gesetzt und befinden sich Tab Canvases darin, so werden die Tab Reiter dafür auch nicht mehr angezeigt sondern ebenfalls eine entsprechende Popliste erzeugt. Sie verfügen dann, der Funktion nach, lediglich noch über normale Content Canvases. CANNTC ist allerdings veraltet und wird demnächst nicht mehr vom Designer unterstützt werden.

Ich möchte Ihnen im Zusammenhang mit Item Groups noch einige Präferenzen vorstellen. Die Generator Präferenzen werden unmittelbar im Anschluss erörtert. Falls Sie damit noch nicht vertraut sind, sollten Sie diesen Teil vorerst vielleicht übergehen. Sie können auch die Online Hilfe benutzen. Klicken Sie auf die entsprechende Präferenz und anschließend F1, um den Hilfskontext zu öffnen.

A Abstand zwischen Items festlegen

Die Präferenzen dazu finden Sie im Knoten „Layout-Item Group". Die Eingabe eines ganzzahligen Wertes in die Präferenz (GRPVIS) definiert einen Abstand zwischen Items einer Item Group.

B Abstand zwischen Item Groups festlegen

Die Präfernz (GRPFTS) definiert einen Abstand als Fußnote einer Gruppe. Sobald Sie die Gruppe ohne Umrandung definieren, kann damit ein Abstand zwischen den Items zweier Gruppen erreicht werden. Mit bestehender Umrandung vergrößert sich zwar aufgrund der Fußnote der Abstand zwischen den Items auch, jedoch nicht der Abstand zwischen den Umrandungen. Fußnoten befinden sich zwischen dem letzten Item und der Umrandung einer Gruppe.

Hinweis: Nur wenn ein vorhandener Titel in der Item Group nicht unterhalb des Randes einer anderen Group steht, da aufgrund verschiedener Größe und Ausrichtung (z.B. bei Rechtsausrichtung) sie sich nicht vollständig decken, werden die beiden Gruppen ohne Abstand aneinandergereiht. Sobald Sie jedoch einen Titel einfügen, wird damit auch gleichzeitig der Abstand vergrößert. Der Titel ist durch die Präferenz (GRPTLJ) an drei möglichen Stellen sichtbar (links, rechts und zentriert).

7.2.9.2 Der hierarchische Aufbau der Generator Präferenzen

Die Präferenzen sind auf verschiedenen Ebenen eines Applikationssystems definiert. Je nachdem, in welcher Ebene Sie sich gegenwärtig befinden, stellt Ihnen der Designer alle Präferenzen, die in dieser Ebene Gültigkeit besitzen, zur Verfügung. Jede Einstellung in einer höheren Ebene wird an die tieferen Ebenen weitergegeben, sprich vererbt. Das führt dazu, dass Sie beispielsweise ein bestimmtes Format auf Applikationsebene festlegen, das damit gleichzeitig an alle unteren Ebenen weitergegeben wird. Dort haben Sie zusätzlich die Möglichkeit, jede vorliegende Einstellung zu überschreiben. So können Sie außerordentlich strukturiert vorgehen. Sie legen die Grunddaten in der obersten Ebene fest, und prüfen dann die gesamte Hierarchie dahingehend, ob nicht in unteren Ebenen von dieser Einstellung abgewichen werden soll. Ist dies der Fall, legen Sie den entsprechenden Wert neu fest und überschreiben damit den von höherer Stelle geerbten Wert. Jede explizite Einstellung wird durch eine besondere Farbe hervorgehoben. Damit haben Sie einen guten Überblick, welche Einstellungen Sie vorgenommen haben und welche dem Standard entsprechen.

Die Präferenzen sind nach der folgenden Hierarchie gegliedert. Wie schon erwähnt, stehen sie nicht in jeder Ebene äquivalent zur Verfügung.

- Standardwerte (Factory Settings)
- Applikationssystem
- Domänen
- Tabelle
- Constraint
- Spalten
- Module
- Modulkomponente
- Objektgruppierungen (Item Groups)
- Objekte (Items)

Die ersten Ebenen sind für unser Projekt nur von geringer Bedeutung. Ab Modulebene jedoch stellen die Ebenen eine wichtige Orientierung bei der Einstellung der Präferenzen dar. Ich werde Ihnen nachfolgend für die Gestaltung des Layouts wichtige Präferenzen vorstellen und anhand von Beispielen ihre Einsatzweise erläutern. Vorher noch ein kleiner Hinweis: Item Groups bilden keine Hierarchie, selbst wenn sie verschachtelt sind. Festgelegte Einstellungen in der äußeren Group werden nicht nach innen vererbt. Das ist ein wesentlicher Punkt für die Arbeit mit Item-Groups, denn sie erwecken sehr leicht den Eindruck, als wäre auch dafür eine gewisse Hierarchie vorhanden.

7.2.9.3 Die Präferenzen LoVBUT und LoVVAL

Im Zusammehang mit Lookup Tables und den bisherigen Modulbeispielen wurden diese Präferenzen bereits zum erstenmal genannt. Beide ermöglichen Ihnen ein unterschiedliches Arbeiten mit Lookup Tabellen. LoVBUT definiert einen Button, der bei Klick darauf die LoV aufgrund einer Lookup Tabelle oder Master Tabellenverwendung zur Verfügung stellt. Sie können einen Wert aus dieser Liste filtern, der dann dem aktuellen Datensatz hinzugefügt wird. Die Präferenz LoVVAL erweitert diese Funktionaltiät, denn sie öffnet die dazugehörige Liste, sobald ein Eintrag in ein kreiertes Lookup Item erfolgt und gibt, nach Drücken der Enter Taste, alle Daten aus, die dem bisher eingegebenen Wert entsprechen. Damit erleichtern Sie die Auswahl erheblich. Markieren Sie das gesamte Modul, um sicherzustellen, dass alle benötigten Präferenzen angezeigt werden und öffnen Sie die Generator Präferenzen. Die Abbildung 7.23 zeigt Ihnen einige Präferenzen für LoVs.

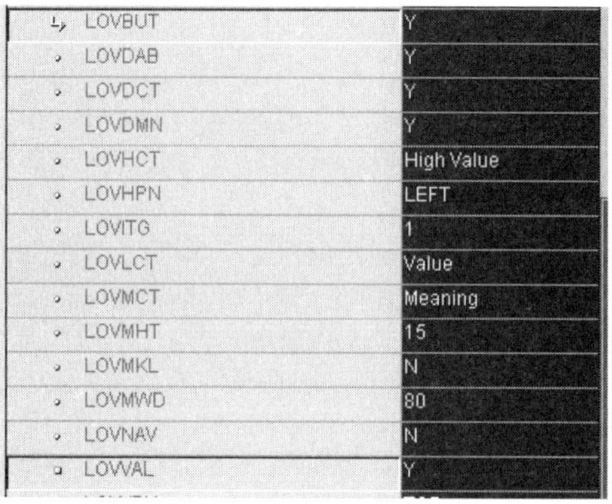

Abbildung 7.23: LoV-Präferenzen

Hinweis: Sie können anstelle der Abkürzungen auch eine Volltext Anzeige erhalten, indem Sie auf den Button „Show Description" klicken. Wird die Palette wie in der Abbildung dargestellt, erhalten Sie diesen Hinweistext zur Schaltfläche. Wird die vollständige Beschreibung bereits angezeigt, gibt Oracle den Hinweistext „Show Name" aus. Zusätzlich steht Ihnen ein Suchfeld zur Verfügung. Vorsicht! Falls Sie sich nicht in der korrekten Ebene befinden, wird die Präferenz nicht zu finden sein. Gleiches gilt, wenn Sie die Kurzbezeichnung eingeben, jedoch die Einstellung „Description" vorliegt.

Eine weitere wichtige Präferenz ist LOVNAV. Sie wurde zwar durch eine entsprechende Eigenschaft in der Standart Objekt Library ersetzt, sie erfüllt allerdings eine wichtige Funktion. Bei der Navigation zwischen Datenfelder einer Forms-Anwendung unterscheidet man grundsätzlich zwischen einem Tastatur-navigierbarem und einem Maus-navigierbaren Item bzw. Objekt. LoV-Buttons können ebenso angesteuert werden wie Datenfelder.

▸ *Tastatur navigierbar:* ist eine Eigenschaft von Forms, die bestimmt, welches Objekt Ihrer Anwendung über die Tastatur den Fokus erhalten kann. Handelt es sich bei dem betreffenden Objekt um einen LoV Button, existiert auch die Präferenz LoVNAV. Das ist jedoch eine veraltete Präferenz, die nicht mehr verwendet werden sollte. Die Eigenschaft Tastatur navigierbar finden Sie in der Attributpalette zu jedem Formsobjekt im Knoten Navigation. Anlog dazu können Sie diese Eigenschaft auch direkt in der Objekt Library manipulieren.

- Liegt beispielsweise ein Datenfeld vor (aus der Base-Table), können Sie über die Unterklasseninformation auf einfache Art feststellen, welches Objekt aus der Bibliothek als Vorlage dient. Sie sollten die Einstellung nur noch in der Object Library vornehmen, wenn das betreffende Objekt dort existiert, denn Oracle wird künftig den Schwerpunkt klar auf die Bibliothek legen. In neueren Designer Versionen werden veraltete Präferenzen bald nicht mehr verfügbar sein. Nachdem Sie das zugrundeliegende Objekt ermittelt haben, können Sie die Eigenschaften über die Attributpalette dieser Objekte modifizieren. Ist das Attribut „Tastatur navigierbar" auf „Yes" gesetzt wird, im Fall des LoV-Buttons, dieser Button angesteuert. D.h. der Fokus befindet sich jetzt auf dem Button. Sobald die Enter- oder die Leertaste gedrückt werden, öffnet sich die LoV. Setzt man sie auf „No", wird der LoV-Button übersprungen.

- Die Standard Object Library werde ich zu einem späteren Zeitpunkt noch eingehend erläutern. Nehmen Sie die hier dargestellten Zusammenhänge vorerst einfach als gegeben hin. Wir werden uns mit diesem Thema erst im Anschluss daran nochmals gründlich befassen.

- *Maus navigierbar:* Diese Eigenschaft befindet sich „nur" in der Object Library. Wird diese Eigenschaft auf Y gesetzt, betrachtet Oracle einen Mausklick z.B. auf ein LoV Button Objekt, oder einem Datenfeld als Navigationsereignis. Der Eingabefokus wandert zu diesem Objekt. Damit ist folgende Überlegung notwendig: Handelt es sich bei dem zum LoV-Button gehörigen Datenfeld um ein „muss"-Feld, kann der Cursor nicht zu dem Button navigieren, wenn er sich beim Klick darauf gleichzeitig in dem „muss"-Feld des Lookup- Items befindet und dieses Feld noch keinerlei Einträge enthält. Deshalb kann die LoV nur über die Tastatur geöffnet werden. Der Vorteil liegt darin, dass der Anwender über die exakte Position informiert ist. Besonders bei der Navigation innerhalb einer Tabelle, verhindert diese Einstellung, dass der Anwender ungewollt einen falschen Datensatz bearbeitet. Wird diese Eigenschaft auf N gesetzt, verbleibt der Fokus, beim Klick auf einen LoV Button, in seiner aktuellen Position, sprich im Datenbankfeld. Der Fokus verbleibt dort auch, wenn der Klick auf einen LoV-Button in einem völlig anderen Datensatz stattfindet. Die Liste wird sich zwar problemlos öffnen lassen, jedoch wird die daraus vorgenommene Auswahl dem Datensatz des Fokus zugeteilt und nicht dem Satz, wo der Button-Klick vorgenommen wurde.

Wie bereits erwähnt, handelt es sich bei LoVNAV um eine veraltete Präferenz. Diese werden vom Designer standardmäßig nicht mehr verwendet. Um jedoch die Rückwärtskompatibilität zu garantieren, was nichts anderes bedeutet, als dass ältere Anwendungen auch in neuen Designer Versionen mit dieser Präferenz eingesetzt werden können, verwenden Sie die Präferenz OLBOLD. Sie finden diese im Knoten „Standards" in den Generator Präferenzen. Setzen Sie diese auf „J", um LoVNAV und alle anderen veralteten Präferenzen weiterhin nutzen zu können. Falls durchführbar, empfehle ich allerdings stets die Verwendung der neuen Features. Ich werde im Zuge dieses Kapitels bereits jetzt notwendige Einstellungen in der Bibliothek und die damit verbundene Problematik mit der Navigation vorstellen. Sie werden feststellen, dass dieses Buch auch nachdem Sie es einmal gelesen und das Beispiel nachvollzogen haben, auf diese Weise ein übersichtliches Nachschlagewerk darstellt, das Sie in der Zukunft hoffentlich noch oft verwenden werden. Diese Perspektive lässt Sie sicherlich etwas nachsichtig dafür sein, dass Ihnen bei der ersten Lektüre das Buch an einigen Stelle vielleicht etwas sprunghaft erscheint.

7.2.9.4 Redundante Präferenzen

Veraltete Präferenzen werden als redundant bezeichnet, da die Object Library die entsprechenden Feature übernommen hat. Sie liegt in einer höheren Hierarchiestufe als die Präferenzen und deshalb gelten die dort vorgenommenen Einstellungen. Dazu ein Beispiel:

Ich setze die Präferenz LoVNAV=Y (OLBOLD =Y). In der Object Library liegt die äquivalente Einstellung (Tastatur navigierbar im Objekt LoV-Button = No (Standard Einstellung)) vor. Was passiert? Der Designer akzeptiert trotz der in der Rangfolge höheren Library die Einstellung in den Präferenzen. Dadurch hält im Forms Datenblock das Objekt, das den LoV-Button repräsentiert, die Einstellung Tastatur navigierbar = Yes, obwohl in der Bibliotheksvorlage weiterhin die Einstellung Tastatur navigierbar = No vorliegt. Der Grund dafür ist, dass sobald in der Library Standard Einstellungen vorliegen und gleichzeitig eine redundante Präferenz eine andere Vorgabe enthält, der Designer die Präferenz verwendet. Er geht davon aus, dass aufgrund der geänderten Präferenz eine andere Einstellung als der Standardwert vorliegt und übergeht somit die Standard Vorgabe der Library. Anders verhält es sich im umgekehrten Fall. Ist LoVNAV = N und in der Library, wird die Eigenschaft Tastatur-navigierbar = Yes gesetzt, verwendet der Designer selbstverständlich die Einstellung der ranghöheren Library. Dasselbe gilt auch, sobald die Präferenzen OLBOLD = N, dagegen aber LoVNAV = Y gesetzt wird. OLBOLD deaktiviert alte Präferenzen und die Einstellungen der Library sind wirksam.

7.2.9.5 Kreierte Lookup Items und das Navigieren

Unter dem Navigieren versteht man die Fokus-Bewegung zwischen Objekten innerhalb einer Forms-Anwendung, wie es die Präfernz LoVNAV oder die Eigenschaft „Tastatur navigierbar" eines Forms oder Library Objects gewährt. Betroffen davon sind LoV-Buttons ebenso wie Datenfelder, Check Boxes oder kreierte Lookup Items usw. Wichtige Grundlage zur Navigation ist, wie gerade dargestellt, die Eigenschaft „Tastatur navigierbar" in der Standard Objekt Library. Damit für jedes Objekt die richtige Einstellung vorgenommen werden kann, müssen wir zuerst der Reihe nach die zugrundeliegenden Objekte der Bibliothek ermitteln. Je nachdem, welche unterschiedlichen Item-Typen vorliegen, existieren hierfür unterschiedliche Library-Objekte. Betrachten wir im Voraus einmal die Lookup-Table HWSW-Info, die sich aus einer View zusammensetzt. Die Tabelle 7.1 zeigt alle aus dieser View für die Anwendung kreierten Lookup Items (mit der View- Definition werden wir uns im 8. Kapitel eindringlich beschäftigen, vorerst genügen die folgenden Infos).

Lookup Item-Name	Objektyp in Forms	Library Objekt
HWSW_HERS	Textobjekt	CGSO$CHAR_MR
HWSW_HERS2	Schaltfläche (LoV Button)	CGSO$LoV_BUT_MR
HWS W_GERAET	Textobjekt	CGSO$CHAR_MR
HWSW_PRODUKT	Textobjekt	CGSO$CHAR_MR
HWSW_SPEZ1	Textobjekt	CGSO$CHAR_MR
HWSW_SPEZ2	Textobjekt	CGSO$CHAR_MR
HWSW_SPEZ3	Textobjekt	CGSO$CHAR_MR

Tabelle 7.1: Spalten-Eigenschaften der View HWSW_Info

In Ihrer Anwendung können diese Angaben selbstverständlich, je nachdem welche Einstellungen vorliegen, abweichen. Das stellt jedoch weiter kein Problem dar.

Jetzt ermitteln wir, wie in Kapitel 7.2.9.8 noch ausführlich erläutert wird, die Bibliotheks-Objekte dieser Items. Die gesamten Items einer Modulkomponente einschließlich kreierter Lookup Items werden im Developer im Knoten „Datenblöcke" und dort wiederum im Knoten „Objekte" (Knoten Datenblöcke, Name: „Positionen") dargestellt. Lassen Sie sich für jedes Item in der Attributpalette die Subclass Information anzeigen. Das Ergebnis: Grundlage für Charakter Items der Lookup Table bildet das Objekt CGSO$CHAR_MR im Register Parent, für LoV-Buttons das Objekt CGSO$LoV_BUT_MR und für Number Items das Objekt CGSO$NUMBER_MR. Die Eigenschaft „Tastatur navigierbar" des Objekts CGSO$LoV_BUT_MR ist bereits standardmäßig mit „No" belegt. Prüfen Sie, welche Einstellung für die restlichen vorliegt. Sie haben nun mehrere Möglichkeiten, die Navigation zu beeinflussen.

1. Für CGSO$CHAR_MR Objekte ist als Standardwert für den Objekttyp in den Eigenschaften der Attributpalette „Textobjekt" vorgegeben. Damit werden zusätzliche Eigenschaften in der Palette angeboten:

   – Knoten Navigation, Property Tastatur navigierbar: (Yes/No) bestimmt, ob über die Tastatur ein von diesem Objekt abgeleitetes Item über die Tastatur den Fokus erhalten kann oder nicht. Die Enter- oder Tabulatortaste überspringt bei der Einstellung „No" das entsprechende Item, bzw. alle Items die aus dem gleichen Objekt abgeleitet werden.

   – Knoten Funkional, Property aktiviert: (Yes/No) Ein aktives Item kann den Fokus und Eingaben erhalten. Ein inaktives Item kann keinerlei Operationen (Insert, Update, Clear) durchführen.

   – Knoten Datenbank, Abfragen, Einsetzen, Aktualisieren zulässig (Yes/No) bestimmt die möglichen Arten der Manipulationen.

   – Beachten Sie, dass eine negierte Tastatur Navigation nicht zwingend Abfragen verhindert oder das Einsetzen und Aktualisieren, da Sie jederzeit per Mausklick auf ein Item zugreifen können. Lediglich für die Tastatur ist dieses Item nicht verfügbar.

– Setzen Sie die Eigenschaft Tastatur navigierbar = No. Alle Items aus dem Objekt CGSO$CHAR_MR sind über die Tastatur nicht mehr navigierbar, sie werden übergangen.

2. Die Alternative dazu ist im Knoten Allgemein die Eigenschaft Objekttyp auf Anzeigeobjekt festzulegen. Damit sind die gerade vorgestellten Eigenschaften nicht mehr verfügbar. Ein solches Item dient nur der Information und muss in keiner Weise bearbeitet werden und damit für eine Navigation durch die Tastatur nicht verfügbar sein. Aus demselben Grund sind auch die Eigenschaften für die Datenmanipulation nicht notwendig.

Verfahren Sie analog zu den bisherigen Ausführungen mit dem Objekt

CGSO$NUMBER_MR.

Übernehmen Sie die Objekte aus der Bibliothek in den Developer, wie in Kapitel 7.2.12 A anhand der „Bildlaufleiste ausblenden" beschrieben und öffnen Sie die Attributpalette dazu. Modifizieren Sie Eigenschaften wie soeben beschrieben. Damit können unter anderem alle Items der Lookup Tabelle durch Enter übergangen werden. Mindestens das erste Lookup Item der Anwendung muss navigierbar sein, damit der Anwender durch ENTER einen schnellen Zugriff auf die LoV besitzt. Die übrigen kreierten Lookup Items sind reine Anzeige-Items und können übergangen werden. Für Sie als Entwickler bedeutet es konkret, dass ein Item Ihrer Lookup Table die Eigenschaft Tastatur navigierbar = YES benötigt und die übrigen NO. Verschiedene Einstellungen für ein bestimmtes Library Object können Sie nicht in der Bibliothek vornehmen, denn viele Items basieren auf demselben Objekt. Der Widerspruch tritt auch bei der Eigenschaft Objekttyp = Anzeigeobjekt auf, denn nicht alle Items dürfen reine Anzeigeobjekte sein (Mindestens das Item, welches die LoV referziert, muss die Eigenschaft Textobjekt erhalten). Sie haben deshalb zwei Möglichkeiten:

1. Entweder Sie legen die Eigenschaften im Forms Builder nach dem Generieren individuell für jedes Item fest, was den Verlust bei einer Neugenerierung zur Folge hat, oder:

2. Sie greifen bereits im Designer programmatisch ein und legen die Eigenschaft über die SET_ITEM_PROZEDUR für jedes Item fest. Wir erinnern uns, dass eine Definition im Repository den höchsten Rang genießt und dadurch die Einstellungen im Designer absolute Priorität besitzen.

Die Arbeit lässt sich vereinfachen, wenn Sie zu Beginn die Überlegung anstellen, welche Items navigierbar und welche das nicht sind. Für die überwiegende Anzahl wird die entsprechende Eigenschaft (i.d.R. Tastatur navigierbar = No) in der Bibliothek gesetzt. Ein entsprechender Code legt die Alternative (Yes) für die verbleibenden Items fest. Sie müssen jedes Item explizit ansprechen, deshalb sparen Sie viel Tipparbeit, wenn beispielsweise nur für ein Item die Eigenschaft YES programmatisch zu setzen ist. Wann ist die Eigenschaft zu bestimmen? Beim Start der Forms Anwendung. Dafür existiert ein PRE FORM Trigger. Die vordefinierte Prozedur SET_ITEM_PROPERTY spezifiziert die entsprechenden Items, indem Sie in Hochkommata das kreierte Lookup Item angeben. Sie entnehmen deren Namen aus dem Navigator. Die Abbildung 7.24 zeigt Ihnen den entsprechenden Knoten, wo sich alle Items innerhalb eines Blocks befinden.

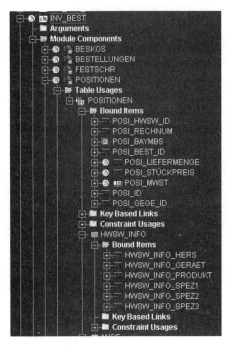

Abbildung 7.24: Spalten der View HwSw_Info im Designer (Ausschnitt)

Je nach Art Ihrer Anforderungen, kann es durchaus sinnvoll sein, noch weitere Eigenschaften zu modifizieren. Im Zusammenhang der Navigation stellt sich die Überlegung ein, ob es nicht, wenn diese Eigenschaft bereits „Nein" gesetzt ist, überhaupt sinnvoll ist, beliebige Veränderungen zuzulassen. Ich möchte zusätzlich verhindern, dass ein Anwender in ein Lookup Item mit der Maus navigiert und dort aus Versehen die Eingabe löscht, was bisher leicht möglich ist und setze deshalb die Eigenschaft „Aktualisieren zulässig" = Nein. Jetzt ist das Navigieren über die Maus dorthin zwar noch möglich, jedoch kann über die Tastatur keine Manipulation des Inhalts mehr vorgenommen werden. Um die gesamte Navigation zu unterbinden, verwende ich die Eigenschaft „aktiviert" und setze sie auf „Nein". Jetzt ist keine Navigation in das entsprechende Item mehr möglich. Die Einstellung „Aktualisieren zulässig" kann deshalb auch auf „Ja" verbleiben, ebenso „Tastatur navigierbar". Allerdings sperrt das auch die LoV. Sie sollten die notwendigen Operationen gründlich überdenken, bevor Sie entsprechende Eingriffe vornehmen. In der Bibliothek nehme ich letztendlich zwei Modifikationen für alle Items des Unique Keys vor:

▶ Aktualisieren zulässig = Nein

▶ Tastatur navigierbar = Nein

Allgemeine Modul Features 227

7.2.9.6 Unique Keys und die Eigenschaft „Tastatur navigierbar"

Bevor wir uns näher mit diesem Trigger beschäftigen, ist ein kleiner Exkurs erforderlich. Angenommen Sie verfügen bereits über die fertige View und Sie haben die Eigenschaft Tastatur navigierbar für alle Objekt der kreierten Lookup Items in der Bibliothek wie beschreiben auf „No" gesetzt, erhalten Sie kein zufriedenstellendes Ergebnis, d.h. nicht alle, von diesen Einstellungen (CGSO$CHAR_MR: „Tastatur navigierbar" = No und „Aktualisieren zulässig" = No) betroffenen Items der View übernehmen die Einstellung „No". Vergleichen wir die Eingaben.

Lookup Item-Name	Tast. Nav. Property in der Library	Tast. Nav. Property in Forms	Unique Key Items in HWSW_INFO
HWSW_HERS	Nein	Ja	Ja
HWSW_HERS2	Nein	Nein	Nein
HWS W_GERAET	Nein	Ja	Ja
HWSW_PRODUKT	Nein	Ja	Ja
HWSW_SPEZ1	Nein	Nein	Nein
HWSW_SPEZ2	Nein	Nein	Nein
HWSW_SPEZ3	Nein	Nein	Nein

Tabelle 7.2: Einstellungen für die HWSW_Info Spalten

Die Eigenschaft „Aktualisieren zulässig" zeigt dasselbe Ergebnis. Die Spalten HWSW_HERS, HWSW_GERAET und HWSW_PRODUKT sind Teil eines Unique Keys der View HWSW_INFO.

Erkenntnisse

Alle Items, die Bestandteil des Unique Keys sind, können über die Library nicht die Eigenschaft „Tastatur navigierbar" = Nein und „Aktualisieren zulässig" = Nein erhalten. Der Unique Key besitzt eine höhere Priorität als bestimmte Einstellungen in der Bibliothek. Lookup Tables erhalten Eindeutigkeit auf die selektierten Items. Liegt zusätzlich ein Unique Key vor, betrachtet Oracle diese Items als essentiell und kann deshalb die Navigation nicht unterbinden. Spätestens jetzt ist ein programmatischer Eingriff (set_Item_Property) vorzunehmen, um auch diese Items der Tastatur zu entziehen. Am Ende soll nur das erste Item HWSW_HERS der kreierten Lookup Items navigierbar sein, damit eine Auswahl aus der LoV schnell und einfach möglich ist. Sie sollten der Prozedur Set_Item_Property stets den Vorzug zur manuellen Einstellung der Property in Forms geben, Sie sparen dadurch bei erneutem Generieren des Moduls das wiederholte Nachstellen.

Die Prozedur Set_Item_Property verwenden

Das Item HWSW_HERS muss navigierbar verbleiben (wegen Aufruf der LoV). Sie können deshalb explizit beide Eigenschaften (Tastatur navigierbar und Aktualisieren zulässig) auf „Nein" setzen für:

- HWSW_GERAET
- HWSW_PRODUKT

Die Online Hilfe zeigt zu dem Stichwort: „vordefinierte Prozedur SET_ITEM_PROPERTY" alle Paramater.

Im Pre Form Trigger auf Applikationsebene im Bestellmodul wird der folgende Code eingetragen. Die genauen Namen der Items erhalten Sie aus der Abbildung 7.24:

```
set_item_property('POSITIONEN.HWSW_INFO_PRODUKT',UPDATE_ALLOWED,PROPERTY_FALSE);
set_item_property('POSITIONEN.HWSW_INFO_PRODUKT',NAVIGABLE,PROPERTY_FALSE);
set_item_property('POSITIONEN.HWSW_INFO_GERAET',UPDATE_ALLOWED,PROPERTY_FALSE);
set_item_property('POSITIONEN.HWSW_INFO_GERAET',NAVIGABLE,PROPERTY_FALSE);
```

Vergewissern Sie sich, dass Sie nicht das Item, welches den LoV Button erhält, deaktivieren, denn in dem Fall kann die Liste nicht mehr geöffnet werden, wenn Sie beispielsweise ein Update oder Insert in dieses Feld verbieten. Oracle interpretiert dies, als wollten Sie Einträge in die Base-Tabelle unterbinden.

Die Eigenschaft „Tastatur navigierbar" ohne Unique Keys

Die Selektion aus einer LoV aufgrund einer Lookup Tabellenerwendung erfolgt stets auf alle kreierten Lookup Items, im Zusammenhang mit der LoV. Diese Aussage aus dem Kapitel 7.2.7 hat auch hier seine Bedeutung. Oracle benötigt diese Information, um jede Auswahl aus der Liste eindeutig bestimmten zu können. Der Primary Key der Lookup Tabelle nützt deswegen in dieser Beziehung nicht viel. Neben der Selektion auf sichtbare Items kann nur noch ein Unique Key zur Identifizierung verwendet werden. Existiert dagegen kein Unique Key, verwendet Oracle alle sichtbaren Lookup Items zur Erhaltung der Eindeutigkeit jeder Auswahl aus der LoV. Bei einer eventuellen Modifizierung der Eigenschaft „Tastatur navigierbar" und „Aktualisieren zulässig" auf 4„No" vom Designer auf „Yes" gesetzt, wenn für diese Items ein Unique Key vorliegt. Nur Set_Item_Proberty ermöglicht in diesem Fall ein explizites Unterbinden der Navigation, Aktualisierung usw., je nachdem welche Einschränkungen Sie vornehmen auf Unique Key Spalten innerhalb von Views. Die Einstellung wird nur für jene Items wirksam, die kein Bestandteil eines vorhandenen Unique Keys sind. Sie sollten dennoch nicht vergessen, jede Lookup Tabelle mit einem Unique Key auszustatten. Dasselbe gilt auch für die Verwendung gewöhnlicher Tabellen als Lookup Tabellen. Ein weiteres Problem für die Verwendung von Unique Keys liefert Ihnen das Kapitel 7.2.14.2, dort erfahren Sie, wie einzelne kreierte Lookup Items aus einer View, die als Lookup Table benutzt wird, bei der Auswahl daraus ohne eingetragenen Wert verbleiben können.

Allgemeine Modul Features 229

7.2.9.7 Die Präferenzen GRPUTT und GRTAB

Setzen wir nun die Layout-Gestaltung Ihrer Module in der Display View fort. Zwei wichtige Präferenzen sind hierzu notwendig. Doch bei allen Raffinessen, die der Designer bietet, ist die Layout-Gestalung letztendlich durch manches Austesten und Probieren gekennzeichnet. Es gibt sehr viele Zusammenhänge, in denen gewissen Einstellungen oftmals anders reagieren als erwartet. Allein die Breite der Datenfelder, die Anzahl der Item-Groups und deren Ausrichtung, oder ob sich alle Items innerhalb oder teilweise auch außerhalb einer Group befinden, sind nur einige Gesichtspunkte, die für das Layout ausschlaggebend sind. Die Präferenzen GRPUTT und GRTAB finden Sie in den Präferenzen „Layout Item Group". GRBUTT definiert eine Reihe von standardisierten Möglichkeiten, Items und deren Prompts auszurichten. GRTAB ermöglicht die Vergabe von Tabulatoren. Beide Präferenzen stehen in engem Zusammenhang. Um GRTAB zu verwenden, muss die Präferenz GRBUTT gesetzt werden. GRTAB kann jedoch nur bei einem horizontalen ausgerichteten Layout eingesetzt werden. Andernfalls sind Tabulatoren bedeutungslos. GRBUTT bietet folgende Optionen.

Hinweis: Align ist die Ausrichtung

- ED   Align the end of the items.
- EP   Align the end of the post prompts (if there is no post-prompt, then the effect is the same as for ED).
- SD   Align the start of the items.
- SP   Align the start of the prompts.
- SS   Align the start of the prompts and align the start of the items.
- EE   Align the end of the prompts and align the end of the items.
- SE1   Align the start of the prompts and align the end of the items; minimize the use of horizontal space.
- SE2   Align the start of the prompts and align the end of the items; make sure that no prompt overlaps an item.
- Note: SE1 and SE2 have the same effect for horizontal item groups.

Beispiel 1: Items und Item Groups ausrichten

Items können am besten unter Zuhilfenahme von Item Groups ausgerichtet werden. Die folgende Abbildung zeigt Ihnen eine Standarddarstellung von drei Groups.

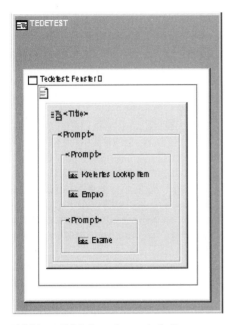

Abbildung 7.25: Item Group Aufteilung

Die äußere Group sorgt dafür, dass eine horizontale Darstellung der beiden inneren Groups ermöglicht wird. Öffnen Sie dazu die Präferenzen der äußeren Group und legen Sie ein horizontales Layout dafür fest (GRPOWG = HORI). Die inneren Groups werden daraufhin nebeneinander angeordnet. Sie selbst enthalten als Default GRPOWG = VERTI und werden deshalb senkrecht dargestellt.

- GRBUTT (z.B.SS) richtet Items und Item Groups nach GRBTAB (Tabulatoren aus). D.h. GRBTAB wird erst dann verwendet, wenn GRBUTT gesetzt ist.

- Bei einer horizontalen Einstellung werden die Tabulatoren der Reihe nach belegt, sodass, falls GRBUTT aktiv ist, die Anordnungen gemäß den Einstellungen von GRBUTT erfolgt. Bei der Einstellung SS werden die Prompts und Items innerhalb der Group gleichmäßig anhand der Tabulatoren ausgerichtet. Ragt ein Prompt oder Item über den nächsten Tabulator hinaus, so wird dieses Prompt dem nächsten Tabulatorstop zugeordnet. Sie können durch die Präferenz GRPTAB selbst Tabulatoren definieren. Ohne GRBUTT werden die Objekte einfach der Reihe nach angeordnet.

- Item Groups selbst werden, nachdem GRBUTT gesetzt ist, auch nach den vorhandenen Tabulatoren angeordnet. Allerdings werden Item Groups nicht nach GRBUTT angeordnet, wenn Sie diese Einstellung aus dem übergeordneten Objekt z.B. Modulkomponente oder Item-Group erhalten. Sie müssen selbst auf GRBUTT gesetzt sein, denn zwischen verschachtelten Item Groups werden, wie schon bekannt, Präferenzen nicht vererbt.

Allgemeine Modul Features

Wir testen die folgende Einstellung: Legen Sie für die äußere Group GRPOWG = VERT fest und geben Sie dazu die Präferenz: GRBUTT = SP ein. Generieren Sie das Modul. Ergebnis: Es erscheint keine optische Veränderung. Durch die Einstellung SP müßten die Groups links ausgerichtet werden. Doch das ist nicht der Fall, denn diese Einstellung gilt nur für Items, die sich innerhalb dieser Group befinden, nicht jedoch für verschachtelte Item Groups. Auch Item Groups selbst können damit ausgerichtet werden. Entfernen Sie diese Einstellung in der äußeren Group und tragen Sie diese stattdessen in jeder inneren ein. Damit werden deren Items und die Groups ausgerichtet. Dies gilt auch für die übrigen Arten wie beispielsweise SS, SD usw.

Befinden sich Items und Groups auf einer Ebene, müssen die äußeren Groups dieselben Einstellungen enthalten wie die inneren, damit die Items und Groups einheitlich dargestellt werden können. Damit Sie trotz fehlender Vererbung eine bestimmte Einstellung nur einmal vornehmen müssen, z.B. bestimmte Tab-Einstellungen, die für alle Groups gelten, sollen, nehmen Sie die Einstellung nicht in einer Item Group, sondern auf Modulebene vor, deren Einstellungen vererbt werden. Die Modifikation wird an alle Ebenen weitergegeben und damit auch an alle Item Groups.

Beispiel 2: Ein- und Ausblenden der rechteckigen Umrandung und Titel in Item Groups

1. Die Umrandung einer Item Group (Rectangle) wird ausgeblendet, indem Sie die Präferenz: GRPDEC = NONE setzen.
2. Der Titel kann in der Eigenschaftspalette der Group „ausgeblendet" werden, wenn Sie in der Eigenschaft „Prompt" keinen Eintrag vornehmen.
3. Sie können Titel auch an verschiedene Positionen eines Items stellen. Benutzen Sie hierfür die Präferenz ITMPAS und legen Sie die gewünschte Position fest.

Abschließend möchte ich Ihnen noch weitere häufig benötigte Präferenzen zur Gestaltung des Forms Layouts vorstellen:

Präferenz	Zweck
GRPBWD	bestimmt die Breite der Umrandung von Item Groups.
GRPDEC	bestimmt die Art der Umrandung, z.B. vertiefte, erhöhte Darstellung usw.
GRPDST	legt die Gestaltung der Umrandung fest, z.B. Gedankenstrich, Gedankenstrich-Punkt usw.).
GRPMLF	bestimmt die Anzahl von Items einer horizontalen Item Group, bevor ein Umbruch stattfindet.
GRPTLM	legt den rechten und linken Abstand des Titels vom Rand der Item Group fest, d.h. je nach Ausrichtung (links, rechts oder Mitte) ist diese Einstellung erkennbar. Bei der Ausrichtung Mitte wird der Abstand nicht wirksam, wenn die Item Group größer ist als der rechte und linke Titelabstand addiert.
GRPTLP	positioniert den Group Titel (Links, Rechts oder Mitte).
GRPTLS	gibt den Abstand des Titels vom Beginn der Umrandung, die an den Titel direkt anschließt, an.

Präferenz	Zweck
GRPFTS	bestimmt den Abstand vom unteren Rand der Group und dem letzten darin befindlichen Item bzw. Item Group.
GRPHDS	legt den Abstand zum oberen Rand der Group und dem ersten darin befindlichen Item bzw. Item Group fest.
GRPHIS	legt den Abstand zwischen Items in horizontal ausgerichteten Item Groups fest.
GRPMAR	bestimmt den Abstand vom linken und rechten Blockrand.
ITMIPG	legt den Abstand zwischen Items fest.
CURREC	definiert einen farbigen Balken, der in einer Multi Record Darstellung den Datensatz, der den aktuellen Fokus besitzt, markiert. Sie können die Farbe über das Template selbst bestimmen. Mehr über das Template erfahren Sie im weiteren Verlauf des Kapitels.
OFARCS	definiert den Abstand zwischen einem Kontext und Overflow Bereich. Bei einem Layout, das aus einer Item Group und gewöhnlichen Items besteht, bleibt jedoch nur der Weg über Tabstopps, um einen entsprechenden Abstand zu erhalten.
BLKJUS	richtet einen gesamten Datenblock aus.
BLKTAB	definiert die Abstände zwischen Item Groups und Items.

Tabelle 7.3: häufig genutzte Präferenzen

Hinweise für die Verwendung von Tabstopps

Bei der Verwendung von Tabstopps erfolgt der Sprung zum nächsten, wenn der vorherige aus Platzgründen nicht eingehalten werden kann. Die Hilfe des Designeditors enthält einige Beispiele zu diesem Thema. Dazu noch ein Beispiel: Wenn Sie BLKTAB mit den Werten 10, 20, 30, 40 belegen und drei Items ausrichten möchten, wird der Generator versuchen, das erste bei 10, das zweite bei 20 und das dritte Item bei 30 zu setzen. Ist nun aber das erste Item bereits breiter als 10 und reicht somit über den Tabstopp 20 hinaus, wird das zweite Item erst bei 30 angeordnet und das dritte bei 40. Unter Umständen kann dies zu Verwirrungen führen, weil sich Änderungen am Tabstoppwert 20 (z.B. auf 25) möglicherweise nicht auf das Layout auswirken, da erst am dritten Tabstopp ausgerichtet wird.

7.2.9.8 Präferenzen für die Generierung

Im Knoten „Standards" befindet sich die Präferenz OLBSOC. Sie ist entweder auf „SUBCLASS" oder „COPY" eingestellt. Für die Generierung einer Forms Anwendung ist diese Einstellung ein wesentlicher Faktor. Sie bestimmt, wie der Generator Items und Objekte aus der Library in die fertigen Forms generiert. Durch die Einstellung „SUBCLASS" werden Subklassen aller Library Objekte in den fertigen Forms erzeugt. Sie haben damit die genaue Information, aus welchem Library Objekt die Vorgaben für jedes Objekt in der Form stammen und können diese explizit spezifizieren. Ich werde mich im weiteren Verlauf des Kapitels eingehend mit der Object Library befassen.

Allgemeine Modul Features 233

Object Library - Objekte feststellen, um entsprechendes Forms-Objekt zu gestalten

1. Modul mit der Präferenz „SUBCLASS" generieren.
2. Generiertes Modul im Forms Builder öffnen.
3. Gewünschtes Objekt z.B. Leinwand (Canvas), Item usw. im Objektnavigator selektieren und die Attributpalette öffnen.
4. Als Alternative können Sie auch den Datenblock oder das Canvas im Objektnavigator markieren und dazu den Layout Editor öffnen. Alle visuellen Attribute werden sichtbar. Markieren Sie das gewünschte Attribut und öffnen Sie die Attributpalette.
5. Klicken Sie auf die Schaltfläche neben der Eigenschaft „Subclass information" in der Attributpalette, oder „Unterklasseninformation" und es erscheint der Dialog von Abbildung 7.26.
6. Im „Objektnamen" erscheint das gesuchte Objekt. Es ist die Grundlage für viele Eigenschaften des Forms-Objekts, sei dies ein Attribut, Canvas usw.
7. Nachher zeige ich Ihnen im Detail wie Sie Standard-Objekte aus der Library modifizieren und für die Forms-Generierung verwenden können.

Abbildung 7.26: Unterklasseninformations-Dialog

7.2.10 Standard Default Toolbar ersetzen

Öffnen Sie in den Präferenzen den Knoten „Forms Menu Attachment" und ersetzen Sie in FMNDMA den Text: „Default" durch „Default & Smartbar" ein. Damit wird eine verbesserte Toolbar als die bisherige dargestellt. Die „alte" Toolbar muss dazu aber auch im Template ausgeblendet werden, da sie sonst doppelt erscheint.

▷ Öffnen Sie das zugrundeliegende Template Ihres Moduls.

▷ Markieren Sie den Template Namen im obersten Knoten (unmittelbar nach dem Knoten Forms).

▷ Öffnen Sie die Attributpalette (Klick auf rechte Maustaste) und suchen Sie den Oberbegriff: Physikalisch.

▶ Ersetzen Sie die Eigenschaft „Form Horizontale Symbolleisten-Leinwand", die standardmäßig die Einstellung: „Toolbar" enthält, durch NULL.
▶ Die alte Symbolleiste wird entfernt. Es erscheint nur noch die verbesserte.

7.2.11 Windows maximieren

Die fertige Forms enthält, je nachdem welche Canvases Sie verwenden, mehrere Windows. Sie füllen jedoch nicht den gesamten Forms Bereich aus, was eine nachteilige Optik zur Folge hat. Es ist ein Trigger notwendig, der die Windows maximiert, sodass der gesamte Forms Bereich ausgefüllt ist.

Öffnen Sie den Knoten „Application Logic" auf Modulebene und klicken Sie auf „Create". Ein Dialog erscheint, der Ihnen alle verfügbaren Trigger anbietet. Es handelt sich hier um Forms Trigger. Sie stehen sowohl im Designer als auch im Forms Builder zur Verfügung und können individuell erstellt werden. Trigger, die Sie ausschließlich in Forms definieren gehen verloren, sobald Sie die Anwendung aus dem Designer neu generieren. Deshalb ist es zweckmäßig, alle Trigger bereits im Designer zu erzeugen. Es kann jedoch auch in bestimmten Situationen der Umstand eintreten, einen Trigger ausschließlich in Forms definieren zu müssen. Dann sollten Sie den Trigger in Textform zusätzlich abspeichern, z.B. als Word Datei in einem bestimmten Verzeichnis. Bei Verlust ist er so leichter ersetzbar. Die Option „Show expect level events" stellt Ihnen noch weitere Trigger, unter anderem die sogenannten Key Trigger, zur Verfügung. Doch dies kann man hier vernachlässigen. Klicken Sie auf den *when-new-forms-instance Trigger* und anschließend auf NEXT.

Klicken Sie auf den Button ADD. Damit wird das Textfeld dieses Dialogs aktiv und Sie können einen Namen festlegen, z.B. „Fenster maximieren". Ein erneuter Klick auf NEXT überlässt es Ihnen, ob Sie den Logik Editor zur Eingabe von Code implizit oder explizit öffnen möchten. Entscheiden Sie sich der Einfachheit halber für das implizite Öffnen durch die Option „Create the definition and open the logik Editor to enter the logik Code". Der Editor wird mit der Definition geöffnet. Analog zu dem When-new-Forms-Instance-Trigger Triggern werden alle Trigger im Design Editor definiert.

Tragen Sie den folgenden Code ein:

```
Set_window_property('WINDOW',Window_State,MAXIMIZE);
--execute_query;
```

Der auskommentierte Teil des Codes ergänzt den Trigger, indem mit dem Öffnen von Forms gleichzeitig eine Abfrage über alle Datensätze gestartet wird und die Anwendung mit dem gefundenen Ergebnis „füllt". Der Parameter 'WINDOW' ist der Name des Fensters, das Sie maximieren möchten. Es wird im SMN im Register Module, Knoten: WINDOW definiert. Innerhalb des Form Builders befindet sich ein eigenständiger Knoten WINDOW, der dieses Fenster ebenfalls enthält und es gemäß der Definition entsprechend zur Anzeige bringt.

Bei der Definition von Triggern erscheint, zusätzlich zu den expliziten Definitionen, Forms Standardcode, der nicht eingesehen werden kann, jedoch weitere internen Details eines Triggers vorsieht. Sie können die einzelnen Spezifikationen aber außer Kraft setzen. Klicken Sie auf den entsprechenden Trigger und selektieren Sie die Spezifikation. Klicken Sie auf den Button „Override". Das Symbol wird um einen „Bleistift" ergänzt, der das Überschreiben symbolisieren soll. Damit ist dieser Part inaktiv. Diese Einstellung ist vor allem innerhalb von pre-form Triggern zweckmäßig, weil damit der US-Datum-Standard deaktiviert ist.

7.2.12 Scrollbar positionieren und ausblenden

A Scrollbar positionieren

1. Markieren Sie das Modul.
2. Öffnen Sie die Präferenzen.
3. Der Knoten „Layout Block" enthält die Präf. BLKSBP. Sie bietet zwei Positionsmöglichkeiten an (Left, Right).

B Scrollbar entfernen

Die Präferenz BLKVSB im Layout Block ermöglicht es, Scrollbars ein- und auszublenden. Allerdings handelt es sich hierbei wieder um eine veraltete Präferenz, die nur dann wirksam ist, wenn die Präferenz OLBOLD = Y gesetzt ist. Wie bereits dargelegt, sollten Sie auf den Einsatz veralteter Präferenzen verzichten. Als Alternative dazu bietet sich die entsprechende Einstellung in der Object Library an. Öffnen Sie die Anwendung in Forms, nachdem Sie mit der gesetzten Präferenz OLBSOC = SUBCLASS das Modul generiert haben. Öffnen Sie den Layout Editor und markieren Sie die Scrollbar. Die Unterklasseninformation liefert Ihnen das Library Objekt mit der entsprechenden Einstellung.

Analog dazu können Sie auch in der Anwendung (Forms Builder) selbst die Scrollbar ausblenden.

1. Öffnen Sie den Knoten „Datenblöcke".
2. Markieren Sie den entsprechenden Datenblock.
3. Klicken Sie auf die rechte Maustaste und öffnen Sie die Attributspalette.
4. Sie blenden die Bildlaufleiste aus, indem Sie im Menü „Bildlaufleiste" der Palette „die Bildlaufleiste anzeigen" = nein setzen.
5. Die Laufleiste wird eingeblendet, wenn Sie diese Eigenschaft auf „ja" setzen und gleichzeitig die Canvas angeben, in der sie sich befindet, sprich dargestellt werden soll. z.B.CG$Page1. Dies ist in der Regel der Name der Standard Canvas Ihrer Anwendung.

7.2.13 Das Template und die Standard Object Library

Jede Forms Anwendung wird durch eine Vielzahl von Einstellungen und Vorgaben spezifiziert. Neben den Definitionen im Designer wird bei der Generierung auf Vorlagen zurückgegriffen, die maßgeblich für das Layout einer Forms sind. Oberste Priorität besitzt das Repository. Eigenschaften, die darin direkt festgelegt werden, werden unmittelbar verwendet und können von Eigenschaften anderer Objekte

(Library, Präferenzen und Template) nicht überschrieben werden. Sie können deshalb bestimmte allgemeine Einstellungen, beispielsweise die Größe und die Position von Stacked Canvases, in den Präferenzen festlegen und in den Eigenschaften des konkreten Canvases im Repository diese Daten, gemäß der aktuellen Anwendung, beliebig verändern, sprich überschreiben. Die Änderungen gelten dann für das konkrete Stacked Canvas der aktuellen Anwendungen. Jedes andere Stacked Canvas innerhalb derselben Anwendung wird weiterhin nach den allgemeinen Vorgaben der Präferenzen generiert.

Wird im Repository keine Einstellung vorgenommen oder die Eigenschaft wird vom Repository nicht unterstützt, bezieht der Designer notwendige Informationen aus anderen Vorlagen. Oracle stellt neben dem Repository drei weitere zur Verfügung.

Priorität	Hoch	Mittel	Niedrig
Vorlage	Standard Object Library	Template	Präferenzen

Tabelle 7.4: Prioritäten der Designer Objekte

Die Object Library besitzt eine höhere Priorität als das Template. Einstellungen in den Präferenzen werden nur dann verwendet, wenn sie in der Library und im Template nicht definiert sind.

A Die Object Library

Oracle benutzt zahlreiche Standards, die in Klassenbibliotheken definiert sind. Sie enthält Definitionen und Voreinstellungen für alle Arten von Objekten in Oracle Forms Modulen. Über die Präferenzen OLBSOC steuern Sie, ob die Eigenschaften der Objekte einer Klassenbibliothek in ein generiertes Modul kopiert oder referiert werden. (Standard ist Copy). Durch das Referieren entstehen Subklassen aus der Library, die alle notwendigen Informationen für jedes Objekt bereitstellen. Die Referenz zeigt auf die Klassenobjekte der Objekt-Bibliothek (Standard Object Library). Der Vorteil einer Referenz liegt darin, dass Modifikationen in der Objekt-Bibliothek sich unmittelbar auf die Forms-Anwendung auswirken. Dadurch, dass jedes Objekt in Forms referiert wird, existiert ein Zeiger auf jedes Objekt der Library. Damit sie wirksam werden, genügt ein einfaches Kompilieren der Anwendung im Forms Builder. Sie müssen, zu Ihrem Vorteil, die gesamte Anwendung nicht erneut generieren, denn bei umfangreichen Modulen kann das mehrere Minuten in Anspruch nehmen. Falls die Änderung dann nicht Ihren Erwartungen entspricht, muss alles wiederholt werden. Der Objekt Zeiger in der Anwendung verweist auf alle verfügbaren Objekte in der Bibliothek und richtet sich nach den dortigen Einstellungen.

Anders verläuft dieser Prozess wenn Sie, anstelle der Referenz, eine Kopie aller Objekte der Bibliothek erzeugen. Kopien sind von der Objekt-Bibliothek völlig unabhängig und Modifikationen wirken sich dort durch einfaches Kompilieren in der Anwendung nicht aus, da anstelle von Zeigern, der Zugriff direkt auf die Kopien der generierten Form erfolgt. Ein erneutes Generieren des Moduls ist deshalb unumgänglich.

Die Standard Objekt Bibliothek unterscheidet zwei Arten der Objektdefinition.

- Standardobjekte der Library,
- benutzerdefinierte Objekte.

In diesem Buch werden wir uns nicht weiter mit benutzerdefinierten Objekten beschäftigen. Dafür erfahren Sie viele Details über die Standard Object Library.

Objekt Bibiliothek verwenden

Jedes Standardobjekt kann durch Anfügen der folgenden Endungen klassifiziert werden:

- Parent, keine allgemeine Endung vorhanden. Beispiel: CGSO$RADIO_BUTTON
- Multi_Row, Endung im Objekt lautet: _MR. Beispiel: CGSO$COMBO_MR
- Control, Endung im Objekt lautet: _CT. Beispiel: CGSO$COMBO_CT
- Display_Only, Endung im Objekt lautet: _DO. Beispiel: CGSO$CHAR _DO
- Mandatory, Endung im Objekt lautet: _MD. Beispiel: CGSO$DATETIME_MD
- Action Items, keine allgemeine Endung vorhanden. Beispiel: CGAI$_ITEM

Es existieren sechs verschiedenen Objekt-Klassifizierungen, die mit unterschiedlichsten Objekten ausgestattet sind. Ich habe jeweils ein Beispiel aufgeführt. Tatsächlich existiert jedoch eine breite Palette an Objekten für jede Klasse. Mit Ausnahme von Parent und Action_Items besitzt jedes Objekt einer Klasse eine bestimmte Endung.

Liegt eine Standard Designer Installation vor, finden Sie im Pfad C:\ORNT\ CGENF50\ADMIN\ die Bibliothek ofgstend1.olb. Sie können beliebige Kopien davon erzeugen, individuell benennen und für das Generieren der verschiedensten Module verwenden. Die Objekte selbst sind nicht direkt zu modifizieren. Deshalb bietet der Designer neben der Bibliothek selbst eine Form-Datei an, welche alle Objekte enthält. Jedoch wirken sich Änderungen in dieser Datei nicht unmittelbar auf die Bibliothek aus, da sie nur zur Vorlage und besseren Übersicht dient. Die Einstellungen müssen erst in die Bibliothek überführt werden. Grundsätzlich bietet Oracle mehrere Möglichkeiten an, Library Objekte zu modifizieren.

- *Ofgstnd1.olb* öffnen und betreffendes Objekt in die bestehende Form ziehen (Je nach Art des Objekts muss es im dazugehörige Bereich in Forms eingefügt werden). Es ist nicht zwingend notwendig, den Forms Bereich bzw. Knoten zu kennen, probieren Sie einfach der Reihe nach einige aus. Forms verweigert die Übernahme, solange Sie keinen passenden Bereich gefunden haben.

- *Ofgstnd1.fmb* öffnen, Eigenschaft direkt ändern und zur .olb Datei ziehen, oder je nach Umfang der Änderungen, die gesamte fmb-Datei als .olb-Datei umwandeln.

OLB verwenden

1. C:\ORNT\CGENF50\ADMIN\ofgstnd1.olb öffnen. Die Bibliothek wird im Objektnavigator unter Objektbibliotheken in das Bibliothekenregister eingetragen. Markieren Sie den Knoten OFGSTND1 und drücken Sie die rechte Maustaste. Wählen Sie die Option „Objektbliothek". Die Bibliothek wird geöffnet.

2. Sie ist in verschiedene Register unterteilt, die den oben genannten Klassifizierungen entsprechen. Um beispielsweise eine Scrollbar ausblenden zu können müssen Sie im MULTI ROW Register, wenn die Bildlaufleiste Bestandteil einer tabellarischen Ansicht ist, das Objekt CGSO$BLOCK_MR wählen und darin die entsprechende Eigenschaft modifizieren. Handelt es sich um ein Objekt z.B. die Einstellungen für ein bestimmtes Canvas, bei dem Sie nicht wissen welches Objekt der Library es ansteuert, können Sie über die Subclass-Information (Unterklasseninformation) sehr leicht feststellen, um welches Objekt der Bibliothek es sich handelt.

3. Ziehen Sie dieses Objekt in die aktuelle Form (oder in irgendeine Form, die gerade zur Verfügung steht), damit das Objekt über die Attributpalette modifiziert werden kann. Sie müssen das Objekt in den richtigen Knoten der Form ziehen, damit es akzeptiert wird, sonst kann es nicht dorthin kopiert werden. Zuvor sollte bei der Generierung die Präferenz OLBSOC = SUBCLASS gesetzt sein und legen Sie eine Kopie davon an. Das Objekt kann nicht in alle Knoten des Objektnavigators kopiert werden, sondern muss nach dem Objekttyp entsprechend richtig zugeordnet werden.

4. Oder öffnen Sie alternativ dazu die Forms Vorlage der Bibliothek. Da hier nur eine einzelne Einstellung vorliegt, ist die erste Variante zweckmäßiger.

5. Klicken Sie auf die Kopie des Objekts CGSO$BLOCK_MR und öffnen Sie durch Drücken der rechten Maustaste die Attributpalette dieses Objekts.

6. Suchen Sie die Eigenschaft „Bildlaufleiste anzeigen" und legen Sie dafür NEIN fest.

7. Speichern Sie sicherheitshalber die Änderung und ziehen Sie das Objekt zurück in die Bibliothek. Ein Dialog fragt, ob Sie das bereits bestehende Objekt überschreiben möchten. Klicken Sie auf YES und die Änderung in der Bibliothek wird wirksam. D.h. die entsprechende Einstellung wird sofort für alle relevanten Objekte der Form wirksam. Sie überprüfen Ihre Änderungen am einfachsten, wenn Sie eine veränderte Eigenschaft in einem Objekt der Bibliothek mit derselben Eigenschaft in der Attributpalette eines Objektes in der Anwendung (Knoten Forms im Developer) vergleichen. Unmittelbar nachdem Sie das modifizierte Objekt zurück in die Bibliothek gezogen haben, sollte die Änderung bereits in Forms überführt sein. Dies gilt jedoch nur bei der SUBCLASS-Generierung.

8. Speichern Sie die Bibliothek zusätzlich ab. Führen Sie die Form erneut aus, nachdem Sie die Kopie aus der Bibliothek in der aktuellen Forms-Anwendung gelöscht haben, um das Ergebnis zu überprüfen. Treten Probleme bei der Ausführung auf, schließen Sie die Anwendung und starten Sie im Developer neu. Dann dürften keinerlei Probleme mehr auftreten.

Allgemeine Modul Features 239

9. Wenn Sie mit der *Ofgstnd1.fmb* Vorlage arbeiten, ist das „Herausziehen" aus der Bibliothek nicht notwendig, denn das Objekt befindet sich ohnehin in der Vorlage. Öffnen Sie die Attributpalette und nehmen Sie dieselbe Einstellung vor. Anschließend dürfen Sie aber auch hier nicht vergessen, das geänderte Objekt zurück zur Bibliothek zu schreiben.

Bei allen anderen Objekten verfahren Sie analog und ermitteln Sie zuvor das entsprechende Objekt der Bibliothek über die Unterklassen-Information.

FMB verwenden

Sie verwenden die **Ofgstnd1.fmb** Vorlage in der Regel nur, sobald eine Vielzahl von Einstellungen notwendig werden. Ein spezielles Tool FORM2LIB.exe (im Orant Verzeichnis) sorgt am Ende dafür (muss explizit durchgeführt werden), dass die gesamte Vorlage als .olb Datei umgesetzt wird und damit sämtliche neuen Einstellungen wirksam werden. Auf diese Weise entfällt das individuelle Hin- und Herkopieren der Bibliotheks-Objekte, und Sie sparen damit Zeit.

ACHTUNG

Niemals die Orginal-Vorlage verwenden, sondern immer vorher eine Kopie der .fmb Datei anfertigen und Änderungen darin vornehmen. Ich habe für verschiedene Anwendungen mit unterschiedlichen Einstellungen mehrere Kopien der Library angelegt.

B Das Template verwenden

Das Template befindet sich eine hierarchische Stufe unterhalb der Object Library. Sie enthält vorwiegend visuelle Vorgaben, die für die Gestaltung Ihrer Anwendung wesentlich sind.

Im Verzeichnis ORANT\CGNF\ADMIN\ befinden sich die Objektbibliotheken und das Template (ofgpc1t.fmb). Vorwiegend wird das Template zur Gestaltung visueller Attribute und Alerts (Warnfenster) verwendet. Je nachdem, welche Einstellung Sie vornehmen möchten, öffnen Sie das Template im Forms Builder und markieren das entsprechende Objekt. Öffnen Sie die Attributpalette und legen Sie die Einstellungen fest. Mehr über das Template erfahren Sie im Zusammenhang mit dem Thema Warnfenster in *Kapitel 7.3.5*. Selbstverständlich ist das Template für eine Vielzahl von Aufgaben verwendbar. Im Projekt werden wir es auf verschiedene Arten nutzen, z.B. um Unbound Items für Berechnungen bei Eintreten bestimmter Summen farblich unterschiedlich hervorzuheben, oder um eigene Dialoge zu definieren (Kapitel 7.3.12).

Visuelle Attribute

Visuelle Attribute stellen einen eigenen Knoten im Template dar, der zahlreiche Objekte enthält. Ein paar Beispiele:

- Cg$item
- Cg$radio_titel
- Cg$canvas

7.2.14 Lookup Tables und Items auf NULL spezifizieren

7.2.14.1 Lookup Table Verwendung komplett optional gestalten

Optionale Lookup Tables dulden, analog zu optionalen Items, einen Leereintrag, d.h. die Base Table kann ohne Foreign Key Eintrag abgespeichert werden.

Führen Sie dazu die folgenden Schritte durch:

▶ FK Spalten Eigenschaft der Basistabellenverwendung „optional" = Yes setzen.

▶ Dieselbe Spalte muss als datengebundenes Feld in der Tabellenverwendung angesprochen werden: Eigenschaft „optional" wiederum = Yes setzen.

▶ In der physikalischen Tabelle ist die FK-Spalte auf NULL zu setzen, damit ein unbelegtes Feld möglich sind.

▶ Die Eigenschaft „Mandatory" des zugrundeliegenden Foreign Keys muss auf NO eingestellt werden.

Da Lookup Tabellenverwendungen in der Basistabelle dem Fremdschlüssel mit einem Wert belegen, muss diese Spalte entsprechend modifiziert sein, um die dafür erforderliche „kann"-Eigenschaft zu gewährleisten. Da eine optionale Lookup Tabellenverwendung im direkten Zusammenhang zur Foreign Key Spalte steht, wird die Optionaliät der Lookup Table über die Eigenschaften der FK Spalte festgelegt. Deshalb sind exakt dieselben Schritte erforderlich, um eine Foreign Key Spalte (ohne Verbindung zu einer Lookup Table) optional zu verwenden.

7.2.14.2 Einzelne Lookup Table Items optional gestalten

Die vorherige Modifikation sorgt dafür, dass Lookup Tables optional eingesetzt werden können. Dies gilt aber nur für einen gesamten Datensatz aus der Tabelle. Sie können einen Satz daraus wählen oder nicht. Was ist aber zu tun, wenn eine Lookup Tabelle Tabellenverwendungen beinhaltet, deren Items ebenfalls optional sind. Bei einer normalen Base Table ist das weiterhin kein Problem. Anders verhält es sich jedoch, wenn das Base-Table in Form einer View vorliegt.

Ein wichtiges Kriterium ist auch hier die Aussage, dass ein Lookup auf die Spalten der LoV selektiert. Sie geben das Zielfeld an. Anschließend erfolgt ein Select auf Grund dieser Werte auf die kreierten Lookup Items (Sichtbarkeit der Items unerheblich). Werden jedoch mehrere Items angezeigt und manche davon enthalten keine Daten (aufgrund deren Definition als „kann"-Felder), entsteht die Fehlermeldung der Abbildung 7.27, sobald Sie den Datensatz abspeichern möchten.

Abbildung 7.27: Fehlermeldung bei nicht eindeutigen Lookup Items

Allgemeine Modul Features

Ursache dafür ist das Spezifizieren auf die selektierten Items. Bei der Vewendung von Lookup Tables mit oder ohne Unique Key prüft Oracle die Eindeutigkeit der Auswahl durch die vorhandenen kreierten Lookup Items. Alle Felder müssen gemeinsam, je Datensatz, eindeutig sein. Der Designer erwartet, dass in allen Feldern Einträge vorhanden sind. Auf NULL –Einträge kann er keine Prüfung auf die Eindeutigkeit der ausgewählten Lookup Items vornehmen und es kommt zu diesem Fehler.

Abhilfe schafft die Definition eines Unique Keys für die Lookup Table. Der Designer prüft zuerst, ob ein solcher Key für die View vorliegt. Ist dies der Fall, genügt ihm dessen absolute Sicherheit der Eindeutigkeit für jeden Datensatz. Ohne Unique Key selektiert Oracle auf alle angezeigten Items, mit Unique Key dagegen nur noch auf die Items, die ein Element des Unique Keys sind. Jedoch müssen auch diese Items als kreiertes Lookup Item vorhanden und in der Applikation sichtbar sein. Der Unique Key darf dabei nur Spalten enthalten, die garantiert immer über einen Eintrag verfügen („muss"-Spalten).

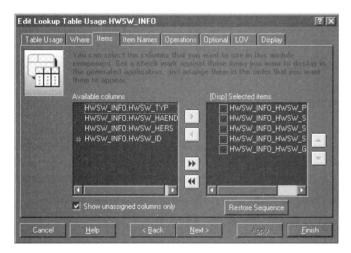

Abbildung 7.28: Selected Lookup Items der HwSw_Info View

Das Beispiel enthält in „Selected Items" zwei Spalten (Produkt und Gerät) die auf einem Unique Key basieren. Damit befinden sich beide Spalten als kreierte Lookup Items in der Anwendung und können im Register Display mit einem Prompt versehen werden. Um die Eigenschaft „Display = No" für bestimmte Items in dieser Ansicht festlegen zu können, klicken Sie einfach auf die Check Box neben jedem Item. Bei gesetztem Häckchen (Standard) ist es sichtbar. Legen Sie für die View Validate in Client fest. Da für Views keine Constraints physikalisch generiert werden können, ist nur eine client-seitige Validierung möglich. Bei einer server-seitigen Einstellung kann der Unique Key nicht funktionieren. Sie erhalten dann wieder eine Fehlermeldung. Noch ein Hinweis: Die Abbildung 7.27 zeigt die Fehlermeldung, die entsteht, sobald zwar der Unique Key existiert, jedoch nicht alle seine Spalten als kreierte Lookup Items vorhanden sind.

7.2.15 Anzahl der Detail Tabellen Spalten modifizieren

Bei der manuellen Definition einer Modulkomponente muss unter anderem in den Eigenschaften der Dialogansicht die Anzahl der künftigen Datensätze mit angegeben werden. Falls jedoch diese Angabe über die definierten Standardgrenzen des Canvas hinausgeht, wird diese getroffene Anzahl entsprechend zurückgestuft. Das Zurücksetzen kann durch Setzen der Präferenzen PAGEXP = YES im Layout Content Canvas unterdrückt werden. Oracle erweitert das Canvas, sodass alle angegebenen Zeilen generiert werden. Es wird an die festgelegte Anzahl der Zeilen angepasst.

7.2.16 Einbeziehung einer Item-Group in einen Detail Bereich und Overflow-Area

Innerhalb eines Spread Tables (Multi Row Darstellung) haben Sie verschiedene Möglichkeiten, eine größere Item-Anzahl in einer Zeile darzustellen. Item Groups können bestimmte Felder aus einer Multi Row Darstellung filtern und in einer vertikalen Ansicht darstellen. Das verkürzt die Tabelle entsprechend und bietet eine bessere Übersicht. Eine andere Möglichkeit ist eine „Overflow Area".

7.2.16.1 Block Overflow Area

Overflow Bereiche stellen bestimmte Datenfelder einer Tabelle im Kontext dar und erzeugen für die übrigen Felder eine horizontale Scrollbar, durch die sie alle in den sichtbaren Bereich des Anwenders gezogen werden können. In der Abbildung befinden sich die beiden ersten Spalten der Tabelle im Kontext Bereich, die übrigen im Overflow Bereich. Datenfelder, die sich im Kontext befinden, sind für den Anwender stets sichtbar. Sie sollten deshalb primäre Informationen im Kontext und die übrigen im Overflow Bereich darstellen. Die horizontale Scrollbar ist erforderlich, sobald nicht alle Spalten im sichtbaren Overflow Bereich untergebracht werden können (Beispiel Abbildung 7.29).

In der Online Hilfe finden Sie zu dem Stichwort „About block overflow" weitere Informationen, die ich hier ergänzen möchte. Overflow Areas können sowohl für Tabellen als auch für Single Records verwendet werden. Overflow Areas werden immer im Zusammenhang mit Context Areas eingesetzt. Der Designer bietet verschiedene Optionen an.

Allgemeine Modul Features 243

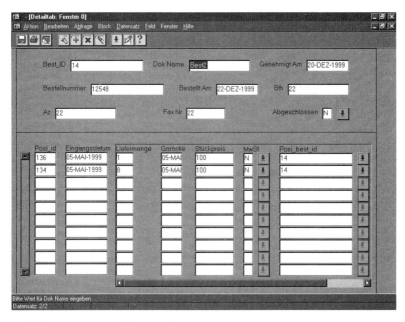

Abbildung 7.29: Beispiel für Overflow Area

- Wrap Line (Standard): Ein automatischer Zeilenumbruch wird eingeleitet, sobald die Datenfelder nicht mehr in einer Zeile des Canvas Bereichs Platz finden.
- Overflow Below: definiert den Kontext Bereich über dem Overflow Bereich.
- Overflow Right: definiert den Kontext Bereich links davon.
- Spreadtable: ist mit der Overflow Right Option identisch, mit dem Unterschied, dass es sich hier um ein Stacked Canvas mit einer horizontalen Scrollbar handelt. Damit ist die Anzahl der darstellbaren Datenfelder einer Zeile nicht auf die Größe bzw. Breite des Content Canvas der Anwendung beschränkt. Wenn alle Datenfelder innerhalb einer Zeile untergebracht werden können, wird keine Scrollbar erzeugt. Die Spreadtable Ansicht ist dann völlig identisch zur Overflow Right Option.

7.2.16.2 Items im Kontext

Die Kontext Area enthält die als Kontext Items identifizierten Datenfelder. Der Overflow Bereich vereint alle Items, die sich nicht im Kontext Bereich befinden. Grundsätzlich wird für jeden Detail-Block die Block Eigenschaft *Overflow* auf *wrab line* gesetzt. Sind die Datenfelder eines Satzes für eine Zeile der Tabelle zu groß, können sie mit dieser Einstellung nur dann untergebracht werden, wenn deren Breite manuell reduziert wird. Die Einstellung Spread Table (oder overflow Area right) formt einen Overflow Bereich für den zugrundeliegenden Datenblock. Der Primary Key und eventuell auch die Unique Key Spalten der Tabelle werden damit gleichzeitig in den Kontext Bereich verlegt. Ausschlaggebend dafür ist die Präferenz OFADFT. Sie besitzt als Defaulteinstellung den Wert Yes.

Bei der Einstellung OFADFT = Yes und einer existierenden Primary Key Item- oder Unique Key Definition im Repository als erste Spalte, verlegt der Form Generator dieses Item in den Kontext Bereich. Analog dazu verfährt er mit dem folgenden Item, bis das erste Item auftritt, das nicht Bestandteil einer Primary Key oder Unique Key Definition ist, oder nicht mehr genug Fläche im Kontext Bereich zur Verfügung steht. Alle verbleibenden Items werden, unabhängig davon, wie ihre Kontext-Eigenschaft festgelegt ist, oder ob es sich um weitere Primary oder Unique Keys handelt, in den Overflow Bereich verlegt.

Setzen Sie dagegen OFADFT = No werden alle Items, die im Kontext Bereich verbleiben sollen über deren Eigenschaft „Context" (Eigenschaften Ansicht: Palette) bestimmt. Dadurch, dass Sie für das erste definierte Repository Item die Eigenschaft Context = Y(es) festlegen (Default = No), wird dieses Item in den Kontext Bereich übernommen. Auch hier wird mit allen nachfolgenden Items analog verfahren, bis wiederum ein Item vorkommt, bei dem die Eigenschaft Context = N(o) gesetzt ist oder nicht mehr genug Fläche im Kontext Bereich zur Verfügung steht.

Eine dritte Option eröffnet sich durch die Item Groups. Die Definition einer Item Group in einer Mulit Record Darstellung bewirkt, dass die betreffenden Items aus der tabellarischen Ansicht gelöst und separat, ähnlich der Kontext-Darstellung, dargestellt werden. Die Präferenze OFADFT und die Eigenschaft Context sind damit nicht mehr notwendig. Sie können beide auf N(o) gesetzt werden. Die Einstellung Spreadtable usw. kann jedoch vorgenommen werden. Zu beachten ist allerdings, dass die vertikale Größe der Item Group mit der vertikalen Länge der Muli Row Tabelle übereinstimmen muss, da Oracle sonst die Tabellenzeilen auf die vertikale Länge der Item Group zurücksetzt. Durch die Präferenz GRPFTS haben Sie die Möglichkeit, die vertikale Größe der Item Group entsprechend zu modifizieren, sodass die gewünschte Anzahl der Datensätze der Tabelle (Multi Row Darstellung) ermöglicht wird.

Die Präferenz CONDFT

CONDFT besitzt dieselben Eigenschaften wie OFADFT, mit dem Unterschied, dass dadurch Kontext Items innerhalb von Canvases bestimmt werden. Die Einstellung CONDFT stellt alle Primary und Unique Keys in den Kontext Bereich einer Anwendung. Dadurch befinden sie sich permanent im sichtbaren Bereich, unabhängig davon, welches Canvas gerade aktiv ist. Dies gilt auch für Content Canvases. Wird CONDFT = N gesetzt, können Sie wiederum über die Item-Eigenschaft Context individuell festlegen, welche Datenfelder stets im Kontext dargestellt werden sollen. Soviel zur reinen Theorie. Mit einigen Beispielen möchte ich dieses Thema abrunden.

Beispiel 1

Wir verwenden dazu ein Testmodul, das der Einfachheit halber aus der Master-Detail Relation Bestellungen und Positionen besteht. Es enthält keinerlei Trigger und sonstigen Code. Der Masterblock der fertigen Forms Anwendung (Abbildung 7.31) ist etwas unübersichtlich gestaltet, aber das können wir getrost vernachlässigen, da wir uns auf den Detailblock beschränken können. Er enthält alle notwendigen Einstellungen für das aktuelle Thema.

Allgemeine Modul Features 245

Setzen Sie die Präferenz OFADFT=Y und die Eigenschaft Kontext des Detail Blocks =N.

Diese Eigenschaft wird bei OFADFT=Y ohnehin nicht berücksichtigt. Statt dessen stellt Oracle seine Default Spalten in den Kontext Bereich. Das erste sichtbare „displayed Repository Item" wird impliziert in den Kontext Bereich abgelegt.

Abbildung 7.30: Beispiel Modul

Änderung:

▷ OFADFT = N und die Kontext Eigenschaft der ersten beiden Items des Detail Blocks auf Y. Damit werden diese beiden Spalten im Kontext Bereich angezeigt. Der Vorteil liegt darin, dass die Tabelle als Ganzes Erhalten bleibt und die wichtigsten Informationen beim Scrollen nicht außerhalb des sichtbaren Bereichs geschoben werden können.

▷ Die übrige Tabelle wird als Spread Table dargestellt. Da die übrigen Spalten im Canvas nicht komplett dargestellt werden können, erzeugt Oracle eine horizontale Scrollbar.

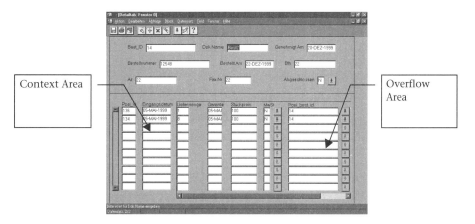

Abbildung 7.31: Overflow Area in der Anwendung

Beispiel 2: Darstellung der Context Area Daten in Item Groups

▶ Alternativ zum Kontext Bereich bietet sich, wie schon erwähnt, die Verwendung von Item Groups an. Die Abbildungen 7.32 enthalten dasselbe Modul, nur mit anderen Einstellungen für den Detailblock.

▶ Setzen Sie die Präferenz OFADFT = N und die Eigenschaft Context der beiden Datenfelder ebenfalls auf N. Diese Einstellungen dienen nur der besseren Orientierung im System, da sie für alle Datenfelder einheitlich getroffen sind.

▶ Die Items im Kontext Bereich und Overflow Bereich können beide vertikal dargestellt werden. In der Praxis ist es üblich, Datenfelder in Item Groups vertikal darzustellen, sodass ein Spreadtable nicht mehr notwendig ist. Deren Definition hat die Implementierung einer Scrollbar jedoch nicht zwingend zur Folge. Sie entsteht nur dann, wenn die außerhalb des Kontextes verbleibenden Datenfelder nicht komplett als Multi Row Anwendung dargestellt werden können.

▶ Verlegen Sie einfach einige Datenfelder in die Item Group, bis die übrigen Felder komplett angezeigt werden. Ein Overflow Bereich muss nicht explizit definiert werden, da alle Datenfelder außerhalb der Group in Multi Row Anwendungen ohnehin tabellarisch dargestellt werden (Abbildung 7.32 links).

▶ Item Groups ermöglichen Ihnen außerdem die linksseitige Darstellung des Overflow Bereichs, indem Sie diese auf der gewünschten Seite definieren. Bei „echten" Overflow-Bereichen ist das nicht möglich (Abbildung 7.32 rechts).

Darstellung von vertikalen Item Groups:

 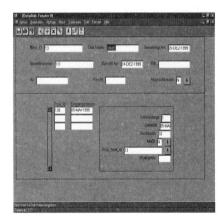

Abbildung 7.32: Items Groups ersetzen den Context und Overflow Bereich

Beispiel 3: Overflow Area right

Diese Option ist äquivalent zur Spread Table mit dem Unterschied, dass hier, falls alle Datenfelder eines Satzes nicht innerhalb einer Zeile dargestellt werden können, kein horizontaler Scrollbar definiert wird und stattdessen ein Zeilenumbruch erfolgt. Das verändert die tabellarische Darstellung sichtlich negativ. Abhilfe verschafft entweder die Reduzierung der Datenfeld-Breite, oder die Verlegung einiger Felder aus dem Overflow Bereich.

Allgemeine Modul Features

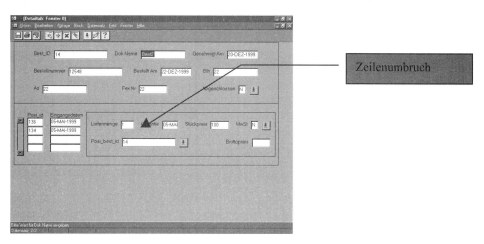

Abbildung 7.33: Overflow Area right

Beispiel 4: Verwendung der Präferenz CONDFT

Setzen Sie CONDFT = Y. Die Abbildung 7.34 repräsentiert wiederum den Masterblock unseres bisherigen Beispiels. Er enthält keinen UK, aber eine PK-Spalte die oben links dargestellt ist.

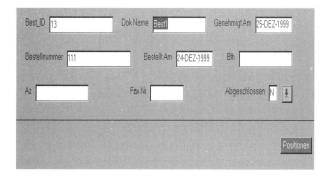

Abbildung 7.34: Items im Kontext Teil I

Infolge der gesetzten Präferenz wird der PK auch im Detailblock, der hier als eigenständiges Content Canvas definiert wurde und damit den Masterblock komplett überdeckt, dargestellt (Abbildung 7.35). Sie kann nicht editiert werden, sondern dient nur der Information. Sie gelangen in den Detailblock, indem Sie auf die Schaltfläche „Position" (Action Item) im Masterblock klicken.

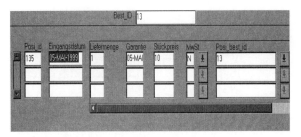

Abbildung 7.35: Items im Kontext Teil II

Setzen wir nun CONDFT = N und die Kontext Eigenschaft der Items Best_ID, Dok_Name und Genehmigt Am auf Y.

Das Ergebnis zeigt die Abbildung.

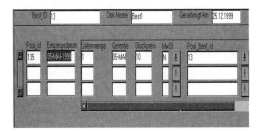

Abbildung 7.36: Items im Kontext Teil III

7.3 Profi Modul Features

7.3.1 Lookup Tables als reine Informationsquelle verwenden

Bestimmte Anwendungen können aus einer 1:N-Reihe bestehen. Im vorliegenden Buch beschränke ich mich zwar auf die Antrags- und Bestellverwaltung. Das ganze Projekt umfasst darüber hinaus aber auch die Inventarisierung, Budgetierung, Konfigurierung und Lizenzierung. Dazu ein kleiner Ausschnitt aus dem Datenmodell. Der nähere Zweck dieser Tabellen ist nicht weiter relevant. Wichtig ist nur, dass hier eine 1:N-Reihe vorliegt. Betrachten wir dazu das Datenmodell der Lizenzierung.

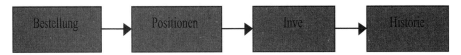

Abbildung 7.37: Lizenzierung

Die Tabellen der Abbildung 7.37 bilden eine Reihe und sind alle durch eine gewöhnliche 1:N-Relation verbunden. Die Tabellen „Bestellung" und „Positionen" werden in das INV_BEST Modul integriert. Für die übrigen Tabellen entsteht ein neues Modul. Jede Lizenz entsteht aus einer Bestellposition. Für jede Bestellposition (z.B. 10 Lizenzen für Word) entstehen so viele Lizenzen (wenn es sich um Software handelt) in der Detailtabelle „Inve", wie durch die Liefermenge vorgegeben (im konkreten Fall 10 Lizenzen mit eine entsprechenden Nummer). Die Position ist bereits durch die Bestellung in der Datenbank erfasst. Im neuen Modul dient sie nur zur Information. Deshalb wird die Position als Mastertabelle integriert. Da es sich hier aber nur um Informationen für den Anwender handelt, darf ein Insert, Update oder Delete nicht zugelassen werden. Um neben den Daten der Tabelle „Positionen" auch die der Bestellung des Antrags und des entsprechenden Produkts ausgeben zu können, füge ich die Tabelle „Bestellung" sowie die Views Ant_Geg_Info und HwSw_Info als Lookup Tables der Base Table Position hinzu. Die Detailtabelle „Inve" ist in der Abbildung 7.38 zwar mit enthalten, alle notwendigen Einstellungen nehmen wir jedoch in der Master Modulkomponente vor. Eine Detailkomponente ist deshalb nicht nötig. Das Modul ist ein reines Testmodul. Es soll Ihnen das Ergebnis aller Einstellungen praktisch vorführen. Zur Erinnerung, die Tabelle „Position" enthält vorwiegend den Preis, Mwst. und die Liefermenge. Bestell-, Antrags- und Produktdaten sind darin nicht direkt verfügbar. Jetzt können wir die notwendigen Modifikationen vornehmen.

1. Definition der Modulkomponente: Legen Sie alle Tabellen (mit Ausnahme von Inve) und Views, wenn sie noch nicht existieren, in einem neuen Modul an (Abbildung 7.38) und deaktivieren Sie (in der Dialogansicht der Eigenschaften) die Operatoren Insert, Delete und Update. Aktivieren Sie die Operation Select und „Allow query" =Yes. Damit erhalten alle Items der Verwendung diese Eigenschaften. Für Lookup Tables werden die Eigenschaften Insert und Update ohnehin auf No gesetzt. Die Eigenschaft Query muss aber auf Yes gesetzt werden.

2. Präferenzen für Lookup Tables:
   - LOVNAV = N
   - LOVBUT = J (falls in anderen Blöcken ein Button erforderlich ist)
   - LOVVAL = N (Auch bei der Einstellung J entsteht keine Oracle Meldung bzw. LOV, denn die Liste enthält ohnehin keinerlei Spalten, auf die validiert werden, sprich die Daten enthalten könnten.)

3. Lookup Table spezifizieren:
   - Öffnen Sie nach der Übernahme in das Modul die Eigenschaften der Lookup Table (Table markieren) in der Dialogansicht.
   - Definieren Sie die „Selected Items" für die Basetable (z.B. Antragsnummer, Bestell-Dokument, HWSW Daten) und überprüfen Sie für jedes einzelne die folgenden Eigenschaften:
     - Query = yes (Damit sind Abfragen durch Eingabe entsprechender Kriterien in diese Items erst möglich.)
     - Insert = No
     - Update = No

Definieren Sie für die LOV keine Items (auch kein PK-Item). Es entsteht keine Liste, was wünschenswert ist, weil keine Manipulationen möglich sein dürfen. Aufgrund der bisherigen Einstellung bleibt die Liste auch mit Items ohne Wirkung. Allerdings entsteht ein LOV Button. Ohne Einträge in der Liste geschieht jedoch Folgendes.

▶ Es werden trotz der Einstellung LOVBUT = Y keine Buttons, aufgrund der fehlenden Liste, erzeugt.

▶ Dadurch ist ein Öffnen der Liste nicht möglich, da keinerlei Daten dafür vorhanden sind.

▶ Die Daten dienen der reinen Information.

Die Abbildung 7.38 zeigt das fertige Modul, einschließlich der Views. Damit das Beispiel vollständig ist, sollten Sie die Views, sobald sie vorhanden sind, nachträglich noch integrieren.

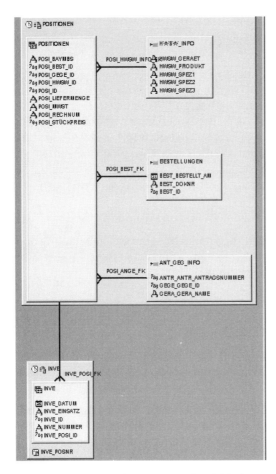

Abbildung 7.38: Modulkomponente als Infoblock verwenden

Im Datenblock INVE erfolgt die Zuweisung von Inventarnummern für jede Position aus dem Datenblock Positionen. Trigger stellen weiterhin sicher, dass nur jene Detailsätze zu einem Mastersatz erzeugt werden dürfen, wie Sie in der Spalte Liefermenge vorgegeben werden. Theoretisch könnte die Inventarisierung auch innerhalb des Bestellmoduls erfolgen. Jedoch würde dieses Modul dann etwas unübersichtlich werden, weshalb ich mich für diese Variante entschieden habe. Sicherlich werden Sie in Ihren Projekten über kurz oder lang auf ähnliche Vorgaben stoßen, für die sich diese Implementierung sehr gut eignet.

Das generierte Modul sieht wie folgt aus:

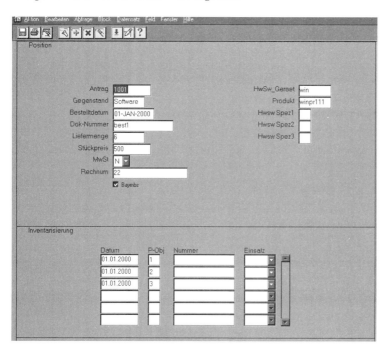

Abbildung 7.39: Forms Anwendung mit Infoblock

Es existieren Bestellpositionen wie z. B. Software, die keine Inventarnummer erhalten. Deshalb bleibt diese Spalte in dem Fall leer. Hier wurden 6 Softwareprodukte erworben, drei davon sind bereits „inventarisiert".

7.3.2 Systemvariable Last_Query

Dies ist eine Forms Systemvariable mit Namen: System.last_query. Sehr häufig wird in diesem Zusammenhang die vordefinierte Prozedur set_Block_property eingesetzt. Forms Attribute der Attributpalette können auch triggergesteuert manipuliert werden. Dazu existieren unter anderem die Prozeduren Set_Block_Property und Set_Item_Property.

▶ Die Prozedur Set_Block_Property bestimmt die angegebenen Blockeigenschaften des angegebenen Blocks. Set_Item_Property definiert verschiedene Item Eigenschaften. Die Prozeduren Get_Block_Property und Get_Item_Property geben Informationen über den angegebenen Block bzw. Attributwerte über das angegebene Item zurück. Die Online Hilfe von Forms zeigt Ihnen den Umfang der abrufbaren Informationen. Suchen Sie nach dem folgenden Stichwort: „Vordefinierte Prozedur Set_Block_Property", bzw. „Vordefinierte Prozedur Get_Block_Property".

▶ Weiterhin können Sie im Stichwort der Online Hilfe „Beispiele für System.Last_Query" den hier vorgestellten Code entnehmen.

Die vordefinierte Prozedur Set_Block_Property kann dazu verwendet werden, als „Default Where" Klausel die Systemvariable System.Last_Query zu verwenden, wodurch es möglich wird, die letzte Abfrage, die in der aktuell geöffneten Forms Anwendung durchgeführt wurde, zu wiederholen.

Beispiel für deren praktische Verwendung

Im Modul Bestellungen soll die letzte durchgeführte Abfrage im Block Positionen wiederholt werden, sobald die Check Box im Bestellblock für die Berechnung der Soll-Kosten, markiert wird. Es gibt hier auch eine einfachere Möglichkeit als die Verwendung der Prozeduren. Um aber die Arbeitsweise der Prozeduren zu vergegenwärtigen stelle ich beide Möglichkeiten vor.

Realisierung (ohne System.Last_Query)

Ausgehend vom Bestellblock springt der Cursor in den Detailblock. Eine Abfrage wird in dem Datenblocks durchgeführt und das Ergebnis auf dem Schirm ausgegeben. Am Ende wird der Cursor wieder in den Block „Bestellungen" positioniert.

```
Go_Block('POSITIONEN');
Execute_Query;
Go_Block('BESTELLUNGEN');
```

Realisierung (mit System.Last_Query)

Sicherlich ist System.Last_Query für diesen Fall nicht sinnvoll. Ich möchte Ihnen damit auch nur die Funktionsweise demonstrieren.

Die Variable System.Last_Query liefert die komplette Syntax der letzten Abfrage einer Modulkomponente. Wird sie im Masterblock z.B. innerhalb eines Post Query Trigger abgerufen und ausgegeben (durch eine Message), so enthält sie das SQL Statement dieses Blocks, da für jeden Datenblock (Tabellenverwendung) eines Modul separat eine Abfrage durchgeführt wird. Die Reihenfolge der Statements wird in der Reihenfolge der vorhandenen Datenblöcke ausgegeben.

Beispiel

Selektion das Datensatzes mit der ID 14 in der Bestellung. Ausgabe des Statements durch die Message.

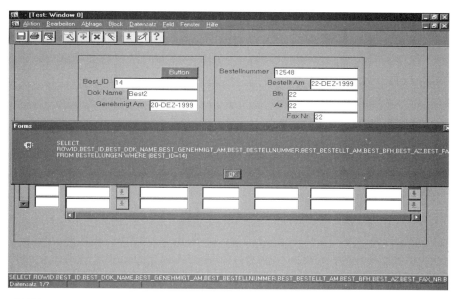

Abbildung 7.40: Ausgabe des Statements Systems Last Query

Zum Zeitpunkt der Ausgabe des Dialogs ist der Detailblock noch unbelegt, da unmittelbar nach dem Masterblock ein Post_Query Trigger die Systemvariable ausgibt. Code:

```
:global.last_query := :System.last_Query;
message(:global.last_query);
message(:global.last_query);
```

Durch die Prodzedur SET_BLOCK_PROPERTY ist es möglich, einen Default Where clause abzusetzen und das where Attribut der Attributpalette programmatisch festzulegen. Da jedoch nur der ...where Teil (ohne das Schlüsselwort where) hierfür relevant ist, muss diese Bedingung aus der System.Last_Query gefiltert werden. Hierfür ist ein kleines PLSQL Programm erforderlich, das sich in der Online Hilfe befindet.

PLSQL Programm:

```
FUNCTION last_query_clause (p_last_query IN long) RETURN VARCHAR2 IS
   tmp_lstqry  VARCHAR2(10000);
   tmp_index   NUMBER;
   tmp_where   VARCHAR2(5000);
 BEGIN
   tmp_lstqry := p_last_query;
   tmp_index:= INSTR(tmp_lstqry,'WHERE');
   IF tmp_index > 0 THEN
    tmp_where := SUBSTR(tmp_lstqry, tmp_index + 6);
   END IF;
   RETURN tmp_where;
```

```
EXCEPTION
  WHEN OTHERS THEN
    RETURN NULL;
END;
```

Aufruf der Funktion: `last_query_clause(:global.last_query);`

Der globalen Variable wird die Systemvariable System.Last_Query mit der letzten Abfrage auf den Datenblock übergeben. Erläuterung des Codes:

- tmp_index:= INSTR(tmp_lstqry,'WHERE'); gibt die Stellenziffer des gesamten SQL Strings von System.Last_Query ab der Stelle aus, wo das Schlüsselwort „where" beginnt, z. B. die Ziffer 25. Damit liegt der gesamte Code einschließlich „where" vor.

- tmp_where := SUBSTR(tmp_lstqry, tmp_index + 6); gibt den Teilstring einer Zeichenkette aus. Die Zahl (tmp_index +6) gibt an, mit welchen Buchstaben die Zeichenkette beginnt (die Stellenziffer wo das Schlüsselwort „where" enthalten ist + 6 damit es nicht mitgezählt wird). „Where" ist nicht notwendig, deshalb wird tmp_index um + 6 (Anzahl der Buchstanben in „where") erhöht, damit erst der String nach „where" ausgegeben wird.

- Anstelle von „where Best_id = 14" lautet der Reststring am Ende:

Abbildung 7.41: gefilterter where-Teil

Das ist exakt die Bedingung, die wir für die Set_Block_Property benötigen.

Code um die Bedingung umzusetzen (In Pre-Query Trigger einfügen):
```
DECLARE   v_last_query    VARCHAR(10000);
BEGIN
v_last_query := last_query_clause(:global.last_query);
SET_BLOCK_PROPERTY('BESTELLUNGEN',DEFAULT_WHERE, v_last_query);
Execute_Query;

END;
```

Die Prozedur SET_BLOCK_PROPERTY muss ein zweites Mal aufgerufen und im Default Where Bereich mit NULL belegt werden, damit diese letzte Query gelöscht wird. Selbst wenn Sie eine neue Query durchführen, bleibt die gerade festgelegte solange bestehen, bis sie programmatisch entfernt wird.

7.3.3 Key Trigger

Diese Funktionstastentrigger werden nur ausgelöst, wenn ein Operator die dazugehörige Funktionstaste drückt (oder auf die Toolbar Schaltfläche klickt). Die Aktionen, die in einem solchen Trigger definiert werden, überschreiben (ersetzen) die Standardaktionen, die für gewöhnlich anstelle dieses Triggers ablaufen. Beispielsweise überschreibt ein definierter KEY-ENTQRY die Aktion Enter_Query (bei F7 oder Toolbar Button Klick) Die Tasten-Aktion ist somit dann Auslöser für den Trigger und nicht Auslöser für die Aktion Enter Query. Damit ein Enter Query dennoch stattfindet, muss explizit in den Trigger Enter_Query eingefügt werden. Die Abbildung 7.42 stellt den schematischen Ablauf der Trigger dar.

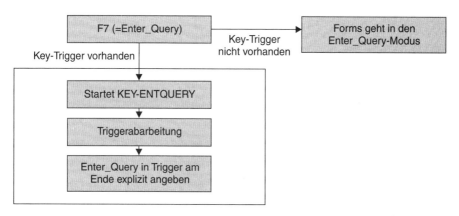

Abbildung 7.42: schematischer Ablauf der Key-Trigger

Beispiel: KEY-ENTQRY

Ausgehend von einem Detail Block soll ein Clear Block im Master durchgeführt werden, damit (bei vorhandener „kann"-Relation), alle Details ohne Master selektiert werden können. Dies muss bei einem Klick auf die Funktionstaste F7 (Enter_Query) erfolgen.

Problem: Prozedur go_Block('Master') dazu notwendig, doch diese Prozedur ist im Enter-Query Modus nicht ansprechbar. Go_Block muss vor Enter_Query durchgeführt werden.

Lösung: Key-EntQry überschreibt Enter-Query (ersetzt damit Enter_Query) im Detail Block platzieren mit folgendem Code.

```
BEGIN
  go_block('MASTERS');
  clear_block;
  go_block('DETAILS');
  enter_query;
END;
```

Definition von Key Triggern im Designer

▶ Starten Sie den Design Editor.

▶ Klicken Sie auf den Knoten Events innerhalb der entsprechenden Komponente.

▶ Nachdem sich der Dialog für einen neuen Trigger geöffnet hat, aktivieren Sie die Option: „Show expert level events". Damit werden alle verfügbaren Key Trigger dargestellt.

▶ Benutzen Sie die Online Hilfe für nähere Angaben zu jedem Trigger.

▶ Für alle Trigger gilt, dass sie die entsprechende Standardfunktion überschreiben.

7.3.4 Prozedur Exit Form

Diese Prozedur führt beim Beenden von Forms, je nachdem welcher Parameter gesetzt wird, entsprechende Aufgaben durch. Der Parameter NO_VALIDATE beendet sie ohne Validierung und Speichern von Änderungen. Das Beenden erfolgt somit unmittelbar und ohne die sonst übliche Rückmeldung wie in der Abbildung 7.43 dargestellt.

Abbildung 7.43: Standard Rückmeldung

Durch Exit_ Form wird dieser Dialog umgangen, er erscheint nicht mehr. Alerts oder Warnfenster dieser Art können auch manuell erstellt werden. Besonders im Zusammenhang mit Key-Triggern kommen Sie unter Umständen nicht umhin. Der Trigger selbst zündet, sobald Sie die Form durch Klick auf den Exit-Button im rechten oberen Fenster verlassen und beenden möchten. Für unser Projekt wird es notwendig sein, vor einem Verlassen der Antragsanwendung gewisse Prüfroutinen zu durchlaufen. Dies gilt selbstverständlich auch bei Klick auf den Exit-Button, weshalb ein Key Exit Trigger definiert werden muss.

Beispiel

In der Antragsanwendung werden voraussichtliche Gesamtkosten vergeben, die auf verschiedene Kostenstellen verteilt werden. Dazu existiert eine eigene Routine (KostBetraege) die ich erst im 8. Kapitel näher erläutern möchte. Jetzt ist lediglich der Umstand zu berücksichtigen, dass diese Überprüfung beim Speichern der Anwendung vorzunehmen ist. Dazu ist zum einen ein Key Commit Trigger notwendig, der die Save-Funktion überschreibt, zum anderen ein Key Exit Trigger für das Beenden der gesamten Anwendung.

Profi Modul Features

Definition des Key Commit Trigger Codes

In diesem Trigger wird nur die Prozedur aufgerufen. Dort wird am Ende der Prüfung auch ein explizites Commit durchgeführt, um die Eingaben zu speichern. Mehr ist nicht zu tun. Beim Klick auf Speichern wird dieser Trigger zwar immer gezündet, jedoch erkennt Forms selbst, wenn keine Änderungen vorliegen und gibt, sobald commited wird (gilt auch beim expliziten Aufruf von commit), einen entsprechenden Hinweis aus. Der Code besteht damit aus nur einer Anweisung, dem Aufruf der Routine KostBetraege.

Definition des Key Exit Trigger Codes

Ein ähnliches Verhalten tritt bei Key Exit Trigger auf. Da bei ihnen jedoch die gesamte Anwendung beendet wird, obliegt es dem Entwickler, zu entscheiden, welche Reaktion erfolgen soll. Analog zum Key Commit Trigger müssen Sie explizit den Aufruf Exit_Form() vornehmen, um die Anwendung zu beenden. Diese Prozedur kann verschiedene Parameter enthalten, die unterschiedliches Verhalten von Forms zur Folge haben. In der Online Hilfe finden Sie unter dem Stichwort „Vordefinierte Prozedur EXIT_FORM" die verschiedenen Parameter mit Beschreibung. Es sind zwei Optionen notwendig für das Verlassen einer Forms:

- Änderung eingetreten, die überprüft werden muss.
- Keine Änderung eingetreten, Forms verlassen.

SYSTEM.FORM_STATUS Diese Variable stellt den Status der aktuellen Form dar. Sie kann in Bedingungen verwendet werden, die entsprechende Alternativen anbietet. Im Online Stichwort „Systemvariable SYSTEM.FORM_STATUS" gibt es einen Überblick über die möglichen Parameter. Sie gehen am besten wie folgt vor:

Programmablauf: (Routine KostBetraege wird in Kapitel 8 erstellt)

1. Definition eines Key-Exit Triggers auf Applikationsebene, Name: KostBetreage errechnen.
2. Abruf des Status der Systemvariable SYSTEM.FORM_STATUS innerhalb einer Bedingung.
3. Abhängig von einem Dialogstatus, den uns ein noch zu definierender Dialog in Form von „Ja" und „Nein" liefert, wird entweder die Routine KostBetraege ausgeführt oder die Forms direkt beendet.
4. Dialoge bzw. Warnfenster werde ich im Anschluss vorstellen.

Code:

```
DECLARE
  button   NUMBER;
BEGIN
 IF :SYSTEM.FORM_STATUS = 'CHANGED' THEN --Falls Änderungen vorhanden
   button := show_alert('CFG_SAVE_ANTRAG'); --Alert zeigen
    IF button = ALERT_BUTTON1 THEN -- Falls Alert-Ja(=Speichern)
      KostBetraege;--auf Gültigkeit überprüfen
    ELSIF button = ALERT_BUTTON2 THEN --Falls Alert-Nein (Forms
```

```
                              --verlassen)
       Exit_Form(no_validate); --Forms wird ohne Speichern verlassen
    END IF;
 ELSE
    Exit_Form(no_validate); --Keine Änderung, Forms sofort
                            --verlassen
 END IF;
END;
```

Grafische Darstellung:

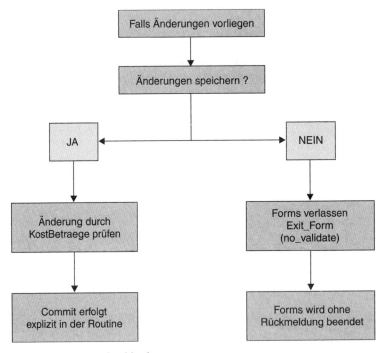

Abbildung 7.44: Code Ablauf

Ein wichtiger Bestandteil dieses Codes ist ein vordefiniertes Warnfenster. Der nächste Gliederungspunkt ist deshalb ausführlich diesem Thema gewidmet.

7.3.5 Warnfenster (Alerts)

Es existieren verschiedene Laufzeit-Meldungen und Alerts in Forms. Als Entwickler können Sie einige dieser Meldungen unterdrücken oder verändern. Die Kommunikation mit dem Benutzer ist auf folgende Arten möglich.

- ▶ **Informationsmeldung:** wird standardmäßig auf der Meldungszeile in Forms angezeigt.

- ▶ **Ausführungsmeldung (Working):** erscheint auf der Meldungszeile, wenn Forms gerade verarbeitet wird.

Profi Modul Features

▸ **System Alert**: wird in einem modalen Fenster angezeigt. Sie müssen entweder bestätigt oder beantwortet werden.

Es existieren zwei Formen von Warnfenstern, die programmatisch modifiziert werden können:

▸ **Anwendungs-Meldung**: wird auch standardmäßig auf der Meldungszeile angezeigt. Es handelt sich dabei um Meldungen, die mit Hilfe der eingebauten Prozedur MESSAGE in der Anwendung eingebaut werden.

▸ **Anwendungs-Alerts**: Werden als Teil einer Anwendung entworfen und über die eingebaute Prozedur SHOW_ALERT an den Operator zur Beantwortung ausgegeben.

Warnfenster erzeugen

Alerts werden im Developer erstellt. Sie können zu jedem generierten Form Objekt definiert und innerhalb des PL/SQL-Editor in Triggern verwendet werden. Allerdings existieren sie nur solange, bis die Anwendung neu generiert wird, da damit die Anwendung völlig neu erstellt wird und alle darin enthaltenen Komponenten auf Basis der Definitionen im Designer generiert werden. Damit Alerts dauerhaft, d.h. auch bei wiederholtem Generieren der Anwendung verfügbar sind, erfolgt deren Definition im Template. Damit stehen sie als Vorlage für den Designer zur Verfügung und werden in die fertige Forms integriert.

Definition:

▸ Öffnen Sie das Template im Form Builder.
▸ Markieren Sie den Knoten Warnfenster (Alerts).
▸ Klicken Sie auf den Create-Button in der Werkzeugleiste.
▸ Geben Sie dem neuen Alert einen Namen, z.B. CFG_SAVE_ANTRAG'.
▸ Öffnen Sie die dazugehörige Attributpalette durch Klicken auf die rechte Maustaste.
▸ Bestimmen Sie die folgenden Attribute
  - Titel: Text in der Window-Fensterleiste z. B. „Statusmeldung"
  - Meldung: Infotext für den Anwender, z.B. „Änderungen speichern?"
  - Warnstil: gibt den Stil des Warnfensters an. Drei mögliche Varianten stehen zur Verfügung. Sie belegen das Warnfenster, je nach Auswahl, mit einem grafischen Hinweis:
    - Stop
    - Achtung
    - Hinweis

- ▶ Enthaltene Schaltflächen: dafür sind drei Attribute vorgesehen:
  - Beschriftung Schaltfläche1
  - Beschriftung Schaltfläche2
  - Beschriftung Schaltfläche3
- ▶ Schaltflächen, die nicht benötigt werden, enthalten keinen Eintrag.
- ▶ Standard Warnschaltfläche: gibt an, welche von den möglichen Warnschaltflächen beim Einblenden den Fokus besitzt, indem Sie die entsprechende Schaltfläche aus der Liste der maximal drei vorhandenen auswählen.

Beim Aufruf liefert jedes Alert über die Funktion SHOW_ALERT, und dem Namen in Klammern (z. B. `button := show_alert('CFG_SAVE_ANTRAG');`) als Rückgabewert die Nummer des Alert-Buttons, auf dem die Aktion „Klick" vorgenommen wurde.

Benötigen Sie verschiedene Alert-Meldungen mit einer unterschiedliche Button-Anzahl, muss deswegen kein neuer Alert definiert werden. Sie können statt dessen die Prozeduren SET_ALERT_PROPERTY und SET_ALERT_BUTTON_PROPERTY verwenden um einen bereits existieren Alert entsprechend zu modifizieren.

Beispiel: SET_ALERT_PROPERTY

set_alert_property('CFG_SAVE_ANTRAG', ALERT_MESSAGE_TEXT, 'Es liegt keine vollständige Aufteilung vor! Automatische oder manuelle Verteilung durchführen?');

Diese Anweisung legt für das Warnfenster einen neuen Meldungstext fest.

- ▶ CFG_SAVE_ANTRAG: Name des betreffenden Alerts.
- ▶ PROPERTIES:
  - ALERT_MESSAGE_TEXT: Eigenschaft des Alters, die den Text der Meldung festlegt.
  - TITEL: Gibt den Titel der Warnmeldung an.
- ▶ MESSAGE: gibt die Meldung an, die die aktuelle Warnmeldung ersetzen soll.

Sie finden weitere Erläuterungen auch in der Online Hilfe unter dem Stichwort: „Vordefinierte Prozedur SET_ALERT_PROPERTY". Anstelle des Namens können Sie auch eine eindeutige ID des Datentyps Alert verwenden, die Forms dem Warnfenster beim Erstellen zuweist. Benutzen Sie FIND_ALERT, um die ID an eine Variable des entsprechenden Typs zurückzugeben.

Beispiel: FIND_ALERT

```
DECLARE
  err_txt    VARCHAR2(80) := Error_Text;
  al_id      Alert;
  al_button  Number;
BEGIN
```

```
    al_id := Find_Alert('My_Error_Alert'); -- Name des Alerts angeben
    Set_Alert_Property(al_id, alert_message_text, err_txt );
    al_button := Show_Alert( al_id );
END;
```

Beispiel: SET_ALERT_BUTTON_PROPERTY
```
set_alert_button_property('CFG_SAVE_ANTRAG2',ALERT_BUTTON1,LABEL,
'TEST');
```

Diese Anweisung legt für den ersten Button des entsprechenden Warnfensters eine neue Beschriftung fest. Die erste Schaltfläche des Dialogs erhält damit die Beschriftung „TEST".

Abbildung 7.45: Ausgabe des Warnfensters

Mögliche Parameter:

▶ CFG_SAVE_ANTRAG: Name des betreffenden Alerts.

▶ BUTTON:
  - ALERT_BUTTON1
  - ALERT_BUTTON2
  - ALERT_BUTTON3

▶ PROPERTIES:
  - LABEL: gibt den Beschriftungstext für die Schaltfläche an.

▶ VALUE: Text für die Beschriftung

Sie finden weitere Erläuterungen auch in der Online Hilfe unter dem Stichwort: „Vordefinierte Prozedur SET_ALERT_BUTTON_PROPERTY". Anstelle des Namens können Sie auch hier eine eindeutige ID des Datentyps Alert verwenden.

Beispiel: SHOW_ALERT

Diese Funktion zeigt den Alert an. Ich habe bereits bei den Key-Triggern unter anderem mit dieser Funktion gearbeitet. Sie besteht aus zwei Elementen.

▶ Declaration eine Number Datentyp für den Rückgabewert der Funktion,

▶ Aufruf der Funktion show_alert.

```
DECLARE
  button  NUMBER;
BEGIN
```

```
button := show_alert('CFG_SAVE_ANTRAG'); --Alert zeigen
IF button = ALERT_BUTTON1 THEN --Button 1 wird gedrückt
...
ELSIF button = ALERT_BUTTON2 THEN - Button 2 wird gedrückt
...
...
```

Beispiel aus dem Projekt

Wie im Beispiel-Code in Kapitel 7.3.3, wird über die Funktion SHOW_ALERT das Warnfenster CFG_SAVE_ANTRAG aufgerufen. Öffnen Sie das Template der zugrundeliegenden Anwendung und übernehmen Sie die folgenden Daten. Ich habe für verschiedene Anwendungen verschiedene Kopien des Templates angelegt.

- Knoten Warnfenster, neues Fenster definieren (Name: CFG_SAVE_ANTRAG).
- Öffnen Sie die Eigenschaftspallette dazu (Fenster markieren und rechte Maustaste drücken).
- Beschriftung Schaltfläche1: „Ja".
- Beschriftung Schaltfläche1: „Nein".
- Beschriftung Schaltfläche1: „Abbrechen".

Definition des Alerts: Gehen Sie dabei analog zu den Angaben zu Beginn des Themas vor. Die Online Hilfe bietet im Stichwort „Warnfenster erstellen" auch entsprechende Informationen an.

7.3.6 Master-Detail Logik explizit erzeugen

Die Notwendigkeit einer manuellen Master-Detail Verbindung in einem Modul ergibt sich im vorliegenden Projekt aus der Bestellung und dem Feststellschreiben, wie im Punkt 5.13.10.7 bereits dargelegt. Im Bestellmodul können Bestelldaten ohne Feststellschreiben existieren. Trotzdem muss es für den Anwender möglich sein, direkt im Datenblock „Bestellungen" Bestelldaten zu selektieren ohne Rücksicht auf eventuell existierende Daten des Masterblocks (Feststellschreiben) nehmen zu müssen. In der Praxis gestaltet sich dieser Vorgang in der Weise, dass sich der Anwender beim Öffnen des Moduls stets im Bestell-datenblock befindet. Dort kann er Eingaben und Selektionen vornehmen, je nach Bedarf. Erst wenn der konkrete Fall eines Feststellschreibens vorliegt, erfolgt ein Wechsel in den Feststelldatenblock. Das Schreiben wird erfasst und durch die Rückkehr in den Bestelldatenblock erfolgt gleichzeitig die Zuordnung zu einer neuen Bestellung, deren Daten anschließend bestimmt werden. Es muss aber auch möglich sein, die Zuordnung manuell und im Nachhinein vornehmen zu können. Beim Öffnen der Bestellung besitzt der Bestelldatenblock die Mastereigenschaft. Sobald ein Feststellschreiben hinzukommt, fungiert er als Detail. Kommen wir nun zur Antwort auf die Frage, wie das Modul die Master- bzw. Detail-eigenschaften vereint. Die Realisierung erfolgt programmatisch. Betrachten wir zuvor alle Möglichkeiten einer Master-Detail „kann"-Verwendung in Modulen in der Tabelle 7.5.

Master-Modulkkomponente	Detail-Modulkomponente
Master-Datensatz vorhanden	Alle Detaildatensätze mit Bezug auf diesen Master werden angezeigt.
Kein Master-Datensatz vorhanden	Da zu einem nicht existierenden Mastersatz in der Regel auch keine Detailsätze existieren, werden keine Daten im Detailblock angezeigt.
Kein Master-Datensatz vorhanden und alle existierenden Daten der „Detail"-Tabelle anzeigen (d.h. alle Sätze der Tabelle ausgeben).	Es existiert kein Primary Key Eintrag in der Mastertabelle, folglich gibt es keine Einschränkung auf diese ID und eine Abfrage auf alle Detailsätze ist möglich (sämtliche Detaildaten werden angezeigt).
Master-Datensatz vorhanden und dennoch alle Daten der Detail-Tabelle anzeigen, also auch jene Daten die keinen direkten Bezug zum Master haben (aufgrund der kann-Relation muss diese Option möglich sein).	Um alle Daten (auch die ohne Bezug zum aktuellen Master PK) einsehen zu können, muss zuerst der Masterblock gelöscht werden. (Menü: Block-Löschen in der Anwendung). Anschließend wechseln Sie in den „Detail" Datenblock und Abfrage ausführen. Ohne vorhandenen Master PK existiert zwischen beiden Tabellen keine Verbindung und alle Daten werden angezeigt.

Tabelle 7.5: Master-Detail Link

Beispiel

Abbildung 7.46: 1:N-Relation

Grundsätzlich müssen programmatisch alle Sätze ohne Fremdschlüsselbezug angezeigt werden und, sobald ein Master vorliegt, nur die zugehörigen Detaildaten.

A Moduldefinition

Ähnlich dem Beispiel der rekursiven M:N-Beziehung (Kapitel 5.11.9.5 B) wo eine Entität sowohl als Master als auch als Lookup Tabel verwendet wird, gehe ich auch hier vor. Jedoch ist die Definition wie in dem dortigen Beispiel einfacher, da aufgrund der Rekursion zwei Fremdschlüsselspalten vorliegen, die unabhängig voneinander sind und deshalb beide gleichzeitig existieren können. Anders verhält es sich hier. Für das erstmalige Erfassen eines Masters und den dazugehörigen Details eignet sich eine gewöhnliche Master-Detail Relation am besten. Was ist jedoch zu tun, wenn für bereits bestehende Detail-Datensätze nachträglich ein neuer Master hinzugefügt, oder ein vorhandener Master zu ändern ist? In diesem Fall muss der Detail-Datenblock ein Lookup zum Master-Datenblock enthalten. Die Abbildung 7.47 zeigt nochmals das Modul der rekursiven M:N-Relation zum Vergleich.

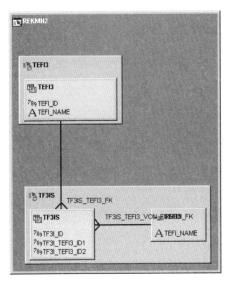

Abbildung 7.47: Rekursive M:N-Relation

Definieren wir analog dazu ein neues Modul (für die künftige Bestellung repräsentiert die Masters-Komponente die Tabellenverwendung Festschr, und die Details-Komponente die Tabellenverwendung Bestellung). Abbildung 7.48 zeigt das Ergebnis.

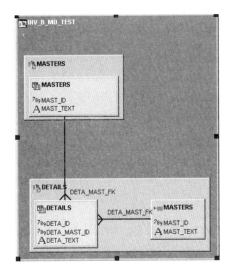

Abbildung 7.48: 1:N-Relation mit Lookup

Mit dieser Lösung ist es prinzipiell möglich, neue Daten einfach zu erfassen und durch die Lookup Spezifikation nachträglich Änderungen vorzunehmen. Es entsteht aber ein Problem. Da es sich hier um dieselbe Fremdschlüsselspalte (DETA_MAST_ID) handelt, existiert aus der Sicht des Designers, die „Quelle" für die Fremdschlüsseldaten doppelt. Somit ist die Lookup Tabelle überflüssig. Der Designer ignoriert die Lookup Tabellenverwendung, allerdings nicht sofort. Konkret geschieht Folgendes (Dieses Verhalten kann sich bei neueren Designer Versionen auch ändern, es ist jedoch aus Gründen der Stabilität sinnvoll, den programmatischen Weg beizubehalten):

Wird die Fremdschlüsselspalte im Designer aus- und wieder eingeblendet (Display = N/J) erscheint sie, trotz der richtigen Property, nicht mehr. Andererseits tritt bei einer sichtbaren Fremdschlüsselspalte das Problem auf, dass sobald ein Primärschlüsselbezug zu einem Mastersatz besteht und gleichzeitig die LOV geöffnet wird, dort nur dieser eine Mastersatz dargestellt wird. Alle übrigen Datensätze treten in der Liste nicht in Erscheinung, da für sie kein aktueller Bezug zu dem vorliegenden Master existiert. Als Lösung für dieses Problem müssen Sie die Master-Detail Relation manuell definieren, d.h. es darf im Modul kein Key-Base Link definiert werden.

Im Zusammenhang mit der manuellen Definition sind mehrere Trigger erforderlich, die ich alle im Detail erläutern werde. Wir kommen damit zu der wichtigsten Aufgabe eines Datenbankentwicklers, und zwar die Anwendung mit ausgefeilter Funktionalität ausstatten.

Die Abbildung 7.49 enthält die Modifizierungen.

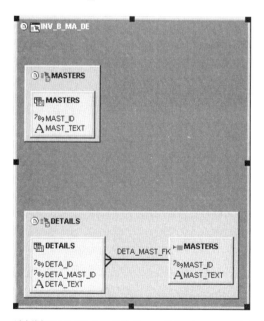

Abbildung 7.49: 1:N-Relation mit Lookup modifiziert

Join zwischen Masters und Details Tabellenverwendungen

Der manuelle Join muss die Standard-Synchronisation zwischen Master und Detail abdecken, d.h. je nachdem welcher Mastersatz selektiert wird, sind die dazugehörigen Fremdschlüsselspalten im Detail selektiv zu ermitteln. Es ist ein Trigger im Master erforderlich, der beim Navigieren zwischen Datensätzen für jeden Datensatz individuell (Satz für Satz) gezündet wird. Im Programmcode erfolgt die Selektion und Darstellung der dazugehörigen Detaildaten. Diese Eigenschaften erfüllt der when-new-record-instance Trigger.

▶ Definieren Sie diesen Trigger in der Applkations-Logik der Master-Modulkomponente (Name: „Details anzeigen") mit folgendem Code ohne die Nummerierung (dienen nur zum Lokalisieren).

BEGIN

1. System.Message_Level := '25';
2. go_Block('Details');
3. execute_query;
4. go_Block('Masters');:
5. :System.Message_Level := '0';

END;

Erläuterung:

1. Der Level für die Systemmeldungen wird auf 25 gesetzt. Damit unterdrückt Oracle gewisse Standard Meldungen. Der Defaultwert beträgt 0 und bei der Einstellung erscheint die Standardmeldung: „Zur Abfrage wurden keine Daten gefunden." Die Ursache liegt in der expliziten Angabe von „execute_query", welche die Meldung hervorruft, sobald keine Daten zum aktuellen Mastersatz vorliegen, was unter anderem gewiß der Fall sein wird.
2. Go_Block navigiert den Fokus zu dem dort angegebenen Block.
3. Execute_query führt eine Abfrage auf die Komponente durch, welche den Fokus besitzt.
4. Abschließend wird der System-Level auf den ursprünglichen Wert zurückgesetzt. Das sollten Sie nicht vergessen, sonst unterdrückt Oracle künftig diverse Standardmeldungen, die oftmals sehr nützlich sein könnten.

Die vorgenommene Einstellung beschränkt sich nicht nur auf die Query-Meldung. Oracle führt zwar jetzt Abfragen auf die Detailtabelle durch. Es fehlt aber noch die where Bedingung, die nur Masterdaten abhängige Sätze im Detail zur Anzeige bringt. Das erreichen wir indem wir die Eigenschaft „where clause of query" im Detailblock mit folgendem Code, versehen:

Details.Deta_Mast_ID = :Masters.Mast_ID

Kommen wir nun zu dem Problem Detailsätze (z.B. Bestelldaten) ohne Masterdaten (z.B. Feststellschreiben) zu sichten. Der dazu notwendige Löschvorgang, wie in der Tabelle 7.5 beschrieben, kann dem Anwender natürlich nicht zugemutet werden. Sie werden aber sicherlich schon vermutet haben, dass Oracle hier Abhilfen anbietet. Ich definiere einen *Key-Enter-Query Trigger* im Knoten Applikationslogik der Detailkomponente, Name: „Master löschen". Der Code ist denkbar einfach gestaltet und bedarf wohl keiner weiteren Erklärung (Denken Sie aber an das Kapitel über *Key-Trigger* und vergessen Sie nicht die explizite Angabe von enter_query).

```
Bgo_block('MASTERS');
 clear_block;
 go_block('DETAILS');
 enter_query;
END;
```

Sobald Enter Query im Detail ausgelöst wird, zündet der Trigger und löscht die Masterkomponente. Dadurch ist kein PK-Wert mehr verfügbar, was dazu führt, dass mit Execute Query alle Daten, je nach Vergabe der Kriterien, im Detail, angezeigt werden. Theoretisch können das alle Daten der Tabelle sein. Damit die Anwendung reibungslos arbeiten kann, ist eine Ergänzung des „where clause of query" notwendig, um auch „leere" Masterdaten zu berücksichtigen. Ist der Master gelöscht, stimmt der Bedingungsteil where :Master.Mast_ID ist Null und somit werden alle Daten der Detailtabelle gesichtet.

Details.Deta_Mast_ID = :Masters.Mast_ID or :Masters.Mast_ID is Null

Herzlichen Glückwunsch, Sie haben Ihren ersten programmatischen Join erschaffen! Allerdings hat er einen systemtechnischen Nachteil. Der Oracle Optimizer (ein spezielles Oracle Tool) kann aufgrund der or-Bedingung nicht über einen Index selektieren und damit den Vorgang beschleunigen. Stattdessen führt er einen zeitraubenden „Full Table Scan" durch. Die Anwendung läuft deshalb schneller, wenn auf die where-Bedingung vollständig verzichtet wird.

Hinweis

Die Detailtabelle (Bestellung) als Kern der Anwendung sollte beim Start den Fokus erhalten. Sie enthält im Gegensatz zum Master stets Daten. Definieren Sie einen when-new-forms Trigger auf Applikationsebene mit dem Code:

go_block('Details');

B Alternative zur where-Bedingung

Allgemein gilt, dass aus Gründen der Performance where-Bedingungen bereits zur Laufzeit zu formulieren sind, anstatt dafür die Eigenschaft „where clause of query" innerhalb einer Tabellenverwendung zu benutzen. Vermeiden können wir das nur, wenn wir den konsequenten Einsatz von Triggern an dieser Stelle fortsetzen. Zuerst definiere ich erneut einen *when-new-record-instance Trigger* in der Applikationslogik der Masterkomponente, allerdings mit etwas abgewandeltem Inhalt.

Wir benötigen eine Alternative: Anstelle der where-Bedingung muss der Trigger den Master-Detail Join und nicht vorhandene Masterdaten berücksichtigen. Liegen Daten im Master vor (Master is NOT NULL), muss im Detailblock eine Query durchgeführt werden, damit die abhängigen Detailsätze aufgelistet werden. Allerdings fehlt dazu noch der Join. Liegen dagegen keine Masterdaten vor (Master is

NULL), existieren keine abhängigen Detailsätze und damit sollte der Detailblock leer sein. Das übernimmt die ELSE-Bedingung im folgenden Code. Der Detailblock wird explizit gelöscht (clear_block). Name: „Details anzeigen".

```
BEGIN
 IF :MASTERS.MAST_ID IS NOT NULL THEN
  go_block('DETAILS');
  execute_query;
  go_block('MASTERS');
 ELSE --Falls Master nichts enthält (=Null ist)
  go_block('DETAILS');
  clear_block;
  go_block('MASTERS');
 END IF;
END;
```

Anstelle einer where-clause erfolgt hier die Synchronisierung (Join) über einen **Pre-Query-Trigger** im Detailblock (Name: „Synchronisation mit Master")

```
BEGIN
 IF :MASTERS.MAST_ID IS NOT NULL THEN
  copy(TO_CHAR(:MASTERS.MAST_ID),'DETAILS.DETA_MAST_ID');
 END IF;
END;
```

Der Code schreibt die aktuelle Master ID (:MASTER:MAST_ID) in das FK-Feld DETAILS.DETA_MAST_ID des Detailblocks. Da es sich hier um Ziffern handelt, müssen sie zuvor in Zeichen konvertiert werden, da copy nur Zeichentypen kopieren kann. Die Angabe des Detail FK-Feldes in Hochkommata ist die korrekte Syntax, damit copy das entsprechende Detail Feld auch findet. Aktuelle Bezüge zu Forms-Datenfelder sind, durch die Angabe von Hochkommata, dadurch möglich. Der Eintrag in das FK-Feld entspricht der Eingabe durch den Anwender. Der Trigger („Details anzeigen") im Master führt explizit execute_query aus sobald dort Daten vorliegen. Damit zündet der Pre-Query Trigger im Detail und die Master_id wird in die Fremdschlüsselspalte der Detailkomponente kopiert. Folglich werden dort nur jene Daten gesichtet, die zu dem vorliegenden Mastersatz gehören.

Damit auch hier Detaildaten ohne dazugehörige Masterdaten angezeigt werden können, müssen Sie den Enter-Query Trigger („Master löschen") auch hier implementieren. Ebenso verwenden Sie den bereits dargestellten when-new-forms Trigger, um beim Start der Anwendung den Fokus im Detailblock (beispielsweise Bestellungen) zu platzieren.

7.3.7 Datenmanipulationen in expliziten Joins ermöglichen

Die bisherige Lösung enthält synchronisiert den Master- und Detailblock eines Moduls. Damit auch das Manipulieren der Daten möglich ist, müssen wir zusätzliche Trigger implementieren. Ich möchte dabei das übliche Formsverhalten komplett imitieren. Dazu zählt:

▶ Bei der Eingabe neuer Daten im Master muss der PK implizit dem Detailblock übergeben werden, sobald dort entsprechende Eingaben erfolgen.

▶ Abfragen im Masterblock müssen alle korrespondierenden Daten im Detail beinhalten.

▶ Detailabfragen, Eingaben und Löschvorgänge müssen, infolge der manuellen Verbindung zwischen Master und Detail, unabhängig vom Master möglich sein.

Ich benutzte sogenannte Statusvariablen, die zuerst innerhalb eines when-new-forms-instance Triggers (Name: globale Variablen bekannt machen) deklariert und initialisiert werden. Dazu einige Anmerkungen. Es handelt sich dabei um globale Variablen, denn nur diese können einen bestimmten Wert triggerübergreifend weitergeben. Lokale Variablen sind stets nur innerhalb des Triggers gültig, in dem sie definiert wurden. Außerhalb davon sind sie unbekannt. Globale Variablen haben allerdings den Nachteil, dass sie mit der Definition gleichzeitig initialisiert werden müssen. Ruft ein bestimmter Trigger den enthaltenen Wert einer solchen Variable ab, ist sie unbekannt, wenn nicht zuvor die Definition und Initialisierung erfolgt. Aus konzeptionellen Gründen kann diese oftmals nicht innerhalb desselben Triggers stattfinden. Soll beispielsweise ein Trigger einen bestimmten Wert für eine Bedingung erhalten, der sich durch den Ablauf eines anderen Triggers errechnet, darf darin keine Initialisierung der globalen Variable erfolgen. Dadurch würde der errechnete Wert überschrieben. Die Definition und Initialisierung muss in einem anderen Trigger vorgenommen werden. Zündet außerdem der Trigger mit der Initialisierung nur in bestimmten Fällen und zündet der Trigger, der die Bedingung enthält in jedem Fall, kann es sein, dass die Variable nicht bekannt ist (fehlende Initialisierung) und es erscheint eine Fehlermeldung. Ich habe es mir deshalb zur Regel gemacht, globale Variablen stets zu Beginn einer Forms-Sitzung zu definieren und initialisieren und benutze den *when-new-forms-instance Trigger*. Er enthält zwei globale Variablen:

```
:global.Master_Detail_Synchro_mode := 'ja';
:global.New_Block_Instance_bei_create := 'nein';
```

Die Eingabe neuer Daten muss durch Programmierlogik ergänzt werden, d.h. sobald der Anwender die Schaltfläche „Daten erfassen" aktiviert, muss ein entsprechender Trigger zünden. Sie ahnen es schon, es ist ein *Key-create-record Trigger*, der in der Masterkomponente anzulegen ist (Name: Datensätze einfügen).

```
: DECLARE --Key- CreRec
v_mode    VARCHAR2(10);
BEGIN
```
1. :global.Master_Detail_Synchro_mode := 'nein';
2. go_Block('Details');
3. clear_Block;
4. go_Block('Masters');
5. create_record;

```
END;
```

Erläuterung:

1. Die Variable wird auf „nein" gesetzt um zu dokumentieren, dass anstatt der normalen Synchronisation neue Daten erfasst werden. Das ist wichtig, da execute_query im when-new-record-instance Trigger „Details anzeigen" (des Masters) nur im Abfrage-Modus ausgeführt werden darf. Innerhalb des Eingabemodus erzeugt der Aufruf von execute_query eine Fehlermeldung.
2. Wechsel in den Detailblock.
3. Der Klick auf „Daten erfassen" löscht gleichzeitig alle Datenfelder des betroffenen Datenblocks (hier unser Master) und deshalb ist es sinnvoll, auch alle Datenfelder des Detailblocks zu leeren.
4. Rückkehr in den Masterblock, um zur Ausgangsposition zurückzukehren.
5. Expliziter Aufruf der Dateneingabe.

Damit der Status der globalen Variable wirksam wird, muss der Trigger „Details anzeigen" mit einer entsprechenden Bedingung ausgestattet werden.

```
DECLARE --When-new-Record-Instance
BEGIN
```
1. IF :global.Master_Detail_Synchro_mode = 'ja' THEN
2. IF :MASTERS.MAST_ID IS NOT NULL THEN
3. go_block('DETAILS');
4. execute_query;
5. go_block('MASTERS');
6. ELSE
7. go_block('DETAILS');
8. clear_block;
9. go_block('MASTERS');
10. END IF;
11. ELSE
12. :global.Master_Detail_Synchro_mode := 'ja';

Erläuterung:

(1) Nur im Eingabe Modus wird die Variable auf „nein" gesetzt, folglich ist diese Bedingung im Abfrage Modus wahr, der Rest des Codes ist bereits bekannt.

(11) Ist die Variable auf „nein" gesetzt, gilt der ELSE-Teil und es wird ein neuer Satz eingefügt. Der Hauptcode wird übergangen.

(12) Die Variable wird erneut auf „ja" gesetzt, für den Fall, dass Daten neu erfasst worden sind und der Status damit auf „nein" gesetzt ist. Logik:

- Bei Forms Start, Variable wird auf „ja" gesetzt, Abfragen im Detailblock abhängig von Daten des Masters sind damit möglich.

- Bei Klicken auf „Daten erfassen" zündet der entsprechende Key Trigger und setzt die Variable auf „nein". Execute Query im Detail nicht mehr möglich aufgrund der Bedingung. ELSE-Part speichert die Neueingaben im Masterblock.
- Damit unmittelbar nach Dateneingaben Abfragen wieder zugelassen sind, setze ich die Variable am Ende erneut auf „ja".

Jeder Eintrag in der Masterkomponente ist erst dann in der LoV verfügbar, wenn die Daten zuvor gespeichert werden. Es kann zur Fehlermeldung führen, wenn aufgrund der Master-Detail-Relation und erfolgtem Wechsel in den Detailblock (Datenerfassung zuvor im Master), um auch dort Eingaben zu tätigen, der PK Wert des neuen Mastersatzes (Clientfunktion) in das entsprechende Fremdschlüsselfeld eingetragen wird und kein entsprechender Wert in der LoV verfügbar ist. Oracle prüft als Standardroutine immer, welche Fremdschlüsselwerte vorliegen und ob entsprechende Eintragungen in der Lookup Tabelle existieren. Deshalb müssen alle Eingaben im Master explizit gespeichert werden, bevor weitere Daten im Detail erfasst werden, allerdings nur dann, wenn entsprechende Masterdaten vorliegen und unmittelbar vor dem Wechsel in den Detailblock neu erfasst wurden. Dafür eignet sich ein when-new-block-instance Trigger (Name: „Neuen Mastersatz speichern") im Detailblock am besten. Eine weitere globale Statusvariable, die gleichzeitig mit der Eingabe von Masterdaten auf „ja" gesetzt wird und als Default mit „nein" belegt ist, speichert beim Wechsel in den Detailblock alle Daten des Masters und kopiert die Master_id als neuen FK-Wert in die entsprechende Fremdschlüsselspalte des Details.

```
IF :global.New_Block_instance_bei_create = 'ja' THEN
-- When-new-Block-Instance
   go_Block('Masters');
   COMMIT;
   go_Block('Details');
 copy(TO_CHAR(:MASTERS.MAST_ID),'DETAILS.DETA_MAST_ID');
   --kopiert Master ID als FK hin zum Detail
   END IF;
```

Die globale Variable müsste bereits beim Zünden eines key-create-record Triggers im Master auf „ja" gesetzt werden, damit sie hier wahr ist. Das deckt aber nicht alle Forms-Eventualitäten ab, und erfordert stattdessen die Definition eines when-create-record Triggers im Master (Name: „gl. V. new_Block_Instanze_bei_create aktivieren").

Code: :global.New_Block_instance_bei_create = 'ja'

Im Unterschied zu *key-create-record* Triggern, die nur bei Klick auf „Create Record" oder „Datensatz einfügen" zünden, wird ein when-create-record Trigger auch beim Start von Forms ausgeführt sobald, in Bezug zum aktuellen Beispiel, der Masterblock den Fokus erhält. Erst dadurch ist es dem Anwender möglich, unmittelbar nach dem Start der Anwendung wie bei Forms i.d.R. üblich, Daten im Master zu erfassen, sodass sie direkt beim Wechsel in den Detailblock übernommen werden (durch Fremdschlüsseleintrag). When-create-record Trigger zünden aber auch bei Klick auf „Daten erfassen" (Zündung von *key-create-record* Trigger damit verbunden) und machen äquivalente Key-Trigger überflüssig. Deshalb definierte ich den key-create-record Trigger, wie gerade vermutet, nicht. New-Block-Instance Trigger zünden bei jedem Forms Start bzw. Wechsel zu diesem Block. Sollte jedoch unmittelbar nach dem Start von Forms anstelle einer Neuerfassung von Masterdaten eine Abfrage durchgeführt werden, muss die Variable auf „nein" gesetzt werden, um das Kopieren und vor allem das Speichern zu unterbinden. Ein Speichervorgang würde eine Meldung produzieren, was in dem Fall nicht erwünscht ist. Trigger: pre-query Trigger im Master,

Name: „gl. V. new_Block_Instanze_bei_create deaktivieren" Code:

:global.New_Block_instance_bei_create = 'nein'

Dieselbe Logik ist auf Modulebene in einem weiteren Pre-Query Trigger zu implementieren, da aufgrund des When-create-Record Triggers im Master Name: „gl. V. new_Block_Instanze_bei_create aktivieren", der die Variable auf „ja" setzt immer zündet sobald der Abfragemodus gestartet wird (F7). Dabei ist es völlig unerheblich in welchem Block sich der Fokus befindet. Der Pre-Quey Trigger im Master allein reicht nicht aus, denn dieser zündet nur sobald sich der Fokus in diesem Datenblock befindet.

Es ist schon einiger Aufwand notwendig, um normale Funktionalitäten manuell zu realisieren. Der Anwender hat aber einige Vorteile davon, da er schnell, übersichtlich und einfach seine Daten bearbeiten kann. Leider sind wir noch immer nicht ganz fertig. Bisher erfolgt, infolge des when-new-block-instance Triggers im Detail, die Übernahme des Fremdschlüssels nur einmal direkt beim Wechsel vom Masterblock dorthin. Möchte der User weitere Neueingaben im Detailblock vornehmen, zündet der Trigger nicht mehr und der PK wird nicht in die Fremdschlüsselspalte eingetragen. Es ist ein Trigger notwendig, der zündet, sobald die Schaltfläche „Daten erfassen" für Neueingaben im Detailblock gedrückt wird. Unter anderem können wir unseren when-create-record Trigger im Detail mit folgendem Inhalt verwenden. Name: „Synchronisation mit Block Master".

```
BEGIN --When-create-Record
IF :MASTERS.MAST_ID IS NOT NULL THEN
  copy(TO_CHAR(:MASTERS.MAST_ID),'DETAILS.DETA_MAST_ID');
END IF;
END;
```

Im Gegensatz zum Forms Start, zündet der Trigger beim Blockwechsel nicht. Deshalb ist der Code im when-new-block-instance Trigger (Name: „Neuen Mastersatz speichern") ebenso erforderlich.

Sobald durch ein explizites Commit die Eingabe beendet wird, muss auch ein Zurücksetzen der globalen Variable global.New_Block_instance_bei_create erfolgen, damit beim Start einer neuen Abfrage im Master die dazugehörige Synchronisierung des Details erneut möglich ist. Ein key-commit *Trigger* auf Modul- Ebene erledigt dies.

Name: gV new_Block_instance_bei_create deaktivieren

```
BEGIN --Key- Commit
:global.New_Block_Instance_bei_create := 'nein';
COMMIT;
END;
```

Die manuelle Verbindung ist jetzt komplett realisiert. Nur zur Ergänzung und zusätzlichen Verbesserung erweitere ich die Implementierung wie nachfolgend dargelegt.

7.3.8 Daten des Master zu einem aktuellen Detailsatz anzeigen

Falls für einen bestimmten Detailsatz ein Master existiert, sorgt ein neuer when-record-instance Trigger im Master (Name: „Master zur aktuellen Bestellung anzeigen") für die Anzeige der Masterdaten. In der künftigen Bestellung wird der Masterblock des Feststellschreibens in einem Stacket Canves abgelegt. Durch Klick auf eine entsprechende Schaltfläche erscheint der Block und enthält durch den neuen Trigger gleichzeitig den zum Detail korrespondierenden Mastersatz.

```
DECLARE
v_query                    VARCHAR2(50);
v_mast_id        VARCHAR2(50);
BEGIN
v_mast_id := :global.Best_mast_id;
v_query := 'MASTERS.MAST_ID = ' || v_mast_id;
IF v_mast_id IS NOT NULL THEN
    :global.Best_mast_id := NULL;
    SET_BLOCK_PROPERTY('MASTERS',DEFAULT_WHERE,v_query);
    execute_query;
    SET_BLOCK_PROPERTY('MASTERS',DEFAULT_WHERE,'');
END IF;
END;
```

Erläuterung

Der Trigger enthält keine neuen Erkenntnisse. In Kapitel 7.3.2 Systemvariable Last_Query verwendete ich die Set_Block_Property auf ganz ähnliche Weise. Hier dient sie dazu, eine Abfrage zu konstruieren, die den aktuellen Foreign Key der Detailtabelle enthält. Verwendet als where-clause im Master wird zum aktuellen Detail der dazugehörige Master angezeigt.

Die globale Variable :global.Best_mast_id wird in einem when-new-record-instance *Trigger* im Detail (Name: „Master ID ablegen") mit dem Foreign Key des Masters (falls vorhanden), der aktuell angezeigt wird, belegt.

:global.Best_mast_id := :MASTERS.MAST_ID;

7.3.9 Abschließende Ergänzungen

Der when-create-record Trigger „gV new_Block_instance_bei_create aktivieren" im Master dient dazu, die globale Variable New_incance_bei_create innerhalb eines when-new-block-instance Triggers „Neuen Mastersatz speichern" im Detail (zündet wenn der Fokus auf diesen Block gesetzt wird) auf „ja" zu setzen, damit ein expliziter Commit auf den Masterblock erfolgt und damit die LoV der Lookup Tables (ebenfalls Master Tabelle) sofort die neuen Werte enthält. Der Speichervorgang darf jedoch nur dann stattfinden, wenn zuvor neue Daten im Master eingegeben worden sind. Diese Aufgabe fällt der globalen Variable in dem genannten when-create-record Trigger zu. Dieser Trigger zündet auch beim Formstart, was im Grunde wünschenswert ist, da in diesem Stadium alle Blöcke leer und Eingaben möglich sind. Dabei kann allerdings ein Problem auftreten.

When-create-record Trigger auf Blockebene zünden immer dann, sobald ein go_Block in Verbindung mit der Anweisung clear_Block stattfindet. Deshalb zündet der when-create-record Trigger „gV new_Block_instance_bei_create aktivieren" im Masterblock, sobald Sie Enter Query im Detail durchführen, weil der dortige Key-enter-query Trigger „Master löschen" exakt diese Anweisungen enthält. Die globale Variable darf jedoch in dieser Situation keinesfalls auf „ja" gesetzt sein, da damit ein Speichervorgang auf dem Masterblock verbunden ist. Dessen ungeachtet wird durch den key-enter-query Trigger die globale Variable auf „ja" gesetzt und das führt dazu, dass, sobald Sie einen expliziten Blockwechsel hin zum Detail vornehmen (entweder durch Mausklick oder über die Tastatur), der when-new-block Instanze Trigger des Details zündet und infolge der auf „ja" gesetzten globalen Variablen ein commit auf den Masterblock erfolgt. Da aber keinerlei Änderungen vorliegen, erscheint die Meldung „no data found".

Sie unterbinden dieses Fehlverhalten am einfachsten dadurch, indem Sie im Detailblock einen Post-Query Trigger erzeugen und dort die globale Variable auf „nein" setzen (Name. gV new-Block-instance_bei_create_deaktivieren. Ein Wechsel zwischen Master- und Detailblock bereitet jetzt keine Schwierigkeiten mehr. Sie dürfen auch nicht die Option übersehen was geschehen soll sobald, nachdem der Anwender im Master einen neuen Satz eingefügt und diesen explizit abspeichert. Damit kein unerwartetes Verhalten auftritt, definiere ich analog zum Post-Query Trigger einen key-commit Trigger auf Applikationsebene und setzte darin die globale Variable erneut auf „nein".

Die hier gezeigte Lösung ist sicherlich nicht die einzig mögliche. Sie haben aber die vielfältigen Möglichkeiten der Triggerprogrammierung ein wenig kennen gelernt und dass sie sich sowohl ergänzen als auch gegenseitig behindern können. Durch geschicktes Programmieren lässt sich das jedoch verhindern.

7.3.10 Die Steuerung des Detail-FK Items

Die Verwendung einer Lookup Table ist nicht notwendig, wenn nur die FK-Spalte angezeigt und eine entsprechende LoV zur Verfügung stehen soll. Ich habe dennoch die Implementierung einer solchen Tabelle vorgenommen, da es in der späteren Anwendung (INV_BEST) nicht befriedigend ist, nur die FK-Spalte darzustellen.

Diese Information ist für den Anwender irrelevant und deshalb nicht ausreichend. Ich muss deshalb auch den Namen des Feststellschreibens mit angeben und benötige deshalb die Lookup Tabelle.

Noch ein wichtiger Hinweis: Die Fremdschlüsselspalte im Detailblock DETA_MAST_ID darf niemals ausgeblendet werden, denn sie repräsentiert den Kern der gesamten Join-Programmierung. Legen Sie im Forms Builder für sie eine Breite von 0 fest (Attributpalette FK-Item, Knoten physikalisch: sichtbar ja, Breite 0) und legen Sie für das Item dieselbe Hintergrundfarbe fest, wie für das zugrundeliegende Canvas der Anwendung.

7.3.11 Domänen in Popliste und Wert-Eintrag in die Tabelle

Bei der Benutzung von Domänen haben Sie die Möglichkeit, individuell zu definieren, welche Werte dem Anwender als Popliste zur Auswahl angezeigt und in der Anwendung ausgegeben, und welche in die Datenbank Tabelle eingetragen werden. Der Vorteil liegt darin, dass Sie für die Anwender sprechende Bezeichnungen bereitstellen und datentechnisch platz- und speicherschonende Abkürzungen verwenden. Obwohl Letzteres immer weniger Bedeutung erhält, kann es sich nur positiv auf die Anwender auswirken, wenn Sie entsprechenden Begriffe zur Auswahl vorfinden, und deren Abkürzungen physikalisch gespeichert werden. Dazu ein kleines Beispiel: in der Bestell-Anwendung bietet eine Popliste, bestückt mit Inhalten einer bestimmten Domäne, Mwst.-Sätze zur Auswahl an. In der Dialogansicht der Eigenschaften dieser Domäne liegen für die Mwst. folgende „allowed values" vor (Abbildung 7.50):

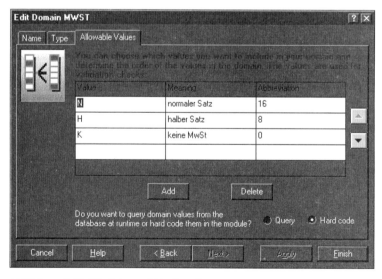

Abbildung 7.50: Wert-Auswahl in Domänen

Die in der Spalte „Value" enthaltenen Eingaben werden explizit in der Datenbank abgespeichert und können so in SQL Bedingungen verarbeitet werden. In der Spalte „Abbreviation" nenne ich „Abkürzungen", die ich hier deshalb in Anführungszeichen angebe, weil diese Werte als Synonyme für die Ausgabe in Forms verwendet werden können. Sie müssen dazu nur in der Eigenschaften-Palette des Items, auf welches die Domöne gelegt ist, im Design Editor (Module) die Eigenschaft „Show Meaning" = Abbreviation angeben. Dadurch werden in der Popliste oder LoV nur diese Werte angegeben.

7.3.12 Modale Dialogfenster erstellen

Modale Dialogfenster sind ein häufig benutztes Werkzeug und finden auch in unserem Projekt gebührende Beachtung. Ich musste dabei die Überlegung anstellen, die notwendige Theorie und die praktische Verwendung entweder getrennt oder kombiniert darzustellen, und entschied mich dafür Letzteres zu tun. Um die spätere Modulentwicklung nicht mit neuer theoretischer Lehre zu unterbrechen, werde ich hier die Dialoge präsentieren und gleichzeitig deren praktische Verwendung im Projekt darlegen. Auf diese Weise entsteht keine Trennung. Der Nachteil ist allerdings, dass ich bereits jetzt auf Komponenten des künftigen Antrags Moduls eingehe, wo ich das modale Dialogfenster verwende, die wir noch nicht gemeinsam erarbeitet haben. Es ist nicht immer ganz einfach, theoretische Grundlagen eingehend zu vermitteln, ohne ein entsprechendes Beispiel heranzuziehen. Ich habe aus dem Grund bereits an mehreren Stellen des Buches auf die End-Module zurückgreifen müssen, um einen adäquaten Bezug zur Wirklichkeit zu schaffen, was aber letztendlich die Zielsetzung und der Vorteil dieses Werkes ist. Ein wesentlicher Bestandteil des gesamten Themas bildet das Template. Im Template wird das Dialogfenster definiert und damit der späteren Anwendung zugänglich gemacht. Das Thema eignet sich deshalb auch sehr gut dafür, um ein weiteres Beispiel für die Verwendung des Templates zu unterbreiten.

In der Anwendung inv_Ant hilft uns das Dialogfenster, die voraussichtlichen Gesamtkosten auf verschiedene Kostenstellen zu verteilen. Nachfolgend werden wir das Fenster erstellen, sodass wir es im späteren Modul Inv_Ant (Kapitel 8) verwenden können. Nach dem Öffnen wird zuerst die Summe der Vorauskosten ermittelt, die bisher an Kostenstellen vergeben wurde und daraus der verbleibende Restbetrag errechnet. Beispiel:

Antrag Nr.	Voraussichtliche Kosten	Kostenstellen	Beträge
1005	5000.-	123	1000.-
		124	1000.-

Tabelle 7.6: Antrag, Kosten und Kostenstellen

Restbetrag: 5000.-DM abzüglich 2000.-DM (2 x 1000.-) = 3000.-DM

Profi Modul Features

Der Restbetrag wird in den Feldern „Restbetrag" und „SummeRest" des Dialogs angezeigt. Ein weiteres Feld (Betrag) sorgt dafür, dass der Anwender der Kostenstelle, die gerade den Fokus besitzt, einen bestimmten Betrag zuweisen kann. Beispiel:

Wert eingeben	Restbetrag	SummeRest
0	3000.-	3000.-
500	2500.-	3000.-
1000.-	2000.-	3000.-

Tabelle 7.7: Items und Beispieldaten des Dialogs

Ein separater Datenblock (Antkos) enthält alle Kostenstellen. Neben jedem Datensatz befindet sich eine Schaltfläche, welche den Dialog zum aktuellen Datensatz öffnet.

7.3.12.1 Modales Dialogfenster definieren

1. Öffnen Sie das Template für die Anwendung. Das Antrags-Modul verwendet ein separates Template (ofgpc1tAntr.fmb).
2. Definieren Sie im Knoten „Fenster" ein neues Window (Name: Akos_Dialog) und im Knoten „Leinwände" ein neues Canvas (Name. Akos_Canvas1).
3. Öffnen Sie die Attributpalette des neuen Fensters und weisen Sie der Eigenschaft: „Primäre Leinwand" im Knoten „Funktional" das Canvas (Akos_Canvas1) zu, indem Sie es dort namentlich nennen.
4. Analog dazu weisen Sie im Anschluss dem Canvas (Akos_Canvas1) in der Eigenschaft „Fenster" im Knoten „Physikalisch" das Fenster (Akos_Dialog) zu.
5. Der Dialog ist fertig und wir können das künftige Layout des Dialogs erarbeiten.
6. Dazu definieren wir einen neuen Datenblock im Template. Name. Akos_Dlitems, der alle notwendigen Elemente des Dialogs wie Eingabefelder, Schaltflächen und Labels für Hinweise enthält. Markieren Sie den Knoten Datenblock und Klicken Sie auf „Erstellen".
7. Im Knoten „Objekte" des neuen Datenblocks nehmen wir die weiteren Definitionen vor. Die Tabelle 7.8 enthält alle Objekte und deren Eigenschaften. Definieren Sie diese einfach der Reihe nach im Template (Knoten „Objekte" markieren und auf die Schaltfläche „create oder „erstellen" klicken, anschließend in der Attributpalette die in der Tabelle 7.8 genannten Eigenschaften festlegen). Dazu ein Hinweis. Der Dialog enthält unter anderem auch Text- und Anzeigeobjekte. Der Unterschied zwischen beiden, wie der Name schon sagt, besteht darin, dass ein Anzeigeobjekt nur für die Ausgabe bestimmt ist und deshalb einige Eigenschaften wie „Aktivieren", Tastatur navigierbar, „Aktualisieren zulässig" nicht verfügbar sind.

Objekt	Eigenschaft
Betrag	Objekttyp: Textobjekt
	Aktiviert: ja
	Tastaturn avigierbar: Ja
	Umriss: Schatten oben
OK	Objekttyp: Schaltfläche
	Aktiviert: ja
	Tastatur navigierbar: Ja
Restbetrag	Objekttyp: Anzeigeobjekt
	Umriss: Schatten oben
Übernahme	Objekttyp: Schaltfläche
	Aktiviert: ja
	Tastatur navigierbar: Ja
SumBetrag	Objekttyp: Anzeigeobjekt
	Umriss: Schatten oben
Abbruch	Objekttyp: Schaltfläche
	Aktiviert: ja
	Tastatur navigierbar: Ja
Hinweis1	Objekttyp: Anzeigeobjekt
	Umriss: keiner

Tabelle 7.8: Die Objekte des Dialogs

Nachdem alle Objekte definiert sind, muss das Layout entsprechend gestaltet werden. Öffnen Sie den Knoten „Leinwände" und markieren Sie die Leinwand „Akos_Canvas1". Per Klick auf die rechte Maustaste erscheint im Kontext die Option „Layout Editor". Öffnen Sie den Editor und gestalten Sie den Dialog wie in der Abbildung 7.51 dargestellt.

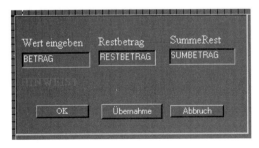

Abbildung 7.51: Layout des Dialogs

Die Labels „Wert eingeben", „Restbetrag", „SummeRest" sind Textobjekte, die entweder direkt im Layout-Editor oder im Knoten „Leinwände" unter Grafiken angelegt werden. Ich bevorzuge dabei den Layout-Editor, mit dessen Unterstützung die richtige Position und Größe schneller ermittelt werden kann.

Detaillierte Funktionsbeschreibung

▶ Der Restbetrag, des aktuellen Antrags wird in dem Textfeld SumBetrag eingetragen.

Voraussichtliche Gesamtkosten	Kostenstellen und zugewiesene Beträge
5000.-	1000.-
	1000.-
SummeRest: 5000 - Summe 2000.- = 3000.- (VK-Differenz)	

Tabelle 7.9: voraussichtliche Kosten und Restbetrag

▶ Abhängig von dem Betrag im Feld „Wert eingeben" entstehen die Beträge im Feld „Restbetrag" wie in Tabelle 7.7 dargestellt.

▶ Ein Klick auf den Button OK übernimmt den festgelegten Betrag in die Datenbanktabelle.

▶ Um den gesamten verbleibenden Restbetrag zu bestimmen, klicken Sie auf „Übernahme".

▶ Der rote Hinweis1 Label gibt eine Warnmeldung aus, sobald der eingegebene Wert den Restbetrag (SummeRest) übersteigt.

▶ Der Klick auf „Abbruch" beendet den Dialog ohne Wertübernahme.

7.3.12.2 Triggerlogik

Als nächsten Schritt implementiere ich nun, zur Abdeckung aller Funktionalitäten, entsprechende Trigger. Betrachten wir zunächst alle Trigger für den Dialog. Die Abbildung 7.52 enthält einen Ausschnitt aus dem Objektnavigator des Templates im Form Builders, mit allen Triggern.

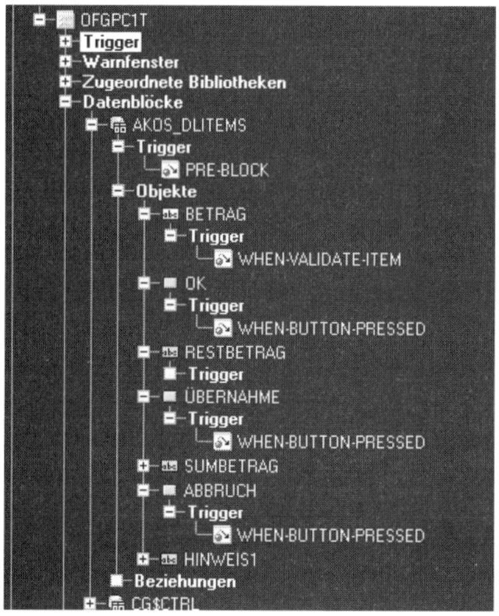

Abbildung 7.52: Trigger des Dialogs im Überblick

Im Modul Inv_Ant entsteht der folgende Dialog (Abbildung 7.53). Die voraussichtlichen Gesamtkosten des vorliegenden Antrags belaufen sich auf 5000.-DM. Die erste Kostenstelle des Antrags (123) ist mit 2000.-DM belegt, für die zweite Kostenstelle (159) verwendet der Anwender den Dialog mit folgenden Eingaben.

Abbildung 7.53: Darstellung des Triggers für die Anwender

Er möchte der Kostenstelle 159 500.-DM zuweisen. Damit ergibt sich ein Restbetrag von 2500.-DM (3000.- abzüglich 500.-). Im Modul Inv_Ant existiert die Schaltfläche VK-Key (unbound Item im Datenblock Antkost), um den Dialog zu öffnen und die Items „Restbetrag" bzw. „SummeRest" zu belegen. Ein *when-button-pressed Trigger* in Inv_Ant (Name des Buttons „KoVert", Triggername: „Kostendifferenz verteilen") führt diese Aufgabe durch.

```
DECLARE
v_gesvk                    NUMBER;
v_betrag_kost_sum          NUMBER;
v_betrag_kost_sum_round    NUMBER;
BEGIN
```

1. show_window('AKOS_DIALOG',4,2);
2. Post;
3. SELECT antr_vk_gesamt INTO v_gesvk FROM antraege
4. WHERE antr_id = :ANTRAEGE.ANTR_ID;
5. SELECT SUM(akos_betrag) INTO v_betrag_kost_sum FROM antkos
6. WHERE akos_antr_id = :ANTRAEGE.ANTR_ID;
7. v_betrag_kost_sum_round := ROUND(v_betrag_kost_sum,2);
8. **:global.Vk_differenz** := v_gesvk - v_betrag_kost_sum_round;
9. :global.akos_betrag := :ANTKOS.AKOS_BETRAG;

```
END;
```

1. Öffnet den Dialog.
2. Simuliert ein Commit für alle aktuellen Datensatzmanipulationen. D.h. ein explizites Commit auf der physikalischen Datenbankebene findet noch nicht statt. Aus der Sicht des Clients befinden sich alle Daten daraufhin aber in Tabellen. Der Vorteil liegt darin, dass jetzt gewöhnliche Select Statements auf die entsprechende Tabelle möglich sind, auch wenn Daten noch nicht explizit gespeichert sind.

3. Ermittelt die voraussichtlichen Gesamtkosten (Sollkosten) des aktuellen Antrags.
4. Durch Verwendung des Punktoperators :ANTRAEGE.ANTR_ID, wird der aktuelle Antrag selektiert.
5. Ermittelt die Summe der bisher an Kostenstellen des aktuellen Antrags zugewiesenen Beträge.
6. Analog zu 4.
7. Die Summe von 10. muss gerundet werden, falls es sich um periodische Beträge wie 2000,66 DM usw. handelt, damit die gesamten VK rückwirkend neu berechnet werden können.
8. Die Differenz aus den VK gesamt und der Summe der bisherigen Kostenstellen Beträge (Zeile 12) wird einer globalen Variable zugewiesen, und kann damit dem Dialog im Template übergeben werden. Bei der Generierung werden die definierten Elemente des Templates und das Modul im Designer zu einer Forms-Anwendung zusammengefasst. Damit sind alle globalen Variablen, die ich im Designer definiert habe innerhalb sämtlicher Objekte, die sich im Template befinden, bekannt.
9. Notwendig für die Schaltfläche Übernahme im Dialog (S.292). Der globalen Variable wird der aktuelle Betrag aus Antkos zu einer Kostenstelle übergeben.

Jetzt stehen alle Informationen zur weiteren Verarbeitung im Dialog zur Verfügung. Betrachten wir die dortigen Trigger der Reihe nach. Die globalen Variablen, belegt im when-button-pressed-Trigger „Kostendifferenz verteilen", werden über einen pre-block Trigger im Knoten „Datenblöcke" im Block Akos_Dlitems abgefragt und dem Dialogitems übergeben.

1. :AKOS_DLITEMS.RESTBETRAG := :global.Vk_differenz;
2. :AKOS_DLITEMS.SUMBETRAG := :global.Vk_differenz;
3. :AKOS_DLITEMS.BETRAG := 0;
4. :AKOS_DLITEMS.HINWEIS1 := ' ';

1. Das Dialogfeld :AKOS_DLITEMS.RESTBETRAG wird mit der Kostendifferenz belegt. Die globale Variable ist nach der Generierung in der gesamten Anwendung, und damit auch in den Template Objekten die sich darin befinden, bekannt.
2. Das Dialogfeld :AKOS_DLITEMS.SUMBETRAG wird analog belegt.
3. Das Feld für den manuellen Betrag „Wert eingeben" wird auf 0.- gesetzt.
4. Der Hinweis-Label muss „geleert" werden, da mit wiederholtem Aufruf des Dialogs eventuell ein Eintrag vorliegt, der auch nach dem Schließen des Dialogs nicht gelöscht wird, solange die Anwendung offen ist. Dieser Eintrag ist aber nur für eine spezielle Situation erforderlich, nämlich dann, sobald der Anwender unmittelbar nachdem er einen manuellen Betrag eingab, der höher als die Vk-differenz ist, den Dialog schließt (Klick auf „Abbruch") und damit der Hinweis1 Text ausgegeben wird, versucht, den Dialog erneut zu öffnen (Klick auf VK-Key (Kovert) in Antkos). In diesem Fall würde erneut der Hinweis erscheinen, da der String nach wie vor dem Dialogfeld zugewiesen worden ist. Deshalb ist er vor jedem neuen Öffnen (Pre-Block) explizit zu „leeren".

Durch die Eingabe eines Betrags in das Feld „Wert eingeben" (Objekt „Betrag") zündet ein when-validate-item Trigger. Damit erfolgt bei Return sofort die entsprechende Angleichung, ohne dass der Dialog geschlossen oder der Betrag der Kostenstelle zugewiesen wird. Der Anwender hat damit eine Kontrollmöglichkeit bevor er den Dialog schließt. Inhalt:

```
:AKOS_DLITEMS.RESTBETRAG := :global.vk_differenz -
:AKOS_DLITEMS.BETRAG;
:AKOS_DLITEMS.SUMBETRAG := :AKOS_DLITEMS.RESTBETRAG +
:AKOS_DLITEMS.BETRAG;
```

▶ Die globale Variable vk_differenz wird um den aktuellen Betrag vermindert und der Rest im Items. Restbetrag dargestellt.

▶ Das Feld SumBetrag erhält die Summe des Restbetrags und des aktuellen Betrags und ergibt somit stets die ursprüngliche vk_differenz.

Durch Klick auf die Schaltfläche OK wird der aktuelle Betrag an die Kostenstelle übergeben und überprüft, ob der Wert kleiner gleich der VK- Differenz ist (when-button-pressed Trigger).

DECLARE

v_akos_dlitems_betrag	number;
v_text	varchar2(50);
v_text2	varchar2(50);

BEGIN

1. v_akos_dlitems_betrag := :AKOS_DLITEMS.BETRAG;
2. v_text := '   Budget überschritten, Betrag reduziert';
3. v_text2:= ' ';
4. if v_akos_dlitems_betrag > :global.vk_differenz then
5. :AKOS_DLITEMS.HINWEIS1 := v_text;
6. v_akos_dlitems_betrag := :global.vk_differenz;
7. :AKOS_DLITEMS.BETRAG := :global.vk_differenz;
8. :AKOS_DLITEMS.RESTBETRAG := :global.vk_differenz - :AKOS_DLITEMS.BETRAG;
9. else
10. :global.Akos_Zuschlag := :AKOS_DLITEMS.BETRAG;
11. :AKOS_DLITEMS.HINWEIS1 := v_text2;
12. go_Block('ANTKOS');
13. end if;
14. END;

Erläuterungen:

1. Betrag von „Wert eingeben" wird einer Variablen zugewiesen.
2. Text dafür, falls dieser Betrag größer bzw. gleich der vk_differenz ist.
3. Leerer String um den Hinweis Text zu überschreiben.
4. Bedingung die prüft, ob die aktuelle Eingabe größer ist als die vk_differenz. Beispiel: Manuelle Eingabe 500.-DM, SummeRest 3000.-DM, Bedingung falsch, Bei einer Eingabe größer 3000.-DM ist sie wahr.
5. Ausgabe des Hinweistextes.
6. Automatisches Zuweisen des Differenzbetrages, da dies der größtmöglich zu vergebende Wert ist.
7. Dem Eingabefeld („Wert eingeben") im Dialog denselben Betrag zuweisen.
8. Den Restbetrag (SummeRest) ermitteln. Dieser beträgt nun exakt 0.-, da dem Betragsfeld (12) und dem Eingabefeld die vk_differenz zugewiesen wurde. Die Subtraktion von beiden ergibt damit 0.
9. Else Tel.
10. Die Variable :global.Akos_Zuschlag erhält den aktuellen Betrag, da er bereits auf seine Richtigkeit hin geprüft ist. Diese Variable weist den Betrag der aktuellen Kostenstelle in Antkos zu. Sie muss damit in Inv_Antrag bekannt sein.
11. Der Hinweisstring wird geleert. Das ist nicht unbedingt erforderlich. Der Eintrag im pre-Block Trigger dürfte im Grunde ausreichend sein.
12. Der Dialog wird geschlossen, indem der Fokus auf einen anderen Block gesetzt wird.

Stellen wir uns ein weiteres Szenario vor. Der Anwender möchte die Kosten über den Dialog verteilen. Aufgrund der vorliegenden Zahlen kommt er jedoch zu dem Ergebnis, dass es am zweckmäßigsten ist, die gesamte vk_differenz einer Kostenstelle zuzuschlagen. Dazu ist die Schaltfläche „Übernahme" vorhanden. Unabhängig davon, welcher Betrag bereits eingetragen wurde (in das Betragsfeld), wird er durch die vk_differenz ersetzt, der aktuellen Kostenstelle zugewiesen und der Dialog geschlossen. Der when-button-pressed Trigger der Schaltfläche enthält folgenden Code:

```
DECLARE
v_betrag      number;
v_differenz   number;
v_summe       number;
BEGIN
if :global.akos_betrag is null then
 v_betrag := 0;
else
 v_betrag := :global.akos_betrag;
end if;
 v_differenz := :global.vk_differenz;
 :global.Akos_Zuschlag :=  v_differenz + v_betrag;
 go_Block('ANTKOS');
 :System.Message_Level := '0';
END;
```

▶ Mit NULL belegte Variablen können für keinerlei arithmetische Operationen verwendet werden. Die Bedingung prüft diesen Fall. Trifft er zu, wird sie mit 0 belegt. Sie ist stets dann wahr, wenn der Anwender den Dialog öffnet und, ohne einen Betrag eingegeben zu haben, auf die Schaltfläche „Übernahme" klickt.

▶ Ist der Betrag nicht NULL, wird die Variable v_betrag mit der aktuellen Vk_differenz belegt.

▶ Die globalen Variable :global.Akos_Zuschlag erhält unmittelbar die v_differenz addiert um denn v_betrag. Damit wird in der Kostenstelle entweder der bereits vorhandene Eintrag in Antkos um die restlichen voraussichtlichen Kosten erhöht, die damit gedeckt sind, oder falls kein aktueller Betrag existiert die restlichen VK alleinig zugewiesen, was die voraussichtlichen Gesamtkosten ebenfalls deckt.

Am Ende der Dialogentwicklung steht schließlich noch die Schaltfläche „Abbruch". Sie ist denkbar einfach gestaltet und schließt den Vorgang ohne Betragszuweisung. Durch die Eingabe: go_Block('ANTKOS'); Antkos ist der Kostenstellen-Datenblock.

Verarbeitung der Betragsangabe im Antrag

Die globale Variable :global.Akos_Zuschlag wird im Template definiert und mit 0 initialisiert. Ebenso wie die Variable Vk_differenz im Designer definiert und im Template angesprochen werden kann, kann der umgekehrte Weg eingeschlagen werden. :global.Akos_Zuschlag wird in einem when-new-instance Trigger im Knoten Trigger des Templates definiert und kann in der generierten Form Anwendung überall im Antrag angesprochen werden. Dort existiert ein weiterer pre-block Trigger (Name: „Eingabe von TempAkosDialog übernehmen") in der Modulkomponente Antkos in Inv_Ant.

IF :global.Akos_Zuschlag > 0 THEN

1. :ANTKOS.AKOS_BETRAG := :global.Akos_Zuschlag;
2. :global.Akos_Zuschlag := 0;

END IF;

1. Die Bedingung prüft, ob die Variable belegt ist.
2. Falls ja, wird sie der aktuellen Kostenstelle zugewiesen.
3. Abschließend zurücksetzen auf 0.

7.3.13 Restriktive LoV erzeugen

Unter restriktiven LoVs versteht man die Einschränkung bzw. Reduzierung der gesichteten Datenliste um den zuletzt selektieren Wert aus der Liste beim Speichervorgang der Anwendung. Das kann sich als sehr nützlich erweisen, wenn Sie verhindern möchten, dass ein Anwender dieselben Daten zweimal aus der Liste, beispielsweise dasselbe Produkt innerhalb eines Bestellvorgangs, auswählt und damit die gleichen Daten doppelt vergibt. Ich stelle Ihnen dazu mehrere Beispiele vor, denn das Thema ist nicht ganz einfach.

Den Kern bildet die geschickte Kombination des Operators exists bzw. not exists in Verbindung mit synchronisierten Sub-Selects. Geschachtelte SQL-Anweidungen werden bei der Verwendung von exists auf TRUE gesetzt, sobald die darin festgelegten Kriterien zutreffen. Der Operator „not exists" gibt für jede Bedingung, die TRUE ist, FALSE zurück. Der where-clause der Subquery wird damit als falsch interpretiert und SQL verhält sich entsprechend, indem sie für diese Bedingung kein Ergebnis liefert. Damit können TRUE-VALUES, Werte, die sich in der Ergebnismenge befinden, ausgenommen werden. Indem die Subquery nur noch TRUE od. FALSE als Ergebnis liefert, ist es unerheblich, welche Kriterien im Select Befehl angegeben werden. Denkbar sind deshalb Angaben wie Select NULL from oder Select 1 from in der Subquery. Beginnen wir mit einem einfachen Beispiel. Ich benutze dazu die Tabelle „Geräte" aus dem Kapitel 5.13.6.

Beispiel 1:

```
SELECT Gera_ID, Gera_Name
from geraete
where exists( select gera_id from geraete where Gera_id = 5);
```

Ergebnis:

GERA_ID	GERA_NAME
4	Bildschirm
5	Drucker
6	Scanner
7	Software
8	<leer>

Es werden alle Daten ausgegeben, die diese Tabelle enthält. Verantwortlich dafür ist die where-Bedingung, die hier für jede gefundene Zeile der Tabelle wahr ist. Die Abbildung 7.56 zeigt Ihnen weshalb:

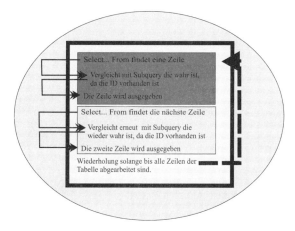

Abbildung 7.54: exists in einfachem Subselect

Würde man anstelle von „exists", „not exists" verwenden, entsteht die Meldung: „Es werden keine Zeilen ausgegeben", denn jetzt ist das Ergebnis der Subquery zuerst noch wahr, durch NOT EXISTS wird es aber auf FALSE gesetzt. Das Ergebnis ist, dass keine Zeilen ausgegeben werden, da für jede gefundene Zeile die where-Spezifikation nicht zutrifft. Durch den Opertor exists kann where nur noch zwei Zustände annehmen. Die Bedingung macht damit wenig Sinn. Interessant wird sie erst dann, sobald eine Abhängigkeit zum Select selbst hergestellt, sprich eine synchronisierte Subquery verwendet, und damit eine Dynamisierung der Subquery erreicht wird. Die Dynamisierung der inneren Query ermöglicht einen Wechsel von TRUE und FALSE. Die where-Bedingung kann in einem Fall TRUE, in einem anderen FALSE zurückgeben. Versuchen wir ein etwas komplexeres Beispiel.

Annahme: Es existieren folgende Anträge und Gegenstände (Anträge (1), Gegenstände (N)). Die Ausgabe erreiche ich durch einen gewöhnlichen Master-Detail Join. Bei den Eintragungen in der Spalte GEGE_GERA_ID handelt es sich um FK-Werte aus der Tabelle „Geräte" deren Werte ich zuvor bereits offengelegt habe. Sie ist, wie aus dem ER-Modell des Projekts bereits bestens bekannt, mit der Tabelle „Gegenstand" durch einen Join verknüpft. (Geräte (1), Gegenstände (N)).

ANTR_ANTRAGSNUMMER	ANTR_ID	GEGE_GERA_ID	GEGE_ANTR_ID
1000	95	5	95
1000	95	7	95
2000	97	6	97
2000	97	7	97
1000	95	4	95

Das nächste Statement liefert zuerst alle Anträge, die einen bestimmten Gegenstand enthalten. Es handelt sich dabei wieder um einen gewöhnlichen Master-Detail Join mit der Einschränkung, den Gegenstand mit der ID 6 auszugeben.

Beispiel 2:
```
Select antr_antragsnummer from antraege, gegenstaende where gege_antr_id = antr_id and gege_gera_id = 6;
```
Ausgabe:
ANTR_ANTRAGSNUMMER

              2000

Sobald wird das Statement als Subquery in Verbindung mit exists einsetzen, wird stets dieses Ergebnis erscheinen, solange der Antrag mit der Nummer 2000 vorliegt. Bei der Verwendung als synchronisierte Subquery müssen die einzelnen Tabellen nicht mehr angegeben werden, wenn das bereits in der äußeren Query geschehen ist. Zur besseren Orientierung gebe ich noch einige weitere Spalten an.

Beispiel 3:
```
SELECT Antr_Antragsnummer, Antr_Datum, Gege_Gera_ID, Gege_Vorauskosten
FROM Antraege, Gegenstaende
where  gege_antr_id = antr_id and  not exists (select null from gegenstaende where gege_antr_id = antr_id and gege_gera_id = 6)
```

▶ Das ist der Join zwischen Anträge und Gegenstände

▶ Derselbe Join ist selbstverständlich auch in der Subquery erforderlich, denn es handelt sich nach wie vor um eine eigenständige Abfrage.

Synchronisierte Subquerys führen zuerst die äußeren Querys aus und geben die ermittelte ID an die inneren Querys weiter. Im vorliegenden Beispiel ist das die antr_id. Die Tabelle „Anträge" ist Bestandteil der äußeren Query. Infolge der Benennung der antr_id auch in der inneren Query erfolgt die Übergabe des gefundenen Wertes der äußeren antr_id an sie. Die dortigen Abfragen werden demnach von Werten der äußeren gesteuert. Sie ist dynamisch. Liefert die äußere Query die antr_id des Antrages mit der Nummer 1000, kann die innere keinen Gegenstand mit der gege_gera_id 6 finden. Die innere Query wird auf FALSE gesetzt und der exists Operator setzt TRUE an dessen Stelle und der, in der äußeren Query, gefundene Tabelleninhalt wird ausgegeben. Tritt dagegen die antr_id mit der Antragsnummer 2000 in Erscheinung, wird die innere Query auf FALSE gesetzt, da die gege_gera_id = 6 jetzt gefunden wird. Alle Anträge mit der Nummer 2000 werden deshalb nicht mehr ausgegeben. Wir erhalten das folgende Ergebnis:

ANTR_ANTRAGS-NUMMER	ANTR_DAT	GEGE_GERA_ID	GEGE_VORAUSKOSTEN
1000	18.05.00	5	50
1000	18.05.00	7	50
1000	18.05.00	4	100

Wir kommen damit wieder zum Projekt. Sowohl im Antrag als auch in der Anwendung der Bestellung sind mehrere Lookup-Tables enthalten, deren Inhalte durch entsprechende List of Values (LoV) zugeordnet werden können. Die Geräte des Antrags werden letztendlich nicht reduziert, denn ein Antragsteller kann innerhalb eines Antrags mehrere gleiche „Geräte" wie z.B. Drucker, oder auch Software als Gegenstände angeben. Ich werde in dem folgenden Beispiel die Geräte-Liste reduzieren, da sich das Datenmodell an dieser Stelle recht übersichtlich gestaltet. Tatsächlich existieren derartige Reduktionen erst in der Bestellung. Bei der Auswahl der Anträge für eine Bestellpositionen innerhalb einer Bestellung darf jeder Antrag mit einem bestimmten Gegenstand nur einmal selektiert werden. Die notwendige Anzahl, die bestellt werden soll, wird von der Liefermenge bestimmt. Deshalb ist es abwegig, ihn innerhalb derselben Bestellung mehrmals als Position einzutragen. Dasselbe gilt für die Produkte. Jedes Produkt wird innerhalb einer Bestellung auch nur einmal als Position zugeordnet und deren Anzahl von der Liefermenge bestimmt. Diese beiden LoVs werden reduziert. Im Antrag ist das bei den Geräten so nicht möglich. Schließlich kann es sich bei der mehrmaligen Zuordnung des Gerätes „Drucker" um 3 völlig verschiedene Druckertypen handeln, die erst in der Bestellung konkret bestimmt werden. Im 8. Kapitel erfahren Sie alle weitere Details. Geben wir nun das Statement für die Reduzierung der Geräte-Liste an. Das ist auch der Grund, weshalb ich eingangs zunächst ein unsinnig erscheinendes Select-Statement auf diese Tabelle abgesetzt habe. Die Inhalte der Tabelle „Geräte" sind nach wie vor unverändert.

Beispiel 4:

```
SELECT Gera_Name, Gera_ID
FROM Geraete
WHERE not exists(select null from gegenstaende
WHERE Gege_Gera_ID = Gera_ID AND Gera_ID = 6)
```

Die Gera_Id 6 ist im Antrag 2000 enthalten und wird damit aus der Liste entfernt. Das Problem ist hier allerdings, dass, sobald die ID 6 einmal in der Tabelle Gegenstand eingetragen ist, er nicht mehr in der Liste enthalten ist, unabhängig davon, ob er gerade zu dem Antrag gehört, indem man sich gerade befindet. Die Antr_id muss deshalb mit angegeben werden.

GERA_NAME	GERA_ID
Bildschirm	4
Drucker	5
Software	7
<leer>	8
ID 6 nicht mehr enthalten	

Enthält die Tabelle „Geräte" Daten, die keinem Gegenstand zugeordnet sind (wie Gera_id = 8), werden diese stets mit ausgegeben, auch wenn die Bedingung konkret so wie oben auf diesen Wert verweist (Gera_id = 8). Da ohne Zuordnung zum Gegenstand auch kein entsprechender FK-Wert in der Tabelle „Gegenstände" existiert, wird die Subquery an der Stelle auf FALSE und durch den „not exists"-Operator auf TRUE gesetzt. Das entsprechende Gerät befindet sich in der Liste.

Im nächsten Beispiel möchte ich mich anstatt auf einzelne Gegenstände auf den gesamten Antrag konzentrieren. Im übrigen bleibt das Statement völlig unverändert. Dadurch ändert sich die Ausgabe erneut. Erinnern wir uns: Die Gege_Gera_id 7 ist dem Antrag 1000 und 2000 zugeordnet. Betrachten wir das nächste Statement:

Beispiel 5:

```
SELECT Gera_Name, Gera_ID
FROM Geraete
WHERE not exists(select null from gegenstaende
WHERE Gege_Gera_ID = Gera_ID AND gege_antr_Id = 97)
```

GERA_NAME	GERA_ID
Bildschirm	4 (Antrag 1000 zugeordnet)
Drucker	5 (Antrag 1000 zugeordnet)
Festplatte	8 (keinem Antrag zugeordnet)

Weshalb befindet sich die Gera_id 7 nicht im Ergebnis, obwohl sie auch dem Antrag mit der ID 95 zugeordnet ist? Die Antwort ist einfach. Sobald die äußere Query die Gera_id des Antrags mit der ID 95 findet, übergibt sie die Gera_id an die

Profi Modul Features 289

innere Query, die damit konkret lautet: Gege_Gera_ID = 7 AND gege_antr_Id = 97. Die ID 97 ist bereits vorgegeben und die Gera_id des Antrags-ID 95 ergibt diese konkrete Aussage. Es ist demnach kein Unterschied zwischen der Geräte ID des Antrags 95 und 97 festzustellen, da sie stets mit der Nummer 97 vorgegeben ist. Tritt die Gera_id des Antrags 97 auf, ergibt sich auch exakt dieselbe Aussage. In beiden Fällen lautet das Endergebnis FALSE. Die ID wird aus der Liste gestrichen.

Wenden wir die Beispiele nun in der „Praxis" an. Wie schon erwähnt, wird die Geräte-Liste des Antrags nicht reduziert. Angenommen Sie möchten dies doch erreichen, dann muss dies wie folgt vorgenommen werden, damit die Reduzierung einwandfrei durchgeführt wird.

Erreicht werden soll, dass die Liste abhängig vom aktuellen Antrag nur jene Geräte offeriert, die noch nicht als Gegenstände zugeordnet worden sind. Dies gelingt nur, wenn Sie das letzte Beispiel verwenden. Durch die Angabe des aktuellen Antrags wird die Reduzierung in der Geräte-Liste sofort vorgenommen, sobald die entsprechende Gege_Gera_id auftritt wie im Beispiel 4. Allerdings spricht auch nichts gegen eine Kombination der letzten beiden Beispiele. Sie sehen, dass meist mehrere Wege zu dem gleichen Ziel führen.

Beispiel 6:

```
select gera_name, gera_id from geraete
where not exists (select null from gegenstaende
   where gege_gera_id = gera_id
     and gege_antr_id = 97
     and gege_gera_id = 6)
```

GERA_NAME	GERA_ID
Bildschirm	4
Drucker	5
Software	7
Festplatte	8

Anstatt konkreter Werte beziehen wir uns auf aktuelle Werte in der Anwendung innerhalb des where-clause der Lookup Table. Damit ergibt sich für das obige Beispiel der folgende Eintrag. (Die Select Anweisung selbst ist nicht notwendig, denn diese ist bereits durch die Gestaltung der Lookup Table festgelegt. Auch das Schlüsselwort „where" ist nicht nötig).

```
not exists(select null from gegenstaende
   WHERE Gege_Gera_ID = Gera_ID AND gege_antr_Id = :ANTRAEGE.ANTR_ID )
```

Die Reduktion aus LoV Listen bereitet in der rudimentären Form jedoch ein Problem, welches auftritt, sobald der Anwender ein Update vornehmen möchte. Bei dem Versuch die LoV zu öffnen, wird das bereits eingetragene Item überprüft. Durch die Reduzierung befindet es sich nicht in der List und es erscheint eine Fehlermeldung. Deshalb muss dafür gesorgt werden, dass der eingetragene Wert des aktuellen Datensatzes sich stets darin befindet. Eine einfache Ergänzung erweist uns diesen Dienst. Verwenden wir dazu das Beispiel 5.

Beispiel 7:

```
SELECT Gera_Name, Gera_ID
FROM Geraete
WHERE not exists(select null from gegenstaende
WHERE Gege_Gera_ID = Gera_ID AND gege_antr_Id = 97)or gera_id = 6
```

GERA_NAME	GERA_ID
Bildschirm	4
Drucker	5
Scanner	wieder in der Liste <= 6
Festplatte	8

Erklärung:

▶ Ergibt die where-Bedingung -WHERE not exists (select null from gegenstaende WHERE Gege_Gera_ID = Gera_ID AND gege_antr_Id = 97)- den Wert FALSE zurück, gilt die OR Anwendung.

▶ or gera_id = 6 bezieht sich auf den aktuellen Wert in der Anwendung und ist, falls er gerade vorliegt, wahr. Er befindet sich damit erneut in der Liste.

Im where-clause der Lookup Tabellenverwendung lautet das Statement somit:

```
not exists(select null from gegenstaende
    WHERE Gege_Gera_ID = Gera_ID AND gege_antr_Id = :ANTRAEGE.ANTR_ID )
or gera_id = :GEGENSTAND.GEGE_GERA_ID
```

7.3.14 Block-Navigierung in Modulen bestimmen

Verschiedene Konstanten, benutzt in der Set_Block_Property Prozedur, können dazu verwendet werden, das Navigieren zwischen Modulblöcken zu steuern. Als Standard können alle Datenblöcke durch die Tasten „STRG+Bild auf" und „STRG+Bild ab" angesteuert werden. Unter Umständen ist es unvorteilhaft, alle Blöcke über diese Tasten anzusteuern, wenn beispielsweise Stacked Canvases vorliegen, die nur beim Klick auf einen entsprechenden Button sichtbar werden und ansonsten während der normalen Bearbeitung im Hintergrund verbleiben. Es empfiehlt sich in solchen Fällen, die Navigation auf diese Blöcke zu unterbinden. Das erleichtert die Benutzung der Anwendung, da der Anwender oftmals nur zwischen dem Haupt-Master- und Detailblock navigieren muss.

Beispiel

Das im 8. Kapitel entwickelte Bestellmodul enthält als Haupt-Masterblock die Tabellenverwendung Bestellungen und als Haupt-Detailblock die Positionen. Dazwischen befinden sich einige Stacked Canvases, die aber nur gelegentlich von Bedeutung sind. Die folgenden Spezifikationen erlauben nur den direkten Sprung von der Bestellkomponente hin zur Positionskomponente und umgekehrt.

Definieren Sie dazu einen Pre_Form Trigger auf Modulebene und fügen Sie den folgenden Code ein:

```
BEGIN
  set_block_property('BESTELLUNGEN', NEXT_NAVIGATION_BLOCK, 'POSITIONEN');
  set_block_property('BESTELLUNGEN', PREVIOUS_NAVIGATION_BLOCK, 'POSITIONEN');
  set_block_property('POSITIONEN', NEXT_NAVIGATION_BLOCK, 'BESTELLUNGEN');
END;
```

Next_Navigation_Block legt den nächsten Block bei Betätigung der Taste „Bild ab", Previous_Navigation_Block den vorherigen Block bei Betätigung der Taste „Bild auf" fest.

Erläuterungen:

▶ Nach dem Block „Bestellungen" soll unmittelbar der Block „Positionen" angesteuert werden (NEXT_NAVIGATION_BLOCK, 'POSITIONEN').

▶ Vor dem Block „Bestellungen" befindet sich ein Stacked Canvas, das jedoch umgangen werden soll. Das übernimmt die Previous_Navigation_Block Konstante (PREVIOUS_NAVIGATION_BLOCK, 'POSITIONEN');

▶ Nach dem Block „Positionen" befindet sich dasselbe Stacked Canvas, das mit der Anweisung NEXT_NAVIGATION_BLOCK, 'BESTELLUNGEN' erneut umgangen wird, in dem unmittelbar der Block „Bestellungen" angesteuert wird.

8 Die Projektmodule

Kommen wir nun zu den Anwendungen. In diesem Kapitel entwickeln Sie fünf Module aufgrund der vorliegenden Anforderungen und Tabellen:

- INV_ANT für die Erfassung aller Anträge und Gegenstände und der voraussichtlichen Gesamtkosten;
- INV_BEST für die Bestelldaten und Istkosten, die aus dem Antrag resultieren;
- INV_HAEND enthält sämtliche Händler, bei denen Bestellungen vorgenommen werden;
- INV_HERPRO enthält alle Hersteller, welche die Händler beliefern, und deren Produkte;
- INV_HAENHERS ordnet jedem Händler alle Lieferanten, sprich Hersteller, zu;
- INV_GERAETE enthält die Liste aller verfügbaren Gegenstände, deren Umfang sich nach der Anzahl der implementierten hwsw_Tabellen richten muss.

Sie erzeugen die Module am effizientesten, wenn Sie sich zwei Applikationssysteme im Design Editor einrichten. Öffnen Sie dazu das Repository: File/New Application und geben Sie jedem System einen eigenen Namen, z.B. Test und Test2. Die erste Applikation enthält das gesamte System. Die zweite die Tabellen aus der „Fremdapplikation", die Sie über das „Sharing" Ihrer eigenen Applikation hinzufügen.

Noch ein Hinweis: Die gesamte Applikation befindet sich in File-Form auf der CD-ROM, die Sie in die erste Applikation einfügen (über ARCHIEVE, mehr darüber auf der CD). Falls es dabei jedoch zu Problemen kommt, was leider nie ganz ausgeschlossen werden kann, habe ich zusätzlich alle Daten- und Prozessmodelle sowie das Funktionshierachiediagramm und sämtliche Module in der Data- und Display-View-Ansicht als Bildschirm-Hardcopy in Tiff-Dateien abgelegt. Dadurch besitzen Sie in jedem Fall eine grafische Grundlage, mit der Sie die Erläuterungen im Buch jederzeit nachvollziehen können. Vor dem eigentlichen Beginn bleibt mir nur noch, Ihnen viel Spaß und ein gutes Gelingen zu wünschen.

8.1 Inv_Ant

Inv_Ant ist das Antragsmodul und stellt den Ausgangspunkt der gesamten Anwendung dar. Zuerst werde ich das Modul mit allen Komponenten erzeugen, um es anschließend mit der entsprechenden Logik auszustatten. Beginnen wir mit der Definition des Moduls. Viel Neues gibt es dazu nicht. Das siebte Kapitel enthält bereits die dazu notwendigen Informationen. Definieren Sie ein neues Modul manuell im Design Editor und legen Sie Forms als Sprache fest. Vergeben Sie die Bezeichnung INV_ANT. Ziehen Sie anschließen das Modul in den freien Bereich neben dem SMN

(Server Model Navigator), um alle notwendigen Tabellenverwendungen zu implementieren. Das gesamte Modul enthält lediglich zwei „unbound Items". Deshalb werden ich darauf erst im Zusammenhang mit den jeweiligen Triggern eingehen. Für alle Modulkomponenten werden die Operationen Insert, Update, Delete festgelegt. Markieren Sie dazu die jeweilige Komponente und öffnen Sie deren Eigenschaften im Dialogmodus. Setzen Sie für alle „Operations" das Häkchen.

8.1.1 Tabellenverwendung Anträge

Wir beginnen mit dem in der Hierarchie liegenden obersten Master, dem Antrag bzw. der SM-Tabelle-Anträge. Übernehmen Sie diese in das noch leere Modul und legen Sie in dem von Oracle angebotenen Dialog alle möglichen Operationen (Delete, Insert, Update, Select) fest. Alle Items der Tabelle werden der Komponente zugeordnet (Selectet Items) und auf Display = yes (Häkchen im Eigenschaftsdialog der Komponente im Register „Items" aktiv) gesetzt, mit Ausnahme des Items Antr_Antragsfrm, das der Komponente nicht zugeordnet wird (Häkchen im Eigenschaftsdialog inaktiv), und des Primary Keys, der zwar zugeordnet wird, jedoch unsichtbar bleibt. Das gilt übrigens für alle Primary Keys und Foreign Keys der verschiedenen Module und Komponenten. Sie sind für den Ablauf und Erhalt aller Funktionalitäten unverzichtbar. Oracle trägt die Fremdschlüsselwerte in die FK-Spalten ebenso wie die IDs in die PK-Spalten ein.

Öffnen Sie die Eigenschaften der Tabellenverwendung ANTRAEGE im Dialogmodus (Edit Modul Component Antraege) und gehen Sie in das Register „Display". Tragen Sie im Textfeld „rows" die Zahl 1 ein, damit nur ein Datensatz und damit alle Items der Komponente nur einmal angezeigt werden.

Bei der Verwendung von Lookups erfolgt die Vergabe der Fremdschlüssel über die LoV. Wählen Sie im Register „Items" (Dialogansicht der Eigenschaften bei der Bestimmung der Tabellenverwendung („Edit Base Table Usage")) alle PK- und FK-Spalten der Tabelle für die Verwendung und legen Sie die Eigenschaft Display = No für sie fest. Verwechseln Sie bitte nicht die Eigenschaften der SM-Tabellen bzw. Tabellenspalten im Knoten Relational Table Definitions mit jenen innerhalb eines Moduls. Sie sind unterschiedlich. Für das Item ANTR_ANTRAGSFRM ist ein eigenes Canvas notwendig, da darin das gescannte Antragsformular gespeichert werden soll. Leider ist es nicht möglich, innerhalb einer Modulkomponente ein einzelnes Item separat in einem eigenen Fenster oder Canvas darzustellen. Windows oder Canvases können nur um Modulkomponenten als Ganzes gelegt werden. Neuere Designer-Versionen bieten hier eventuell komfortablere Features. Bisher muss aber dafür wie folgt verfahren werden. Die Tabelle Antraege muss ein zweites Mal (Komponente Antraege2) in das Modul übernommen werden.

Das Item ANTR_ANTRAGSTYP in der Modulkomponente Anträge muss die Eigenschaft Display Type: Radio Group erhalten (in der Eigenschaftspalette des Items angeben). Aufgrund der Domäne ATYP, die ich nach der Transformation in Kapitel 6.2.1 dieser Spalte zugeordnet habe, wird jetzt die Radio Group entsprechend gestaltet.

Vergeben Sie für das Item ANTR_ABGESCHLOSSEN den Display Typ: Checkbox.

8.1.2 Verwendung Anträge2

Ziehen Sie die SM-Tabelle Antraege ein weiteres Mal in das Modul, sodass sie dort völlig eigenständig eingebunden wird, d.h. ohne Bezug (Relation oder Lookup) zu anderen Komponenten. Wählen Sie im Register (Disp) „Selected Items" nur das Item ANTR_ANTRAGSFRM als sichtbares Item aus und übernehmen Sie erneut die PK-Spalte, wobei letztere nicht sichtbar sein darf (Display = NO). Sie erhalten damit das Modul der Abbildung 8.1. Öffnen Sie auch hier die Eigenschaften der Tabellenverwendung ANTRAEGE im Dialogmodus („Edit Modul Component Antraege") und gehen Sie in das Register „Display". Tragen Sie im Textfeld: „rows" die Zahl 1 ein.

Abbildung 8.1: Inv_AntI

Aus einem Image-Format (Abbildung 5.47) erzeugt der Database Generator ein Long-Row-Datenfeld. Für die Rückseite des Antrags muss, wie ich bereits im fünften Kapitel dargelegt habe, eine eigenständige Tabelle (Antragsfrm2) verwendet werden.

8.1.3 Verwendung Antragsfrm2

Ziehen Sie die SM-Tabelle Antragsfrm2 als Detailverwendung an die Komponente Antraege2. Bewegen Sie diese direkt unterhalb davon, bis eine schwarze Linie erscheint, damit der Key Base Link aufgrund der Relation im ERD erzeugt wird. Im Datenmodell definierte ich einen Unique Key auf die Relation und erzeuge damit eine 1:1-Beziehung zwischen den Tabellen bzw. Komponenten Anträge2 und

Antragsfrm2, da jeder Antrag nur eine Rückseite besitzt. Der Key Base Link ist prinzipiell eine 1:N-Relation, wird aber infolge des Unique Keys entsprechend eingeschränkt. Im Übrigen stimmt die Komponente mit Anträge2 völlig überein. Die Foreign-Key-Spalte ist selbstverständlich analog zum PK auszublenden. Die Anzahl der angezeigten Datensätze muss wieder 1 betragen.

8.1.4 Verwendung Anträge3

Die SM-Tabelle-Anträge enthält das als Bemerkunsspalte definierte Item ANTR_HINWEIS. Auch das wird innerhalb eines eigenständigen Canvases (Stacket Canvases) dargestellt und muss deshalb als eigenständige Modulkomponente definiert werden. Legen Sie als Selected Items die COLUMNS ANTR_ID (Display = No) und ANTR_HINWEIS (Display = Yes) fest und definieren Sie die Komponente als eigenständiges Objekt, gemäß Abbildung 8.3. Anzahl der anzuzeigenden Datensätze ist 1.

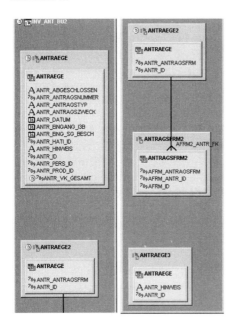

Abbildung 8.2: Inv_AntII

8.1.5 Verwendungen synchronisieren

Zu jedem Antrag muss in der Komponente Anträge2 der dazugehörende Antrag zugeordnet werden. Markieren Sie dazu die Tabellenverwendung Antraege in der Modulkomponente Anträge2, öffnen Sie die Eigenschaftspalette und geben Sie in der Eigenschaft „where clause of query" folgenden Code ein:

▷ ANTRAEGE2.ANTR_ID = :ANTRAEGE.ANTR_ID

Jede ID in Anträge2 muss der aktuellen ID in der Komponente Anträge entsprechen. Achten Sie bitte stets darauf, dass alle Items, Komponenten und Module dieselben Bezeichnungen wie im Buch erhalten, damit alle programmatischen Eingaben reibungslos ablaufen können. Die Komponente Antragsfrm2 muss analog dazu denselben Eintrag erhalten. Sie ist zwar durch die Relation mit Anträge2 verknüpft, die Vorgabe, welcher Datensatz vorliegt, liefert nach wie vor die Komponente Anträge. Öffnen Sie die Eigenschaftspalette der Tabellenverwendung Antragsfrm (Komponente Antragsfrm2) und geben Sie im where clause den Code ein:

- ANTRAGSFRM2.AFRM_ANTR_ID = :ANTRAEGE.ANTR_ID
- Analog dazu geben Sie in der Tabellenverwendung Antraege der Modulkomponente Antraege3 ein:
- ANTRAEGE3.ANTR_ID = :ANTRAEGE.ANTR_ID

8.1.6 Lookup-Table-Verwendungen in Anträge

Die Tabellenverwendung Anträge benötigt drei Lookuptables, die unter anderem die Produktkennzahl, den Haushaltstitel und den Antragssteller enthalten. Letzteres ist dabei eine etwas komplexere Verwendung, die sich aus einer Lookup-View zusammensetzt. Mehr darüber später. Beginnen wir zuerst mit den einfacheren Spezifikationen. Ziehen Sie die SM-Tabelle Hati (shared Table aus Fremdapplikation). Alle Tabellen bzw. Entitäten aus Fremdapplikationen stellen durch Synonyme ihre Inhalte zur Verfügung (Kapitel 5.12.3). Vergewissern Sie sich, dass alle Fremdtabellen und Entitäten, falls Sie entsprechend vorgegangen sind und zwei Applikationen erzeugt haben, durch „sharing" und Synonyme in Ihrer aktuellen Applikation verfügbar sind. Bei der Generierung der Tabelle Antraege werden aufgrund der festgelegten Relationen im ER-Modell alle notwendigen FK-Spalten auch für fremde Tabellen definiert. Ich gehe davon aus, dass alle SM-Tabellen (Kost, Prod, Hati) aus der Fremdapplikation über entsprechende Synonyme und Rechte ihre Daten ausgeben können und die Entitäten im Design-editor vorliegen. Die View für den Antragssteller (Ant_Pers_Info) müssen wir erst noch anfertigen. Aufgrund der „Nähe" zu der Tabelle Person (Pers) habe ich sie ebenfalls wie Hati, Prod, Kost in der Fremdapplikation unter einer anderen Kennung (acu_Prod, Kapitel 5.12.4.) entworfen und muss sie demzufolge durch „sharing" und Synonyme in die aktuelle Anwendung übernehmen. Der Begriff „andere Kennung" bedeutet für unser Projekt, dass sowohl zwei Entwicklungsumgebungen als auch physikalische DB-Umgebungen existieren und damit Synonyme erforderlich sind. Sie ermöglichen erst, dass der Zugriff auf die Tabellen in der physikalischen Fremd-Datenbank und deren Inhalt erfolgen kann. Sie integrieren die Objekte des Designers aus der Fremden Entwicklungsumgebung über das „Sharing" (SM-Tabellen und Entitäten) und ermöglichen den physikalischen Zugriff über Synonyme. Das „Table-sharing" gestattet es, Objekte aus anderen Applikationen innerhalb der eigenen ER- und SM-Diagramme zu verwenden und mit eigenen Objekten, wie Tabellen oder Modulen, zu verknüpfen. Mit Hilfe eines Synonyms können wir die vorhandenen Daten der Tabellen innerhalb der eigenen Applikation zugänglich machen und damit arbeiten. Der Kreis schließt sich. Fügen wir die Tabellen HATI, PROD in unser Modul ein:

▶ Markieren Sie die Tabellenverwendung PROD im Knoten Relational Table Definitions des Design-Editors und ziehen Sie die Komponente rechts neben die Tabellenverwendung Antraege. Legen Sie als kreierte Lookup Items neben der Prod_ID das Item Prod_Key fest. Entfernen Sie die ID aus der LoV und fügen Sie im Gegenzug die Spalte Prod_Key der Liste hinzu. Setzen Sie im Register Items (Dialogansicht der Eigenschaften des Lookups) das Häkchen für die Spalte Prod_Key oder in der Palette Display = Yes.

▶ Analog dazu verfahren Sie mit der Tabelle HATI. Legen Sie für die LoV die Spalten Hati_Titel, Hati_Untertitel und Hati_Zweck fest und lassen Sie beide Items in der Anwendung erscheinen. Die Abbildung 8.4 zeigt die Modulkomponente Antraege und alle Lookups. Ich habe der Einfachheit halber bereits jetzt die Lookup View Pers_Info eingefügt, obwohl sie bisher nicht vorhanden war.

Die View Pers_Info

▶ Leider muss ich diese View ein wenig reduzieren. Sonst wird sie etwas zu komplex. Außerdem verfügen wir nicht über alle Tabellen im ERD. Aber das tut nichts zur Sache. Damit die View gemäß ihrer Bestimmung als Lookup Table verwendet werden kann, muss sie einen PK enthalten, der zum FK der Basetable kompatibel ist. In der View liegt die PERS_ID selbst nicht vor. Die einzige Spalte, die Bezug dazu besitzt, ist die FK-Spalte SPER_PERS_ID. Als FK-Spalte kann die ANTR_PERS_ID verwendet werden, deren Bezug (von den Keys aus betrachtet) zueinander kompatibel ist. Obwohl es sich dabei um keine eindeutige Spalte handelt, ist das nicht weiter relevant. Wichtig ist die Spalte nur für den Bezug. Wie bereits festgestellt selektiert Oracle auf die angezeigten kreierten Lookup Items und die sind eindeutig. Es wäre aber dennoch besser, Sie würden eine eindeutige ID als PK verwenden. Dann müssen Sie allerdings eine neue FK-Spalte definieren, die z.B. auf die Sper_id verweist (unterstes Detail). Betrachten Sie dazu bitte das „Datenmodell" auf der CD-ROM. Der Code (PERS_INFO) und nähere Informationen dazu befinden sich auch auf der CD. Nachdem die View implementiert und generiert ist sowie die PK-FK-Beziehung zur Basetable hergestellt wurde, binden wir die View in das Modul ein. Damit sind alle Lookuptables zur Komponente Antraege eingefügt (Abbildung 8.4). Sie müssen jedoch beachten, dass Oracle, wenn Sie die Items im Lookup bestimmen, Namen dafür festlegt, die so in den diversen Triggern nicht existieren. Markieren Sie deshalb im Knoten Table Usage der Modulkomponente die Lookup-Verwendung und öffnen Sie die Eigenschaften in der Dialogansicht. Klicken Sie auf das Register „Item Names" und legen Sie die Namen wie in der folgenden Tabelle beschrieben fest. Vergleichen Sie stets alle Lookup-Table-Verwendungen mit den vorgegebenen Lösungen auf der CD. Alle erzeugten Spalten sollten wie in Tabelle 8.1 dargestellt implementiert werden.

Inv_Ant 299

Ev. Bound Items in der Lookup-Verwendung	Vergebene Namen
Antr_pers_info_sper_id	sper_id
Antr_pers_info_stei_kost_id	stei_kost_id
Antr_pers_info_pers_nachname	pers_nachname
Antr_pers_info_pers_vorname	pers_vorname
Antr_pers_info_raum_zi_nr	raum_zi_nr
Antr_pers_info_wstb_abk	wstb_abk

Tabelle 8.1: Lookup Items von Pers_Info

▶ Die Bound Items werden von Oracle bei der Spezifizierung bestimmt. Die „vergebenen Namen" werden von Ihnen festgelegt und in der Form auch in Triggern und Routinen angesprochen.

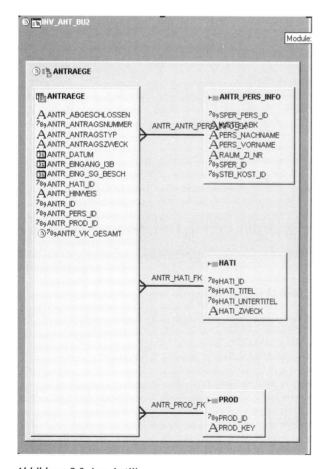

Abbildung 8.3: Inv_AntIII

8.1.7 Detail-Tabellenverwendungen

Das Modul enthält drei Detailkomponenten: Gegenstaende, Antkos und Firmenauftraege. Jede besitzt eine Lookup-Tabellenverwendung. Bestimmen wir zunächst die Tabellenverwendungen. Ziehen Sie die Verwendung unterhalb der Modulkomponente Antraege, so dass eine schwarze gestrichelte Linie entsteht. Lassen Sie die Maus los. Der Designer übernimmt, nachdem Sie die einzelnen Items spezifiziert haben, die Tabelle als neue Komponente in das Modul und stellt die Master-Detail-Relation durch einen Key-Base-Link her.

Gegenstaende

Alle Spalten der SM-Tabelle werden der Verwendung zugeordnet. Sichtbar verbleiben die Items Gege_Menge und Gege_Posten. Anzahl der Datensätze ist z.B. 6.

Antkos

Anzahl der Datensätze ist 3.

- Alle Items übernehmen.
- Sichtbar: Akos_Betrag

Firmenauftraege

Anzahl der Datensätze ist wieder 3.

- Alle Items übernehmen.
- Sichtbar: keine Spalte, weil es sich dabei ausschließlich um FK-Spalten handelt. Die Firma wird über eine Lookup Table dargestellt.

8.1.8 Lookup-Table-Verwendungen in Detailkomponenten

Der Verwendung Gegenstände benötigt die Lookup Table Geraete, die eine Liste aller verfügbaren Gegenstände enthält.

- Create Lookup Items: Gera_ID und Gera_Name
- Sichtbar in der Anwendung: Gera_Name
- Jetzt erzeugen wir eine restriktive LoV, damit jeder Gegenstand aus der Liste für einen bestimmten Antrag nur einmal gewählt werden kann. Der Code ist bereits bekannt. Wir haben ihn gemeinsam in Kapitel 7.3.13 erstellt. Bitte fügen Sie den folgenden Code in der Eigenschaft: „Lookup Validation Where Clause" (Ansicht Palette) des Lookup Table Geraete ein.

```
not exists(select null from gegenstaende
    WHERE Gege_Gera_ID = Gera_ID AND gege_antr_Id = :ANTRAEGE.ANTR_ID )
or gera_id = :GEGENSTAND.GEGE_GERA_ID
```

- Die Verwendung Antkos benötigt Kost als Lookup, da damit der Anwender manuell Kostenstellen einem bestimmten Teil der voraussichtlichen Gesamtkosten zuweisen kann.

- Create Lookup Items: Kost_ID und Kost_Key
- Sichtbar in der Anwendung: Kost_Key
- Die Verwendung Firmenauftraege benötigt die SM-Tabelle Firmen als Lookup, um bereits im Antrag mehrere mögliche Bestellfirmen angeben zu können.
- Create Lookup Items: Firm_ID und Firm_Name
- Sichtbar in der Anwendung: Firm_Name
- Abbildung 8.5 zeigt alle Detailtabellen und Lookups. Abbildung 8.6 zeigt die Display View mit allen sichtbaren Items. Vergleichen Sie diese mit Ihren bisherigen Einstellungen.

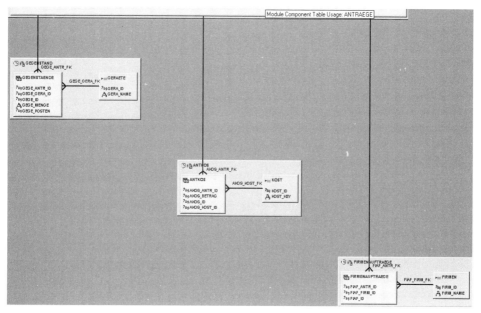

Abbildung 8.4: Inv_AntIV

8.1.9 Die Display View des Moduls

Das Modul wird mit 3 Windows, 3 Content- und einem Stacket-Canvas ausgestattet. Wechseln Sie in die Display-View-Ansicht. Der Designer vergibt eventuell andere Namen für die verschiedenen Objekte als ich verwendet habe. Dann können unter Umständen einige Fehlermeldung beim Generieren der Module entstehen, wenn gewisse Programmelemente auf diese Objekte zugreifen und die Übereinstimmung fehlt. Sie müssen dann, am besten in Forms, das Modul erneut KOMPILIEREN (IM MENÜ DES FORM BUILDERS PROGRAMM/KOMPILIEREN/ALLES), und sich die Fehler durch Klick auf die Schaltfläche „Fehler" aus dem entstandenen Dialog anzeigen lassen. Der Code Editor öffnet sich von selbst und Sie können die korrekte Bezeichnung des Objekts eintragen. Alle verwendbaren Objekte in Forms werden im Navigator dargestellt. Dort können Sie nach den richtigen Bezeichnungen z.B. in dem Knoten „Fenster" oder „Windows" suchen. Die Titel werden direkt von den Namen der Modulkomponente abgeleitet und können unabhängig davon vergeben werden. Ordnen Sie die Komponenten, die sich alle im ersten Window befinden müssen, in der nachstehenden Reihenfolge an: ANTRAG, GEGENSTAND, ANTKOS, FIRMENAUFTRÄGE, ANTRAEGE3. Indem Sie eine Komponente markieren und in ein anderes Window oder Canvas ziehen, können Sie jede beliebige Anordnung vornehmen. Für jede Modulkomponente wird standardmäßig ein Window und ein Content-Canvas erzeugt. Dem zweiten Window ordnen Sie die Komponente Antraege2 und dem dritten ANTRAGSFRM2 zu. Die übrigen Windows und Canvases können durch Markieren und Klick auf die Schaltfläche „Delete" im SMN gelöscht werden.

Der Datenblock Antraege enthält drei Item Groups, die analog zum Beispiel in Kapitel 7.2.9.7 angelegt werden: ein äußeres mit einer horizontalen Ausrichtung der Items und zwei innere mit jeweils einer vertikalen Item-Ausrichtung. Gehen Sie einfach nach den Angaben aus Kapitel 7.2.9.7 vor (Beispiel 1). Verteilen Sie alle sichtbaren Items der Komponente in möglichst gleicher Anzahl auf die beiden Groups mit vertikaler Ausrichtung und ordnen Sie das Item ANTR_ANTRAGSTYP, das als Radiogroup dargestellt wird, an oberster Stelle direkt nach der ersten Group an. Das Item ANTR_ANTRAGSTYP und die Item Groups sind dabei entsprechend auszurichten.

Exkurs: Items + Item-Groups ausrichten (links-, rechtsbündig)

▹ Um Items links- oder rechtsbündig auszurichten, muss die Präferenz GRPUTT in dem Objekt, z.B. Item Group, gesetzt werden, in welchem das Item vorliegt. Setzen Sie deshalb GRBUTT = yes für die erste Item Group, um das Item ANTR_ANTRAGSTYP durch SS oder SE (Präferenz GRTAB) entsprechend auszurichten.

▹ Die beiden anderen Item Groups werden dadurch nicht ausgerichtet. Sie müssen dieselben Präferenzen für jedes Group analog spezifizieren, damit die Groups und alle darin befindlichen Items entsprechend ausgerichtet werden. Lesen Sie dazu eventuell nochmals das Kapitel 7.2.9.7. Sie bekommen schnell einen Überblick, wenn Sie einige Einstellungen testen.

▹ Damit der Anwender zu jedem Zeitpunkt die Kenntnis besitzt, welche angezeigten Daten aus Detailblöcken zu welchem Master gehören, können diese Zeilen farbig dargestellt werden. Besonders bei mehreren aufeinanderfolgenden Master-Detailblocken, wie in unserem Modul, kann das für den Anwender vorteilhaft sein. Sie sollten die folgende Einstellung für alle Module vornehmen. Öffnen Sie die Präferenzen und den Knoten END USER INTERFACE. Aktivieren Sie die Option MULTI in der Präferenz CURREC. Damit werden alle aktuellen Datensätze des Moduls in jedem Block farbig markiert. Sie können die Farbgebung beeinflussen, indem Sie das zugrunde liegende Template öffnen und im Knoten „visuelle Attribute" die Eigenschaft Hintergrundfarbe (Attributplatte) des Attributs cg$current_Record verändern.

Bitte betrachten Sie auch hierzu wieder das Modul selbst. Die übrigen Datenblöcke enthalten keine Item Group. Weiterhin enthält das Modul einige Action Items, die sich auf Window-Ebene des Moduls befinden:

▸ Knoten Action Item im Knoten Windows des SMN: Name des Windows: Window bzw. das Basis-Window der Modulkomponente Antraege, Name: Antrags-Verwaltung

- Action Item: Name: Hinweis, Beschriftung: Bemerkung <nein>: Verweist auf die Modulkomponente Antraege3, welche die Hinweisspalte für Bemerkungen enthält. Definieren Sie Action Items, indem Sie die Eingeschaften auf Dialog umstellen, den Knoten ACTION ITEM im SMN markieren und den CREATE-Button drücken.

- Action Item: Name:Window_Antkos: Beschriftung: Kostenstellen: Verweist auf den Detailblock ANTKOS, der die Kostenstellen enthält. Dieses Item ist nur dann notwendg, wenn Sie beabsichtigen, diese Komponente ebenfalls innerhalb eines Stacked Canvas darzustellen. Andernfalls können Sie getrost darauf verzichten.

- Action Item: Name: Formular, Bechriftung: Verknüpfung Antrag: Verweist auf die Modulkomponente Antraege2, welche die Vorderseite des Antragsdokuments enthält.

▸ Analog dazu das Basis-Window2 der Modulkomponente Antraege2, Name: Antrags-Formular

- Action Item: Name: Antrag, Beschriftung: Antrag: Verweist auf die Modulkomponente Anträge.

- Action Item: Name: Rückseite, Beschriftung: Rückseite: Verweist auf die Modulkomponente Antraegsfrm2, welche die Rückseite des Antragsdokuments enthält.

▸ Das Basis-Window3 der Modulkomponente Antragsfrm2, Name: Antrags Rückseite

- Action Item: Name: Antrag, Beschriftung: Antrag: Verweist erneut auf die Modulkomponente Antraege.

Die Modulkomponente Antraege3, Name: Hinweis enthält ein weiteres Action Items, das ebenfalls auf die Komponente Antraege verweist, da es sich hierbei um ein Stacked Canvas handelt. Stacked Canvases werden ausgeblendet, indem über Action Items auf andere Komponenten gezeigt wird. Markieren Sie anschließend das Stacked Canvas und öffnen Sie dessen Eigenschaften in der Palettenansicht. Im Knoten „Size" legen wir unter „Canvas With" und „Canvas Height" die Breite und Höhe des Canvas, und in „View Width" bzw. „View Height" dieselben Daten für die Größe der sichtbaren Ansicht fest. Es werden einige Versuche notwendig sein, um eine vernünftige Größe zu erhalten. Betrachten Sie dazu am besten die Einstellungen, die ich vorgenommen habe.

Zuvor ein letzter Hinweis dazu: Die Datumsfelder habe ich alle mit einer Formatmaske (Eigenschaftspalette: Proberty Format Mask, Einstellung: dd.mm.yyyy) belegt, um ein deutsches Format zu erhalten und die Eingabe zu vereinfachen.

Das Modul ist etwas zu groß, um die Display View im Buch optimal darstellen zu können. Betrachten Sie es bitte auf der CD-ROM. Zu einigen Action Items werden nachfolgend Trigger implementiert.

Trigger zum Action Item: Hinweis, Name: „Hinweis-anzeigen"

Die Abbildung 8.6 zeigt die Implementierung im SMN. Die Trigger „Hinweis-anzeigen" und „Formular-anzeigen" enthalten beide dieselbe untenstehende Logik (Code). Die Action Items werden analog implementiert.

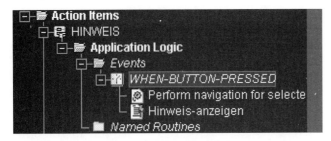

Abbildung 8.5: Trigger zum Action Item Hinweis

Code:
```
BEGIN
 :System.Message_Level := '25';
 COMMIT;
 execute_query;
 :System.Message_Level := '0';
END;
```

Bevor eine Bemerkung zu einem gerade eingegeben und noch nicht gespeicherten Datensatz eingetragen werden kann, muss, da sich diese Spalte aufgrund des Stacked Canvas in einer eigenen Modulkomponente befindet und deshalb eine Synchronisation im where-clause vorliegt (Kapitel 8.1.5), ein explizites Speichern durch commit erfolgen. Dasselbe gilt für das Action Item „Formular", welches zum gescannten Antrag verweist (Modulkomponente Antraege2). Eine Meldung an den Anwender ist jedoch nicht erwünscht, da er selbst kein Speichern durchführt. Die System-Meldungen unterdrücke ich über System.Message_Level. Exakt der geleiche Trigger liegt zum Action Item Formular, Name „Formular-anzeigen" vor. Im Action Item Window_Antkos wird der Message Level sicherheitshalber auf 25 zurückgesetzt. Die restlichen Action Items enthalten keine Trigger. Das Action Item „Rückseite" könnte, da es analog zum Item „Formular" ist, über denselben Trigger verfügen. Das ist aber nicht notwendig, da es sich hierbei um eine andere Tabellenverwendung handelt, deren Inhalte mit Blockwechsel aufgrund des Joins von selbst ausgegeben werden, da bereits ein Query auf höherer Ebene durchgeführt worden ist.

Das Modul ist damit komplett. Jetzt werde ich zusätzliche Elemente wie beispielsweise Buttons einfügen und mit entsprechender Logik ausstatten. Die notwendigen Trigger werde ich der Reihe nach vorstellen und implementieren. Einige davon sind bereits im Zusammenhang mit früheren Themen vorgestellt und erläutert worden. Jetzt müssen sie noch an der richtigen Stelle des jeweiligen Moduls implementiert werden.

8.1.10 Triggerlogik

Sämtliche Trigger befinden sich auch auf der CD-ROM in Textform, falls Sie sich dafür entscheiden, das Modul komplett neu zu entwerfen. Ich würde Ihnen dazu raten. Es ist ein gute Übung und macht Sie mit dem Werkzeug besser vertraut, als wenn Sie sich nur die fertigen Module, die sich ebenfalls auf der CD befinden, näher betrachten. Ich werde die Trigger in der Reihenfolge vorstellen, wie sie im SMN (Module) nacheinander aufgelistet werden. Die folgenden Titel beziehen sich dabei auf die jeweilige Modulkomponente. Deshalb ist es auch wichtig, dass Sie dieselben Bezeichnungen wie im Buch verwenden, um nicht den Überblick zu verlieren. Sollte es dennoch Probleme geben, betrachten Sie doch einfach das komplette Modul auf der CD-ROM und beziehen sich auf den jeweiligen Namen des Triggers in der entsprechenden Modulkomponente. Ich habe die alphabetische Reihenfolge direkt den jeweiligen Knoten im SMN zugeordnet und als gescannte Word-Datei auf der CD abgelegt. Sie können diese zu Hilfe nehmen.

Die Modulkomponente ANTKOS

Sie ist die erste Komponente (alphabetische Reihenfolge) im Modul und enthält drei Trigger: einen WHEN-BUTTON-PRESSED-Trigger, einen PRE-BLOCK- und einen WHEN-NEW-RECORD-INSTANCE Trigger.

Trigger A: when-button-pressed: „Kostendifferenz verteilen"

Sie verwenden diesen Trigger um eine Programmierlogik zu erzeugen, die ausgeführt wird, sobald eine Schaltfläche gedrückt wird. Er ist uns aus dem Kapitel 7.3.12, in allen Einzelheiten bereits bekannt und muss nur noch an der richtigen Position implementiert werden. Definieren Sie zu diesem Zweck ein unbound Item in ANTKOS als Schaltfläche mit der Eigenschaft Custom und Display Type = Button (Name: KOVERT, **Beschriftung**: „VK-KEY") und belegen Sie diese mit dem WHEN-BUTTON-PRESSED-Trigger in der „Applikations Logic" des „unbound Items" (der Knoten „Applikations Logic" befindet sich in der Hierarchie innerhalb des Knotens „unbound Items"). Definieren Sie den Trigger mit dem hier vergebenen Namen und fügen Sie dann den Code des Triggers A im Ordner „Trigger Modul Anträge" aus der CD-ROM oder manuell ein. Er befindet sich auf der Seite 299. Analog dazu verfahren Sie mit allen nun folgenden Triggern.

Trigger B: pre-block: „Eingabe von TempAkosDialog übernehmen"

Pre_Block Trigger zünden, sobald der Fokus erstmalig nach Öffnen der Anwendung z.B durch explizites Mausnavigieren auf ein Datenfeld des Blocks oder durch execute Query, auf den Block gesetzt wird. Die Zündung erfolgt auch dann, wenn der Anwender den Block per Mausklick oder die Block-Navigations- oder Schaltflächentasten verlässt und anschließend wieder ansteuert. Definieren Sie diesen Trigger in der Applikationslogik der Modulkomponente ANTKOS (Trigger B auf der CD).

Er fügt den festgelegten manuellen Betrag (manuellen Kostenstellenbetrag) aus dem Dialogfenster der entsprechenden Kostenstelle des aktuellen Datensatzes in ANTKOS hinzu. Der Code lautet:

```
BEGIN
IF :global.Akos_Zuschlag > 0 THEN
:ANTKOS.AKOS_BETRAG := :global.Akos_Zuschlag;
:global.Akos_Zuschlag := 0;
END IF;
END;
```

Enthält die globale Variable einen Wert der > 0 ist, muss dieser Wert dem aktuellen Datensatz (der Kostenstelle in ANTKOS im Datenfeld AKOS.BETRAG) zugewiesen werden, indem deren Inhalt übergeben wird. Anschließend wird sie auf 0 zurückgesetzt. Der Inhalt der Variable GLOBAL.AKOS_ZUSCHLAG wird im Dialogaufruf des Triggers „Kostendifferenz verteilen" ermittelt.

Trigger C: when-new-record-instance: „voraussichtliche Kosten u. Kostenstelle übertragen"

Auch dieser Trigger ist in der Applikationslogik der Modulkomponente ANTKOS definiert (Trigger C auf der CD-ROM) und zündet, sobald der Anwender einen anderen Datensatz ansteuert. Dabei kann es sich sowohl um einen bereits vorhandenen als auch einen neuen Datensatz handeln. Er trägt die im Antrag festgelegten voraussichtlichen Kosten und die Kostenstelle, welcher der Antragssteller zugeordnet ist, standardmäßig in ANTKOS ein. Der Code lautet:

```
BEGIN
IF :global.Vorauskosten_Gesamt != 0 THEN
 :ANTKOS.AKOS_BETRAG := :global.Vorauskosten_Gesamt;
 BEGIN
 SELECT :ANTRAEGE.STEI_KOST_ID,kost_key
  INTO :ANTKOS.AKOS_KOST_ID, :ANTKOS.KOST_KOST_KEY
   FROM kost
    WHERE kost_id = :ANTRAEGE.STEI_KOST_ID;
   EXCEPTION
   WHEN NO_DATA_FOUND THEN NULL;
 END;
 :global.Vorauskosten_Gesamt := 0;
END IF;
```

▶ Die V. :global.Vorauskosten_Gesamt wird dem Modul selbst bekannt gegeben und erhält die voraussichtlichen Gesamtkosten, die der Anwender für jeden Antrag festlegt (TriggerBI).

▶ Im Anschluss wird deren Inhalt dem Betragsfeld (AKOS_BETRAG) für die voraussichtlichen Kosten pro Kostenstelle in der Komponente ANTKOS zugewiesen.

▶ Der erste Teil des Codes ist abgeschlossen. Ich starte einen Sub-code-Part (erneute Angabe des Schlüsselwortes BEGIN), der eine Exception für die Ermittlung der Kostenstelle enthält. Eine Exception steht immer am Ende eines Codes vor der

- Um der Komponente Antkos eine Kostenstelle zuweisen zu können, muss der entsprechende FK-Wert eingetragen und die Kostenstelle selbst einem kreierten Lookup Item, das aufgrund der Lookup Table Verwendung in Antkos zur Ansicht der Kostenstelle erzeugt worden ist, zugewiesen werden. Kreierte Lookup Items können in einem Modul ebenso wie gewöhnliche Items durch Angabe eines Doppelpunktes, Komponentennamen und des entsprechenden Items angesprochen und belegt werden. Es muss nur sichergestellt sein, dass es sich auch um einen Wert handelt, der sich in der LoV bzw. der Lookup Table befindet. Dazu muss man nur die Spalte wissen, in welcher sich die Kostenstelle befindet. Die Tabelle Kost enthält diese Informationen in der Spalte KOST_KEY.

- Die Fremdschlüsselspalte ist etwas schwerer, denn es kann nicht einfach der PK-Wert aus der Lookup Table Kost in ANTKOS übernommen werden, da wir die zugehörige Kostenstelle des Antragsstellers in der Komponente ANTRAEGE benötigen.

- Der Antragssteller wird aus der View Pers_info ermittelt die auch einen Verweis auf die zu ihm gehörende Kostenstelle enthält. Betrachten Sie dazu am besten das ER-Modell auf der CD. Die Spalte STEI_KOST_ID (Fremdschlüsselspalte aus der Tabelle STEI, die wiederum an KOST knüpft). Wie schon erwähnt ist der gesamte verwaltungstechnische Hintergrund erheblich komplexer, als ich ihn hier darstellen kann. Nehmen Sie einfach die Aussage als gegeben hin, dass die Tabelle KOST der Tabelle STEI zugeordnet ist.

- Innerhalb eines Select Statements kann direkt auf aktuelle Werte zugegriffen werden. Das vorliegende Statement selektiert den aktuellen Fremdschlüsselwert der Spalte STEI_KOST_ID der View PERS_INFO, welche als kreiertes Lookup Item aus der Lookup Table implementiert worden ist, sowie die Kostenstelle (KOST_KEY) und weist sie durch INTO wiederum direkt zwei Datenfeldern (AKOS_KOST_ID, KOST_KOST_KEY (kreiertes Lookup Item)) zu. Das macht das Statement sehr viel einfacher, als wenn man den Wert direkt aus der STEI Tabelle selektieren müßte. Die vergebenen Namen für kreierte Lookup Items können Sie im Design Editor aus der Lookup-Tabellenverwendung entnehmen.

Die Modulkomponente „Anträge"

- Diese Komponente enthält eine ganze Reihe von Triggern. Der erste Trigger ist die Voraussetzung dafür, dass der Trigger C aus ANTKOS einen Wert für die dortige globale Variable :global.Vorauskosten_Gesamt erhält und in einer Bedingung prüft. Damit alle Trigger einem Modul zugeordnet werden können, setze ich hier die Darstellung mit D fort.

Trigger D: when-validate-item: „Kosten an globale Variable übertragen"

- When-validate-Item-Trigger zünden beim Drücken der Returntaste, nachdem eine Eingabe in das dem Trigger zugrunde liegenden Datenbankfeld erfolgt ist. Die Definition erfolgt innerhalb des Items ANTR_VK_GESAMT und weist der globalen V. :global.Vorauskosten_Gesamt die voraussichtlichen Gesamtkosten des Antrags, die in dem Item eingetragen werden, zu. Die Zuweisung erfolgt allerdings nur dann, wenn noch keine Einträge in ANTKOS zum aktuellen Antrag vorliegen. Die Bedingung im Trigger C prüft, ob die globale Variable einen anderen Wert als 0 besitzt, und weist deren Inhalt dem aktuellen Betragsfeld von ANTKOS zu. Sie sehen, der Kreis schließt sich.

```
DECLARE
  v_anzahl   NUMBER;
BEGIN
```

1. SELECT COUNT(*) INTO v_anzahl
2. FROM Antkos
3. WHERE akos_antr_id = :ANTRAEGE.ANTR_ID;
4. IF v_anzahl = 0 THEN
5. :global.Vorauskosten_Gesamt := :ANTRAEGE.ANTR_VK_GESAMT;
6. END IF;

Erklärung:

1. Count(*) ermittelt die Anzahl aller Datensätze.
2. Grundlage ist die Tabelle ANTKOS.
3. Einschränkung von Count auf den aktuellen Antrag. Alle Datensätze in Antkos zum aktuellen Antrag werden gezählt.
4. Nur wenn count als Ergebnis 0 liefert und damit zum aktuellen Antrag noch keine Daten in ANTKOS vorliegen, darf die Zuweisung erfolgen.

Trigger E: when-button-pressed: „Scannen"

Damit er zündet, muss explizit eine Schaltfläche gedrückt werden, die ich im Knoten „unbound items" definiere (Name: but_lov, Beschriftung: „A-dok-zw", wählen Sie „Custom" und Display Typ = Button). A-dok-zw steht für Antrag-Dokument-Zuweisung und ermöglicht vor der Zuweisung des Antragsdokuments die Suche des dazugehörigen Antrags in der Datenbank in einem Schritt. Zuerst öffnet sich also eine LoV, welche alle verfügbaren Anträge anbietet und stellt ihn nach der entsprechenden Auswahl in der Anwendung dar. Anschließend wird direkt ein Windows-Öffnen-Dialog eingeblendet, um das gewünschte Dokument zuordnen zu können. Es sind einige Präferenzen, Bibliotheken und eine Umgebungsvariable zur Bestimmung eines konkreten Verzeichnisses in Windows notwendig, damit die nachstehenden Trigger ordnungsgemäß ablaufen können. Ein unbound Item wird im Gegensatz zu einem Action Item (auch wenn sich dieses auf Blockebene befindet) stets für jeden sichtbaren Datensatz einmal zur Anzeige gebracht, ein Action Item dagegen nur einmal, je nachdem auf welcher Ebene es sich befindet.

Die Umgebungsvariable

Unter Windows NT erfolgt die Definition im Arbeitsplatz/Systemsteuerung/System. Sie gelangen in den Dialog der Abbildung 8.7.

Abbildung 8.6: Umgebungsvariable setzen

▶ Setzen Sie den Fokus in das Textfeld „Variable" und geben Sie die Bezeichnung ANTRAGDIR ein.

▶ Gehen Sie in das Textfeld „Wert" und tragen dort das Verzeichnis ein, in dem Sie Ihre Dokumente ablegen möchten.

▶ Damit Sie in Oracle dieses Verzeichnis mittels eines Dialogs (öffnen) können, müssen Sie ein Package des Designs implementieren, das standardmäßig nicht installiert wird.

▶ Das Package muss in das Verzeichnis kopiert werden, in welchem sich die Forms-Anwendungen befinden (Name: **D2kwut32.dll**). Suchen Sie diese Datei bitte auf den Designer-Installationsdisketten.

Als Alternative zu den in Kapitel 7.3.5 vorgestellten Warnfenstern kann ein eigenes Package verwendet werden, um Fehlermeldungen auszugeben. Sie müssen dazu lediglich in der Präferenz MSGSFT (Knoten: „End user interface") den Eintrag „CG$FORM_ERRORS" vornehmen. Jetzt kann eine alternative Meldung aufgerufen werden.

Zusätzlich benötigen wir die Bibliothek **Ofgtel.pll** in **Orant\CGENF50\ADMIN**.

▶ Geben Sie folgenden Code für den Trigger ein:

```
BEGIN
 execute_trigger('QUERY_FIND');
 IF :ANTRAEGE.ANTR_ID IS NOT NULL THEN
  go_block('ANTRAEGE2');
  execute_query;
  antrag_laden(NULL, NULL,'Frontpage',v_choosen);
 ELSE
  cg$form_errors.push('Kein Antrag ausgewählt',
                     'W');
 END IF;
END;
```

▶ Die Anweisung execute_trigger('QUERY_FIND'); ist eine Prozedur, welche eine Abfrage auf den aktuellen Datenblock (Basetable) ausführt und alle Ergebnisse innerhalb einer gewöhnlichen LoV ausgibt. Sämtliche query-able Spalten der Basetable werden in der LoV dargestellt. Die übrigen bleiben außen vor (z. B. Primary und Foreign Keys). Die Präferenz ROWLOV (End User Interface) muss auf „Yes" gesetzt sein.

▶ Die Bedingung prüft, ob für die aktuelle Antrags-ID ein Eintrag vorliegt. Ist das der Fall, wird in den Datenblock Antraege2 gewechselt, dem die Vorderseite des Antragsformulars zugewiesen wird.

▶ Execute Query führt eine Abfrage und damit die Synchronisation zum Block Antraege durch, infolge der where-clause Festlegung in dieser Komponente.

▶ Die Routine antrag_laden (Trigger DD) führt den Scan durch. Sie wird im Laufe des Kapitels noch vorgestellt. Am Ende steht die neue Meldung, welche durch die Präferenz MSGFT festgelegt worden ist.

▶ Wird kein Antrag in der LoV selektiert, erscheint die Meldung „Kein Antrag ausgewählt".

▶ Der Trigger öffnet eine LoV und führt die Zuweisung des Antrags durch. Wird kein Antrag in der LoV selektiert, erscheint der Win-Öffnen-Dialog trotzdem. Das ist etwas hinderlich, es wäre angenehmer, bereits beim Abbruch der LoV zu verhindern, dass der Win-Dialog noch erscheint. Das ist allerdings etwas komplizierter. Betrachten Sie dazu bitte den erweiterten Trigger-E-Code auf der CD mit den dortigen Erläuterungen und übernehmen Sie den Code anschließend in das Modul.

Trigger F: pre-delete: „Prüfen, ob Antrag abgeschlossen"

▶ Der Trigger befindet sich in der Applikationslogik der Modulkomponente „Antraege" und zündet vor dem Löschen von Datensätzen in der Komponente „Antraege". Er zündet vor jedem Löschen und überprüft, ob der Antrag abgeschlossen ist. Wenn ja, darf ein Löschen nicht möglich sein. Auch hierfür ist eine Routine notwendig (Trigger EE auf der CD), die ich zu gegebener Zeit darlege. Der Code lautet:

```
BEGIN
 IF chk_antrag_abgeschlossen(:ANTRAEGE.ANTR_ID,
                              :ANTRAEGE.ANTR_ABGESCHLOSSEN) = TRUE THEN
  NULL;
 ELSE
  RAISE form_trigger_failure;
 END IF;
EXCEPTION
 WHEN FORm_trigger_failure THEN
  RAISE FORm_trigger_failure;
End;
```

▶ Die Routine liefert TRUE oder FALSE zurück. Die Bedingung prüft, welcher Wert vorliegt. Bei True darf nichts geschehen. Deshalb ist NULL eingetragen. Es muss innerhalb eines Bedingungsteiles ein programmatischer Begriff vorliegen, da sonst ein Fehler beim Kompilieren entsteht. Dafür eignet sich NULL sehr gut. Liegt FALSE vor, wird eine EXCEPTION durch RAISE aufgerufen.

Trigger G: pre-insert: „Antragsnummer ermitteln"

▶ Er befindet sich auf derselben Ebene wie Trigger F und zündet vor dem Einfügen von Daten. Er ermittelt eine fortlaufende Nummer für jede Kategorie beim Klick auf „Speichern", festgelegt durch die Domäne ATYP. Der Trigger muss vor dem Speichervorgang zünden, die nächste Nummer ermitteln und dem Datenfeld die Antragsnummer zuweisen. Erst dann darf das Speichern auf der Datenbank erfolgen. Die neue Nummer befindet sich damit in der Datenbank. Ausgehend vom Startwert wird mit dem ersten gespeicherten Datensatz einer Kategorie wie EDV oder Inventar (Radio Group im Antrag), die der Anwender festlegt, die nächste Nummer ermittelt.

```
DECLARE
  v_antr_antragsnummer ANTRAEGE.ANTR_ANTRAGSNUMMER%TYPE;
  v_jahr VARCHAR2(4);
  v_datum VARCHAR(10);
BEGIN
 v_jahr := TO_CHAR(SYSDATE,'yyyy');
 v_datum := TO_CHAR(:ANTR_DATUM, 'yyyy');
IF :ANTRAEGE.ANTR_ANTRAGSNUMMER IS NULL THEN
  SELECT NVL(MAX(antr_antragsnummer),0)+1 INTO v_antr_antragsnummer
  FROM antraege
   WHERE antr_antragstyp = :ANTRAEGE.ANTR_ANTRAGSTYP AND v_datum = v_jahr;
  :ANTRAEGE.ANTR_ANTRAGSNUMMER := v_antr_antragsnummer;
 END IF;
END;
```

- ▶ Zur Bestimmung der jährlichen Bereiche muss anhand des Systemdatums ermittelt werden, welches Jahr vorliegt. Da jedoch nur das Jahr allein, ohne Monats- und Tagesangabe, den Ausgangspunkt darstellt, muss das Jahr aus dem Systemdatum gefiltert werden. Das erreiche ich durch die Angabe: v_jahr := TO_CHAR(SYSDATE,'yyyy'), konkret der Angabe: 'yyyy'.

- ▶ Analog dazu verfahre ich mit dem aktuellen Antragsdatum, da auch hier nur das Jahr relevant ist.

- ▶ Liegt noch keine Nummer vor (Antragsnummer ist NULL), wird die letzte maximale Nummer des aktuellen Jahres zu bestimmten Kategorien selektiert und um 1 erhöht. Bei der erstmaligen Erfassung einer Kategorie im neuen Jahr wird die Startnummer vom Anwender eingetragen.

- ▶ Der Anwender kann bei der Erfassung jederzeit ein eigene Nummer vergeben. Nachträglich ist das jedoch nicht mehr möglich.

Trigger H: pre-update: „Prüfen, ob Antrag abgeschlossen"

- ▶ Trigger H ist mit Trigger F völlig identisch und befindet sich auf derselben Ebene. Er zündet vor jedem Update.

Trigger J: when-new-record-instance: „Anzeige auf Button ob Hinweis vorhanden"

- ▶ Trigger J liegt auf derselben Ebene wie Trigger H. Liegt im Item „Antr_Hinweis" (Komponenten Antraege), das als eigenständige Modulkomponente: „Antraege3" vorliegt, eine Eingabe vor, soll das Action Item: „Hinweis", Name: „Bemerkung <nein>" umbenannt werden in: „Bemerkung <Ja>. Code:

BEGIN
1. IF :ANTRAEGE.ANTR_HINWEIS IS NOT NULL THEN
2. set_item_property('CGNV$WINDOW_1.HINWEIS',LABEL,'Bemerkung <ja>');
3. ELSE
4. set_item_property('CGNV$WINDOW_1.HINWEIS',LABEL,'Bemerkung <nein>');
5. END IF;
END;

1. Bedingung prüft, ob Eintrag vorhanden ist oder nicht.
2. Set_item_property verfügt über den Parameter LABEL, welcher Namen ändern kann. Ist die Bedingung wahr (Eintrag vorhanden), wird der Name „Bemerkung <ja>" vergeben.
3. Ist die Bedingung nicht wahr, der Name „Bemerkung <ja>".

Die Modulkomponente „Antraege2"

Im Knoten „Action-Items" befindet sich das Action Item „Tif_Laden", Name: „Get-Scan". Es führt die Routine „antrag_laden" aus, die für das Scannen zuständig ist und einen when-button-pressed-Trigger „Tiff laden" enthält. Name auf der CD: „Jbeta".

1. Declare v_choosen boolean;
2. Begin
3. Antrag_laden(NULL, NULL, 'Frontpage', v_choosen);
4. End;
5. Boolsche Variable wird definiert.
6. Die Routine erwartet eine boolsche Variable als Argument. Deshalb muss sie definiert und übergeben werden, auch wenn sie an dieser Stelle sonst keinen Zweck erfüllt.

Trigger K: pre-update: „Prüfen, ob Antrag abgeschlossen"

▶ Trigger K ist mit Trigger F völlig identisch und befindet sich auf derselben Ebene.

Die Modulkomponente „antragsfrm2"

▶ Im Knoten „Action-Items" befindet sich das Action Item „Tif_Laden", Name: „Get-Scan", dessen Trigger und Code völlig mit dem der Modulkomponente ANTRAEGE2 übereinstimmt (Trigger „Jbeta"). Sonstige Trigger sind nicht enthalten.

Die Modulkomponente „firmenaufträge"

▶ In der Applikationslogik dieser Komponente befinden sich die folgenden Trigger:
  - PRE-DELETE: prüfen, ob Antrag abgeschlossen. Inhalt entspricht Trigger F.
  - PRE-INSERT: identisches Verhalten wie PRE-DELETE.
  - PRE UPDATE: identisches Verhalten wie PRE-DELETE.

Die Modulkomponente „Gegenstand"

▶ Auch diese Komponente enthält ausschließlich Trigger in der Applikationsebene, die ich Ihnen jetzt der Reihe nach vorstellen möchte.

Trigger O: Key-Commit: „Postennummern vergeben"

Vergabe einer aufsteigenden Nummernfolge beginnend ab 1 für jeden Gegenstand eines Antrags. Grund dafür ist, dass z.B. ein Anwender drei Gegenstände Drucker in einem Antrag festlegen kann, welche zu drei verschiedene Druckertypen der Bestellung führen. Der Besteller kann ohne eine exakte Positionsangabe nicht feststellen, welche der Drucker er bereits selektiert hat. Die ihm angebotene LoV der Antragsgegenstände enthält, ohne die Postennummer, drei Einträge über einen Gegenstand Drucker. Sie könnten analog dazu auch eine so genannte „Sequence in Parent" verwenden, die Ihnen angeboten wird, sobald Sie sich im Knoten „Relational Table Definitions" des SMN (Server Model Navigator) im Design-Editor befinden und die Eigenschaftspalette dazu öffnen. Die Eigenschaft „Autogen Type" bietet eine Liste an, unter anderem die Alternative „Seq in Parent". Auch sie vergibt aufsteigende Nummern, allerdings nur bei der Neuerfassung, und auch dabei können Lücken entstehen. Mit absoluter Gewissheit entstehen Lücken aber, sobald Sie bereits vorhandene Gegenstände löschen und anschließend speichern. Die Sequenz erkennt die daraus entstandene Lücke leider nicht. Deshalb habe ich mich für eine entsprechende Triggerlogik entschieden. Erzeugen wir den dazu notwendigen Code:

```
DECLARE
  v_ivtemin    INTEGER;
  v_posten     INTEGER;
  v_level      VARCHAR2(10);
BEGIN
 IF :global.vor_insert = 0 THEN
   v_level := :SYSTEM.MESSAGE_LEVEL;
   :SYSTEM.MESSAGE_LEVEL := '10';
   post;
   :SYSTEM.MESSAGE_LEVEL := v_level;
   v_ivtemin := 1; -- ermittelt die fortlaufende Nummer durch Inkrement
   FOR curs1 IN (SELECT gege_posten, gege_id
                  FROM gegenstaende
                   WHERE gege_antr_id = :GEGENSTAND.GEGE_ANTR_ID
                   ORDER BY gege_posten)
   LOOP
    UPDATE gegenstaende SET gege_posten = v_ivtemin
      WHERE gege_id = curs1.gege_id;
    v_ivtemin := v_ivtemin + 1; -- nach jedem Satz Erhöhung um 1
   END LOOP;
   COMMIT;
   execute_query;
   END IF;
END;
```

▷ Der Aufbau erfolgt so, dass wir mit diesem Trigger und einem Pre-Insert-Trigger, alle Operationen (Insert, Delete, Update) abdecken können.

▷ Zu diesem Zweck belege ich eine globale Variable (:global.vor_insert) im besagten Pre-Insert-Trigger mit dem Wert 1 und signalisiere dadurch, dass ein Insert vorliegt. Am Ende des Inserts wird sie dort zurück auf 0 gesetzt (Standardeinstellung bei der Initialisierung).

▷ Liegt die 0 vor, kann es sich nur um ein Update oder um Delete handeln. Beide Operationen fängt der Key-Commit-Trigger ab, indem er alle aktuellen Änderungen durch Angabe des Schlüsselbegriffs „post" fiktiv an die Datenbank schreibt, anschließend einen Selekt auf alle Gegenstände des aktuellen Antrags durch eine Cursor-For-Schleife vornimmt und einen Update auf die vorliegenden Datensätze mit einer neuen lückenlosen fortlaufenden Nummer durchführt.

- Wegen post müssen Systemmeldungen unterdrückt werden, soll an dieser Stelle keine Meldung über den Erfolg von Oracle erfolgen.
- Durch diesen Trick ist es völlig unerheblich, ob zuvor ein Delete oder tatsächlich ein Update vorgenommen wurde.
- Die explizite Angabe des Updates wird mit commit phyiskalisch festgeschrieben. Execute Query stellt die Änderungen unmittelbar nach dem Speichervorgang der Anwendung zur Verfügung.
- Die Update-Anweisung muss innerhalb des Loops, d.h. zu jedem gefundenen Datensatz der Tabelle Gegenstände einzeln, vorgenommen werden, da Updates stets über alle Zeilen, die sich aus der where-Bedingung darin ergeben, erfolgen. Der Insert dagegen wird stets nur zeilenweise vorgenommen. Für jeden neuen Satz erfolgt also ein neuer Aufruf von Insert bzw. eines Insert-Triggers. Key-Commit-Trigger werden nur einmal, bei Klick auf Speichern, aufgerufen.
- Die Order-By-Anweisung sorgt dafür, dass die Posten aufsteigend (also der Reihe nach) im Antrag dargestellt werden

Trigger P: pre-delete: „Prüfen, ob Antrag abgeschlossen"

- Dieser Trigger ist mit Trigger F völlig identisch und befindet sich auf derselben Ebene. Dasselbe gilt für Trigger Q: Pre-Insert und Trigger S: Pre-Update. Sie alle befinden sich auf der Ebene der Applikationslogik der Modulkomponente Gegenstand.

Trigger R: pre-insert: „Postennummer vergeben"

- Trigger R ist die Grundlage bzw. unmittelbare Folge des Triggers O und ermittelt die Postennummer jedes Gegenstandes beim Einfügen neuer Daten in die Tabelle Gegenstaende. Der Code lautet:

```
DECLARE
 v_ivtemin   INTEGER;
 v_posten    INTEGER;
BEGIN
 :global.vor_insert := 1;
 v_ivtemin := 1;
 FOR curs1 IN (SELECT gege_posten
               FROM gegenstaende
               WHERE gege_antr_id = :GEGENSTAND.GEGE_ANTR_ID
               ORDER BY gege_posten)
 LOOP
   v_ivtemin := v_ivtemin +1;
 END LOOP;
 :GEGENSTAND.GEGE_POSTEN := v_ivtemin;
 :global.vor_insert := 0;
END;
```

- Der Ablauf ist ähnlich wie im Trigger O, das Belegen der globalen Variable mit 1 verhindert lediglich die Durchführung des Updates dort.
- Der Cursor ist mit dem in Trigger O völlig identisch. Hier ist es jedoch bereits ausreichend, nur das Inkrement vorzunehmen. Angenommen, Sie haben fünf neue Datensätze eingetragen und klicken nun auf Speichern, zündet der Trigger fünf Mal.
- Bei jeder Zündung wird die neue Postennummer ermittelt und anschließend dem aktuellen POSTEN-ITEM, :GEGENSTAND.GEGE_POSTEN := v_ivtemin, zugewiesen.
- Commit am Ende fügt die Zuweisung und die restlichen Daten in die Datenbank ein.

Trigger T: Key-Commit: „KostBetraege errechnen"

- Dieser und alle folgenden Trigger werden auf der Ebene der Applikationslogik des Moduls INV_ANT implementiert. Er ruft lediglich die Routine „Kostbetraege errechnen" auf. Deren Logik werde ich nachfolgend darlegen. Analog dazu gestaltet sich der Key-Exit-Trigger X: „KostBetraege errechnen". Er dient dazu, beim Beenden des Moduls ebenfalls die Kostenstellenbeträge zu ermitteln. Die Routine verteilt die voraussichtlichen Gesamtkosten des Antrags auf alle bestimmten Kostenstellen. Der Code der Routine ist etwas komplexer. Deshalb entschied ich mich dafür, den Code hier nicht aufzuführen und alle Erläuterungen als Kommentar direkt im Code auf der CD-ROM einzutragen. Triggercode: KostBetraege;

Trigger U: Key-Commit: „Tabelle Beskos aktualisieren"

- Dieser Trigger gewinnt erst im Zusammenhang mit der Bestellung Bedeutung. Dort werden die Istkosten gemäß der prozentualen Aufteilung der voraussichtlichen Kosten auf die Kostenstellen des Antrags in der Bestellung nach denselben Vorgaben ebenfalls prozentual auf die Kostenstellen verteilt. Die Kostenstellen werden deshalb von ANTKOS nach BESKOS übernommen und die Istkosten zugeordnet. Gesetzt den Fall, dass sich die Anzahl der Kostenstellen oder deren Beträge im Antrag verändern und bereits Bestellungen aus diesem Antrag vorliegen, muss die Übernahme der Kostenstellen und die Verteilung der Istkosten neu erfolgen. Das erledigt der hier vorliegende Trigger. Der Code und alle notwendigen Erläuterungen befinden sich auf der CD-ROM.

Trigger W: Key-Commit: „Execute Query auf Antkos"

- Um die Berechnungen des Triggers T in der Anwendung anzeigen zu können, müssen die durch die Routine ausgeführten Speichervorgänge auf die Tabelle Antkos neu daraus gelesen und in die Anwendung eingetragen werden. Der Code dazu ist bereits bekannt:

```
go_block('ANTKOS');
EXECUTE_QUERY;
```

Trigger X: Key-Exit: „KostBetraege errechnen"

▶ Hiermit wird, analog zum Trigger T, die Routine KostBetraege aufgerufen. Der Unterschied besteht jedoch darin, dass hier ein Key-Exit-Trigger vorliegt. Key-Exit-Trigger zünden beim Verlassen der Forms-Anwendung. Beim Key-Commit wird implizit überprüft, ob Änderungen vorliegen. Bei EXIT von Forms muss der Forms-Status (:SYSTEM.FORM_STATUS) überprüft werden. Liegen Änderungen vor, muss die Routine aufgerufen werden. Liegen keine Änderungen vor, kann die Anwendungen verlassen werden. Dazu ist ein Dialog erforderlich, der die Meldung enthält: „Sollen alle Änderungen ausgegeben werden?" Wie Sie aus früheren Kapiteln wissen, können Dialoge im Template definiert werden. Die Abbildung 8.8 enthält die Einstellung im Template. Der Name des Dialogs lautet „CFG_SAVE_ANTRAG". Sie finden dieses Template in dem Verzeichnis ORANT\CGENF50\ADMIN\OFGPC1T.FMB.

Ich habe das Orginal kopiert und für den Antrag in OFGPC1TANTR.FMB umbenannt. Sie sollten ähnlich verfahren und vermeiden, das Orginal zu modifizieren.

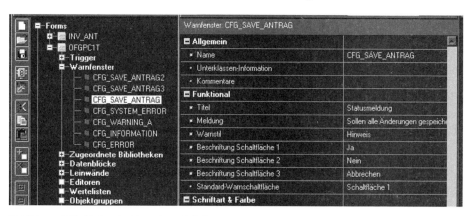

Abbildung 8.7: Dialog im Template definieren

Triggercode:

```
DECLARE
  button  NUMBER;
BEGIN
 IF :SYSTEM.FORM_STATUS = 'CHANGED' THEN
   button := show_alert('CFG_SAVE_ANTRAG');
   IF button = ALERT_BUTTON1 THEN
     KostBetraege;
   ELSIF button = ALERT_BUTTON2 THEN
     Exit_Form(no_validate);
   END IF;
 ELSE
   Exit_Form(no_validate);
 END IF;
END;
```

Auch die Abfragelogik der gewählten Statuswerte im Dialog dürfte Ihnen bereits bekannt sein, weshalb es zu diesem Trigger weiterhin nichts zu sagen gibt.

Trigger Y: Pre-Form: „Block Navigation einstellen"

Da im Modul Inv_Ant auch Stacket Canvases vorliegen, muss ein unfreiwilliges Navigieren dorthin unterbunden werden. Sie zünden vor der Ausführung einer Forms-Anwendung (einmalig) Code:

```
BEGIN
  set_block_property('ANTRAEGE', NEXT_NAVIGATION_BLOCK, 'GEGENSTAND');
  set_block_property('ANTRAEGE', PREVIOUS_NAVIGATION_BLOCK, 'ANTRAEGE');
  set_block_property('GEGENSTAND', NEXT_NAVIGATION_BLOCK, 'ANTKOS');
  set_block_property('ANTKOS', NEXT_NAVIGATION_BLOCK, 'ANTRAEGE');
END;
```

Die Modulkomponenten werden in Hochkommata angegeben.

Trigger AA: When-new-Forms-Instance: „Window maximize"

Dieser Trigger maximiert das Fenster der Anwendung. Der Code befindet sich auf der CD. Ich habe ihn jedoch auch im bisherigen Verlauf des Buches erwähnt. Instance Trigger zünden, sobald eine Anwendung bzw. eine Instanz einer Anwendung gestartet wird (bei jeder Instanz erneut).

Trigger BB: When-new-Forms-Instance: „globale Variablen bekannt machen"

Hier werden einige globale Variablen initialisiert. Ohne Initialisierung kann eine Fehlermeldung entstehen, wenn der Aufruf dieser Variablen in irgendeinem Trigger erfolgt und zuvor keine Initialisierung vorliegt. Code:

```
-- Variable, welche die gesamten Vorauskosten des Antrags bei der Eingabe
-- des Wertes in Antr_VK_Gesamt zugewiesen bekommt.
:global.Vorauskosten_Gesamt := 0;
-- Differenz VK-gesamt - Summe aller Antkos Beträge speichern
:global.Vk_differenz := 0;
-- Key Commit verhindern bei Insert da hierfür Pre-Insert Trigger vorhanden
:global.vor_insert := 0;
```

Trigger CC: When-new-Record-Instance: „Speichern"

```
DECLARE
  v_message_level  INTEGER;
BEGIN
  v_message_level := :SYSTEM.MESSAGE_LEVEL;
  :SYSTEM.MESSAGE_LEVEL := '10';
  post;
  :SYSTEM.MESSAGE_LEVEL := v_message_level;
  erase('global.message_level');
END;
```

Der Code führt ein „virtuelles Speichern" durch, sobald eine neue Datensatzinstanz in Erscheinung tritt. Das dient als Sicherheitsroutine für viele Trigger, welche Selects auf die Datenbank durchführen und dazu stets die aktuellsten Daten benötigen.

Trigger DD: Routine: „antrag_laden" im Knoten „named Routines" des Moduls

Diese und alle folgenden Routinen befinden sich im Knoten „named Routines" des Moduls selbst. „Antrag_Laden" lädt die gescannten Dokumente in die Datenbank. Leider kann ich im Rahmen dieses Buches den Code nicht ausführlich erläutern. Er befindet sich auf der CD. Nur so viel: Der out-Parameter v_choosen, der im Action Item: „Tif_Laden" der Modulkomponente „Antraege2" in Bedingungen erscheint, wird in dieser Routine mit Werten belegt.

Trigger EE: Routine: „chk_antrag_verarbeitet"

Diese Routine wird in mehreren Triggern aufgerufen und prüft, ob der Antrag bzw. das Item Antr_Abgeschlossen in der Komponente Antraege (Checkbox) gesetzt ist und damit der Antrag als abgeschlossen gilt oder nicht. Die Routine befindet sich auf der CD-ROM und wird dort erläutert.

Trigger II: Routine: „KostBetrage"

In den Triggern T und X erfolgte der explizite Aufruf. Betrachten Sie den Code und die Erläuterungen bitte auf der CD-ROM.

Trigger JJ: Routine: „quiet_commit" und der Trigger kk: Routine: „quit_post

Sie enthalten beide Systemeinstellungen und explizite Anweisungen für das physikalische, bzw. virtuelle Speichern.

Quiet_commit:

```
PROCEDURE quiet_commit IS
v_level VARCHAR2(10);
BEGIN
 v_level := :SYSTEM.MESSAGE_LEVEL;
 :SYSTEM.MESSAGE_LEVEL := '10';
 COMMIT;
 :SYSTEM.MESSAGE_LEVEL := v_level;
```

Quiet_post

Anstelle des Schlüsselwortes commit fügen Sie im Quiet_post Trigger das Schlüsselwort Post ein.

Damit ist das Thema Antrag abgeschlossen. Das fertige Modul befindet sich selbstverständlich auch auf der CD. Wenn Sie das Modul eigenhändig erstellt haben, kann ich an dieser Stelle nur gratulieren und Ihnen weiterhin viel Spaß wünschen, denn am Ende sind wir noch nicht. Als nächsten Schritt implementieren wir das Bestellmodul. Zum Abschluss erstellen wir noch die Module für die Pflege der Liste für die Gegenstände, der Firmen- und der Produktdaten. Diese Module werde ich aber nicht mehr im Buch, sondern auf der CD in der Datei Pflegemodule behandelt. Selbstverständlich fehlt es auch dort nicht an Erläuterungen.

8.1.11 INV_ANT Modul generieren

Bevor wir das Modul endgültig als Anwendung erstellen, sind noch einige Einstellungen, wie beispielsweise die Hintergrundfarbe und die Definition des Dialogs für die Verteilung der voraussichtlichen Restkosten auf verschiedene Kostenstellen, notwendig. Im Kapitel 7.3.12 habe ich das Dialogfenster bereits erzeugt. Ich werde Ihnen das Template bzw. die Standard Object Library, mit denen ich das Modul generiert habe, auf der CD-ROM beilegen. Nachfolgend zeige Ich Ihnen noch die Einstellungen der Hintergrundfarben für das Modul.

- Template: ofgpc1tAntr.fmb
- Library: ofgstnd1Antr.olb

Hintergrundfarbe bestimmen

Die Hintergrundfarbe muss zum einen für das Canvas und zum anderen für gewisse Items, die teilweise auch diese Farbe benötigen (z.B. Radio Groups), vorgenommen werden.

- Generieren Sie die Anwendung mit der Subclass-Präferenz wie in Kapitel 7 beschrieben und öffnen Sie im Forms Builder den Knoten „Leinwände" der Anwendung. Beachten Sie bitte, dass das Modul Inv_Ant_Buch dort dargestellt wird.
- Markieren Sie das Objekt: CG$PAGE_1 Standard Benennung des ersten Windows bzw. Canvases in Forms und öffnen Sie mit der rechten Maustaste den Layout-Edtor.
- Öffnen Sie (PAGE_1 muss noch markiert sein) die Attributpalette.
- Die Unterklasseninformation muss lauten: „CGSO$CANVAS"
- Öffnen Sie die Bibliothek: „ofgstnd1Antr.fmb" und suchen Sie dieses Objekt. Übernehmen Sie es in den Forms Builder und öffnen Sie wiederum deren Attributpalette.
- Unter „Schriftart und Farbe" finden Sie die Eigenschaft „Hintergrundfarbe". Geben Sie dort den Wert „r88g50b50" für einen hellroten Hintergrund ein.
- Ziehen Sie das Objekt zurück in die Bibliothek und speichern Sie diese.
- Beim erneuten Kompilieren der Anwendung (grüne Ampel) in Forms muss die neue Einstellung wirksam werden.

Radio-Group-Farbe bestimmen

- Markieren Sie in der fertigen Forms im Knoten „Datenblöcke, Objekt Antraege" oder im Layout-Editor die Radio Group.
- Sie besitzt die Unterklasseninformation „CGSO$RADIO_MD", weil das zugrunde liegende Item ein muss_Feld darstellt. Radio Groups verhalten sich in ihren „muss"- bzw. „kann"-Eigenschaften wie checkboxes.

▶ Nehmen Sie analog zum Hintergrund die Einstellung in der Attributpalette dieses Objekts im Forms Builder vor.

Checkbox-Farbe bestimmen

▶ Das Item Antr_Abgeschlossen basiert auf einer Checkbox-Darstellung, für die ein eigenes Objekt in der Bibliothek existiert.

▶ Es besitzt den Namen: CGSO$CHECK_BOX_MD

▶ Der Wert für die Hintergrundfarbe muss auch hier lauten: „r88g50b50".

▶ Jetzt kann das Modul erneut transformiert werden.

8.2 inv_best

Ich werde hier ebenso wie bei der Entwicklung des Antrags vorgehen. Zuerst implementieren wir alle Modulkomponenten und anschießend die dazugehörige Triggerlogik. Mit Ausnahme der Komponente besitzen auch hier alle die Eigenschaften Insert, Update, Delete. Mehr zu den Operationen in Beskos nachfolgend.

8.2.1 Tabellenverwendung Bestellung

Sie enthält wie der Antrag sämtliche Kopfdaten einer Bestellung. Definieren Sie ein neues Modul (Name: InV_Best) und übernehmen Sie die Tabellenverwendung „Bestellungen" vom SMN. Lassen Sie alle Items bis auf die Schlüsselspalten (PK und FK) anzeigen. Eine Ausnahme bildet das Item BEST_FESTSCHR_ID. Es bleibt sichtbar, denn es dient später dazu, die manuelle Synchronisierung (manueller Master-Detail Join) zu realisieren (im Kapitel 7.3.6 vorgestellt, dort wurde der FK DETA_MAST_ID nicht ausgeblendet). Die Anzahl der Datensätze beträgt, wie bei der Komponente „Anträge" 1.

8.2.2 Tabellenverwendung Festschr

Ziehen Sie die SM-Tabelle Festchr ohne Erzeugung eines KEY-BASE-LINK in das Modul, wie in der Abbildung 8.8 dargestellt. Das Item FSCH_DOKNR bleibt sichtbar. Dieselbe Tabellenverwendung wird auch als Lookup zur Bestellung eingesetzt und beschreibt damit dieselbe Logik, wie ich in Kapitel 7 (Master-Detail join explizit erzeugen) erörtert habe. Die Tabelle 7.49 enthält die Grundlage für die Implementierung der Verwendungen BESTELLUNGEN und FESTSCHR, die hier analog dazu umgesetzt werden. Auch hier beträgt die Anzahl der Datensätze 1.

Abbildung 8.8: Inv_Bestl

Das unbound Item im Block Festschr werde ich Ihnen im weiteren Verlauf noch vorstellen.

8.2.3 Lookup-Table-Verwendungen in Bestellung

Es sind zwei Lookups erforderlich, FIRMEN und FESTSCHR. Die FK-Spalte BEST_FESTSCHR_ID besitzt ausnahmesweise im Block Bestellungen die Eigenschaft: Display = Yes (aus Tabelle FESTSCHR). Die Verwendung Firmen enthält alle Händler, von denen bestellt werden kann, FESTSCHR enthält das Feststellschreiben. Zur Erinnerung: Das ist ein Dokument, zu dem mehrere Bestellungen gehören können und das eine eindeutige Nummer besitzt. In der endgültigen Lösung kann dieses Dokument als Word-Datei direkt in der Forms-Anwendung (durch Doppelklick auf das Item fsch_doknr) geöffnet werden. Leider kann ich auch darauf im Rahmen des Buches nicht mehr näher eingehen. Die Lookup-Verwendung Firmen enthält die LoV-Spalten: Firm_Lieferanten_Nr, Firm_Name, Firm_Ort und Firm_plz. In der Bestellung ist als kreiertes Lookup Item nur die Spalte Firm_name sichtbar (Display = Yes)

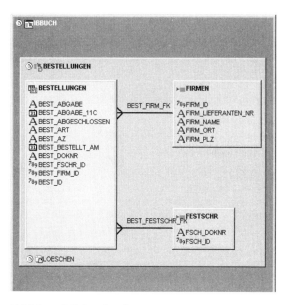

Abbildung 8.9: Inv_BestII

Den Verwendungen BESTELLUNGEN, FESTSCHR, und FESTCHR als Lookup-Tabellen liegt exakt dieselbe Logik zugrunde als im Kapitel 7.3.6 die Abbildung 7.49. Die dortige Verwendung MASTERS entspricht hier FESTSCHR und DETAILS der Verwendung BESTELLUNGEN. Die unterschiedlichen Positionen der Verwendungen ändern daran nichts.

8.2.4 Detail-Tabellenverwendungen

Positionen

Die Detail-Tabelle enthält die wichtigsten Daten einer Bestellposition wie den Preis und die Menge. Ziehen Sie die Tabellenverwendung Positionen unterhalb der Verwendung Bestellungen, um den erforderlichen Key-Base-Link zu erzeugen. Die konkreten Produkt- und Antragsdaten (jede Bestellposition kann aus einem anderen Antrag entstehen) werden über entsprechende Lookup-Tabellen zugewiesen. Lassen Sie auch hier die Eigenschaft Display = Yes für alle Spalten mit Ausnahme der Schlüsselspalten. Betroffen davon sind vier Spalten (POSI_RECHNUM, POSI_MWST, POSI_LIEFERMENGE, POSI_STÜCKPREIS, POSI_BAYMBS). Geben Sie für die Anzahl der Datensätze z.B. 10 ein. Das Item Posi_Mwst enthält eine Domäne über drei verschiedene MWST-Sätze. Die folgende Abbildung 8.10 zeigt deren Elemente. Legen Sie für dieses Item die Display View Pop List fest.

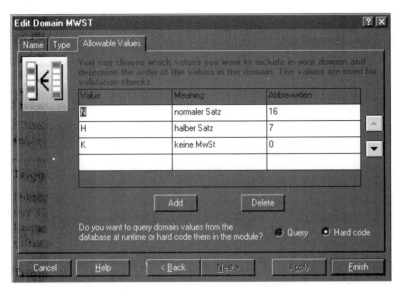

Abbildung 8.10: Domäne MWST, Name

Sie finden die Domäne selbstverständlich auf der CD-ROM.

Beskos

Das Item BKOS_BETRAG enthält als einziges die Eigenschaft „Display = yes". Alle übrigen bleiben, da es sich um PK- bzw. FK-Spalten handelt, unsichtbar. Die Anzahl der darzustellenden Datensätze kann z.B. 5 sein. Markieren Sie die Komponente und öffnen Sie die Eigenschaften im Dialog Modus. Deaktivieren Sie alle Operationen (Insert, Update usw.) bis auf „Delete", denn die Inhalte von Beskos dienen nur zur Information und können nicht verändert, wohl aber gelöscht werden.

Recom

Recom ist eine Detailtabelle zur Verwendungen Positionen, die aufgrund der ER-Definition als 1:1-Relation implementiert wird. Der Key-Base-Link weicht dabei aber nicht von den bisherigen Darstellungen ab. Er setzt sich aus den FK-Objekten der zugrunde liegenden HW-Komponenten seiner Bestandteile zusammen und enthält selbst keine Attribute, die für den Anwender wichtige Informationen enthalten. Selbstverständlich können Sie diese Komponenten beliebig erweitern. Die von mir vorgeschlagenen Verwendungen sind auch nur ein kleiner Ausschnitt aus den insgesamt eingesetzten Tabellen. Die Anzahl der Datensätze beträgt 1, da ein bestimmtes Hardwareprodukt stets nur einmal pro Rechner auftritt. In Wirklichkeit ist das leider nicht der Fall, weshalb das Datenmodell diesbezüglich erweitert werden muss. Anstelle einer 1:N-Relation zwischen Recom und den HW-Tabellen müsste eine M:N-Relation definiert werden. Das aber nur zur Ergänzung. Leider kann ich wie schon mehrmals erwähnt, damit das Buch überschaubar bleibt, nicht alle Gegebenheiten des Projekts darstellen.

Die Abbildung 8.11 zeigt das bisherige Modul.

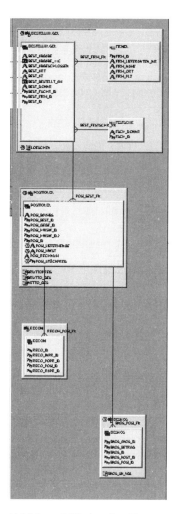

Abbildung 8.11: Inv_BestIII

8.2.5 Lookup-Table-Verwendungen in Detailkomponenten

Lookups für die Verwendung Positonen

Die Verwendung Position verweist auf zwei Lookup-Tabellen, die beide im bisherigen Verlauf des Buches wiederholt erwähnt worden sind. Beide repräsentieren eine View, die jedoch auf unterschiedlichen Definitionen basieren. Die View ANT_GEG_INFO repräsentiert eine gewöhnliche Definition einer View mit den üblichen Dialogen des Designers. In Kapitel 6.4 entstand sie aufgrund einer mehrstufigen Lookup-Table-Verwendung und diente gleichzeitig dazu, uns die Zusammenhänge und Schritte zur Definition einer Lookup-View darzustellen. Jetzt können Sie die dortigen Ausführungen praxisgerecht in Ihrem Modul umsetzen und die View einbinden.

Als Nächste muss die zweite View HWSW_INFO zugeordnet werden. Gehen Sie dabei analog zu den Schritten in 6.4 vor. Deren Definition unterscheidet sich etwas, da ich hier MIT UNION SELECT auf die entsprechenden Tabellen der View arbeite. In Kapitel 5.11.9.5 erfuhren Sie im Zusammenhang mit der rekursiven Relation bereits das Prinzip. Jetzt gehen wir daran, die View für unser Projekt zu erzeugen. Betrachten wir noch einmal einen Ausschnitt aus dem dortigen Endprodukt (Seite 113).

```
create or replace view vtest as
 select master.tefi_name "HÄNDLER", detail.tefi_name "HERSTELLER", hwo_hwge
   from tefi3 master, tefi3 detail, tf3is, hwobjekt
   where tf3i_tefi3_id = master.tefi_id
   and tf3i_tefi3_id_von_firmen = detail.tefi_id
   and hwo_tefi3_id = detail.tefi_id
union all
```
...

Stellen wir zunächst den Bezug zu den Projekttabellen her, vergleichen Sie dazu das SM-Modell auf der Seite 109, Abbildung 5.39:

▸ TEFI3 entspricht der Tabelle FIRMEN.

▸ TFEIS entspricht der Tabelle HEHAIS.

▸ HWOBJEKT entspricht den Hard- bzw. Softwaretabellen. Im zugrunde liegenden Datenmodell sind nur zwei Entitäten (HWOBJEKT, HWOBJEKT2) vorhanden. Tatsächlich benötigen wir jedoch mehrere und müssen eine noch mehr ins Detail gehende Modellierung vornehmen (Kapitel 5.13.10.4). Die daraus resultierenden 1:N-Relationen müssen auch in der View berücksichtigt werden. Demnach verwenden wir folgende Tabellen für die View:

- BILDSCHIRM (1) : BIPROD (N)

- DRUCKER (1) : DRPROD (N)

- SOFTWARE (1) : SOPROD (N)

- INFEPLATTE (1) : INFEPRO (N)

- RAM

- PROZESSOR

Jetzt können wir analog zu der obigen Ausführung die View für den Bildschirm unter Berücksichtigung der 1:N-Relation zwischen BILDSCHIRM und BIPROD erzeugen. Das Beispiel enthält nur eine Spalte hwo_hwge, das stellvertretend für sämtliche Attribute der Hard- und Softwaretabellen steht. Die Anzahl der Attribute der jeweiligen Tabellen ist unterschiedlich, deswegen definiere ich die Spalten der View manuell und gebe eine Reihe von Spalten hinzu, die je nach vorliegender Auswahl belegt werden (HWSW_SPEZ1, HWSW_SPEZ2, HWW_SPEZ3). Die obige Vorlage enthält keine Literale, so wie in Kapitel 6 auf der Seite 183 zur Identifizierung der jeweiligen Hard- und Softwaretabelle vorgegeben, da sie nur die diversen Joins aufgrund der Rekursion veranschaulicht. Die endgültige Lösung muss diese Spalten enthalten. Aufgrund der Definition in SQL enthält das Beispiel Spalten-Aliasnamen. Die Endlösung wird jedoch im Designer angelegt und benötigt keine Aliasnamen. Demzufolge entsteht die folgende Logik.

▹ **Aus**: select master.tefi_name „HÄNDLER", detail.tefi_name „HERSTELLER"

▹ **Entsteht**: SELECT master.firm_name ,detail.firm_name (keine Aliasnamen)

▹ **Aus**: hwo_hwge

▹ **Entsteht**: 'Bildschirm', HEHA_ID, BIPR_ID, BILD_TYP, BIPR_PRODUKT, BIPR_ZOLL, BIPR_TCO, BIPR_HERTZ

▹ **Aus**: from tefi3 master, tefi3 detail, tf3is, hwobjekt

▹ **Entsteht**: FROM firmen master, firmen detail, hehais, bildschirme, biprod (1:N-Relation der Hardwaretabellen miteinbezogen)

▹ **Aus**: where tf3i_tefi3_id = master.tefi_id

▹ **Entsteht**: WHERE heha_firm_id2 = master.firm_id

▹ **Aus**: and tf3i_tefi3_id_von_firmen = detail.tefi_id

▹ **Entsteht**: heha_firm_id = detail.firm_id and

▹ **Aus**: and hwo_tefi3_id = detail.tefi_id

▹ **Entsteht**: and bild_firm_id = detail.firm_id and bipr_bild_id = bild_id

▹ Ich habe in der View bereits die Spalten bestimmt, was optional möglich ist. Es existieren zwei ID-Spalten und damit 2 FK-Spalten (Posi_HWSW_ID1, Posi_HWSW_ID2) die sich zum einen aus der HEHA_ID der Intersektionstabelle und der jeweiligen ID der untersten Detailtabelle der HWSW-Tabellen zusammensetzt. Der Grund dafür ist, dass sich die HEHA_ID, welche zu jeder Kombination von Händlern und Herstellern vergeben wird, sich zu jedem Produkt, das dieser Hersteller enthält, wiederholt. Sie ist nur dann eindeutig, wenn sich die Produkt_ID des untersten HWSW-DETAILS im PK befindet. Jedes Produkt kann zu jedem Hersteller nur einmal auftreten.

Der erste Teil der View lautet damit:

```
PROMPT Creating View 'HWSW_INFO'
CREATE OR REPLACE FORCE VIEW HWSW_INFO
 (HWSW_HAEND
 ,HWSW_HERS
 ,HWSW_TYP
 ,HWSW_ID
 ,HWSW_ID2
 ,HWSW_GERAET
 ,HWSW_PRODUKT
 ,HWSW_SPEZ1
 ,HWSW_SPEZ2
 ,HWSW_SPEZ3)
  AS SELECT master.firm_name
```

```
,detail.firm_name
,'Bildschirme'
,HEHA_ID
, BIPR_ID
, BILD_TYP
, BIPR_PRODUKT
, BIPR_ZOLL
, BIPR_TCO
, BIPR_HERTZ
  FROM firmen master, firmen detail, hehais,  bildschirme, biprod
    WHERE heha_firm_id2 = master.firm_id and
heha_firm_id = detail.firm_id and
bild_firm_id = detail.firm_id and
bipr_bild_id = bild_id
UNION ALL.......
```

Die Implementierung wiederholt sich für die nächste Tabelle

```
select master.firm_name
,detail.firm_name
,'Drucker'
,HEHA_ID
, DRPR_ID
, DRUC_TYP
, DRPR_PRODUKT
, DRPR_FORMAT
, DRPR_DUPLEX
, DRPR_FARBE
  FROM firmen master, firmen detail, hehais,  drucker, drprod
where heha_firm_id2 = master.firm_id and
heha_firm_id = detail.firm_id and
druc_firm_id = detail.firm_id and
drpr_druc_id = druc_id
UNION ALL
....
```

Der gesamte Code der View befindet sich auf der CD-ROM.

Lookups für die Verwendung Recom

Sie enthält Beziehungen zu den diversen Komponenten eines Rechners, die wiederum auch Bestandteil der View HWSW_INFO sein müssen, damit sie als Bestellpositionen gehandelt werden können. Sie können, wie schon mehrfach erwähnt, die View und das Datenmodell hinsichtlich der HWSW-Tabellen beliebig ergänzen. Nur als Beispiel habe ich hier der Verwendung (und Entität Recom im ERD) die Tabellen (bzw. Entität) RAM, INFEPRO, INFEPLATTE und PROZESSOR zugewiesen. Die Lookups INFEPRO und INFEPLATTE stellen eine mehrstufige Lookup-Tabelle dar. Als sichtbare kreierte Lookup Items in der Anwendung und LoV werden alle Spalten mit Ausnahme der ID angegeben. Sie sehen, dass sich die Tabellen in der Anzahl der Spalten unterscheiden, was sich auf die View HWSW_INFO auswirkt. Wir benötigen deshalb für die weitere Implementierung der View unsere Erkenntnisse aus Kapitel 6.5.3: „Tabellen einer View mittels UNION SELECT aber unterschiedlicher Spaltenanzahl". Das Modul ist damit mit allen Komponenten erstellt. Als nächsten Schritt will ich die optische Gestaltung in der Display View vornehmen.

Lookups für die Verwendung Beskos

Enthält nur die Information der Kostenstelle, die analog zum Antrag dargestellt wird. Deshalb muss diese nicht aus der LoV selektiert werden. Die Präferenz LOV-BUT ist für diesen Block auf „No" gestellt, da der Button hier überflüssig ist. Alle Items sind nicht editierbar. Sie dienen nur zur Dokumentation. Alle Inhalte werden über Trigger berechnet.

Damit sind alle Komponenten etabliert. Betrachten Sie das fertige Modul auf der CD-ROM.

8.2.6 Die Display View des Moduls

Bevor wir die Display View verwenden, sind noch einige unbound Items zu definieren, die ich hier gesondert vorstellen möchte.

Modulkomponente Bestellungen

Knoten: Unbound Items markieren, neues Item definieren (Display Typ = Button), Name: LOESCHEN. Um die Trigger-Logik kümmern wir uns nachher.

Modulkomponente Positionen

Knoten: Unbound Items markieren und 3 Items definieren:

- NETTO_GES: Display Typ = Textfeld
- BRUTTO_GES: Display Typ = Textfeld
- BRUTTOPREIS: Display Typ = Textfeld

Modulkomponente Beskos

- BKOS_SK_VGL: Display Typ = Textfeld

Modulkomponente Festschr

- BESTELLUNG: Display Typ = Button
- Jetzt verfügen wir über alle notwendigen Objekte und können die Gestaltung des Moduls vornehmen. Wechseln Sie in die Display View und nehmen Sie die nachfolgend dargelegten Einstellungen vor.

Die Display View der Komponente Bestellungen

Auch sie enthält, wie schon die Komponente Antraege in Inv_Ant, drei Item Groups die ebenso angeordnet werden.

Die Display View der Komponente Positionen

Hier haben wir mehrere Möglichkeiten. Wir könnten einen Überlaufbereich spezifzieren oder der Einfachheit halber alle Items horizontal auf Blockebene ausrichten, indem wir die Anzahl der darzustellenden Zeilen bei der Definition der Komponente angeben, z.B. 10. Mit allen sichtbaren Items, einschließlich der kreierten Lookup Items, werden so nicht alle in einer Zeile Platz finden und ein Überlaufbereich ist damit unumgänglich. Ich habe jedoch stattdessen ein Item Group um alle Items, mit Ausnahme der Spalte, POSI_LIEFERMENG, POSI_STÜCKPREIS, POSI_MWST und den unound Items NETTO_GES und BRUTTO_GES mit einer vertikalen Ausrichtung definiert. Damit werden alle Spalten des aktuellen Datensatzes in dieser Group angezeigt. Rechts davon entsteht eine Tabelle mit den verbleibenden Items in der Anzahl der zu Beginn festgelegten Anzahl der Zeilen.

Die Display View der Komponente Recom

Sie enthält für jedes Hardware-Bauteil, entstanden aus verschiedenen Lookups, eine Item Group, welches mit der Eigenschaft „Stacked" versehen worden ist (Kapitel 7, Seite 230). Alle übrigen Datenblöcke enthalten keine weiteren Groups, sondern lediglich eine horizontale Ausrichtung auf Blockebene.

Die Display View der Komponente Beskos

Sie gestaltet sich analog zur Komponente Antraege3 (Kapitel 8.1.4) als Stacked Canvas. Positionieren Sie das Canvas ungefähr in der Mitte der sichtbaren Anwendung.

Die Display View der Komponente Festschr

Sie wird ebenfalls als Stacked Canvas implementiert und oberhalb des Datenblocks Bestellungen zur Anzeige gebracht.

Action Items des Moduls

Die Namen und Beschriftungen sind identisch. Sie können selbstverständlich auch sprechendere Namen vergeben.

Komponente Bestellungen

▶ REKOM: Verweist auf den Datenblock REKOM (Rechnerkomponente).

▶ BESKOS: Verweist auf den Datenblock BESKOS (Bestellkostenstellen). Diese Komponente enthält einen when-button-pressed-Trigger, der eine globale Variable (:global.bkos_aktiv := 1;) auf 1 setzt. Mehr darüber ihn der Trigger-Logik. Definieren Sie an dieser Stelle einfach den Trigger und fügen die Zuweisung der Variable wie in Klammern dargestellt ein.

▶ FEST/SCHREIBEN: Verweist auf die Komponente FESTSCHR.

▶ Bestellungen: Verweist auf den Block Bestellungen. Dieser Fall tritt immer dann ein, wenn der Anwender beispielsweise die Stacked Canvases BESKOS oder FESTSCHR „geöffnet" hat und von dort direkt zur BESTELLUNG zurückkehren möchte. Die Navigation zu einem anderen Datenblock schließt gleichzeitig alle sichtbaren Stack Canvases.

Komponente Beskos

▷ Position: Verweist von Beskos zurück auf den Datenblock Position. Auch hier ist ein when-Button-Pressed-Trigger definiert. Die Prozedur „hide_view" blendet das Stacket Canvas aus (Beskos). Damit Sie wissen, welchen Namen Forms dafür vergibt, müssen Sie das Modul einmal generieren und anschließend im Forms Builder öffnen. Öffnen Sie mit dem Layout-Editor (rechte Maus) im Knoten Leinwände alle enthaltenen Objekte, bis Sie die Darstellung der Tabelle Beskos erhalten. In meiner Anwendung vergab Forms die Bezeichnung: „CG$POPUP_1". Der Trigger erhält damit den Code:

```
:global.bkos_aktiv := 0;
hide_view('CG$POPUP_1');
-- Stacket Canvas Beskos wird ausgeblendet
```

Komponente ReKom

▷ POSITION: Verweist von ReKom zurück auf den Datenblock POSITION.

Das Modul dürfte damit soweit abgeschlossen sein. Auch hier kann ich Ihnen aufgrund der Größe des Moduls empfehlen, es sich in beiden Ansichten (Display- und Dataview) auf der CD im Ganzen, entweder direkt im Designer oder in der grafischen Word-Datei, zu betrachten. Als grafische Abbildungen sind sie für eine Buchseite einfach zu groß. Glückwunsch: Sie haben damit zwei komplexere Module entworfen. Bleibt zuletzt auch hier die Aufgabe, die entsprechende Trigger-Logik zu entwerfen. Sie ist nicht wesentlich umfangreicher als die des Moduls inv_ant.

Ich werde dabei analog zum Antrag vorgehen.

8.2.7 Trigger-Logik

Analog zum Antrag gehe ich auch hier in alphabetischer Reihenfolge der einzelnen Komponenten vor.

Die Modulkomponente beskos

In der Applikationslogik der Komponente befindet sich nur ein Trigger.

Trigger A: post-query: „Sk Vgl bei Beskos durchführen"

Die Zündung erfolgt nach Abschluss einer Query über die Funktionstasten oder Schaltflächen. Im Code wird eine Routine aufgerufen, welche die verbleibenden voraussichtlichen Kosten für jede Kostenstelle berechnet. Die Berechnung muss aufgrund der voraussichtlichen Kosten pro Kostenstelle aus der Tabelle ANTKOS des Antrags erfolgen, weshalb als Parameter der aktuelle Fremdschlüssel-eintrag in Beskos BKOS_AKOS_ID übergeben wird. Die Tabelle ist zu diesem Zeitpunkt bereits entsprechend belegt, d.h., sie enthält die Kostentellen aus dem Antrag und die prozentual aufgeteilten Istkosten aus der Tabelle POSITIONEN. Die Belegung wird durchgeführt, sobald der Anwender Daten in der Tabelle POSITIONEN erfasst. Code:

▷ Chk_bekos_sk_vgl (:BESOS.BKOS_AKOS_ID);

Trigger B: named routine: „chk_bekos_sk_vgl"

Die Routine befindet sich in der Applikationslogik der Komponente BESKOS im Knoten Named Routines.

```
PROCEDURE chk_bekos_sk_vgl (P_BKOS_AKOS_ID IN NUMBER) IS
    v_akos_betrag           NUMBER;
    v_sum_bkos_betrag       NUMBER;
    v_skvgl                 NUMBER;
BEGIN
  SELECT akos_betrag INTO v_akos_betrag FROM antkos
   WHERE akos_id = P_BKOS_AKOS_ID;
  SELECT SUM(bkos_betrag) INTO v_sum_bkos_betrag FROM beskos
   WHERE bkos_akos_id = P_BKOS_AKOS_ID;
  v_skvgl := v_akos_betrag - v_sum_bkos_betrag;
  :BESKOS.BKOS_SK_VGL := v_skvgl;
END;
```

▷ Zu Beginn wird der Betrag aus Antkos selektiert, der aufgrund der Relation zwischen Antkos und Beskos bekannt ist.

▷ Sum(bkos_betrag) errechnet die Summe der gesamten Istkosten einer bestimmten Kostenstelle durch Summenbildung über alle FK-Spalten aus Antkos. Dadurch kann die Summe dem Betrag aus Antkos gegenübergestellt werden. Sie stellt die konkrete Umsetzung der voraussichtlichen Kosten pro Kostenstelle in Form von Istkosten dar.

▷ Die beiden Ergebnisse werden voneinander subtrahiert und die Differenz zu jeder Kostenstelle eingetragen. Dabei können wir uns auf das konkrete Item „:BESKOS.BKOS_SK_VGL" aus BESKOS beziehen, da infolge des POST_QUERY-Triggers, der für jede auftretende Zeile individuell zündet, alle existierenden Datensätze in Beskos zur aktuellen Positione berücksichtigt werden.

Die Modulkomponente Bestellungen

Sie enthält ein unbound Item (Name: „Löschen", Beschriftung: „Löschen"), das als Button dargestellt ist und einen when-button-pressed-Trigger (Trigger C) enthält.

Trigger C: when-button-pressed: „Festschreiben löschen"

Der Trigger entfernt den BEST_FESTSCHR_ID-Eintrag aus der Bestellung (diese FK-Spalte ist aus genannten Gründen sichtbar in der Anwendung) und entfernt damit den Bezug der aktuellen Bestellung zu dem entsprechenden Schreiben. Der Code lautet:

```
IF :BESTELLUNGEN.BEST_FESTSCHR_ID IS NOT NULL  THEN
  :BESTELLUNGEN.BEST_FESTSCHR_ID := NULL;
END IF;
```

Liegt ein Eintrag in der FK-Spalte vor, wird er mit NULL überschrieben. Mehr ist hier nicht zu tun.

Trigger D: Key-Commit: „execute Query nach neuem Festschreiben"

Dieser und die Trigger E-J sind alle der Applikationslogik der Komponente BESTELLUNGEN zugeordnet. Der Key-Commit-Trigger sorgt dafür, dass, sobald der Anwender ein Feststellungschreiben eingetragen hat und zur Bestellung wechselt, nach dem Speichervorgang auch der Name des Dokuments angezeigt wird. Der Code lautet:

```
Begin
IF :BESTELLUNGEN.FSCHR_FSCH_DOKNR IS NULL AND :BESTELLUNGEN.BEST_FESTSCHR_ID IS NOT
NULL THEN
execute_query;
NULL;
ELSE
COMMIT;
END IF;
END;
```

Trigger E: Key-Entqry: „Master Löschen"

Löscht vor Beginn einer Abfrage eventuell vorliegende Daten im Master, damit alle Bestelldatensätze ausgegeben werden. Die Prozedur show_view erfüllt hier eine besondere Aufgabe. Sobald der Anwender den Datenblock FESTSCHR verlassen möchte, per Mausklick zum Block BESTELLUNGEN navigiert und dort Enter_Query abruft, wird das Stacket Canvas FESTSCHR ausgeblendet. Der Mausklick selbst vermittelt dem Stacket Canvas noch keine Veränderung, wohl aber der Start des Enter_Query-Modus. Probleme bereitet dabei das Spread_Table_1 in Positionen, welche Forms aufgrund der Einstellung Spread Table in den Modulkomponenten Eigenschaften im Design Editor für die tabellarische Darstellung der außerhalb der Item Group liegenden Datenfelder erzeugt. Im Prinzip handelt es sich bei Spread Table um nichts anderes als stets eingeblendete Stacked Canvases. Existieren jedoch auch andere, explizit definierte Stacked Canvases, werden durch die obige Navigation und den Start des Enter_Query-Moduls auch sie ausgeblendet. Damit das nicht passiert, wird vor Beginn von Enter Query explizit die Prozedur show_view aufgerufen und das Spread Table in Positionen wieder eingeblendet.

```
BEGIN
 go_block('FESTSCHR');
 clear_block;
 go_block('BESTELLUNGEN');
 show_view('CG$Spread_Table_1');
 enter_query;
END;
```

Trigger F: Pre-Query: „Synchronisation mit Block Festschr"

Dieser und auch noch andere Trigger werden Ihnen bekannt vorkommen. Richtig, sie sind die praktische Umsetzung des Kapitels 7.3.6. Vergleichen Sie die aktuellen Trigger einfach mit der dortigen Pre-Query-Trigger-Logik (Name: „Synchronisation mit Master"). Die Zündung erfolgt vor dem Absetzen einer Abfrage mit F8 oder über den entsprechenden Button.

```
BEGIN
  IF :FESTSCHR.FSCH_ID IS NOT NULL THEN
    copy(TO_CHAR(:FESTSCHR.FSCH_ID),'BESTELLUNGEN.BEST_FESTSCHR_ID');
  END IF;
END;
```

Trigger G: When-create-Record: „Synchronisation mit Block Festschr"

Ähnelt dem Trigger F bis auf die Ergänzung, dass auch die Bezeichnung des Festschreibens selektiert und angezeigt wird. Vergleichen Sie Ihn mit dem when-create-record-Trigger: „Synchronisation mit Block Master." in Kapitel 7. Er zündet, sobald der Anwender einen neuen Datensatz einfügen möchte. Der Code lautet:

```
DECLARE
  v_doku   VARCHAR2(50);
BEGIN
  IF :FESTSCHR.FSCH_ID IS NOT NULL THEN
copy(TO_CHAR(:FESTSCHR.FSCH_ID),'BESTELLUNGEN.BEST_FESTSCHR_ID');
    SELECT fsch_doknr INTO v_doku FROM festschr
      WHERE fsch_id = :FESTSCHR.FSCH_ID;
    copy(v_doku,'BESTELLUNGEN.FSCHR_FSCH_DOKNR');
  END IF;
END;
```

Trigger H: When-new-Block-Instance: „Posi Canvas bei Wechsel zu Best sichtbar halten"

Er zündet mit der Navigation in den zugrunde liegenden Datenblock dieses Triggers. Erfolgt der Wechsel zu einem anderen Block, bei sichtbaren Datenblock: „Festschr", sorgt der enthaltene Code dafür, dass das Spread Table in „Positionen" sichtbar verbleibt. Das Objekt ist im Designer nicht existent und deshalb programmatisch im Prinzip nicht zugänglich. Erst nach der Generierung als Forms-Anwendung entsteht das Objekt CG$Spread_Table_1 im Forms Builder und kennzeichnet nunmehr das Objekt bzw. den Namen der Leinwand, welche im Forms Builder für das Designer Objekt „Spread Table" erzeugt wird. Im Designer haben Sie aber die Möglichkeit, innerhalb von Triggern durch Angabe des Forms-Objekts explizit darauf zuzugreifen, da alle Designer-Objekt in Forms zugewiesen wird, müssen Sie das Modul nur einmal generieren und in Forms das Ergebnis, sprich das Objekt namentlich lokalisieren. Anschließend greifen Sie im Designer darauf zu. Bei erneuter Generierung des Moduls erfassen Sie über den Trigger in Forms das benannte Objekt. Damit führt er die gewünschten Operationen durch und sorgt im konkreten Fall dafür, dass ein Spread Table in der Anwendung eingeblendet wird. Code:

```
show_view('CG$Spread_Table_1');
```

Trigger I: When-new-Block-Instance: „Neuen Mastersatz speichern"

Auch er ist ein Teil der When-new-Block-Instanc-Triggerlogik: „Neuen Mastersatz speichern" aus Kapitel 7, mit derselben Ergänzung als Trigger-G.-Code.

```
DECLARE
  v_doku VARCHAR2(50);
BEGIN
IF :global.New_Block_instanze_bei_create = 'ja' THEN
    go_Block('FESTSCHR');
    COMMIT;
    go_Block('BESTELLUNGEN');
 copy(TO_CHAR(:FESTSCHR.FSCH_ID),'BESTELLUNGEN.BEST_FESTSCHR_ID');
    SELECT fsch_doknr INTO v_doku FROM festschr
    WHERE fsch_id = :FESTSCHR.FSCH_ID;
    copy(v_doku,'BESTELLUNGEN.FSCHR_FSCH_DOKNR');
    END IF;
END;
```

Trigger J: When-new-Record-Instance: „Feststellschreiben-FK ablegen"

Der aktuelle Wert des Foreign Key von Festschr wird in der Bestellung einer globalen Variable zugewiesen, um von dort aus direkt auf das aktuelle Feststellschreiben zu verweisen.

```
:global.Best_Festschr_Doknr:=:BESTELLUNGEN.BEST_FESTSCHR_ID;
```

Die Modulkomponente Festschr

Trigger K: When-Button-Pressed: „Wechsel zur Bestellung ohne erforderliche Eingabe"

Der Trigger befindet sich in der Logik des Unbound Items „Bestellung", das im Block FESTSCHR als Schaltfläche konzipiert wird und mit der unten stehenden Logik ausgestattet ist. Der Code sorgt dafür, dass ein Wechsel direkt vom Block Festschr zum Block Bestellungen erfolgen kann, ohne dass entsprechende Trigger (Trigger I) zünden. Dieser Fall tritt dann ein, wenn der Anwender keine neue Bestellung zu einem Feststellungsschreiben erfassen möchte. Die globale Variable muss dazu auf nein gesetzt werden, damit der new-Block-Instance Trigger im Detail nicht zündet.

```
:global.New_Block_Instanze_bei_create := 'nein';
 go_block('BESTELLUNGEN');
```

Die globale Variable muss auf nein gesetzt werden, damit der Trigger I nicht ausgeführt wird und der Eintrag des Fremdschlüssels in die BEST_FESTSCHR_ID nicht erfolgt. Anschließend kann der Block gewechselt werden, ohne dass eine Synchronisation erfolgt.

Trigger L: Key-CreRec: „Datensätze einfügen"

Dieser und alle folgenden Trigger bis Q werden in der Applikationslogik des Datenblocks FESTSCHR definiert. Trigger L ist äquivalent zum Key-CreRec-Trigger: „Datensätze einfügen" in Kapitel 7 aufgebaut. Er zündet, sobald die Schaltfläche „create" gedrückt wird oder im Forms-Menü Datensatz/Einfügen selektiert wird. Der Code lautet:

```
DECLARE
 v_mode    VARCHAR2(10);
BEGIN
  :global.Master_Detail_Synchro_mode := 'nein';
  go_Block('Bestellungen');
  clear_Block;
  go_Block('Festschr');
  create_record;
END;
```

Trigger M: Pre-Query: „gl. V. new_Block_Instanze_bei_create deaktivieren"

Er ist analog zu dem gleichnamigen Pre-Query-Trigger in Kapitel 7 aufgebaut. Der Code lautet:

```
:global.New_Block_Instanze_bei_create := 'nein';
```

Trigger N: when-create-Record: „gl. V. new_Block_Instanze_bei_create aktivieren"

Er ist analog zu dem gleichnamigen Pre-Query-Trigger in Kapitel 7 aufgebaut. Der Code lautet:

```
:global.New_Block_Instanze_bei_create := 'ja';
```

Trigger O: when-new-Block-Instance: „Block Navigation einstellen"

```
BEGIN
 set_block_property('FESTSCHR', NEXT_NAVIGATION_BLOCK, 'BESTELLUNGEN');
END;
```

Um zu vermeiden, dass vom Block Festschr zum Block Beskos anstelle der Bestellung navigiert wird (bei Betätigung der Navigationstasten), muss explizit angegeben werden, zu welchem Block navigiert werden soll.

Trigger P: When-new-Record-Instance: „Feststellschreiben zur ak. Bestellung anzeigen"

Befindet sich der Anwender in einer Bestellung, die einen Bezug zu einem Feststellschreiben enthält, wird es beim Wechsel zum Block Bestellung selektiert und angezeigt. Der Code lautet:

```
DECLARE
v_query                  VARCHAR2(50);
v_best_festschr_doknr    VARCHAR2(50);
BEGIN
v_best_festschr_doknr := :global.Best_Festschr_doknr;
v_query := 'FESTSCHR.FSCH_ID = ' || v_best_festschr_doknr;
```

```
IF v_best_festschr_doknr IS NOT NULL THEN
    :global.Best_Festschr_doknr := NULL;
    SET_BLOCK_PROPERTY('FESTSCHR',DEFAULT_WHERE,v_query);
    execute_query;
    SET_BLOCK_PROPERTY('FESTSCHR',DEFAULT_WHERE,'');
END IF;
END;
```

Auch der Trigger ist Ihnen bereits aus Kapitel 7 bekannt. Hier noch einige Erläuterungen:

▶ Der zuvor im Trigger J abgelegte aktuelle FK-Wert des Schreibens im BESTELL-BLOCK wird eingelesen, sobald der Anwender, aufgrund des Triggertyps, zum Block FESTSCHR navigiert.

▶ Eine Query wird erzeugt, die sich aus dem Fremdschlüssel und der FSCH_ID von FESTSCHR zusammensetzt.

▶ Die Bedingung prüft schließlich, ob ein Schlüsseleintrag vorliegt, wenn ja, wird über Set_Block_Property die Where-Bedingung spezifiziert.

▶ Im Anschluss daran muss sie „geleert" werden, da Forms sonst die letzte Bedingung immer wieder wiederholt.

Trigger Q: When-New-Record_Instance: „Details anzeigen"

Der Trigger ist mit dem namensgleichen When-New-Record_Instance-Trigger: „Details anzeigen" in Kapitel 7 völlig identisch. Nur die Namen der jeweiligen Blöcke weichen voneinander ab. Der Code lautet:

```
DECLARE
BEGIN
 IF :global.Master_Detail_Synchro_mode = 'ja' THEN
  IF :FESTSCHR.FSCH_ID IS NOT NULL THEN
   go_block('BESTELLUNGEN');
   execute_query;
   go_block('FESTSCHR');
  ELSE
   go_block('BESTELLUNGEN');
   clear_block;
   go_block('FESTSCHR');
  END IF;
ELSE
 :global.Master_Detail_Synchro_mode := 'ja';
END IF;
END;
```

Die Modulkomponente Positionen

Item Posi_Liefermenge:

Trigger R: Key-Next-Item: „Tabelle Beskos updaten"

Er befindet sich im Item Posi_Liefermenge der Komponente POSITIONEN. Key-Next-Item-Trigger zünden mit der Navigation von einem Item zum nächsten innerhalb eines Datensatzes. Hat der Anwender die korrekte Liefermenge spezifiziert, muss der Sk-Vgl. in Beskos durchgeführt werden, indem auf diesen Block eine Execute Query abgesetzt wird. Der Trigger der die Berechnung vornimmt zündet infolge eines Post-Query-Triggers in Beskos (Trigger A). Mit einer möglichen Änderung der Liefermenge muss der SK-Vgl. in Beskos neu erfolgen.

```
DECLARE
  v_item   VARCHAR2(50);
BEGIN
  -- aktuellen ItemNamen speichern
  v_item := :SYSTEM.CURSOR_ITEM;
  -- execute Query in Beskos ausführen
  go_block('BESKOS');
  execute_query;
  go_block('POSITIONEN');
  go_item(v_item);
  -- nächstes Item ansteuern in Positionen
  next_item;
```

Trigger S: When-validate-Item: „Bruttopreis belegen"

Er ist ebenfalls dem Item Posi_Liefermenge zugeordnet und errechnet den Gesamt-Bruttopreis einer Bestellposition. Der Code lautet:

```
--Berechnung des Gesamt-Nettopreises
  :POSITION.NETTO_GES := :POSITIONEN.POSI_LIEFERMENGE* :POSITIONEN.POSI_STÜCKPREIS;
--Berechnung des Gesamt-Bruttopreises aus dem Gesamt-Nettopreise einer Position.
IF :POSITIONEN.POSI_MWST = 'N' THEN
  :POSITIONEN.BRUTTO_GES := :POSITIONEN.NETTO_GES *(1+0.16);
ELSIF :POSITIONEN.POSI_MWST = 'H' THEN
  :POSITIONEN.BRUTTO_GES := :POSITIONEN.NETTO_GES*(1+0.07);
ELSE
  :POSITIONEN.BRUTTO_GES :=  :POSITIONEN.NETTO_GES;
END IF;
```

Der Bruttopreis ist von der Mehrwertsteuer abhängig und muss für jeden möglichen Satz berechnet werden. „N" steht für Normal und besitzt den Faktor 16, „H" steht für den halben Satz von 7 Prozent. Für alle anderen Werte wird die Steuer nicht berechnet. Sie sehen anhand dieses Beispiels, dass durchaus auch Inhalte aktueller Datenfelder für Berechnungen verwendet werden und anderen aktuellen Datenfeldern zugewiesen werden können.

Trigger T: When-validate_Item: „Tabelle Beskos updaten"

▶ Liegt auf derselben Ebene wie Trigger S. Der Name ist etwas irreführend, denn es erfolgt eigentlich kein reguläres Update im Sinne des Aufrufs der Routine „chk_bekos_sk_vgl" über Post Query, wie in Trigger R, sondern die völlige Neubelegung aller Spalten von Beskos zur aktuellen Position. Ich spreche nur deshalb von einem Update, weil die Daten der Bestellposition aktuell vorliegen und deshalb von dort übernommen werden können. Notwendig wird dies bei möglichen Änderungen in der aktuellen Bestellposition, wenn noch kein explizites Speichern (Commit) erfolgt ist. Für die Neubelegung existiert eine eigene Routine (chk_beskos_belegen), die ich hier mit dem Parameter UPDATE aufrufe (Trigger Z). Die Routine wird nachfolgend noch erläutert. Der Code lautet:

```
chk_beskos_belegen (:POSITIONEN.POSI_ID, 'UPDATE');
```

Item Posi_Stückpreis:

Trigger U: When-Validate-Item: „Tabelle Beskos updaten"

▶ Der Trigger U ist analog dem Trigger R aufgebaut und erfüllt denselben Zweck in der Applikationslogik für das Datenfeld POSI_STÜCKPREIS, weshalb er sich in deren Applikationslogik des Item befinden muss.

Trigger V: When-Validate-Item: „Bruttopreis belegen"

▶ Er befindet sich auf derselben Ebene wie Trigger U und errechnet den Bruttogesamtpreis, falls sich der Stückpreis ändert. Damit sind allerdings auch Änderungen des Bruttopreises pro Stück verbunden, die hier zu berücksichtigen sind. Dieser muss neu berechnet werden. Die Mehrwertsteuer wird mit einbezogen. Der Code lautet:

```
BEGIN
-- Berechnung des Stück-Bruttopreises aus dem Stück-Nettopreis einer Position
IF :POSITIONEN.POSI_MWST = 'N' THEN
 :POSITIONEN.BRUTTOPREIS:= :POSITIONEN.POSI_STÜCKPREIS*(1+0.16);
ELSIF :POSITIONEN.POSI_MWST = 'H' THEN
 :POSITIONEN.BRUTTOPREIS := :POSITIONEN.POSI_STÜCKPREIS*(1+0.07);
ELSE
 :POSITIONEN.BRUTTOPREIS :=  :POSITIONEN.POSI_STÜCKPREIS;
END IF;
-- Berechnung des Gesamt-Bruttopreises aus dem Gesamt-Nettopreis einer Position
IF :POSITIONEN.POSI_MWST = 'N' THEN
 :POSITIONEN.BRUTTO_GES := :POSITIONEN.POSI_STÜCKPREIS * :POSITIO-
NEN.POSI_LIEFERMENGE * (1+0.16);
 ELSIF :POSITIONEN.POSI_MWST = 'H' THEN
 :POSITIONEN.BRUTTO_GES :=  :POSITIONEN.POSI_STÜCKPREIS * :POSITIO-
NEN.POSI_LIEFERMENGE * (1+0.07);
 ELSE
 :POSITIONEN.BRUTTO_GES :=  :POSITIONEN.POSI_STÜCKPREIS * :POSITIO-
NEN.POSI_LIEFERMENGE;
 END IF;
```

Trigger W: When-validate-Item: „Tabelle Beskos updaten"

▶ Liegt auch auf derselben Ebene wie Trigger U und enthält denselben Code wie Trigger T. Er ist notwendig um mögliche Änderungen des Stückpreises und damit Änderungen in Beskos zu berücksichtigen.

Item Posi_Mwst:

Trigger X: Key-Next-Item: „Tabelle Beskos updaten"

▶ Er ist wie Trigger R auf der Applikationslogik-Ebene des Datenfeldes Posi-Mwst definiert.

Trigger Y: When-List-Changed: „Ermittle Mwst"

▶ Dieser Typ zündet, sobald über eine Popliste Inhalte selektiert und zugeordnet werden, wie es für das Item Posi_Mwst der Fall ist. Er befindet sich auf derselben Ebene wie Trigger X. Der Trigger errechnet aufgrund eines veränderten Mwst-Satzes die restlichen Daten. Betroffen davon sind, da es sich um die Mwst handelt, der Gesamt- und der Stück-Bruttopreis. Der Code lautet:

```
BEGIN
-- Berechnung des Stück-Bruttopreises aus dem Stück-Nettopreis einer Position
IF :POSITIONEN.POSI_MWST = 'N' THEN
 :POSITIONEN.BRUTTOPREIS := :POSITIONEN.POSI_STÜCKPREIS*(1+0.16);
ELSIF :POSITIONEN.POSI_MWST = 'H' THEN
 :POSITIONEN.BRUTTOPREIS := :POSITIONEN.POSI_STÜCKPREIS*(1+0.07);
ELSE
 :POSITIONEN.BRUTTOPREIS :=  :POSITIONEN.POSI_STÜCKPREIS;
END IF;
-- Berechnung des Gesamt-Bruttopreises aus dem Gesamt-Nettopreis einer Position
IF :POSITIONEN.POSI_MWST = 'N' THEN
 :POSITIONEN.BRUTTO_GES := :POSITIONEN.NETTO_GES *(1+0.16);
ELSIF :POSITIONEN.POSI_MWST = 'H' THEN
 :POSITIONEN.BRUTTO_GES := :POSITIONEN.NETTO_GES*(1+0.07);
ELSE
 :POSITIONEN.BRUTTO_GES :=  :POSITIONEN.NETTO_GES;
END IF;
END;
```

Trigger Z: When-List-Changed: „Tabelle Beskos updaten"

▶ Er befindet sich erneut in der Applikationslogik des Items Posi_Mwst und ist mit Trigger T völlig identisch.

▶ Die nachstehenden Trigger befinden sich auf der Applikationslogik der Modulkomponente POSITIONEN.

Trigger AA: Post-Insert: „Tabelle Beskos Belegen"

▷ Es erfolgt der Aufruf der Prozedur chk_beskos_belegen, wie es in einigen Triggern bereits der Fall war, z.B. Trigger T, jedoch mit dem Unterschied, dass anstelle des Parameters UPDATE der Parameter INPUT übergeben wird.

```
chk_beskos_belegen (:POSITIONEN.POSI_ID, 'INPUT');
```

Ursache dafür ist, dass hier ein Post-Insert-Trigger vorliegt, aber z.B. im Trigger T ein when-validate-Item-Trigger vorliegt. Nach einem Insert kann direkt aus den Tabellen selektiert werden, da sie damit absolut aktuelle Werte enthalten.

Trigger BB: Post-Query: „Bruttopreis belegen"

▷ Der Bruttopreis muss nach jeder Abfrage errechnet werden. Das gilt für den Stück-Bruttopreis ebenso wie für den Gesamt-Bruttopreis. Der Code ist mit dem des Triggers Y fast identisch. Nur der Nettopreis muss berechnet werden, da er bei Execute Query auf die Modulkomponente „Positionen" nicht existiert. Setzen Sie deshalb die folgende Zeile gleich an den Beginn des Triggers:

```
--Berechnung des Gesamt-Nettopreises
 :POSITIONEN.NETTO_GES := :POSITIONEN.POSI_LIEFERMENGE *:POSITIONEN.POSI_STÜCKPREIS;
```

Trigger CC: Post-Query: „gl.V.new_Block_Instance_bei_create_deaktivieren"

```
:global.New_Block_Instanze_bei_create := 'nein';
```

▷ Der when-create-Record-Trigger N im Festschr zündet mit jeder neuen Abfrage, was selbstverständlich nicht wünschenswert ist. Der Trigger M deaktiviert die Variable auf der Blockebene FESTSCHR, allerdings nur dann, wenn die Abfrage von dort ausgeführt wird. Befindet man sich beispielsweise im Bestellblock, zündet der Trigger nicht. Deshalb ist dieser Trigger auf Modulebene notwendig, da der when-create-Record-Trigger N immer zündet, sobald eine neue Instanz von Festschr auftritt, was beim Start des Abfragemodus (F7) auch dann der Fall ist, wenn sich der Fokus in einem völlig anderen Block als Trigger N befindet.

Trigger DD: When-New-Record-Instance: „Beskos Daten sichtbar halten"

Erfolgt ein Wechsel von einer Bestellung, die einen Verweis auf ein Feststellschreiben besitzt, zum Block Festschr, soll das Schreiben auch dort angezeigt werden, damit es durch Doppelklick auf die DokNr geöffnet werden kann (das ist leider nicht mehr realisiert, jedoch der Grund für diesen Trigger). Der Code lautet:

```
DECLARE v_item VARCHAR2(200);
BEGIN

 IF :POSITIONEN.POSI_ID IS NOT NULL THEN
  v_item := :SYSTEM.CURSOR_ITEM;
  go_block('BESKOS');
  execute_query;
  go_block('POSITIONEN');
  go_item(v_item);
```

```
  IF :global.bkos_aktiv = 1 THEN
    show_view('CG$POPUP_1');
  END IF;
 END IF;
END;
```

- Im Action Item BESKOS wurde die globale Variable auf 1 gesetzt, um zu dokumentieren, dass die Öffnung des Stacked Canvases Beskos erfolgt und als Folge davon das Spread Table im Block Positionen weiterhin sichtbar bleiben soll.

- Durch die Anweisung go_block wird das Stacket Canvas ausgeblendet und, wie ich bereits dargelegt habe, desgleichen alle übrigen Canvases dieses Typs. Die Bedingung prüft dies ab und sorgt durch show_view dafür, dass Spread Table sichtbar bleibt.

- Die Anweisung go_Block und exectue_query führt zu jeder aktuellen oder neuen Instanz in POSITIONEN eine Abfrage auf den Datenblock BESKOS durch.

- Betrachten wir zum Abschluss die Routine des Moduls. Sie befindet sich in der Applikationslogik des Datenblocks Positionen, weil sie innerhalb davon eingesetzt wird. Es wäre aber auch denkbar gewesen, die Implementierung auf Modulebene vorzunehmen.

Routine: chk_beskos_belegen

Der Code ist wieder etwas länger, weshalb ich ihn hier nicht aufliste. Sie finden ihn und die notwendigen Erläuterungen unter dem Namen Trigger bbb.

Die restlichen Trigger befinden sich alle auf der Applikationsebene des Moduls.

Trigger EE: Kex-Commit: „gl. V. new_Block_instancze_bei_create deaktivieren

Findet ein explizites Speichern statt, muss die globale Variable zurückgesetzt werden. Der Code lautet:

```
BEGIN
:global.New_Block_Instanze_bei_create := 'nein';
COMMIT;
--Damit beim Speichern die Soll Ist Werte zu jeder Position
--unmittelbar angezeigt werden
 go_block('POSITIONEN');
 execute_query;
END;
```

Trigger FF: Pre-Form: „Lookup Items Navigation einstellen"

- Der Code lautet:

```
set_item_property('POSITIONEN.HWSW_INFO_PRODUKT',UPDATE_ALLOWED,PROPERTY_FALSE);
set_item_property('POSITIONEN.HWSW_INFO_PRODUKT',NAVIGABLE,PROPERTY_FALSE);
set_item_property('POSITIONEN.HWSW_INFO_GERAET',UPDATE_ALLOWED,PROPERTY_FALSE);
set_item_property('POSITIONEN.HWSW_INFO_GERAET',NAVIGABLE,PROPERTY_FALSE);
```

Aufgrund des Unique Key innerhalb der View HWSW_Info werden die im Code genannten Items auf die Eigenschaft: „navigierbar" gesetzt, was aber nicht wünschenswert ist. Deshalb überschreibe ich diese Einstellung mit Hilfe der Set_Block_Property Prozedur. Das Charakteristikum: „Set one default date format mask with 4-digit-year element" im Pre-Form-Trigger sollte überschrieben werden, damit Oracle nicht die USA-Default-Einstellung verwendet. Öffnen Sie dazu die Eigenschaften, nachdem Sie die Zeile markiert haben, und klicken auf die Schaltfläche „Override", damit der rote Bleistift auf dem Symbol errscheint.

Trigger GG: Pre-Form: „ Block-Navigation festlegen

```
-- Block-Navigation einstellen
BEGIN
 set_block_property('BESTELLUNGEN', NEXT_NAVIGATION_BLOCK, 'POSITIONEN');
 set_block_property('BESTELLUNGEN', PREVIOUS_NAVIGATION_BLOCK, 'POSITIONEN');
 set_block_property('POSITIONEN', NEXT_NAVIGATION_BLOCK, 'BESTELLUNGEN');
END;
```

Vom Block Bestellungen wird als die nächste navigierbare Ebene der Block POSITIONEN festgelegt und als vorheriger Block ebenfalls der Block Positionen. Die Stacket Canvases BESKOS, FESTSCHR oder RECOM werden dabei übergangen.

Trigger HH: When-New-Form-Instance: „globale Variablen bekannt machen"

▶ Globale Variablen sollten bzw. müssen der Anwendung zu Beginn bekannt gemacht werden, da sie nur dann gültig sind, wenn eine Initialisierung vorliegt.

```
:global.Master_Detail_Synchro_mode := 'ja';
:global.New_Block_Instanze_bei_create := 'nein';
-- aktuelle Änderungen bei Positionen vermerken
:global.posi_change := 0;
-- Klick auf Beskos-Button vermerken
:global.bkos_aktiv := 0;
-- Sobald Bkos Canvas sichtbar, sichtbar halten durch show_view in when new Record Instanz
-- in Positionen
```

Trigger II: When-New-Forms-Instance: „Focus auf Bestellungen"

Legt den Fokus beim Forms-Start auf den Datenblock „BESTELLUNG". Der Code lautet:

```
go_block('Bestellungen');
```

Trigger JJ: When-New-Forms-Instance: „Window-maximize"

Maximiert die Fenster der Anwendung. Der Code lautet:

```
set_window_property('WINDOW', Window_State, MAXIMIZE);
```

Achten Sie bitte auf den korrekten Namen des Window. Standardmäßig vergibt Oracle die Bezeichnung Window für das erste bzw. jenes Fenster, das beim Start der Anwendung sichtbar wird, das Sie mit diesem Trigger stets ansprechen sollten. Falls Ihre Namen davon abweichen, entstehen Fehler, die Sie von Hand korrigieren müssen. Aber das sollte kein großes Problem sein.

Jetzt sind die wichtigsten Module fertiggestellt. Die Pflegemodule

- INV_HAEND
- INV_HERPRO
- INV_HAENHERS
- INV_GERAETE

befinden sich aus Platzgründen auf der CD-ROM. Sie sind wesentlich einfacher gestaltet und enthalten fast keine Triggerlogik. Ich denke, dass Sie deshalb keinerlei Schwierigkeiten haben werden, sie zu entwickeln. Selbstverständlich befinden sich Hinweise zur Erstellung auch dort. Der Schwerpunkt dieser Module liegt in der Gestaltung wenn man beispielsweise Tab-Canvases einsetzen und den Forms-Builder zur Verfeinerung des Layouts verwenden möchte. Dieses Wissen ist auch für die Gestaltung, des Antrags- (Inv_Ant) und des Bestellmoduls (Inv_Best) notwendig. Damit Sie die Gestaltung der beiden Module jetzt vornehmen können, lesen Sie bitte einfach die Datei „Module gestalten" auf der CD-ROM.

Ich hoffe, Sie haben während des Studiums alle Beispiele nachvollziehen können und so neue Erkenntnisse gewonnen. Für Ihre zukünftigen Entwicklungen bleibt mir damit nur noch, Ihnen viel Erfolg zu wünschen und vielleicht hilft Ihnen mein Buch schon bald als Nachschlagewerk für Ihre eigenen Probleme ein wenig weiter. Natürlich gäbe es noch viel zu sagen, und sicherlich bleiben einige Fragen offen. Ich hoffe dennoch, dass ich Ihnen eine weitere Stufe in die vielseitige und komplexe Welt der Datenbankentwicklung vermitteln konnte.

Stichwortverzeichnis

Nummerisch
1:1-Beziehung 55, 85
1:N-Beziehung 83
 als 1:1 realisieren 57

A
Abbreviation 89, 276
Ablauforganisation 25
Ableitungen des Database Design
 Transformers 156
Abstand
 zwischen Item Groups festlegen 219
 zwischen Items festlegen 219
Abstrakt 28
Action Item 198
 definieren 198
 des Moduls 330
 Trigger 200
 verschieben 200
ADT (Applikation Design
 Transformer) 156
Aktualisieren zulässig 226
Alias-Namen 187
alter Table 168
Analyse 156
Ant_Geg_info 325
Antrag 22, 37, 124, 126, 128, 157
 und Bestellverwaltung 21
Antrags-Attribute 127
Antragsgegenstand 126
Anwendungs-Alerts 259
Anwendungslogik 63
Anwendungsmeldung 259
Anzahl der Detail-Tabellen-Spalten 242
Anzeigeeigenschaften 155
Applikation Design Transformer
 (ADT) 193
Arbeitsgang 26, 34
Arc 170
 Bogen 164
 definieren 147
atomare Funktion 34
Attribute 45, 67
 der Rechner-Entitäten 151
Aufbauorganisation 25
Ausführungsmeldung 258
Aussagen definieren 81
automatisierbare Funktion 156

B
Basis-Tabellen-Verbindung zur View 174
beidseitige kann-Relationen 83
beidseitige muss-Relationen 83
Beispiel Fächerfalle 145
Berichte 27
Bestellfirma 149
Bestellung 23, 41, 139, 162
Bestellverwaltung in ihren
 Grundzügen 12
Beziehungen
 aus einem Arc entfernen 147
 einem Arc hinzufügen 147
 im Repository validieren 83
Bildlaufleiste ausblenden 225
bisheriger Entwicklungsprozess 155
Blattfunktion 34
BLKJUS 232
BLKTAB 232
BLKVSB 235
Block Overflow Area 242
Block-Navigierung in Modulen 290
Both 175

C
CANNTC 219
Canvas definieren 202
Canvases 201
Capture-Objekte 180
Capturing Design 179
cascade Constraints 188
Cc_Domain 60
Cg$canvas 239
Cg$item 239
Cg$radio_titel 239
cg_Code_Controls 60
cg_ref_Codes 61
cg_ref_codes 189
CGSO$BLOCK_MR 238
CGSO$CHAR_MR 224
CGSO$LoV_BUT_MR 224
CGSO$NUMBER_MR 224–225
Check Box 207
 verwenden 217
Check Constraint 47, 75, 86
Choose items to map 65, 67
Client 174
client-seitige Implementierung 76
Code Control Sequenz 61–62
Columns 79
CONDFT 244, 247

Constraint 47, 64
Content Canvas 201
Context Area 245
    Daten in Item Groups 246
COPY 232
create lookup item 211
Create new Content Canvas 202
Create new Stacked Canvas 203
Create new Tab Canvas Page 205
CURREC 232
Customize the Database Design
    Transformer 70

▶ **D**

Database 167
Database Design Transformer 64, 155
    Other Settings 78
    repräsentieren 64
Database Generation Dialog 168
Database Generator 167
database users 63
Dataflow 33
Dataflow- und Funktionshierarchie-
    Diagramme 155
Dataflow-Diagrammer 35
Dateiname.sql 180
Datenbanklogik 87
Datenbanktabelle 59
Dateneingabe 27
Datenfluss 34–35
Datenmanipulationen in expliziten
    Joins 268
Datenmodell 155
    des Projekts 124
    entwickeln 45
Datenspeicher (Datastore) 28, 35
Datenverwendungen 33
DB-Admin 69
DDL Files Only 167
DDL Skript 47, 168
DDT 66, 156
    Other Mappings 67
Definition
    der exklusiven Beziehung 147
    der rekursiven M:N-Beziehung 134
    einer View durch UNION SELECT 183
    von Key Triggern 256
Definition von Modulen 193
Design Editor 155
Detailebenen modellieren 29
Detail-Tabellenverwendung 300, 323
    Beskos 324
    Positionen 323
    Recom 324
Diagramm lesen 39
Display View der Komponente

Beskos 330
Bestellungen 329
Positionen 330
Recom 330
Display View des Moduls 301, 329
DML-Anweisung 63
Dog-leg
    definieren 135
    erzeugen 136
    verschieben 136
Domäne 54
    als hard code 189
    als query 189
    definieren 86
    dynamisch und statisch
        definieren 189
    Popliste 275
DROP TABLE 188
Dynamic List 61

▶ **E**

E.: Person(Pers) 137
echte 1:1-Beziehung 55
echte 1:1-Relation 86
Ein- und Ausblenden der rechteckigen
    Umrandung und Titel in Item
    Groups 231
Eindeutigkeit gewährleisten 125
Einfache Master-Detail
    Tabellenverwendung 99
Einführung in die Grundlagen 45
Ein-Tabellen-Lösung 88
Einzelne Lookup Table Items optional
    gestalten 240
Elementarfunktion 27, 34
Elemente des Dataflow-Diagrammers 35
Elementklasse 152
Elements that you want prefixes generate
    for 78, 157
ELSE 268
Endprodukt 18
Entität 45
    Antkos 130, 159
    Antrag 126
    Antrag, Attribute 126
    AntragsFrm2 131, 159
    Antragsfrm2, Attribute 132
    aus anderen Applikationen
        übernehmen 137
    Beskos 142, 166
    Beskos, Attribute 143
    Bestellung 140
    Bestellung, Attribute 140
    Firma, Attribute 133
    Gegenstand 127
    Gegenstand, Attribute 128

Gerät 129
Gerät, Attribute 129
Haushaltstitel 139
Positionen 141
Positionen, Attribute 141
Sharen 121
transformieren 65
transformieren und generieren 155
Entities implemented by table 65
Entity Relationship Diagramm 156
ENTQRY 255
Entscheidung 27
Entscheidungspunkte (decision points) 26
Entwicklungsprozess 155
Equ-Joins 182
Ereignis 27
Ergebnis 27
ER-Modell 155
Antkos 131
Antrag-Gegenstand 128
Antragsfrm2 131
Beskos 144
Bestellung 142
Festschr Entitäten 151
Firma 133
Firma und Komponenten 136
Gerät 130
Hard-, Software-Entitäten 148
Rechner-Entitäten 150
Rekursive M:N Relation 104
Erstumsetzung des Datendesigns 156
erweiterte Modulkomponente 108
execute_query 234, 266
exists 285
Exit Form 256–257
exklusive Entitäten implementieren 88
explizit in SQL Plus 50
explizite Transformation 69
explizite Umsetzung 70
einer exklusiven Beziehung 73

▶ F

Fächerfalle 144
FESTSCHR 43
Festschr (Feststellungsschreiben) 162
FESTSTELLSCHREIBEN 43
Feststellungsschreiben 151
FHD 156
FIND_ALERT 260
Firma 160
Firmenaufträge 160
FK-Constraints in der Basis-Tabelle 175
FMB verwenden 239
FMNDMA 233

Foreign Key 49, 64
Columns 79
Constraints 48
Generation Requires Join Tables 192
Forms-Anwendung mit Stacked Canvas 204
Full Table Scan 49
Funktion 27, 35
Funktionsdiagrammer 35, 43
Funktionshierarchie 33

▶ G

Gegenstand 129, 158
Generator 156
Grundlagen 167
Optionen 192
generieren der SM-Tabellen 167
generierte Tabellen
bearbeiten 188
überprüfen 189
generische Arcs 69, 170
generische Implementierung 70
generische Umsetzung der Hardware Tabellen 170
Geräte 160
Geschäftsfunktionen (business functions) 27
Get_Block_Property 252
globale Variable 269
go_Block 266
GRBTAB 230
GRBUTT 229–231
GRPBWD 231
GRPDEC 231
GRPDST 231
GRPFTS 219, 232, 244
GRPHDS 232
GRPHIS 232
GRPMAR 232
GRPMLF 231
GRPOWG 230–231
GRPTLJ 220
GRPTLM 231
GRPTLP 231
GRPTLS 231
GRPUTT 229
GRPVIS 219
GRTAB 229

▶ H

Hard- und Softwareentitäten 146
Hard- und Software-Tabellen 163
als View 111
Hardware-Produkte 163
HeHais 160
Hierarchieebenen 33

H

hierarchischer Aufbau der
  Generator-Präferenzen 220
Hintergrundfarbe bestimmen 320
hwsw_info 326
  an Modul anbinden 185

I

ID (Primary Key) 170
Identical Attributes 194
Identical Entities 194
Identical Entities and Usages 194
IF 268
Implementierung
  als exklusive Beziehung 89
  in separaten Tabellen 89
implizit durch Benutzung 50
implizite Definition 63
In Set 65
Index_Name 59
Indizes 64, 68
Information 156
Informationsmeldung 258
Instanz 45
Instanzbezug 90
INSTR 254
Integrität 155
Intersektions-Entität 160
Inv_Ant 293
  Modul generieren 320
Inv_ant 293
Inv_best 293
inv_best 321
Inv_geraete 293
Inv_haend 293
Inv_haenhers 293
Inv_herpro 293
ISTDATEN 43
Item Group
  definieren 218
  in einen Detailbereich und Overflow-Area 242
Items + Item Groups ausrichten 229, 302
Items im Kontext 243
ITMIPG 232
ITMPAS 231

J

Jeder Speicher entspricht einer Entität 37
Join zwischen Masters und Details 266
JOIN-Charakteristik 49

K

Kardinalität
  festlegen 83
  Maximum 83
  Minimum 83

Key Based Links allgemein 196
Key Commit Trigger 257
Key Exit Trigger 257
Key Trigger 255
Knoten Foreign Keys 207
kombinierte Lookup Tables
  eindeutig halten 216
kombinierte oder mehrstufige
  Lookup-Tabellen 171
kombinierte UID-Attribute 80
Komponente
  Beskos 331
  Bestellungen 330
Konzept 17
Kostenstelle 138
Kreierte Lookup Items und das
  Navigieren 223
Künstlicher Schlüssel (Surrogate Key) 45, 125, 155

L

linksseitige „kann"-Relationen 83
Literale 178, 187
Lookup spezifizieren 209
Lookup Table
  als reine Informationsquelle 248
  definieren 207
  Eigenschaften 208
  eindeutig halten 213
  Spezifizieren 210
Lookup Tables und Items auf NULL
  spezifizieren 240
Lookup View 170
  Ant_Geg_Info 176
  zur Implementierung generischer
    Arcs verwenden 176
Lookups für die Verwendung
  Beskos 329
  Positionen 325
  Recom 328
Lookup-Table-Verwendungen 322
  Anträge 297
  Detailkomponenten 300, 325
LOV (List of Values) 171
LOVBUT 221, 249–250
LOVNAV 221, 249
LOVNAV=Y 223
LOVVAL 221, 249

M

M:N-Rekursion 160
M:N-Relation 58, 264
  definieren 58
Mandatory
  optional Foreign Keys values 63

Mandatory (vorgeschriebene) Foreign
    Keys 63
Mandatory und Optional Foreign
    Keys 169
Mandatory_Foreign_Key 169
Manuelle Definition
    im Designer 181
    von Modulen 194
Master-Detail 263
    Logik explizit erzeugen 262
    Sprachkonventionen 46
    Tabellenverwendung mit Lookup-
        Tabelle 100
Materialspeicher (Store) 28
Maus, navigierbar 222
Meaning 89
mehrstufige Lookup Table-
    Verwendung 172
merge granularity 194
Modale Dialogfenster 276
    definieren 277
Modellierungsform 92
Modul
    aus einer rekursiven M:N-Beziehung
        mit Subtypen erstellen 106
    Features 196
    für die Pflegedaten 116
    Layout 197
    Lookup Table 211
    rekursive Subtypen-Definition 99
Modulentwicklung 193
Modulkomponente
    ANTKOS 305
    Antraege2 313
    Anträge 307
    antragsfrm2 313
    Beskos 329, 331
    Bestellungen 329, 332
    Festschr 329
    Firmenaufträge 313
    Gegenstand 313
    Lookup-Tabelle 106
    Lookup-Tabelle und Master-Detail
        Verwendung 107
    Positionen 329, 338

▶ N

NEXT_NAVIGATION_BLOCK 291
None 175
not exists 285–286
NOT NULL Constraints 47
NOT UNIQUE Index 48
Nummernfolge 45

▶ O

Object Library 236
    Objekte feststellen 233
Objektbezug 90
Objektbibliothek 237
OFADFT 243–245
OFADFT = N 246
OFARCS 232
OLB verwenden 238
OLBOLD 235
OLBOLD =Y 223
OLBSOC 232, 235, 238
Open down 33
Open up 33
Option Table Präfix 79
Optional (alternative) Foreign Keys 63
Optional_Foreign_Key 169
Optionale Foreign Key-Spalten 71
Optionalitäten festlegen 83
Optionen der Validierung 174
Optionsfelder 207
optisches Modell 155
Oracle
    Präferenzen 218
    Sequenz 62
    Sequenz-Generator 62
Organisationseinheiten 26
Other Mappings 70
Other Settings 78, 157
Overflow Area 245
    right 246

▶ P

physisches Datenmodell 155
PK-Spalten mit Werten füllen 63
Position 163
PRE FORM 225
pre-Block 283
Primary Key 45
Primary KeyConstraints 47
Primärzugriffs-Elementklassen 153
Prioritäten der Designer-Objekte 236
Produktkennzahl 138
Profi Modul Features 248
Projekt 21
Projektbeispiel 36
Prozedur Set_Item_Property 228
Prozesse (Entity-Usages) 33
    definieren 25
Prozessflüsse 27
Prozessmodell 25, 155
    Antrag 30
    Bestellung 31
    Projekt 29
Prozessmodellierung 25
Prozessschritte 27

Q

QUERY_FIND 310

R

Radiogroup-Farbe bestimmen 320
Radiogroups darstellen 207
Rechner 149, 166
rechtseitige muss-Relationen 83
redundante Präferenzen 223
Referenztabelle 46
referieren 46
Register Operations 212
Registerkarte 65
    Other Mappings 65
Reihenfolge der LoV-Spalten im Designer verändern 216
Rekursive Beziehungen mit Subtypen 96
Rekursive M:N-Beziehungen und Subtypen transformieren 102
Rekursive Subtypen 93, 95
Relational Table Definition 49
Relationen validieren 81
Relationship 67
Restriktive LoV 284
Root-Funktion 44
Routine chk_beskos_belegen 342
Rv_Domain 61

S

Scrollbar
    positionieren und ausblenden 235
Scrollbar entfernen 235
Sekundäre Elementklassen 153
Sekundäre Unique Identifier
    definieren 125
Select-Beispiel aus Union Select 179
Selected Lookup Items der HwSw_Info View 241
Self Joins und Views 94
seperate Tabellen einer rekursiven Subtypen-Imlementierung 97
Sequence 45, 63, 68, 155
    definieren 68
    manipulieren 68
    Typen 62
Sequence_Name 60
Sequence-within-Parent 87
Server 174
Server Model Navigator 152
server-seitige Implementierung 76
SET_ALERT_BUTTON_PROPERTY 261
SET_ALERT_PROPERTY 260
Set_Block_Property 252, 254
Set_Block_Prozedur 291
Set_Item_Property 228, 251
Set_Item_Prozedur 225
Settings 78, 157
Share-Dialog 121
share-Prinzip 120
Share-Tables 169
Sharing-Objekte im RON 122
Show Meaning 276
SHOW_ALERT 261
SM-Diagramm
    Arc-Beziehung 74
    rekursive M:N-Relation 104
    transformierte rekursive Entität 96
Spalten-Aliasnamen 178, 181
Spaltenbreite einer LoV im Forms Builder 214
Spalten-Constraints 47
Speicher 28
    mit mehreren Entitäten benennen 39
SPER 139
Stacked Canvas 203
    definieren 203
    entfernen 205
Standard Default Toolbar ersetzen 233
STEI 139
Steuerung des Detail-FK Items 274
SUBCLASS 232–233
SUBSTR 254
Subtypen definieren 135
Supertypen in separaten Tabellen 89
Surrogate Key 45
Surrogate Key Columns 79
Switch to Display View 200
synchronisierte Sub-Selects 285
Synonyme 123
    definieren 123
System Alert 259
SYSTEM.FORM_STATUS 257
System.Message_Level 266
Systemanalyse 155
Systemvariable Last_Query 251

T

Tab Canvas 205
    definieren 205
Tabelle User_Constraints 54
Tabelle User_Indizes 54
Tabellen- und Lookup-Verwendungen erstellen 208
Tabellen-Constraints 47
Tabellen-Inhalte aus Fremd-Applikationen 122
Tabellenverwendung
    Anträge 294
    Bestellung 321
    Festschr 321

Stichwortverzeichnis

Table 65
    Api 63
    Trigger 86
Tastatur navigierbar 221, 226
    ohne Unique Keys 228
Template 235, 259
    verwenden 239
thematischer Überblick 11
tiefere Ebene 29
Toolbar Canvas 206
Transformation 155
    (DDT) 49
    Antrag 157
    Bestellung 162
Trigger-Dialog 199

U

übrige Entitäten 139
UID 45, 67
UID DETA_UID2 56
Umgebungsvariable 309
Umsetzung in SM-Tabellen 156
UNION SELECT 170, 178
    unterschiedliche Spaltenanzahl 186
Unique Identifier 45
UNIQUE INDEX 47
Unique Key
    Constraints und Indizes 50
    Definition 56, 128
    und die Eigenschaft Tastatur
        navigierbar 227
    Verstoß 57
Unmapped columns 65
Unternehmensanforderungen 155
user_constraints 50, 62, 64
User_Indizes 59, 64
User_Sequences 60
user_synonyms 62
user_tables 62

V

Validierung 195
Verarbeitung von Constraints 50
Verarbeitungsvorgänge 27
Verfügbare Modifikationen 69
Verwendung Anträge2 295
Verwendung Anträge3 296
Verwendung Antragsfrm2 295
Verwendungen synchronisieren 296
View 155
    Ant_Geg_Info 165
    definieren 172
    Definition, Code im Designer 184
    Pers_Info 298
Visuelle Attribute 239

W

Warnfenster (Alerts) 258
    erzeugen 259
weitere Tabellen 62
Wertebereich 54
WFUB 139
when-new-forms-instance Trigger 269
where clause of query 296
Windows maximieren 234
WSTB 139

Z

Zielgruppe 11
Zuordnungsklasse 153
Zusammenfassung Entitäten - Tabelle 191
Zweck des Prozessmodellers 25